凉新出图2022第14号

凉山交通考古

凉山彝族自治州博物馆 编著

巴蜀书社

图书在版编目（CIP）数据

凉山交通考古/凉山彝族自治州博物馆编著.—成都：巴蜀书社，2022.10

ISBN 978-7-5531-1795-9

Ⅰ.①凉… Ⅱ.①凉…②四… Ⅲ.①古道-文化遗产-介绍-凉山彝族自治州 Ⅳ.①K928.78

中国版本图书馆 CIP 数据核字（2022）第 177368 号

凉 山 交 通 考 古

LIANGSHAN JIAOTONG KAOGU

凉山彝族自治州博物馆 编著

责任编辑 周昱岐
封面设计 冀帅吉
出　　版 巴蜀书社
　　　　 成都市锦江区三色路 238 号新华之星 A 座 36 层
　　　　 邮政编码：610023
　　　　 总编室电话：（028）86361843
网　　址 www.bsbook.com
发　　行 巴蜀书社
　　　　 发行科电话：（028）86361852
经　　销 新华书店
印　　刷 四川宏丰印务有限公司
　　　　 电话：（028）85726655 13689082673
版　　次 2022 年 10 月第 1 版
印　　次 2022 年 10 月第 1 次印刷
成品尺寸 260mm×185mm
插　　页 24
印　　张 16.25
字　　数 300 千字
书　　号 ISBN 978-7-5531-1795-9
定　　价 70.00 元

乐跃半站营古驿道

钟鼓楼

甘洛深沟溪边古道

海棠古城

粪箕湾古墓群全貌

凤营古道

会理鱼鲊渡口

会理老街遗址

会理松坪关

钟鼓楼、城墙

泸沽古镇关索城遗迹

冕宁县南街

泸沽老街

冕宁县三垭古道

冕宁县泸沽峡

孙水关石刻

雅砻江古道

木里大寺

三桷椏八角石碉

俄亚大村

曲公伸臂桥

华弹渡口

大通门

东坪遗址

高枧汉城遗址

嶲州古城遗址

经久崩土坎古城

礼州古城

西昌罗卜惹岩画

佑君镇沙坪站古城

登相营

碉楼废墟

冕山桐槽紧关题记

冕山营遗址

喜德县伍合大石墓群

深沟古道

金河铁索桥

润盐古道

卫城

越西县保安营

丁山桥

零关石刻

越西县南箐岩画

新民古城

越西县明清古城

背夹、木杵

鸡公车

马帮

猪槽船

目　录

序

20世纪80年代，在国家的统一要求和大力支持下，全国掀起了一次盛世修志的高潮，除了省志、市志、州志和县志外，各个部门的专门志也列入了编撰计划，如凉山州就编撰了《凉山教育志》《凉山林业志》《凉山交通志》等。其中《凉山交通志》主要叙述的是1840—1990年的凉山交通历史，欠缺了1840年前数千年的交通史。而凉山位于藏羌彝走廊，并且是南方丝绸之路经过的重要地段，这段缺失对于《凉山交通志》不得不说是一种遗憾。

今天，凉山州博物馆和凉山州文物管理所新著的《凉山交通考古》弥补了这个遗憾。我认为《凉山交通考古》有以下几个优点：

第一，该著作的研究视野开阔，从时间上追溯到了凉山新石器时代，一直到明清时期；从空间上不仅仅停留在简单的对凉山交通路线的考察与研究，还结合道路串联起了对凉山的历史、政治、经济、文化、军事、民族诸方面内容的研究，具有较深的深度。因此该著作基本上是一部阐述了凉山数千年交通状况的交通通史。

第二，该著作关注了凉山地区的自然地理环境和自然生态状况。凉山地处横断山区东麓，其特殊的自然地理环境和自然生态状况对道路的选择和形成具有很强的制约作用，越是在早期历史阶段，这种制约作用越强，这与在平原地区道路的形成存在不同的“机制”。因此在研究古代道路形成和走向的过程中，以位于横断山区的凉山的交通状态为对象时，对于该区域的自然地理环境和自然生态状况应该给予足够的重视。而《凉山交通考古》做到了这一点。

第三，该书的完成是建立在大量且详细的田野考古调查之基础上的。俗话说“读万卷书，行万里路”，对研究交通历史和交通文化的学者来说，“行万里路”绝不是夸张的文学性说法，的确需要一步一个足印踏踏实实地走出来。《凉山交通考古》一书对凉山的古道，无论是主干道还是支线都做了详细的考察，并分段绘制了详细的线路图。我在凉山从事了三十年的田野考古工作，该书涉及的一些地方我都没有去过，作者的敬业精神是值得敬佩的。

第四，该书除了对凉山境内道路的走向做了详细的介绍外，还对道路沿线的城镇、村落、渡口、桥梁及交通设施做了介绍。道路的形成是一种人文现象，是人类征服自然的手段，人类有目的的活动对于道路的形成起到了决定性的作用。因此研究道路不能与人类的活动，包括政治、经济、文化、军事上的活动割裂开来。道路沿线的城镇、村落、渡口、桥梁及交通设施都是人类开辟道路、利用道路所留下的遗迹，是考察交通历史和交通文化不可或缺的重要资料，也是研究交通历史和交通文化的重要组成部分。该书对于这点也给予了足够的重视。

第五，凉山现在经济繁荣、交通发达，但不用讳言，古代的凉山曾属边远之地，故历史文献中有关凉山的记载简略而疏阔，特别是秦汉及以前的文献记载更为稀缺。研究者面对的现实是，凉山经过考古确认的历史已经可以追溯到5000多年前，而早期文献阙如，这之间该如何结合？即研究凉山的上古交通史必须依靠考古发现和考古学的研究方法，做到尽量接近历史的真实。《凉山交通考古》对于凉山的考古发现皆做了介绍和解读，特别是近年在凉山的新发现。2015年凉山州博物馆和凉山州文物管理所曾编辑出版了《凉山考古四十年》一书，书中对凉山境内2012年前的考古发现作了系统介绍，《凉山交通考古》则对2012年后的凉山考古进行了补充，如盐源皈家堡遗址的发掘、盐源老龙头墓葬的继续发掘、会理城河下游古墓葬和古遗址的发掘、大凉山腹心地区古遗址和古墓葬的发掘等。虽然该书对新考古发现的介绍是着眼于凉山交通史的研究，但该书对2012年考古新发现的介绍实际上也是对《凉山考古四十年》的补充，称之为《凉山考古四十年》的续集也是不为过的。

第六，对以古道为主体的线形文物的保护，目前已经在国家的文物保护工作中提上了日程，特别是习近平总书记考察了蜀道后，国家对线形文物的保护工作即将出现一个新高潮，《凉山交通考古》敏锐地对这个已经出现的新局面作出了反映，初步提出了对凉山古代交通道路及沿线的文化遗产的保护、研究和利用的规划，这是具有现实意义的提议，也为将来凉山保护、研究和利用古道遗产提供了基础。

凉山具有特殊的地理位置，位于川、滇、黔、藏之间，从这个角度上看，凉山的交通不但连接了川、滇、黔、藏，还是连接川、滇、黔、藏之间交通的枢纽之地，因此探讨凉山交通的作用与意义也应该被放在这个更大的研究视野上去观察、去思考、去研究。凉山的交通在西南地区融入中华民族大家庭格局和加强藏羌彝走廊上各民族交往、交流、交融过程中发挥了重要的作用是客观不争的事实。凉山不小，面积达六万平方公里；凉山不大，仅是西南地区的一个部分，更是伟大祖国的一员。凡是从事研究凉山历史、经济、文化、民族、考古、交通诸方面的学人，皆离不开“树木与森林”的关系这个大命题，故皆应作如是观。

凉山是从事社会科学研究的宝库，我认为后来者在这片富裕的土地上辛勤地耕耘，他们的付出必将收获丰硕的成果。

是为序。

刘 弘

导　论

第一节　研究凉山交通的目的和意义

凉山地处川西南横断山系东北缘，这一区域是多民族的聚居区，研究民族文化的同时，交通与考古也是必须要考察的内容。交通和考古有着特殊的学术渊源，就凉山目前发现的考古资料来看，有相当大一部分考古遗存都分布在交通沿线。以考古学文化的视角面对古代交通的课题，会有新的发现。

凉山古代交通史作为中国交通历史的一个重要部分，历来备受重视。早在20世纪90年代，凉山州交通志编纂委员会就编纂了《凉山彝族自治州交通志》，因行政力量的作用，投入了较多的人力和物力，成果较为集中。它着重记载了自1840年至1990年间凉山交通事业的发展历程，是一部资料翔实、内容丰富、体例完备的交通志，但遗憾的是它对于凉山古代的交通叙述较为简略。近年来随着凉山考古事业的蓬勃发展，发现和出土了数量较多与交通相关的考古实物。考古工作的收获，是推动凉山古代交通发展变迁的研究取得进步的重要条件。

交通史作为史学的一个领域，一些著名史家都特别关注交通问题的研究。他们对交通史的研究，做出了开创性的贡献，著述颇丰。

20世纪20年代起，以张星烺、冯承钧、向达等为代表的学者开始从事交通史的研究。1930年，张星烺出版史学巨著《中西交通史料汇编》，系统全面地整理了历代中西交通史史料；向达的《中西交通史》，开交通史研究之先河，是一部体系比较完整的交通史专著；白寿彝《中国交通史》则是这一时期交通通史研究的代表之作。中华人民共和国成立后，交通史的研究进入新阶段，一些新的研究方法和研究手段被运用其中，为交通史的研究注入了新的活力。严耕望《唐代交通图考》引证若干史实，描绘出唐代交通的完整图景，堪称中国交通史研究的典范；方豪出版了《中西交通史》一书，是迄今为止最为完整的一部中西交通史论著；王子今《秦汉交通史稿》是第一部系统的秦汉断代交通史研究著作。

长期以来西南边地交通和少数民族政权交通的研究，是学术界关注的热点，曾有一批学者涉足这一领域，硕果累累。如方国瑜《中国西南历史地理考释》，蓝勇《四川古代交通路线史》，黎小龙、蓝勇等人合著《交通贸易与西南开发》，方铁《西南通史》，陆韧《云南对外交通史》，四川大学历史系编《中国西南的古代交通与文化》，罗二虎《秦汉时代的中国西南》，霍巍、赵德云《战国秦汉时期中国西南的对外文化交流》等。此外，在有关藏彝走廊、西南丝绸之路和茶马古道的诸多论文中，对交通论述的文章更是不胜枚举。

关于交通发展与自然环境的关系，以往研究并没有给予足够的重视，从目前已有的研究成果来看，关于这方面的论述还相当有限。蓝勇《古代交通生态研究与实地考察》一书是关于西南历史地理与交通的论文集，内容涉及和交通相关的考古、民族、生态、经济等诸多方面，借鉴自然科学的思维方法，对交通史研究方法的创新具有指导意义。此外，书中对西南地理环境下特殊交通工具的考证较为详细，如对西南索桥、溜索、背篓等进行了专门的考述。陆韧《云南对外交通史》一书中，辟有云南地理环境与对外交通的关系一节，从地理区位、地理形势、气候因素等方面考证论述了云南交通与地理环境的关系。朱圣钟《历史时期四川凉山地区的河流变迁》《历史时期四川凉山地区森林植被的变迁》《历史时期四川凉山地区主要野生动物资源开发利用及其变迁》等文章揭示了凉山自然环境变迁与凉山交通的关系十分密切。

通过对交通史研究现状的回顾，我们发现这些研究基本囊括整个西南的交通史，涉及凉山境内的内容甚多，但总体来说，大多是强调凉山交通在西南交通中的通道和桥梁作用，对凉山交通的整体性、地方性特点讨论不够详尽。综观西南交通史研究，缺乏一部以凉山为主体，较为客观、全面和系统地论述古代交通发展史的研究著作。正因为如此，本书所能援引和参考的研究基础较为薄弱，可供借鉴的经验不多，存在障碍较大。但另一方面而言，在并不成熟的研究领域开辟议题，存在较大的探讨空间，不仅可以避免重复研究浪费时间和精力，还能够补充和丰富现有研究成果。

对凉山古代交通的研究并非孤立地写交通，而是将凉山交通放在中国西南的政治、经济、军事和社会发展的历史环境中论述、评述。本书拟充分运用考古资料，尽可能多地利用现有文物资料，如墓葬、遗址、城址、摩崖题记、碑刻等，对凉山古代交通发展的历史进行探讨。凉山地区发现与交通相关的文物资料众多，如昭觉石表、石碑的出土，为认识当时邮驿交通系统的形式和作用提供了丰富的资料。研究中还将运用历史地理学、经济史学、地方史学、考古学等多学科的知识从不同的学术视角对历代交通进行研究考察，发挥考古学的优势，论述的内容除了交通路线，还包括道路、津渡、关塞、车辆、船舶、交通制度、交通礼俗、交通观念，等等。所以这不仅是对交通的研究，还覆盖了凉山古代的政治历史、经济文化、军事边防、城镇乡村、对外联系等诸多方面。

凉山位于四川省西南部川滇交界处，地处西南边地交通要道，是重要的少数民族聚居地。凉山作为川滇路上的关键要塞，对于开发西南地区、联络少数民族，曾经发挥了特殊的历史作用。本书力图在尽量吸收前人及当代学者研究成果的基础上，尽己所能进行补充和探索。用历史的眼光，着重对考古资料进行梳理，探寻凉山交通的历史发展，寻求凉山交通发展的客观规律，正确认识凉山交通对西南乃至中国交通发展、经济发展和推动社会进步的积极作用。相信本书能够让我们对凉山交通有比较清晰的认知，通过分析古人利用和改造地理环境开展交通活动的过程，从中进一步发掘该时段人与自然的关系，发现历史智慧，希望能为凉山交通的未来发展规划提供启发。

第二节　凉山交通的发展历程

凉山居中国西南腹地，西靠横断山脉，东南接云贵高原，金沙江流贯其间，北部大相岭与成都平原阻隔。境内河流多为南北向，横流激湍，波涛汹涌，鲜通竹筏；山峦纵走河流间，崇高截嶪，径隘沟深；沿河谷地虽地势平坦，但瘴雨蛮烟，疫病时作，交通阻滞。然而其地理位置优越，内邻巴蜀，外接滇、藏、黔，有“遥控川南，远驭西南”之势。

在远古时，先民基于人口增长、天灾疾病死亡之压迫，或探求宗教、技艺之欲望，沿山间河谷向外拓展，彼此间始有来往，后来再加上政治、经济、军事的力量，这些来往的孔径成为彼此联系的交通线。

汉代以前，凉山的交通不见于历史，但考古资料表明，早在先秦时期凉山与外界之交通贸易已启。司马相如通零关道、“桥孙水”，汉武帝开西南夷，这是凉山交通最早的官方记载。汉帝国强大的国力使交通路线的开拓发展迅速，基本形成了后代交通干线的雏形。由于经济、地势条件的限制，凉山交通制度不如中原健全，但昭觉初平二年石碑“缮治邮亭”文字的记载表明“邮亭”驿传制度在凉山已日趋成熟。

蜀汉、两晋、成汉时期，汉政权对凉山的控制有所减弱，捉马虏、叟人在区域内活动频繁，攻打城邑，牦牛道（零关道）被阻断。后诸葛亮南征在卑水打败叟人首领高定元后入邛都，这次南征对凉山的交通起到了推动作用，它沟通了五尺道和牦牛道的联系，使之成为后来百余年间凉山至成都的官道，这条道不见于文献记载，我们暂且称为“卑水道”，也就是唐代的“沐川源道”。

唐代至宋代是我国古代历史上政治经济发展的又一鼎盛时期。由于经济的发展，政府为军事政治的控制、财赋的运输，制定了交通的律令，设立了管理交通、津堰桥渡的官员，指派了负担津堰桥渡维持与更修的工匠，此时凉山的交通有了长足的进步。随着吐蕃、南诏和大理政权的建立，这些少数民族政权迅速强大和快速扩张，中央政权与其在政治和经济上不可避免发生着联系。因为各自的需求，中央政权以农区之茶换取牧区之马，运输茶和马的道路沿线相继就产生了与这种贸易相关的官府机构、茶栈、茶马交易场所等，人们习惯以这些商品给古道命名，即“茶马古道”。凉山地区成为茶马古道上的重要中转站，凉山的交通也因此发展迅速，基本上奠定了后代交通干线的格局。

元明清时期，政治上的大一统使西南地区社会、经济、文化和交通进入了一个与内地同步发展的崭新阶段。从成都出发，经凉山境内的清溪关道，继续成为去往云南的通行大道。元代在这条道路的基础上设置站赤，由于云南政治中心的东移，从建都（西昌）南下，过会理后不再西折经大姚、姚安至大理，而是仍然南行至元谋、武定。明代在元代站赤基础上更进一步发展，在建昌道设置驿路，凉山交通发展达到封建社会的鼎盛时期。清代驿道继续发展，驿站制度更加完善，境内分支道路有了一定的拓展。

第一章　凉山的自然环境概况

毫无疑问，交通的发展与环境的变化有着密切的关系，这种关系又是非常复杂的。地理环境是影响交通发展的诸多自然因素中最重要的因素，交通线的取向、路线以及交通要塞的地域布局，无不受地理环境的影响，交通通道作用的发挥，某种程度上也取决于地理环境的优劣。

第一节　地形地貌

凉山州地处川西南横断山系东北缘，界于四川盆地和云南省中部高原之间，地势西北高，东南低，北部高，南部低。地表起伏大，地形崎岖，峰峦重叠，气势雄伟，河谷幽深，壁垂千仞，高差悬殊。山脉多呈南北走向，岭谷相间，从东至西主要有小凉山、大凉山、小相岭、螺髻山、牦牛山、锦屏山、柏林山、鲁南山等山脉。这些山脉分别属于大小凉山山系、小相岭—鲁南山山系和大雪山山系。海拔高度超过4000米以上的高峰有20多座，如柏林山4111米、小相岭4500米、碧鸡山4500米、黄茅埂4035米、螺髻山4358米。贡嘎山系的木里夏俄多季峰海拔5958米，是州内的最高山峰。河流流向与山脉走向基本一致，大多由西北向东南流。金沙江、雅砻江、大渡河三大水系的众多河流，大多数为山区河流，河床狭窄，坡陡岩峻，水急滩险，天然落差大。

凉山州地貌复杂多样，有平原、盆地、丘陵、山地、高原、水域等。山地是州内的主要地貌类型，占全州总面积的71.65%。州内平原大致分为扇状冲积、洪积平原、湖积平

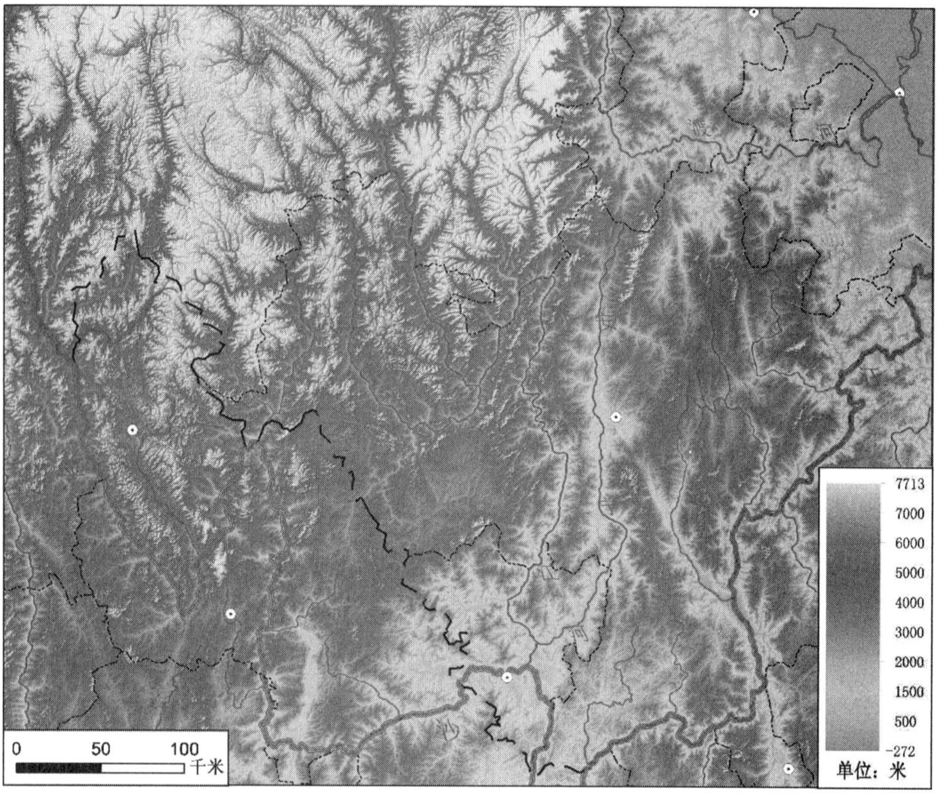

原、缓丘平坝等。安宁河谷平原，是四川省仅次于成都平原的第二大平原，属于扇状冲积、洪积平原。安宁河谷平原北起冕宁，南抵德昌南面的宽裕，全长140—150千米，平均宽4—4.5千米，最宽的礼州南部可达12.3千米，面积650平方千米。规模不大的冲积、洪积平原在山区河流的宽谷地区广泛发育，尤以金沙江、雅砻江和大渡河的支流谷地为众，一般高出江面、水面10—15米或20—25米，冲积、洪积扇分布广泛，新老洪积扇有篝迭现象，也有新洪积扇在老洪积扇前缘，二者沟谷相连，状若串珠；有的新洪积扇嵌在老洪积体中，呈阶梯状，形成洪湖积、冲积平原。

第二节　水系

凉山境内河流众多，均为长江水系。干流成系的有金沙江、雅砻江和大渡河三大水系。流域面积大于1000平方千米的河流有11条：金沙江水系的城河、鲹鱼河、黑水河、西溪河、溜筒河、水洛河；雅砻江水系的理塘河、卧落河、安宁河、孙水河；大渡河水系的尼日河。流域面积大于500平方千米小于1000平方千米的河流有11条：金沙江水系的大桥河、则木河、三湾河、西苏角河、西宁河；雅砻江水系的鸭嘴河、海河、茨达河、锦川河；大渡河水系的越西河、甘洛河。流域面积大于100平方千米小于500平方千米的河流有子耳河、田坝河、金阳河等123条。流域面积不足100平方千米的山溪小河数百条。境内还有邛海、马湖、泸沽湖等众多内陆淡水湖泊。

金沙江为长江上游河段，它从南面包围了凉山州，州内长598.7千米，流域面积2.48万平方千米。历史时期称其为绳水、泸水、马湖江。金沙江河床较窄，岸坡陡峭，一般谷地宽仅80—200米，两岸高山海拔均在500—1000米以上，大都为“V”字形峡谷，为典型的高山深谷型河道。

雅砻江为金沙江最大的支流，历史时期又名若水、金河、打冲河，从青海南经甘孜州流入凉山州，经木里、盐源、冕宁、西昌、德昌、米易等地，至攀枝花市银江镇注入金沙江，全长1272千米。河谷全为“V”字形峡谷，谷底宽度50—200米，两岸高山海拔在1000米以上，河床比降平均为2.1%。沿河两岸高山峭壁，水流湍急，两岸蓄积有大量原始森林，蕴藏有丰富的煤矿、有色金属和稀有金属。主要的支流有木里河（小金河）、盐井河、树瓦河和安宁河。

大渡河属于长江上游水系，是岷江的最大支流，发源于川、青交界的果洛山，自北向南纵贯于四川省境内阿坝、甘孜、雅安、凉山、乐山五地州市。全长1155千米，流域面积9.2万平方千米。近河口处有大支流青衣江汇入，于乐山城南注入岷江。以泸定、铜街子为界，可将大渡河划分为上、中、下游三段。雅安市的石棉县、汉源县，凉山彝族自治州的甘洛县，乐山市的金口河区及峨边彝族自治县处在大渡河中游。大渡河在中游流经中生代红层构成的向斜区，与两岸的支流汇合，造成开阔低缓、海拔700—1000米、宽1000—1500米、长达10千米，而周围被高山环绕的河谷盆地地形，河的两岸有高出河面几米的冲积平原，向上保存有高出河面15—20米的阶地，再上一级的阶地不明显。

安宁河是雅砻江下游最大的支流，属于长江上游水系。现安宁河有东西两个源头，东源柯别河发源于菩萨岗与鲁坝之间的草海，西源北茎河发源于牦牛山东坡的墨海，东西两源南流至大桥始称安宁河，以大桥、德昌为界，可划分为上、中、下游三段。至小得石附近注入雅砻江，全长531千米，支流59条，流域面积1.1万平方千米。

邛海是安宁河水系上的一个湖泊，位于安宁河东岸，西距安宁河7千米。《史记》称为“邛池泽”，《后汉书》称为“邛池”“邛河”，属史前地质构造运动断陷形成的高原半封闭大淡水湖。邛海终年无冰冻，南北最长11.5千米，东西最宽5.5千米，湖面面积为28.31平方千米，水面海拔1510米，最大水深34米，平均水深14米。

第三节 气候特征

凉山州除尼日河四季较分明外，其他地方以平均气温划分季节，四季不明显，海拔较高地区无夏，南部海拔较低地区无冬。四季虽不明显，但干湿季节却显著。大致是11—4月为干季，5—10月为湿季。干湿季特征显著不同，干季气候特点是降水稀少，温差不大，阳光充足，气候暖和。湿季气候特点是温凉湿润、多阴雨，湿季的明显特征是多雨，故习惯上称湿季为雨季。降水高度集中于雨季（5—10月），雨季降水量占年降水量的90%，多夜雨，各地夜间（20时—8时）降水量占年降水量的70%以上。

以安宁河谷为中轴，由中南向西北和东北逐渐升高的山地及众多高大山体，造就区域地域上和整体地域上完整的垂直气候带谱，层次分明，有规律地再现水平方向上各种气候带的更替形式。气温、降水等气候要素随海拔高度增加而规律性地变化，变化幅度明显较水平方向大。平均而言，气温水平方向上的变化每百千米不超过4摄氏度，气温垂直方向上的变化每千米超过6摄氏度。

凉山地形及大气环流的复杂多样性，使凉山干雨季明显、立体气候特征发生变异，不同程度地改变凉山气候的基本格局，导致凉山气候的复杂性、多样性。在凉山东西宽360千米、南北长370千米的不大范围内，气候既有南北东西差异，还有垂直差异、季节差异，呈现“一山有四季，十里不同天”的复杂多样气候景象。

第四节 土壤植被

州内土壤类型丰富，如古红壤、泥炭掌子土、酸白砂土、酸性山基土、豹皮土，土壤划分为21个类、47个亚类、74个土属、121个土种。起带土壤为燥红壤，终带土壤为高山寒漠土。以水稻土、红壤、石灰质土、紫色土、黄棕壤、冲积土等为主。

州内地势西北高、东南低，湿度东湿、西干，致使土壤的水平分布有明显差异。州南部河谷以燥红土、褐红壤、红色石灰土分布集中，土壤多呈褐红色、红色，为碱性或中性。州北部河谷土壤黄化作用较明显，分布着黄红壤、黄棕壤、黄色石灰土，土体呈黄色偏酸。州西部河谷土壤多为褐土、燥褐土，碳酸盐反应强烈，土体中多“假菌丝体”。州东部土壤为典型黄壤，富铝化作用明显，土性偏酸或强酸。

州内植被分布多样，类型丰富。南部金沙江干热谷植被，含有较多热带成分的乔木、灌木和草本植物，如木棉、番石榴、酸角、橄仁树、红椿、木蝴蝶、黄杞、小桐子、余甘子、羊蹄甲、黄茅、菅草、莀草、芸香草等，富含亚热带植物成分的稀树灌木等草丛植被构成了州境内南部山地垂直带谱的基带植被。北部大渡河、尼日河干旱河谷植被，常见的乔木、灌木和草本植物有山蚂蝗、金合欢、马桑、小马鞍羊蹄甲、黄荆、白刺花、芸香草、黄茅、莀草、白茅等，富含亚热带植物成分的稀树灌木草丛植被，构成了州境内北部山地垂直带谱的基带植被。东北部海拔1000米以下雷波县回龙场砖户村至柑子乡鸡心巢村大岩洞金沙江河谷植被，水热条件与南部金沙江河谷和北部大波河、尼日河河谷差异较大，以樟科、壳斗科、山茶科树种为主的天然植被已破坏殆尽，人工零星栽培有油桐、乌梅、苦楝、榕树、白腊树、女贞、杉木、柳杉、柑桔、枇杷等；灌木有黄荆、余甘子等；草本植物以黄茅、拟金茅为主。偏湿性稀树灌木等草丛植被构成了州东北部山地垂直带谱的基带植被。

自治州经度地带性植被的分布以黄茅埂为界，黄茅埂以东为偏湿性常绿阔叶林，以喜温暖湿润的棒科、壳斗科、山茶科的树种为主。其中，海拔在1300米以下的低山常绿阔叶林，以樟科为主，壳斗科次之；海拔1300—2200米的中山常绿阔叶林，以丝栗、华木荷为建群种，棒科次之。黄茅埂以西为偏干性常绿阔叶林，以耐干旱的壳斗科树种为主，加高山栎、多变柯、滇桐、巴郎栎等常绿阔叶林树种，分布海拔一般可达2400米，在螺髻山高达2800米，是中国同纬度地区海拔分布最高的常绿阔叶林。牦牛山以西、木里县宁朗山以东地区为硬叶常绿阔叶，即高山栎类林，如高山栎林、巴郎栎林等，还有长穗高山栎、光叶高山栎、黄背栎、灰背栎等硬叶栎类。

第五节　凉山河流的变迁

凉山地区的河流，主要有金沙江、雅砻江、安宁河、大渡河、城河，此外还有几十条小河流，均属于长江水系。凉山地区崇山复岭，高山深谷，一般河流落差大，多峡谷险滩，水流湍急。河道受地形影响，历史时期内大多数河流河道基本上没有变化，但由于人为活动影响的加剧，河流的某些水文特征发生了些许变化。

1. 金沙江

金沙江历史时期称绳水、泸水、马湖江。三国时期诸葛亮南征，从成都出发，沿岷江南下至僰道（宜宾）之后，经水路（逆金沙江而上）到达越嶲郡之安上县（今屏山县新市镇，旧称石角营、蛮夷司）。说明在三国时从宜宾至新市镇的河段水流较为平缓，水量较大，便于行船。较早的时候，凉山在内的西南地区森林茂密，包括金沙江在内的河流水量较现在大，金沙江江面可能比现在略宽，水量大，所以航道较宽，是可以行船的。

唐代，金沙江的水质为黑色，江水中这些黑色物质应该是来自沿河森林中的腐殖质。宋代，由于金沙江两岸的森林遭大量砍伐，两岸岩体结构本不十分稳定，在失去植被的保护后，一旦有地震即发生山体崩塌，山崩直接导致了金沙江河道的阻塞，对金沙江河道产生了一些影响。如宋宁宗嘉定九年（1216）地震，震中大概“在黄琅公社和中田公社南经谷米公社至渡口公社，北至草鞋沟沿金沙江两岸的地带”①。今雷波县黄琅镇的老君山还残存着山崩造成的岩石断裂错位痕迹，谷米乡沿金沙江而上至渡口乡糖房坝一带、下河坝沿金沙江而下至草鞋沟均有山崩和滑坡痕迹。中田、谷米、渡口一带金沙江河道险滩较多、水位落差较大，这些急流险滩的形成，可能与山崩滑坡淤塞河床有关。

元代，金沙江沿岸有茂密的树林，所以沿江一带“岚瘴极重”，为免遭瘴害，过往行人多于“雨中及夜渡”，这说明当时金沙江河谷森林茂密、气候炎热而多雨，与现在干热河谷气候大不相同，由此推测，当时金沙江的水量可能比现在大。

明代在建昌和金沙江河谷地区大量砍伐林木，沿河林木减少使地表失去植被保护，地表土壤经雨水冲刷后被携带入金沙江，于是形成“夹岸皆石，江中沙土黄色”的情景，这

① 曾绍敏、罗大斌：《宋代马湖夷界山崩的地点在哪里》，《凉山彝族奴隶制研究》1980 年第 1 期。

时金沙江河谷已少有岚瘴或没有岚瘴了。明代以后，金沙江沿岸林木被砍伐殆尽，山体失去植被保护后，加剧了这种水土流失的发生。江岸崩塌造成众多险滩，清乾隆年间疏浚金沙江航道时，先后疏凿险滩达100多处，对险滩的微观水道有所改变，但对金沙江主体河道的改变小。此后一段时期，金沙江成为连接川滇的重要交通孔道，但清代末年随着夷患增多，加以山崩石积、无人疏浚，金沙江河道又恢复急流险滩的旧观。

2. 雅砻江

雅砻江，古称若水、金河、打冲河。唐代以前雅砻江处于“水峻急而多石”的状态，至明代，打冲河仍是“两山壁立，水势汹涌，狼牙相拒，舟楫不通”，水文状况变化较小。明代雅砻江流域的经济开发使河流的水文状况发生了一些变化，雅砻江流域承担皇木采办任务，造成打冲河流域林地的减少，地表植被遭破坏后，雨水冲刷造成一定程度的水土流失，河道因受地形影响基本无变化。此后清代打冲河流域不仅有农业开发，矿冶业也得到发展，农业开发和矿冶业发展多以牺牲森林为代价，所以打冲河流域水土流失日渐显著，至20世纪90年代，雅砻江流域水土流失日趋严重。

3. 安宁河

安宁河，古有“孙水”之名，至清代始名“安宁河”。干支流两岸有很多的河谷平原、漫滩台地，河谷地带是凉山州农业最发达的区域。汉成帝建始三年（前30）、安帝延光四年（125）越嶲郡两次山崩河溢，唐高祖武德六年（623）越嶲郡山崩，“川水咽流”，这几次山崩河溢的具体地点史书记载不详，不过从汉唐时越嶲郡治均在今西昌市一带来看，估计这里所说的“河”“川”是指安宁河，山崩地点估计不会离今西昌市太远，山崩造成“河溢”和“川水咽流”，说明山崩对安宁河微观水道有所改变，但河道摆动只是限于河谷中，不会发生中原地区黄河那样大的改道。

元代，安宁河“夹岸多高岩丛苇”“深广而多瘴”，说明元代安宁河沿岸植被保持完好，水土流失不明显，“河水深广”说明当时安宁河水量很大。明代，在安宁河流域的宁番卫（治今冕宁县）、建昌卫（治今西昌市）、德昌所（治今德昌县）、米易所（治今米易县）等地实行屯田，同时建昌卫所属德昌所、打冲河所、米易所等地还承担皇木采办的任务，安宁河流域的林木资源在农耕、伐木和矿冶生产的多重影响下消耗量增大，由此伴生的水土流失也有所加剧，安宁河的泥沙含量有所增加。嘉靖十五年（1536）建昌一带曾发生一次大地震，地震造成“地裂涌水、陷下三四五尺者，卫城内外似若浮块、山崩石裂”，地震造成的地陷、地裂、山崩使西昌至冕宁一带的安宁河水道发生摆动性的变化。清代雍正以后，迁入安宁河流域的汉人迅速增多，他们在促进凉山地区经济发展的同时，也加速了安宁河流域森林、草地植被的破坏。到光绪年间，安宁河流域水土流失更为严重，大量泥沙被河水携带沉积于河道，致使河床不断抬高。

4. 大渡河

大渡河历史时期又称沫水、阳山江。北宋以前，大渡河“河道广平，可通漕舟”，当时从黎州（治今汉源县）可乘舟直通嘉州（治今乐山市）大佛脚下，但到北宋时大渡河“澎湃如瀑，从空而落，春撞怒号，波涛汹涌，船筏不通”，关于产生这种变化的原因，可能是清溪古道阻断后，大渡河的险阻更显突出，使人们对大渡河的水文状况又有了更深的认识，当然也有可能是地质构造变化造成的。

元代大渡河流域烟瘴颇盛，“西南烟瘴，惟此（大渡河）与金沙江最为可畏”，有烟瘴发生，说明大渡河流域森林植被覆盖良好，由此推测元代大渡河水质较好。至明代，这种状况仍没有根本的改变。清代，加强对川西南的经济开发，大渡河流域也不例外，随着经济开发力度的加强，大渡河沿岸树木渐次砍伐，大渡河流域水土流失也日渐严重，乾隆五十一年（1786）越嶲厅北大渡河岸海脑坝山崩，塞大渡河，原来的田庐之区，“水退一片白沙”。由此可见，至乾隆末年，大渡河水中泥沙含量已较高，此后大渡河流域经济开发力度进一步加大，河流的泥沙含量也持续增加。

5. 邛海

邛海，古称“邛池泽”“邛池”“邛河”。地质年代第四纪开始的时候，邛海所在的区域是一片“冰川”，后来冰川退却，在地底留下百米厚的冰湖堆积。该地段内地质活动十分频繁，处在安宁河断裂和则木河断裂交汇处，这些断裂在第四纪晚更新世（距今十万年左右）强烈活动，致使邛海一带逐渐下陷成盆地，全新世早期，西昌地壳再度整体隆升，湖盆再度枯萎，从而积水成湖。

关于邛海最早的记载见于《汉书·地理志》，叫“邛池泽”，水草交错为“泽”，说明当时邛海为水草交错的沼泽，如泸沽湖一般，有将近一半是浅水草海。《华阳国志》说邛都“河中有蚌嶲山”。今邛海中无山，抑或当时湖水浅时露有小阜，今已没入水中。总体而言，汉代的邛海与今日碧波荡漾的邛海有很大区别，当时的邛海水草交错，湖面较浅且狭长，枯水季节湖心浅滩露出湖面。刘昭注《郡国志》引《南中八郡志》“（邛都）县东南数里有水名邛都河，纵广二十里，深百余丈”，表明南朝梁时，邛海南北长约十千米，和现在差别不大。

明代地震造成湖岸崩坍，湖面局部扩大。泸山光福寺南明永历七年（1653）《泸山碑记》说："迨至嘉靖年间，地震滩（坍）塌，段氏之田尽化为沧海。"1653 年地震，因为邛海湖体如勺头较深，出水口海河如勺把较浅，北山崩塌的土石和西昌城乡倒房杂物等由东、西河冲入海河，使出水口堵塞，邛海湖水暴涨，冲毁沿岸村庄良田。

近代，邛海北岸的水域被人工围海造田、修建鱼塘，官坝河、鹅掌河流域上游仍然存在陡坡耕种、毁林开垦现象，流域内的水土流失较为严重，邛海水域面积呈萎缩趋势。从 1966 年的 28.75 平方千米减少到 2004 年的 26.84 平方千米。其中官坝河河口淤积特别严重，河口从 1966 年到 2013 年向西偏移 1100 米，淤积影响范围 1500 米，向前推进 710 米，47 年间平均每年向湖心推进 15 米①。2010—2013 年，西昌市大力对邛海实施了 4 期湿地恢复工程后，湿地面积成扩大趋势，到 2013 恢复邛海水域面积到 28.31 平方千米，邛海生态环境得到有效保护。

第六节　凉山气候和植被的变迁

在距今一万年前后，凉山地区气候较为寒冷。据布拖县火烈湖地层沉积物孢粉分析②，距今 1.18 万—0.86 万年前，植物花粉中耐寒的云杉、冷杉植物花粉在孢粉谱中出现第一个高峰，铁杉也出现一个小高峰，草本植物花粉、蕨类植物孢子数量稀少，这种植被构成表明气候较为寒冷。

距今 8000—3000 年前在中国气候变化史上属"仰韶温暖时期"③，这一时段凉山地区气候也较为温暖，但略有差异。冕宁县彝海洼地地层沉积物孢粉分析表明，距今 8800—5000 年彝海湖区植被是以高山栎、石栎及青檀等常绿、硬叶栎类为主的常绿硬叶阔叶林，林中混有一定数量的落叶树种，反映气候转向温暖湿润；周边山地铁杉增多，说明区域降水增多，冬温升高，但夏季温度不高；落叶阔叶树种增多及亚热带树种类型单调，也证实

---

① 杨军、赵勇、张红实、李国祥、罗洪：《利用卫星遥感影像数据分析邛海湿地近 50 年的变迁》，《四川农业科技》2013 年第 4 期。

② 刘和林、李承彪、陈乐尧：《川西南布拖县西溪河火烈湖孢粉组合特征与距今 2.2 万年以来古气候分析》，《四川林业科技》2003 年第 2 期。

③ 龚高法、张丕远、张瑾瑢：《历史时期我国气候带的变迁及生物分布界限的推移》，《历史地理（第 5 辑）》，上海人民出版社，1987 年。

夏季温度不高。从冕宁彝海洼地①、布拖火烈湖②、螺髻山大海子③等地植被及其相应气候，可以看出凉山地区的仰韶温暖期始于距今 8800 年，结束于距今 2600 年，这一温暖期比中原地区要早 800 年，延续时间比中原地区还长 400 年，这是凉山地区气候史上的一个特点④。

在西周中原地区气候转寒冷之时，凉山地区仍保持着温暖的气候，这种状况一直持续到距今 2600 年左右，时间约相当于春秋后期。此后凉山地区气候转凉，冕宁县彝海洼地同时期地层剖面孢粉分析表明当时该地植被是以青桐、石栎、桦、落叶栎、胡桃、松等为主的常绿、落叶阔叶混交林，表明气温较前一时期降低，降水量有所增长⑤。

春秋时期凉山地区降温时间不长，至距今 2200 年左右凉山地区气温有所回升，时间约相当于秦末汉初，冕宁县彝海洼地落叶阔叶树种桦、栎有一定数量，亚热带落叶阔叶树种经常出现，说明气候温暖偏干，但维持时间不长，到距今 2000 年左右，时间相当于东汉至南北朝时期，气候又转冷。

距今 2000—1200 年间，约相当于东汉至唐代，这一段时期全国气候由寒转暖。汉唐时期凉山地区气候较为寒冷，这是从纵的时间上来说的，与同时期中原地区相比，则要略显温暖，如汉晋时期今凉山州、攀枝花等地的河谷地带还有野生犀牛生存⑥，犀牛为热带森林动物，说明当时今凉山一带的气候较中原地区要温暖湿润。

距今约 1200—800 年，大约始于唐代末年，其下限延续至南宋，凉山地区的气候有所回暖，被称为“中世纪温暖期”。据冕宁彝海洼地地层沉积物孢粉分析，距今约 1200—800 年时，该地植被是以松、青桐、栲等为主的针叶、阔叶混交林，尤以青桐、松、桦及狐尾藻较多，林下及林间草本植物繁茂，主要为蒿、禾本科等，显示当时气候温暖偏干⑦。当时今会理以南金沙江沿岸有大量的余甘子种植，余甘子为一种热带长绿乔木，说明当时金沙江沿岸气候较为温暖湿润⑧。

---

① 童国榜、吴瑞金、吴艳红等：《四川冕宁地区一万年来的植被与环境演变》，《微体古生物学报》2000 年第 4 期。

② 刘和林、李承彪、陈乐尧：《川西南布拖县西溪河火烈湖孢粉组合特征与距今 2.2 万年以来古气候分析》，《四川林业科技》2003 年第 2 期。

③ 李旭、刘金陵：《四川西昌螺髻山全新世植被与环境变化》，《地理学报》1988 年第 1 期。

④ 朱圣钟：《一万年以来凉山地区气候变迁》，《云南地理环境研究》2007 年第 2 期。

⑤ 童国榜、吴瑞金、吴艳红等：《四川冕宁地区一万年来的植被与环境演变》，《微体古生物学报》2000 年第 4 期。

⑥ 蓝勇：《历史时期西南野生印度犀分布变迁研究》，《古代交通生态研究与实地考察》，四川人民出版社，1999 年。

⑦ 童国榜、吴瑞金、吴艳红等：《四川冕宁地区一万年来的植被与环境演变》，《微体古生物学报》2000 年第 4 期。

⑧ 蓝勇：《历史时期西南经济开发与生态变迁》，云南教育出版社，1992 年。

距今800年—19世纪，凉山地区的气候又趋于寒冷。据冕宁彝海洼地地层沉积物孢粉分析[①]，此时该地植被是以松、青㭎、栲等为主的针叶、阔叶混交林，以杉科、桤木及中生落叶栎较多，灌草丛大量繁盛，气候温凉偏湿，相当于常说的明清小冰期。

19世纪以后，凉山地区的气候有所回暖，气候状况大体和现今凉山地区气候类似。

一万年以来凉山地区气候大致经历了8个时期：距今11800—8800年为寒冷期，气候温凉偏干；距今8800—2600年为温暖期，气候由温暖湿润转暖热半湿；距今2600—2200年为寒冷期，气候转冷；距今2200—2000年为温暖期，气温有所回升；距今2000—1200年为汉唐寒冷期，气候由温湿转偏干，再转凉湿；距今1200—800年为中世纪温暖期，气候由凉偏湿转暖偏干；距今800年—19世纪为小冰期，气候温凉偏湿；19世纪至现今为气候回暖期，气候温暖湿润[②]。

第七节　自然环境对交通的影响

凉山所处的横断山区，河流和山脉呈南北纵向相间排列，形成著名的三江并流高山峡谷，在高大山脉之间形成纵深陡峭的峡谷，地形地质因素构成了西部地区交通发展的天然阻障。自然环境状况必然会对交通的布局与发展产生相当大的影响，尤其在古代社会，生产技术、设备条件与交通工具都不发达，人类改造自然的能力还有限的情况下，自然环境对交通的影响几乎是决定性的。

一、自然环境对交通线路选择的影响

自然环境是交通建设的必要条件，任何交通设施都必须修建在一定的自然环境中，作为交通行为载体的道路设施显然是受自然环境影响最大的交通要素。交通线的出发点是依托自然环境创造一个最为便捷的交通环境，交通线路走向、交通要塞的地域布局，无疑不受地理环境的制约。道路里程的远近和交通难易等地理因素是导致交通道路开拓和变迁的一个重要原因。

在影响古代交通线选址的各种因素中，人文环境和自然环境是基本的两类因素，而人

① 童国榜、吴瑞金、吴艳红等：《四川冕宁地区一万年来的植被与环境演变》，《微体古生物学报》2000年第4期。
② 朱圣钟：《一万年以来凉山地区气候变迁》，《云南地理环境研究》2007年第2期。

文环境又依存于包括地理条件、地质条件、水文条件、气候条件等在内的自然环境。因此，陆路交通网的结构、密度、分布与线路的具体路径都受到自然条件的影响。在影响交通线路选择的各种自然因素中，地形地貌对交通路线的影响是最大的，有时甚至起着决定性作用。

零关道从成都经西昌进入云南，沿途有泥巴山、拖乌山、大相岭众多山脉，山势险峻，横亘百余千米，难以翻越，阻隔了安宁河谷与四川盆地的交通联系。在古代社会，因为设备和技术的落后，还无法大规模开凿隧道。在崇山峻岭中开辟道路，工程量巨大，绝非易事，如不能利用地形之利，难以成功。一般情况下，穿越山岭只能沿着山脊、山川、垭口、谷地、河槽等相对有利的区域，跋山涉水，披荆斩棘。因此，道路选择的路线要么险峻崎岖，需翻山越岭，路途艰险，要么路途平坦，但迂回曲折。

所谓两山之间必有川，两川之间必是山，山地的断层地带或者江河源流穿切山岭所形成的河谷低地便于作为穿越山地的交通孔道。开辟山路交通线时一般沿着自然形成的山间沟壑、山脊或者江河源流穿切山岭所形成的河谷低地来设计路线。

也有一部分路段是选择河谷作行经路线，但在更多的地方，是依据当地特殊的地形地貌特征，因地制宜，将线路设计在山间半山腰上。尤其是在四川和云南交界的地方，如雅砻江沿岸的茶马古道路段，当地的河谷地带非常险峻，无法开凿，所以将道路多建在了半山腰上。

二、猛兽蛇虫对出行安全的影响

在以人力、畜力作为主要交通动力的古代社会，虎、豹、狼、蛇、虫等恶兽毒物常有伤人之虞，对往来行旅的交通安全构成了极大的威胁。秦汉时代的陆路交通线路所经过的很多路段往往是荒原野外，人烟稀少，或者穿越茂密的丛林，山高林密，野兽蛇虫出没无常，行旅人畜经常遇害。

凉山处在中国气候相对温和湿润的地带，古代的凉山生态状况也远好于今天，野生动植物的分布也跟今天有很大的不同。加上道路多穿越偏僻的山林，区域内人口较少，人类活动频率较低，虎狼等恶兽的种群和数量众多，虎患、狼患猖獗，且发生频率高，波及范围广。除了虎狼等大型猛兽给行旅交通活动制造困难，蛇虫等动物也对往来行旅的户外安全构成直接的威胁。

虎狼等猛兽对交通活动的危害，不仅体现在虎狼等野兽伤害行旅生命安全之实，更重要的是对往来于交通道路上行人所施加的心理上的影响。道路遇猛虎的背景使得人们对虎狼的畏忌心理加剧，造成内心的恐慌。

三、地质灾害对交通活动的影响

交通活动受当地自然环境的制约，也受到诸种自然灾害的影响。凉山是自然灾害发生比较频繁的地区，各种自然灾害对交通活动造成严重影响。局部的短时间内地理环境的剧变，往往对交通通行、交通设施造成决定性的影响。诸如地震、火山爆发、泥石流、滑坡、暴雨、沙尘暴等常态化的自然灾害，不仅仅体现在毁坏交通设施，而且更会直接对交通活动施加影响，对于往来于道路上的行旅客商而言，无疑是巨大的阻碍。

在影响西部地区交通活动的气象因素中，以水灾、风灾、雪灾、极寒、瘴气这几类最为显著，而干旱则对水路交通影响较大，干旱导致河流水量剧减，无法行船或增大行船的危险。风雨雪灾害对人们出行、军队行军的影响不可预测，相比这些短时内剧烈的天气变化，瘴气之害则是长时段内的影响因素。瘴气形成于热带亚热带雨林区域，凉山是盛夏瘴害多发区。区域内多高山丛林，夏季气候炎热，向来是瘴害多发地。零关道凉山段是通往云南乃至缅甸、印度诸国的必经路线，盛夏季节，往来商旅深受瘴气之害。此外，在高原高山地区，高原高山反应也是一个难以回避的问题。

地震是对地形地貌改变最为彻底的自然灾害之一。就其对交通活动的影响而言，因地震造成之山崩地裂，堵塞水道，导致水逆流，毁坏交通设施，甚至直接威胁行旅性命安全。

第二章　凉山的历史沿革

《尚书 · 禹贡》将当时的“天下”分为九州，今天的凉山地区属于“华阳黑水惟梁州”中的“梁州”。古蜀国以“南中为园苑”，凉山地区成为其控制区域，并受到蜀文化较深的影响。凉山地区被牢固纳入中央王朝疆域并建立行政机构始于两汉时期，其后2000多年直至清代，一直保持了完整的历史沿革。需要说明的是，由于凉山自古就是一个多民族地区，也曾成为地方割据政权的疆域，历史上的王朝也包括了蜀汉、成汉、南诏、大理等地方政权。

第一节　旧石器时代

从两三百万年前开始至约一万年前结束的旧石器时代是人类最早的发展阶段，旧石器时代以使用粗糙的打制石器为标志。在我国西南地区，迄今已发现多处旧石器时代早、中、晚各个时期的遗物地点和包括直立人、早期智人和晚期智人各个阶段的人类化石。

在元谋人地点出土的22件石制品中可以分辨出刮削器和尖状器，尖状器经过了精细的加工，修整成顶端有尖角的三角形打制石器。

此外，已确认元谋人的旧石器是用砾石打制。这一发现将中国西南地区砾石工具的传统提前到170万年以前。

1972年发掘的汉源县富林镇遗址是华南文化内涵较丰富的旧石器时代晚期遗存。出土的4500余件石制品中小石核、小石片和小石器占了绝大多数。富林文化与我国北方同一时期的某些遗存较为相似，同属小石器技术传统。

西南地区的旧石器时代文化与我国其他地区的文化有若干共性，表明前者属于中国旧石器时代文化的一个组成部分，同时西南旧石器文化也具有明显的地方特点。各地文化情况还表明，西南自然条件不同，地区间的不平衡性和多样性在旧石器时代晚期已经出现。

第二节　新石器时代

就世界范围内而言，新石器时代约开始于公元前8000年。农业、畜牧业的产生是新石器时代到来最主要的标志。这一时期出现了磨制石器、陶器和纺织，人类从原来依赖天然产品过渡到生产经济占重要比重的阶段。新石器时代的遗存在凉山的分布十分广泛，迄今已发现300余处遗址和遗物地点，主要分布在安宁河流域，另外在城河流域和盐源盆地也有发现。

目前安宁河流域发现最早的新石器时代遗址是盐源皈家堡子遗址，根据遗址浮选木炭，经碳十四测定，该遗址的年代为距今4800年左右，稍晚的横栏山遗址，碳十四测定其遗址的年代为距今4000年左右。在西昌境内还发现有与横栏山遗址相同年代和文化内涵的遗址，它们是位于安宁河西岸的琅环乡棲木沟遗址、樟木菁乡营盘山遗址和安宁河东岸的经久乡马鞍山遗址。早在距今4000年左右，西昌的邛海湖滨和安宁河两岸已经开始有人类居住，当时农业经济在社会经济主体地位尚不明确，包括狩猎、采集在内的多种经济方式仍占相当比重。距今3000年左右，中原地区进入青铜时代，由于自然条件的制约，凉山依然处于石器时代晚期，但农业经济已非常成熟，社会分工明确，贫富分化产生的社会阶层分化明显。

第三节　秦汉至蜀汉两晋南北朝时期

自新石器时代末期以后，西南各地先后进入了青铜时代。由于文化地缘的关系，这一时期凉山地区受古蜀的影响较为深刻。凉山青铜文化主要分布于安宁河流域、盐源盆地和会理城河流域。古蜀人对凉山地区的影响在考古学资料上多有反映。安宁河流域的大石墓、盐源盆地的土坑墓都受到古蜀大石文化的影响，尤其是大石墓尾部的立石与成都保存至今的古蜀遗迹“支矶石”“天涯石”极为相近。蜀文化的一些典型器物也出现在凉山地区，如大石墓中出土的虎头铜带钩，盐源盆地出土的三角援铜戈、“V”形銎口铜钺、辫索纹耳鍪、“巴蜀图语”印章和带钩、青铜杖，会理瓦石田发现的蜀式戈的石范。普格发现有若干通体磨光的长条形石器，这种类似的器物在广汉三星堆曾有出土。种种迹象表明凉山地区与古蜀文明有着千丝万缕的联系，这种联系在三星堆时期就已经出现，一直延续到了西汉初期（蜀国虽然在公元前316年被秦所灭，但其文化至少延续到了西汉初）。

秦惠文王后元九年（前316），派张仪和司马错灭了巴、蜀，并在巴的故地设置了巴郡，蜀的故地设置了蜀郡，进而以此为基地开发西南。在凉山地区，蜀守张若曾经营过筰地，秦的政治触角延伸到了凉山地区的西部。秦王朝曾在西南地区设置郡县，其中应该包括凉山地区，秦所置郡县因秦灭而废，连名字也未留下来，但秦帝国曾经经略凉山地区应该是没有疑问的。

汉朝经营西南夷对凉山产生了重要的影响。西汉初年，随着汉王朝的稳定与发展，中央王朝在打通“蜀身毒道”的驱动下又开始了对西南夷地区的开发与经营。西汉王朝对边疆地区的开发采取的还是推行郡县制的方法，但在开始时还是受到了挫折。汉武帝曾拜唐蒙为郎中将开西南夷道，紧接着，蜀人司马相如亦支持对西南夷的开发，并参照南夷在西夷设置了都尉和十余县。后因通西南夷道的工程艰巨，土著民族又常有反抗，加之又要对付北方匈奴的威胁，汉武帝听取了公孙弘等大臣的建议，撤消了西夷的县，只保留了南夷的两县一都尉。

但是汉武帝并没有放弃开发西南夷，不久又再次在西南夷推行郡县制，这次却非常成功，凉山地区涉及的主要是越嶲郡。越嶲郡初置于汉武帝元鼎六年（前111），比犍为郡晚置了二十四年。西汉的越嶲郡下辖十五个县：邛都（今四川凉山州西昌）、遂久（今云南华坪、四川攀枝花市盐边至永仁北部一带）、灵关道（今四川雅安市荥经、汉源一带）、台登（今四川凉山州冕宁泸沽）、定筰（今四川凉山州盐源）、大筰（今四川攀枝花市盐边、米易一带）、筰秦（今四川凉山州冕宁一带）、会无（今四川凉山州会理）、姑复（今云南丽江、宁蒗、永胜一带）、三绛（今四川凉山州会理南部至云南元谋北部一带）、卑水（四川凉山州昭觉东部及美姑一带）、苏示（今四川凉山州西昌礼州）、青蛉（今云南永仁、大姚一带）、阑（今四川凉山州越西）、灊街（今四川雷波至马边一带），邛都为郡治所在。除了姑复、青蛉、灵关道等少数几个县外，其他的县基本上都位于今凉山地区内。到了东汉时期，越嶲郡没有大的变化，只是省并了灊街县，辖县变成了十四个。

东汉献帝建安十九年（214），刘备率军入成都，自领益州牧，尽得益州之地，益州南部的越嶲、牂牁、益州、永昌四郡便纳入了蜀汉的统治疆域。刘备在入蜀的第二年（215）便委派邓方为犍为属国都尉，后又改犍为属国为朱提郡，由邓方任朱提郡太守，兼庲降都督，驻南昌县。后来又由李恢继任庲降都督，驻平夷县。直至蜀章武三年（223）刘备去世，蜀汉南中的郡县没有大的变易，还是只设有越嶲、牂牁、益州、永昌四郡。同时，南中的土著民族豪帅与部分汉族大姓开始发动叛乱，建兴三年（225）春三月，丞相诸葛亮出动三路大军开始南征南中。一路由诸葛亮亲自率领，“自安上由水路入越嶲”；一路由驻平夷的庲降都督李恢率领，南下益州腹地；一路由马忠率领向东深入牂牁郡。当年秋天，“四郡皆平”，诸葛亮班师回成都。南征后，蜀汉政权对南中的郡县进行了大调整，将原来东汉在南中地区所设的越嶲、牂牁、永昌、益州四个郡调整成了越嶲、牂牁、永昌、建宁、朱提、云南、兴古七个郡，史称“南中七郡”，其中越嶲郡基本就位于今天的凉山地区。

蜀汉时期越嶲郡的具体变化是：原东汉越嶲郡十四个县中的青蛉、遂久、姑复三县被划归新设置的云南郡，废省了大筰、筰秦两县，改严道县为新道县（原灵关道），恢复了西汉时的灊街县，增设了马湖（今雷波）、安上（今屏山）二县。故蜀汉时的越嶲郡领有邛都、台登、卑水、三缝（即三绛）、会无、定筰、阑、苏祁（即苏示）、新道、灊街、马湖、安上十二个县，邛都县仍为郡治。

公元263年，魏灭蜀，蜀汉庲降都督霍弋以南中七郡降魏，其时的南中七郡为越嶲郡、朱提郡、牂牁郡、建宁郡、兴古郡、云南郡、永昌郡。两年后，即公元265年，晋代魏，仍以霍弋为都督，这时的南中七郡皆属益州。凉山地区（当时的越嶲郡）成了西晋的疆土。

西晋初年，曾经两次在南中地区设置宁州。第一次是在晋武帝泰始七年（271），将蜀汉南中七郡中位于南边的建宁、兴古、云南、永昌四郡设置为宁州。第二次是在晋惠帝太安元年（302），重置宁州，但这次的宁州包括了越嶲、朱提、牂牁三郡。又将建宁郡西部的七县划出设置了益州郡。此后，南中地区的郡县变动得更加纷纭复杂，越嶲郡则时而属宁州，时而属益州。

成汉是巴氐人从西晋手中夺取四川盆地而建立起来的一个地方政权，属于十六国中的一个。成汉在四川盆地站稳足跟后，开始与东晋王朝（其时西晋已经灭亡）争夺南中地区。东晋成帝咸和八年（333），大成李雄派李寿征宁州，晋宁州刺史尹奉降，南中尽归大成所有。东晋成帝咸康四年（338），李寿即大成皇帝位，改国号为汉，分牂牁、夜郎、朱提、越嶲四郡置安州。咸康八年又罢安州，牂牁、夜郎、朱提三郡并入宁州，“越嶲郡还属益州”。同时前后，还曾分兴古、永昌、云南、河阳、越嶲、朱提六郡为汉州。这时的凉山地区（越嶲郡）又同时成为成汉的属地。东晋穆帝永和三年（347），东晋大将军桓温灭成汉，益州、宁州复归东晋。越嶲郡复归东晋。

凉山地区位于我国西南，南北朝时期大多数属于南朝宋、齐、梁三朝的统治区，北朝的西魏、北周也短时期统治过这一地区。

刘宋在东晋的基础上仍置宁州，统治范围大致包括今云南、贵州两省，于今川西南凉山地区则另设越嶲郡，辖于益州。昇明三年（479），萧道成建齐代宋。《南齐书·本纪》记载领益州、宁州刺史者有 9 人，大都是坐镇益州而已，未曾亲履宁州。在南齐的大部分时间，对宁州整体能有效管辖的情形不会太多。天监元年（502），萧衍建立了萧梁，继承了南齐对宁州的统治。大同三年（537），梁以武陵王萧纪为益州刺史，萧纪在蜀统治 17 年，“南开宁州、越嶲，西通资陵、吐谷浑，内修耕桑盐铁之功，外通商贾远方之利，故能殖其财用，器甲殷积”。萧纪在镇守益州时，以越嶲为桥头堡，沟通益州与宁州，并大量收集宁州的土产，除付商贾以牟利外，还作为贡纳献至朝廷，史载言其开建宁、越嶲以后，“贡献方物，十倍前人”。朝廷因此加授萧纪开府仪同三司。

萧梁和以后的陈朝，仍遥授爨氏大姓的首领为宁州刺史，至隋初，爨氏大姓的最后一位宁州刺史是费震。立于刘宋大明二年（458）的《爨龙颜碑》载南中大姓爨龙颜的官衔是“宋故龙骧将军护镇蛮校尉宁州刺史邛都县侯”。《爨龙颜碑》说爨龙颜率五千精锐镇压滇西少数民族的反抗，遂迁宁州刺史兼龙骧将军和邛都县侯，这一官职有可能是刘宋所封。

第四节　隋唐宋（含南诏大理）时期

隋朝的时间很短，但对凉山的建制也有调整。公元 581 年，隋朝建立。公元 589 年灭陈，完成了全国的统一。隋朝对西南地区的控制与汉朝十分相似，都是以凉山作为深入西南的基地。北周在汉越嶲郡故地置有严州，隋初沿北周旧制。隋文帝开皇六年（586）改严州为西宁州，十八年又改为嶲州。隋炀帝推行郡县二级制，大业三年（607）罢嶲州，改置越嶲郡。

公元618年，唐代隋。唐高祖武德元年（618）改隋之越嶲郡为嶲州，益州置总管府。武德三年于益州置道行台，嶲州置总管府。四年升为嶲州都督府，在越嶲郡设越嶲都督府，并设置了许多羁縻州。唐初隶属于唐代嶲州都督府的羁縻州有思亮州、杜州、初汉州、孚川州、渠川州、丘卢州、祐州、计州、龙施州、月乱州、浪弥州、月边州、团州、柜州、威川州、米羌州等。上述各羁縻州绝大部分散在今四川凉山州、西昌地区一带。

唐代中期，南诏政权的力量迅速强大，吐蕃的势力也开始西进，唐、诏、蕃三方经过多次的争夺，最后以南诏占据大渡河以南和金沙江下游以南地区而落幕。南诏在今会理设置会川都督，后改为会同府，作为控制大渡河以南广大地区的最高军事行政机构。又在今西昌设置建昌府，在盐源设香城郡，与会川都督成三角之势。唐代，位于今四川冕宁、喜德一带的勿邓部落，其控制的地域可达千里，勿邓“有邛部六姓，一姓自蛮也，五姓乌蛮”。“又有东钦蛮二姓，皆白蛮也，居北谷（台登）。”黎、嶲、戎数州的部落皆隶勿邓。勿邓南70里有两林部落（在今四川喜德以东），其南有丰琶部落（在今四川昭觉），辖阿、诺二姓。两林地虽狭，但受诸部推为长，号“都大鬼主”。勿邓、丰琶、两林因居于雅砻江以东，故被称为“东蛮”。天宝中曾受唐封爵，天宝战争后，南诏攻陷居州，东蛮“遂羁属吐蕃”。

从南诏灭亡（902）至大理国建立（937），在短暂的36年间，统治云南及其附近地区的地方政权，经历了大长和国、大天兴国、大义宁国的更替。大理时期，凉山地区的民族有了变化，《宋史·蛮夷四》说：黎州诸蛮计12种，知名者有山后两林蛮、邛部川蛮、风琶蛮、保塞蛮、三主蛮、西菁蛮、净浪蛮、白蛮、乌蒙蛮和阿宗蛮，其中风琶蛮、两林蛮、邛部川蛮谓之“东蛮”，“其余小蛮各分隶焉”。与唐代不同的是邛部川蛮取代了两林蛮的霸主地位。大理国基本上继承了南诏的版图。后理国废会川都督，分别置会川府和建昌府，直接由后理政权管辖。建昌府治原建昌城。《元史·地理志》“建昌路”条称，建昌诸酋争强不下，分地为四而推段兴为长之后，“其裔浸强，遂并诸酋，自为府主，大理不能制”。段氏族人统治凉山的安宁河谷一直到了元代。

第五节 元明清时期

元代在全国推行行省制度，行省下设路。凉山地区的建制如下，至元十二至二十七年（1275—1290）以大理国之建昌府、会川府地分置建昌路、德昌路、会川路、柏兴府，设罗罗斯宣慰司以总之，治地在今西昌市。

明太祖洪武二十七年（1394）在凉山置四川行都指挥使司，领五卫、八所、五长官司，五卫即建昌卫军民指挥使司、宁番卫军民指挥使司、盐井卫军民指挥使司、越嶲卫军民指挥使司、会川卫军民指挥使司；八所即守御礼州后千户所、守御礼州中中千户所、守御打冲河中前千户所、守御德昌千户所、守御冕山桥后千户所、镇西后千户所、守御打冲河中左千户所、守御迷易千户所；五长官司即昌州长官司、威龙州长官司、普济州长官司、邛部长官司、马喇长官司。

清顺治初，因明制。雍正六年（1728）改建昌卫为宁远府，以会理州来属，并置西昌、冕宁、盐源三县，越嶲一厅隶之。宣统元年（1909）增置盐边厅，宣统二年（1910）又增置昭觉县。至此，宁远府领有州一、厅二、县四、巡司一、土司十一。一州即会理州；二厅即越嶲厅、盐边厅；四县为西昌县、冕宁县、盐源县、昭觉县；一巡司为迷易所巡司；十一土司为威龙州长官司、普济州长官司、昌州长官司、河东长官司、阿都正长官司、阿都副长官司、马喇长官司、沙麻宣抚司、瓜别安抚司、木里安抚司、邛部长官司。

第六节 中华人民共和国时期

1955 年凉山彝族自治州划归四川省，自治州人民委员会驻昭觉县。原属乐山专区的雷波、马边（驻民建镇）、峨边等县及原属西昌专区的越嶲县划入凉山彝族自治州。凉山彝族自治州辖昭觉、布拖、金阳、普格、喜德、普雄、美姑、雷波、马边、峨边、越嶲等 11 县。1956 年由呷洛地区设置呷洛县（驻蒲倡麻）；由益各脚地区设置洪溪县（驻益各脚）；由咪姑、瓦岗地区和雷波、美姑、昭觉等 3 县各一部分地区合并设置瓦岗县（驻咪姑）。凉山彝族自治州辖 14 县。1958 年呷洛县由蒲倡麻迁驻西西脚坝，瓦岗县迁驻雷池乡。

1959 年越嶲县改名为越西县，呷洛县改名为甘洛县。撤销瓦岗、洪溪、布拖、普雄等 4 县，将瓦岗县并入昭觉、雷波等 2 县，洪溪县并入美姑县，布拖县并入普格县，普雄县并入越西县。凉山彝族自治州辖 10 县。1962 年恢复布拖县（驻布拖）。凉山彝族自治州辖 11 县。

1978 年凉山彝族自治州迁驻西昌县，原西昌地区所属西昌、德昌、冕宁、会理、宁南（驻东风公社）、会东（驻前进公社）等 6 县，以及盐源彝族自治县（驻盐井公社）、木里藏族自治县（驻博瓦公社）划入凉山彝族自治州。盐源彝族自治县改为盐源县。至此凉山彝族自治州辖 18 县、1 自治县。

1979 年由西昌县析置西昌市，属凉山彝族自治州管辖。凉山州辖西昌市和德昌、冕宁、会理、会东、宁南、昭觉、布拖、金阳、普格、喜德、美姑、雷波、越西、盐源、甘洛、木里等 16 县。

第三章 凉山古道考察

凉山地处横断山区东麓，青藏高原和云贵高原在这里交汇过渡，许多条南北纵向的山脉和河流在这里交错蜿蜒。境内山峦起伏，沟谷相间，地形以山地、丘陵为主，安宁河自北而南纵贯凉山州，注入金沙江。境内的盆地和河谷犹如西北荒凉沙漠中的一块块“绿洲”，流动的古代民族将其当成休养生息的去处，这些“绿洲”孕育出丰富多彩的考古学文化。

新石器时代这些因河流冲积形成的峡谷和山间盆地，成为古人迁徙和交流的孔道，汉代司马相如通零关道、“桥孙水”，武帝开西南夷。汉帝国强大的国力加上盐、铁和丝绸贸易使凉山境内有了正式的官方交通道路。此时，凉山有了道路的雏型，在历代王朝的不断经营下，道路得到了迅速的发展，自唐宋以来，历经元明清三代，中央政府不断与西部边区游牧族群进行以茶换马贸易，在这种背景下凉山道路达到了空前的繁荣。

时至今日，这些古道遗迹仍保存在凉山境内的崇山峻岭之中。对凉山古道的线路和现状的考察，有利于对沿线文物的保存现状有更全面的了解，有助于我们对古代族群的迁徙和文化交流的路线有更清晰的认识，为文物保护工作提供依据，为今后申遗工作提供保障。

本书以《四川通志》和州内各县市县志中记载的古道为线索，对记载的线路以及线路上的重要接点进行考察，希望能对境内明清时期残存的古道线路进行联通，对凉山州内古代交通网络有更清晰的认识。考察方法是以实地踏查为主，并访问沿线居民，最大限度地获取信息，弄清楚线路的性质、走向、变迁等，可以对古道及其沿线的文物点获得全方位的认识。

以西昌为中心，凉山的古道可分为五个方向：北向，西昌—冕宁—喜德—越西—甘洛，渡大渡河至雅安；南向，西昌—德昌—会理，渡金沙江至云南；西向，西昌—盐源—木里，穿越横断山脉至藏区；东向进入凉山腹地，西昌—昭觉—美姑—金阳—雷波，渡金沙江至云南；东南向，西昌—普格—宁南—巧家，进入云南。此五个方向的古道为主干道，在主干道周边，还存在着一些较小的支道，这些支道，有的是连通主线的便捷小路，有的是历代改道过程中遗留下来的遗存，都是我们考察的重点。

凉山古代交通路线图

第一节　南北向古道路线

南北向的道路是川滇要道，这条古道始通年代可早至新石器时代晚期，是早期人类南北迁徙的通道。汉代武帝通西南夷，通“零关道”，后又称之为“牦牛道”“清溪道”“建昌道”等。这条古道的走向是在历代道路路线的基础上形成的，现存的古道遗存多为明清时代。

明代顾炎武在《天下郡国利病书》云南贵州卷《旅途志》中对“建昌路”的路线进行了考证①；蓝勇先生著《四川古代交通路线史》，在顾炎武《建昌路考》的基础上，对川滇交通路线进行了详细论证②。明末清初四川南路凉山境内行经地大致如下：

江边巡检司、龙街官渡口、岔箐口、沙沟箐、火焰山、牛腊昔、姜驿。(5 亭)

姜驿、界牌、绿水河、松坪关、黎溪站。(8 亭)

黎溪站、大屯、小官河、七鳌堡、五里坡、凤山营。(7 亭)

凤山营、密迹关、沙河堡、箐山营、普庵塘、会川。(5 亭)

会川、白云庵、大湾营、菅坡营、麻柳湾、大龙站。(5 亭)

大龙站、白果湾、虎豹营、前马、分水岭、巴松汛。(6 亭)

巴松汛、摩梭营、甸沙关、烂泥坎、公母营、凹脑营、白水（锦川）。(6 亭)

白水、观音营、乐要堡、半站营、小高桥、一把伞、阿庸（德昌东）。(6 亭)

德昌、贾告营、胡家湾、新塘（明阿庸驿，今麻栗）、黄水塘、大水塘、黄连堡、禄马。(9 亭)

禄马站、崩土坎、马鞍山、酸查树、瑶山、建昌卫泸川驿。(7 亭)

建昌卫泸川驿、里经堡、马平坝、青山嘴、蛟龙营、礼州所。(5 亭)

礼州所、太平塘、溪龙站、深沟、黄土坡、松林、漫水湾、镇夷堡（安宁）、泸沽驿。(7 亭)

泸沽驿、盐井沟、铁厂沟、太平塘、定盘营、冕山所。(5 亭)

---

① （明）顾炎武：《天下郡国利病书 · 云贵 · 旅途志 · 建昌路考》，《四库全书 · 史部》（上海涵芬楼影印昆山图书馆藏稿本），台湾商务印书馆，1966 年。

② 蓝勇：《四川古代交通路线史》，西南师范大学出版社，1989 年。

冕山所、过路坎、新塘、阎王、通相营（登相营）。(8 亭)

通相营、白石营、九盘营、象鼻营、木厂沟、偏桥、长老坪、小哨、观音岩、炒米关、陶家营、越嶲驿（越西）。(3 亭)

越儁驿、天皇岗、通济铺（越西新民）、果罗河、青岗关（青松）、利济站（明利济驿）。(6 亭)

利济站、凤凰营、梅子岭（梅花）、寮叶坪（寮坪）、腊梅营、清水塘、镇西驿（正西）。(8 亭)

镇西驿、海棠关、煎茶坪、窑厂、平坝（坪坝）、深沟（观音塘）、大湾（光荣）、平夷堡（平等）、八里堡、五里牌、河南站。(8 亭)

河南站、晒经关（前进）、大树堡、临河堡、桂皮罗、富林（汉源富林镇）。(6 亭)

依据此我们制定考察路线，此段南起金沙江，北至大渡河，其中南段从江边至姜驿属云南元谋管辖，北段从大湾至富林属雅安汉源县管辖。为了保持路线的完整性，我们也对凉山境外的两段进行了考察。

一、主干线古道走向及现存状况

1. 江边至姜驿

行政上属云南省管辖，因古道处在金沙江北岸，略作简述。

江边巡检司，今江边乡江边村，村落布局尚存，处在金沙江南岸稍高的台地上。因乌东德水电站建设，村落即将被淹没。

龙街官渡口，今金沙江渡口。

岔菁口，今盐水井村，沙河沟入江口。

沙沟菁，今沙沟菁，沙河沟和一小河沟的交汇处。

火焰山，今火焰山。

牛腊昔，今羊拉昔。

从江边村沿古道下至金沙江边，即为龙街渡，渡江后到达盐水井村，向北进入沙河沟河道。沙沟河为季节性河流，常年大部分时间河道内是干枯的。沿沙沟河河道向北走 4 千米为沙沟菁，是两小沙沟的交汇处。从沙沟菁继续沿沙沟河河道行走 2 千米到达火焰山山脚。火焰山段古道大多在山的阳面盘旋上下，直线距离 2.5 千米，实际里程约 5 千米，垂直高差 650 米，处在金沙江河谷，常年炎热干燥，行走此段，无论对商旅还是马匹都是艰难的考验，所以有火焰山之称。到达山顶，经羊拉昔后，道路平坦，行走 2.5 千米即至姜

江边—松坪古道路线示意图

驿。此段总里程 14.5 千米。

现存古道只在火焰山断断续续可见，部分古道被现代公路叠压或破坏，残存总长约 800 米。古道路基是在基岩上稍作平整后，在路基之上铺石块，路基宽约 90 厘米。路基中间铺较大石块，宽约 30 厘米，大石块两侧用碎石将路基填平。

2. 姜驿至河口

姜驿，今姜驿乡姜驿村。

界牌，今水平石村阿拉驿。

绿水河，今绿水镇坪庄村。

松坪关，今绿水镇松坪村。

姜驿向北行 3.5 千米至阿拉益，翻界牌菁至黎洪乡，继续向北过十里牌至绿水乡。绿水乡往东北方向翻越松坪关至松坪村。松坪向北 5 千米至绿湾，绿湾原名芦湾，因村子东

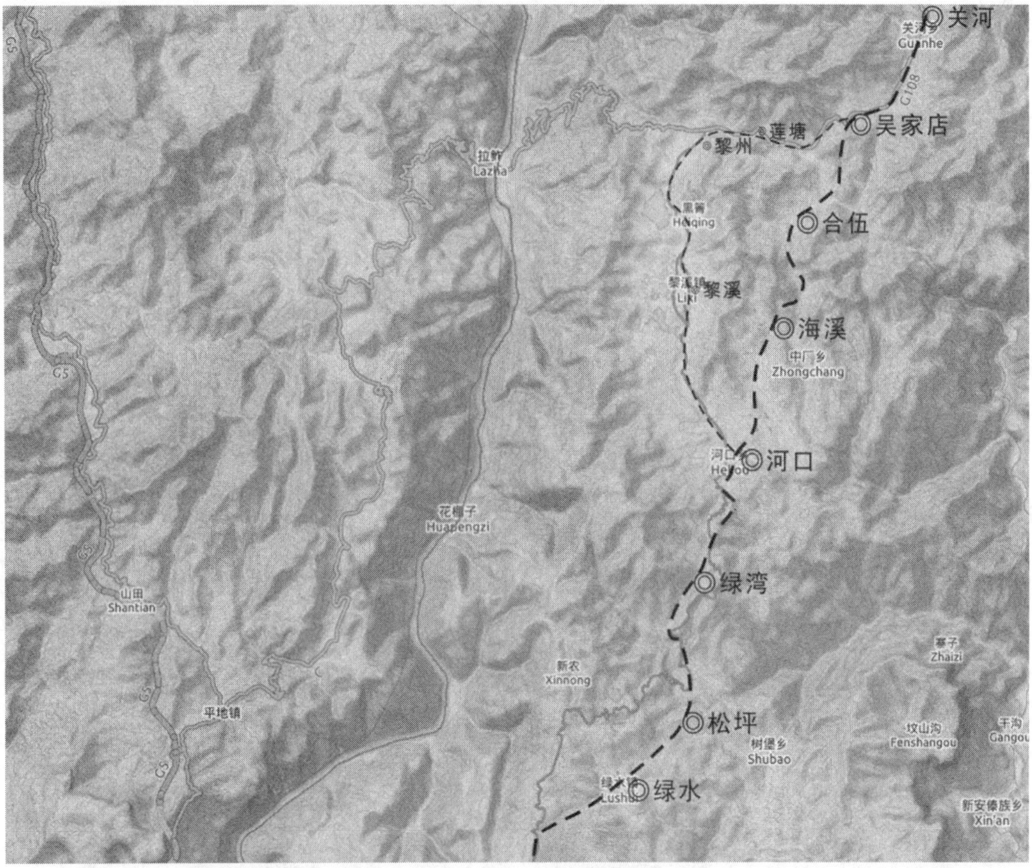

绿水—关河古道路线示意图

侧的大片芦苇荡而得名，绿湾翻过黑泥箐、梅子箐之后至河口，最后达黎溪。此段总里程 30 千米。

现存古道有绿水乡坪庄村西南 200 米处，道路铺设的方式和火焰山段古道基本一致。

松坪村村口南部，长度约 250 米。古道依山势而建，呈东北—西南向，东北高西南低，古道由路面、排水沟、侧挡墙三部分构成，宽 2.0—2.1 米。古道先依山势平出路基，陡峭的地段预留阶梯，在路基上铺设石条，西侧留出 30—40 厘米宽作排水，东侧用条石或块石铺 90 厘米宽路面。路面和排水沟外侧垒砌石块作挡墙，挡墙厚 40—50 厘米、残高 40—60 厘米。

3. 河口至关河

黎溪，今黎溪镇。旧场镇街道总长 600 米，宽 4.5 米，以中段一幢砖木结构街房为界，分为上场街和下场街。因 1955 年和 2008 年地震，原有庙宇祠堂损毁，现已不存。

大屯，今黎溪镇黎州村大屯塘。

河口处在黎溪盆地南部，向北 6 千米即达黎溪。河口至关河两条路，一条为河口向北到黎溪，在黎州村接今 108 国道，然后沿国道经过黎州、大屯、莲塘、田房至关河。另一条是从河口向东至三元村，过凉桥至饶家村，翻过垭口至中厂乡海溪、老棚湾、大棚湾，然后下山经过合伍村的黄家店、刘家店，然后从螺蛳冲翻山至吴家店，过田房后至关河。

现存古道有河口村南部残存约 20 米，形制同松坪关段基本一致，现被水泥地面覆盖。

4. 关河至会理

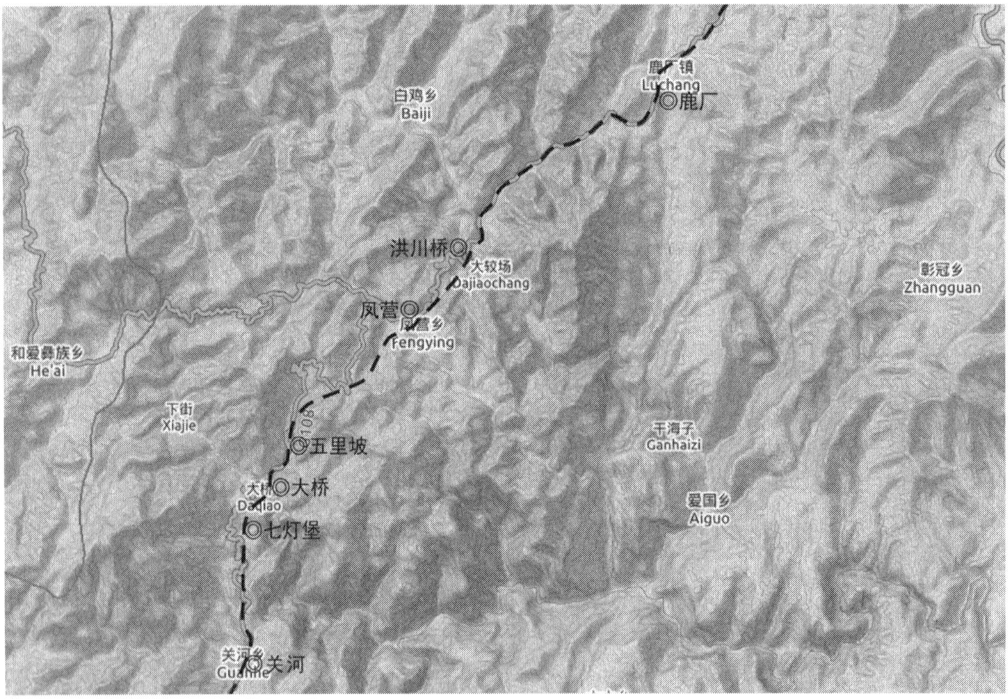

关河—鹿厂古道路线示意图

小官河，今关河镇。

七墪堡，今七灯堡和大桥之间。

五里坡，今五里坡。

凤山营，今凤营乡。

密迹关，今洪川桥村。

沙河堡，今鹿厂镇五星村。

箐山营，今鹿厂镇。

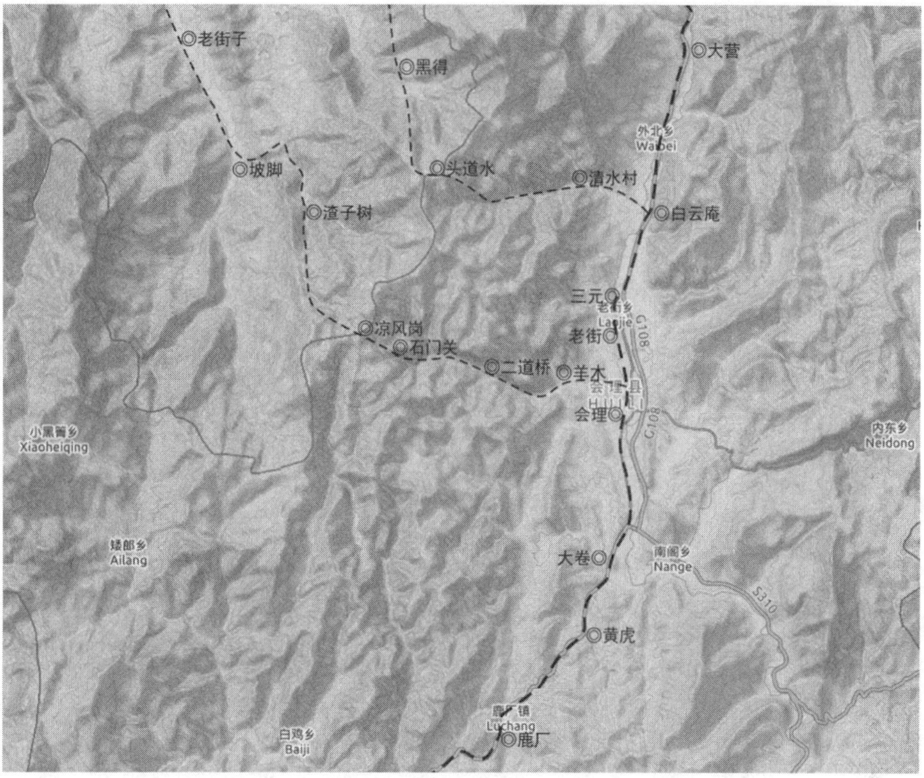

鹿厂—大营古道路线示意图

普庵塘，今南阁乡大卷村。

关河向北为七灯堡，翻过垭口至大桥，沿 108 省道过五里坡至老塘房，从曹家湾下坡，沿山脚过龙凤桥（育麟凉桥）至凤营。

从凤营东侧沿山路下至河谷，顺小溪流而下，至洪川桥。过洪川桥后到五星村的计家湾，过观音井、陈家岩翻越冬瓜岭后到达鹿厂。

鹿厂沿 108 省道，过兴隆、黄虎、大卷、九榜、金梅到达会理西关和北关。

现存古道有凤山营东北 300 米处，路面铺设方式为中间铺设大石板，两侧铺设小石块，近年被水冲毁，只残存路基。

5. 会理至大湾营

会川，今会理县。

白云庵，今沙坝村白云宫。

会理出北关到老街乡，北行 2.5 千米过三元村，过三元桥，到城河东岸五里牌，过白云庵到外北乡，经过花大门，从大营村翻山。

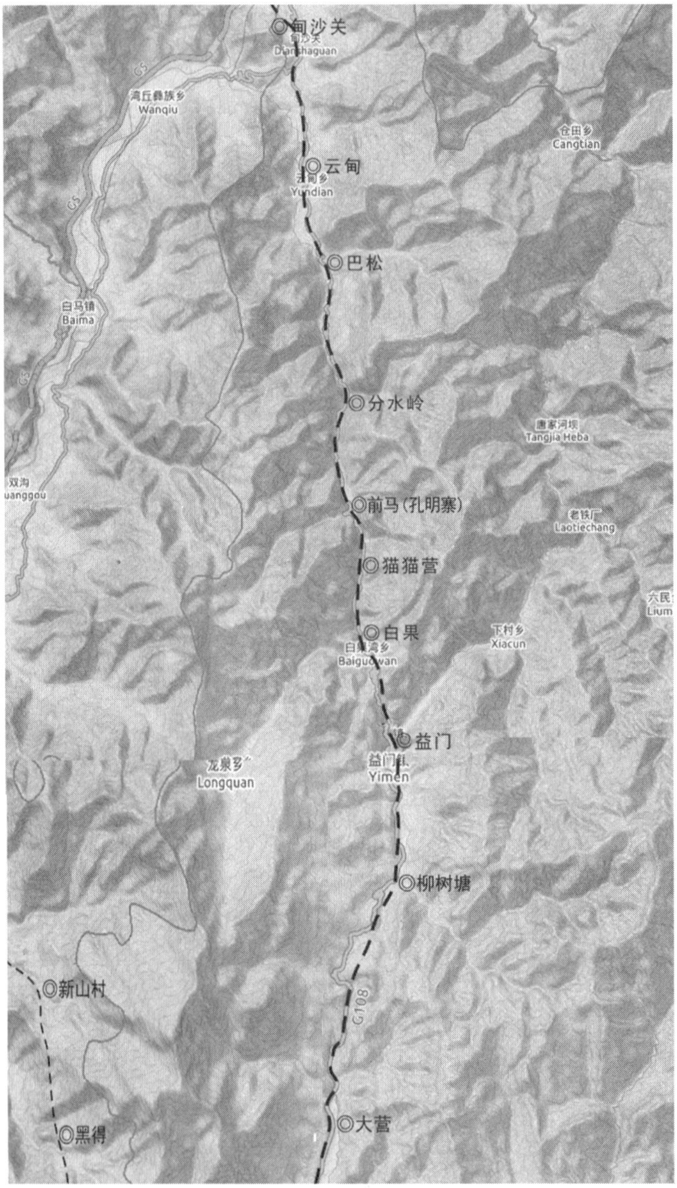

大营—甸沙关古道路线示意图

老街乡街道，现存约100米，已被水泥覆盖。

6. 大湾营至益门

大湾营，今外北乡大营村大湾营。

营坡营，今益门镇大磨村新营。

麻柳湾，今益门镇大磨村柳树塘。

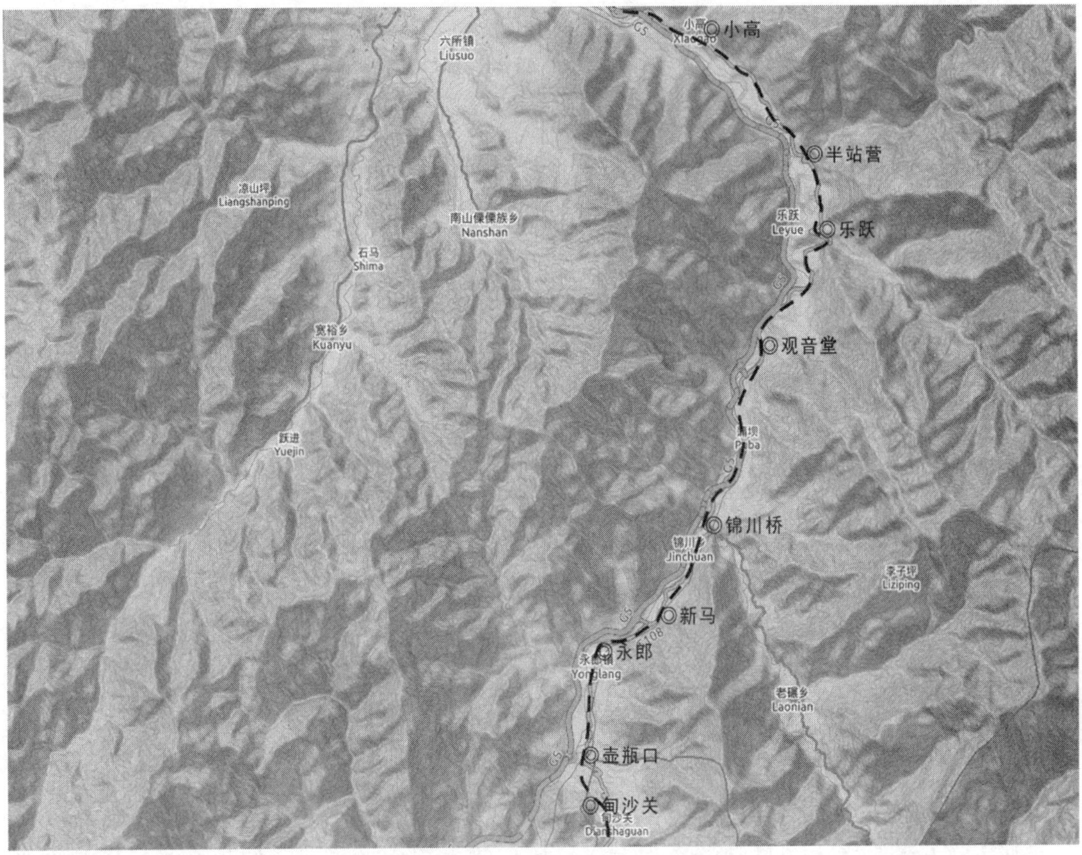

甸沙关—小高古道路线示意图

从大营村向北，过范家沟、谭家湾，翻山后到新营，下山至柳树塘，沿益门河至益门。

7. 益门至锦川

大龙站，今益门镇。

白果湾，今白果湾乡。

虎豹营，今白果湾乡前马村孔明寨。

前马，今白果湾乡前马村。

分水岭，今云甸镇油房村分水岭。

巴松汛，今云甸镇巴松村。

摩梭营，今云甸镇。

甸沙关，今云甸镇甸沙关村老街。

烂泥坎、公母营、凹脑营，这三处地点有误，甸沙关和锦川之间应有两处递铺，当为永定营和新马铺。

永定营，今永郎镇，土城格局尚存。清雍正六年（1728）赐名永定营，1952 年与安宁河西的可郎合并后改称永郎。

新马铺，今锦川镇新马村。

益门至锦川段，全部路段在峡谷中行进，因山路崎岖，后期线路改动不大，和今 108 国道基本一致。益门向北，过白果湾、猫猫营、前马、孔明寨、分水岭到达巴松村。巴松向北过云兴村、沙元村、荆凉村、观音阁、云田村，翻越凉风坳到甸沙关老街。甸沙关老街下山顺 108 国道往北，到安宁河东岸的壶瓶口，继续向北即到永郎。永郎顺安宁河而上，到新马坎、锦川街池村。

8. 锦川至小高

白水（锦川），今锦川镇街池村。

观音营，今金沙乡观音堂村。

乐要堡，今乐跃镇。

半站营，今乐跃镇半站营村。

从永郎开始，进入德昌县境内，古道沿安宁河东岸向北行进。锦川向北，过观音堂村，到乐跃镇，经过半站营到小高。

现存古道有半站营段，古道保存较好，现存长度约 50 米、宽 1.2—1.3 米，古道形制同松坪段基本一致，依山势而修筑，两侧修挡墙。

9. 小高至黄水

小高桥，今小高镇。

一把伞，今小高镇安宁村。

阿雍，今德州镇阿荣村。

贾告营，今德州镇大坪村贾告营。

胡家湾，今麻栗镇大坝村胡家湾。

新塘，今麻栗镇、明阿庸驿。

小高往西北方向，经过一把伞，到阿荣，从阿荣过凤凰桥即到达德昌县城。向北即到贾告营，过胡家湾到麻栗，过洼垴到黄水。

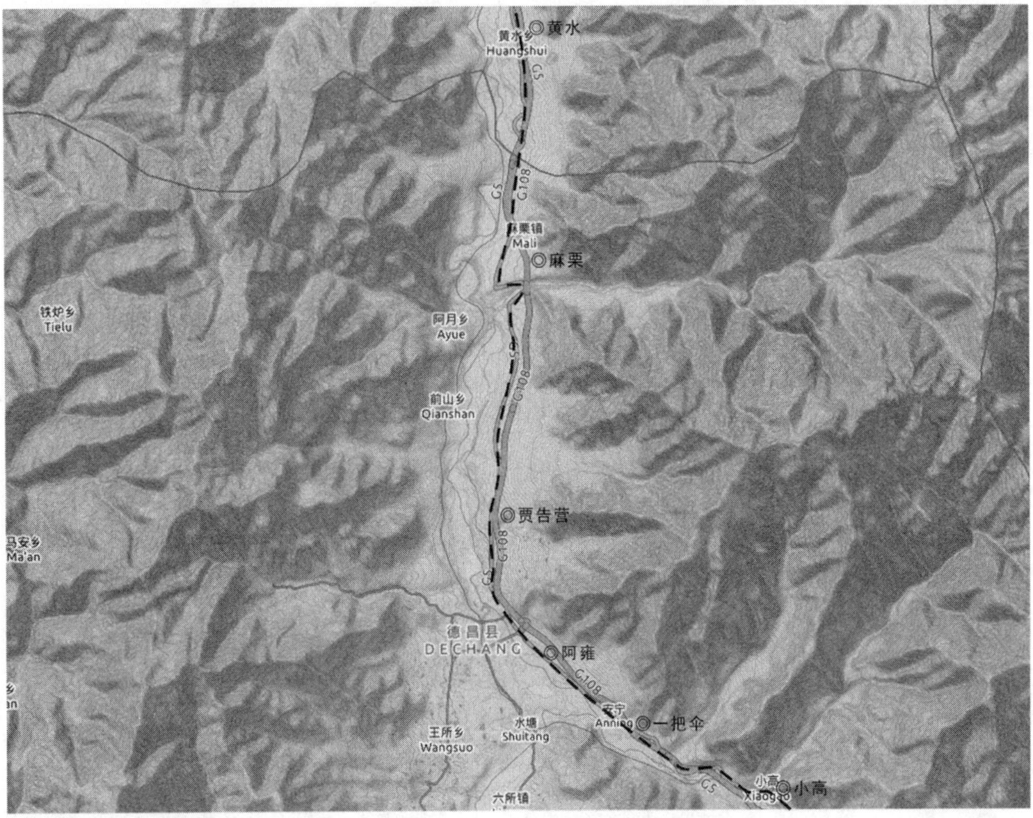

小高—黄水古道路线示意图

10. 黄水至经久

黄水塘，今黄水乡。

黄连堡，今黄联关镇。

禄马，今黄联关镇鹿马村。

黄水向北到黄联关，继续向北即达鹿马，继续沿安宁河北上，到达经久崩土坎。

11. 经久至安宁

崩土坎，今经久乡经久村崩土坎。

马鞍山，今经久乡马鞍山。

酸查树，今马道镇。

瑶山，今西昌市瑶山村。

建昌卫泸川驿，今西昌市古城。

理经堡，小庙乡小庙村。

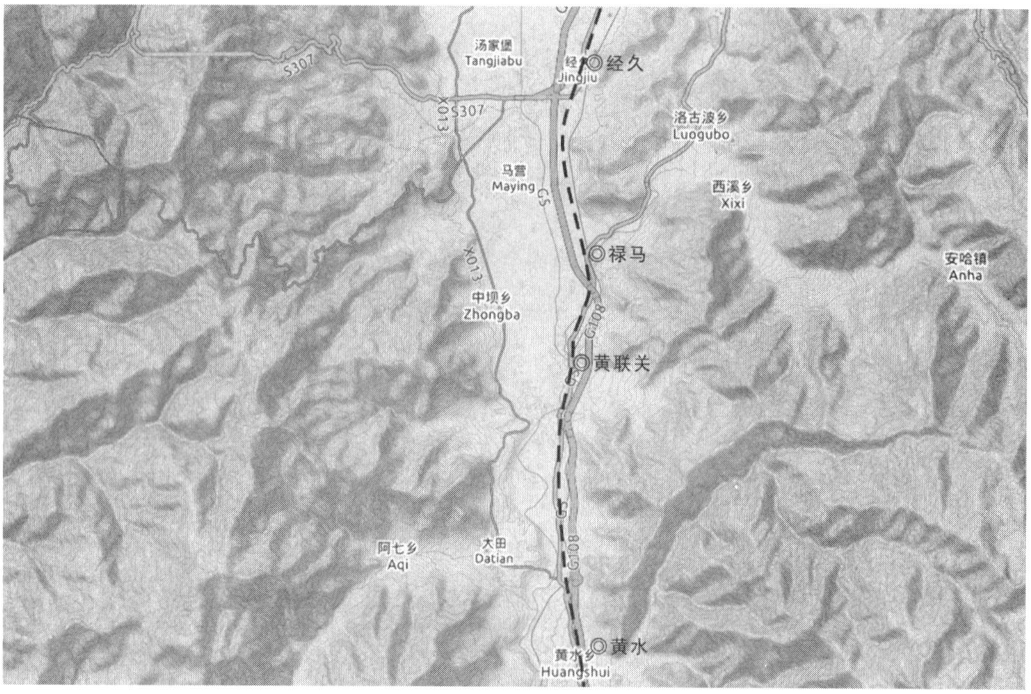

黄水—经久古道路线示意图

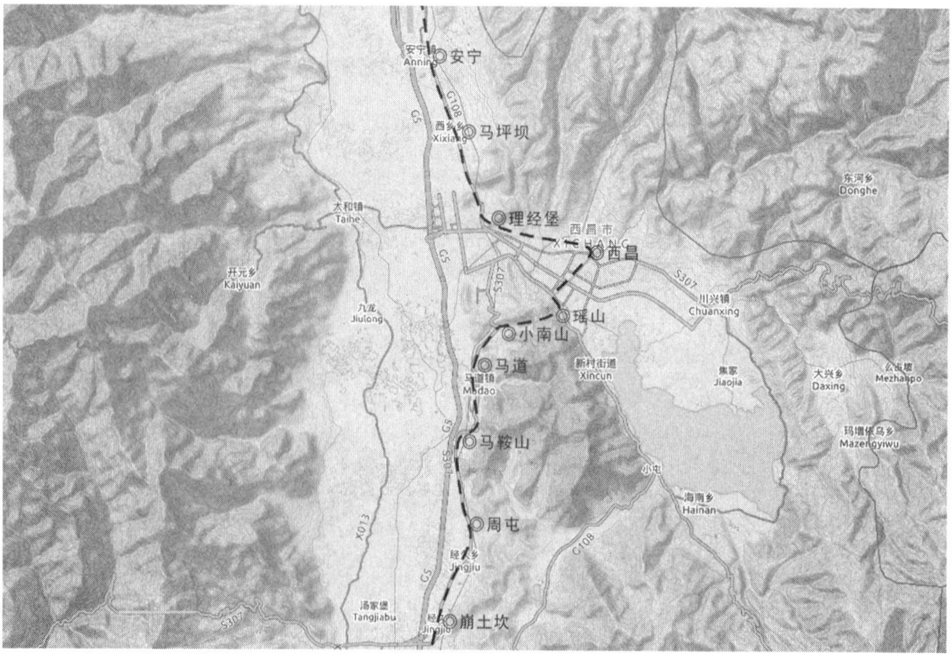

经久—安宁古道路线示意图

马坪坝，今西乡乡马坝村。

从经久向北过周屯、马鞍山，到马道，在小南山翻越瑶山即到西昌。过海河后进入西昌市区，经过西街后从大通门（东南门）进入西昌建昌古城。

西昌经马水河过宁远桥，向西经桑坡、长安到小庙乡，沿天王山山脚向北，到马坪坝、安宁镇。

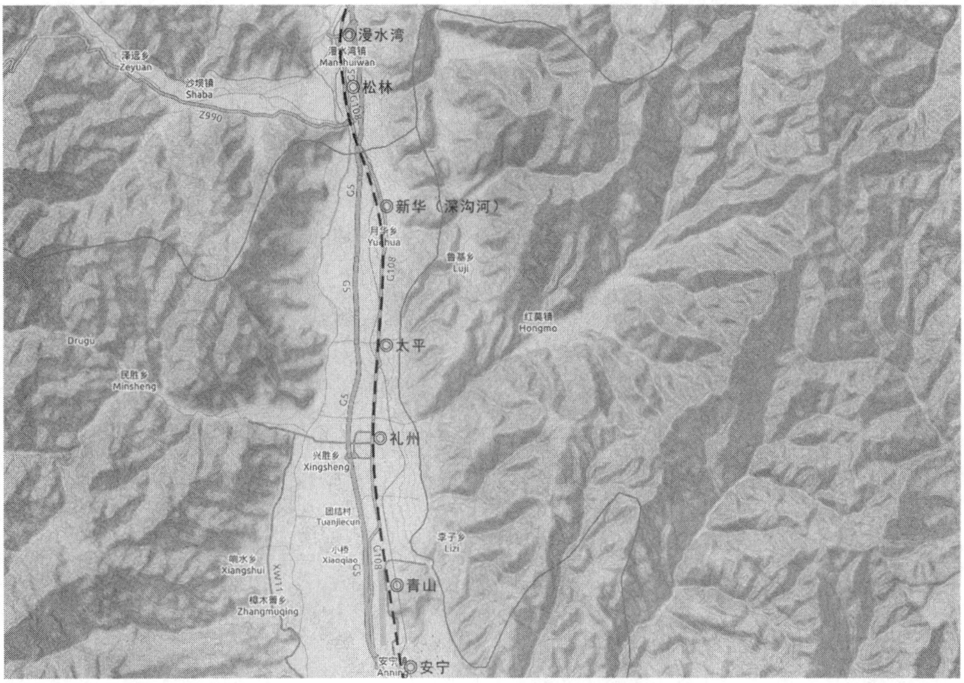

安宁—漫水湾古道路线示意图

12. 安宁至漫水湾

青山嘴，今安宁镇，旧称锅盖梁。

蛟龙营，今兴胜乡。

礼州所，今礼州镇。

太平塘，今礼州镇太平村。

溪龙站，今月华乡红旗村。

深沟，今月华乡新华村深沟堡子。

黄土坡，今冕宁县漫水湾镇黄土坡村。

松林，今漫水湾镇杠河村松林。

从安宁镇向北，经机场路到礼州镇，过热水河大桥到太平村，太平村向北至月华乡，从新华村过深沟河到黄土坡村，黄土坡村乡西北方向过松林村，到漫水湾。

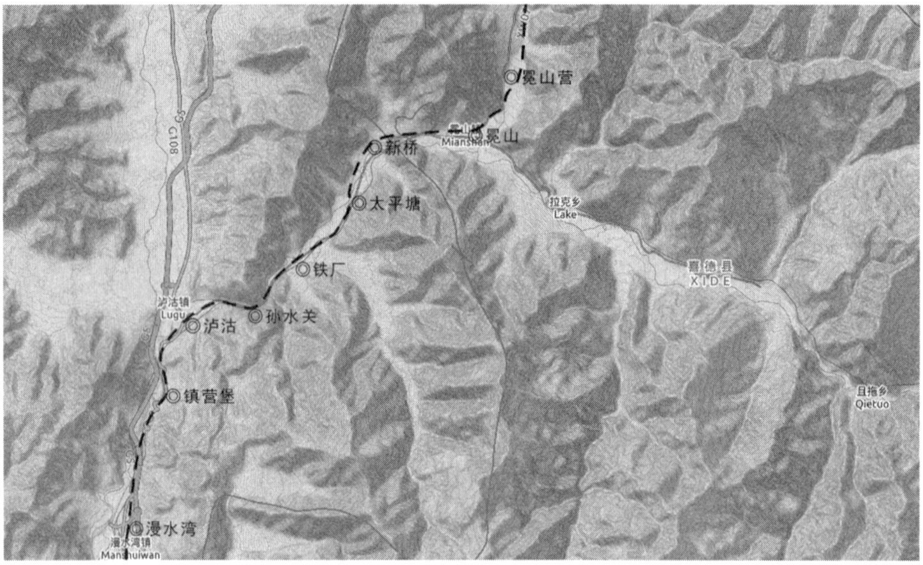

漫水湾—冕山营古道路线示意图

13. 漫水湾至冕山营

漫水湾，今冕宁县漫水湾镇。

镇夷堡，今泸沽镇安宁村镇营堡。

泸沽驿，今泸沽镇。

盐井沟，今泸沽镇东南社区孙水关遗址。

铁厂沟，今铁厂乡孙水村。

太平塘，今铁厂乡孙水村太平塘。

冕山所，今冕山镇。

定盘营，今冕山镇尔史村冕山营遗址。

漫水湾沿安宁河东岸向北，到镇营堡，翻过山坡后到泸沽镇，沿孙水河向东过孙水关，到铁厂乡，再从太平塘过桥至孙水河北岸，过国胜村、新桥村到冕山镇，冕山镇沿深沟河向北即达定盘营（冕山营），路西侧有“铜槽锁关”摩崖石刻。

14. 冕山营至越西

过路坎，今冕山镇洛发村。

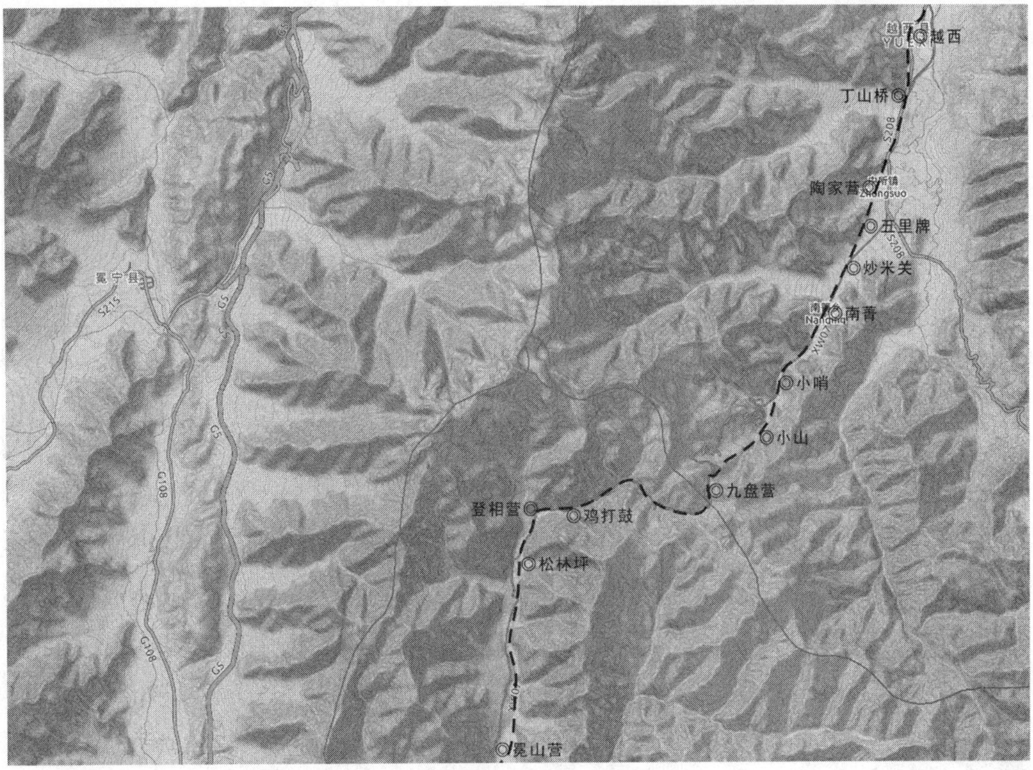

冕山营—越西古道路线示意图

新塘，今冕山镇则古村。

阎王碥，今冕山镇朝王坪。

通相营，今冕山镇登相营。

白石营，今冕山镇鸡打鼓，因产大理石矿而得名。

九盘营，今冕山镇九盘营。

象鼻营，今冕山镇小山山顶。

木厂沟，今南箐乡小山村。

偏桥，今南箐乡小山村。

长老坪，今南箐乡小山村。

小哨，今南箐乡河坎村小哨。

观音岩，今南箐乡白坭村。

炒米关，今南箐乡新华村炒米关。

陶家营，今中所乡陶家营村。

冕山营向北经过路坎、朝王坪（阎王碥）、松林坪到达登相营。登相营过白石营（鸡打鼓）、九盘营到达小山山顶，从山顶沿山路向下，下至半山腰达小山村，下到山脚达小哨，经炒米关至陶家营、中所，过丁山桥，路旁有“零关”石刻，走1千米即达越西县城。

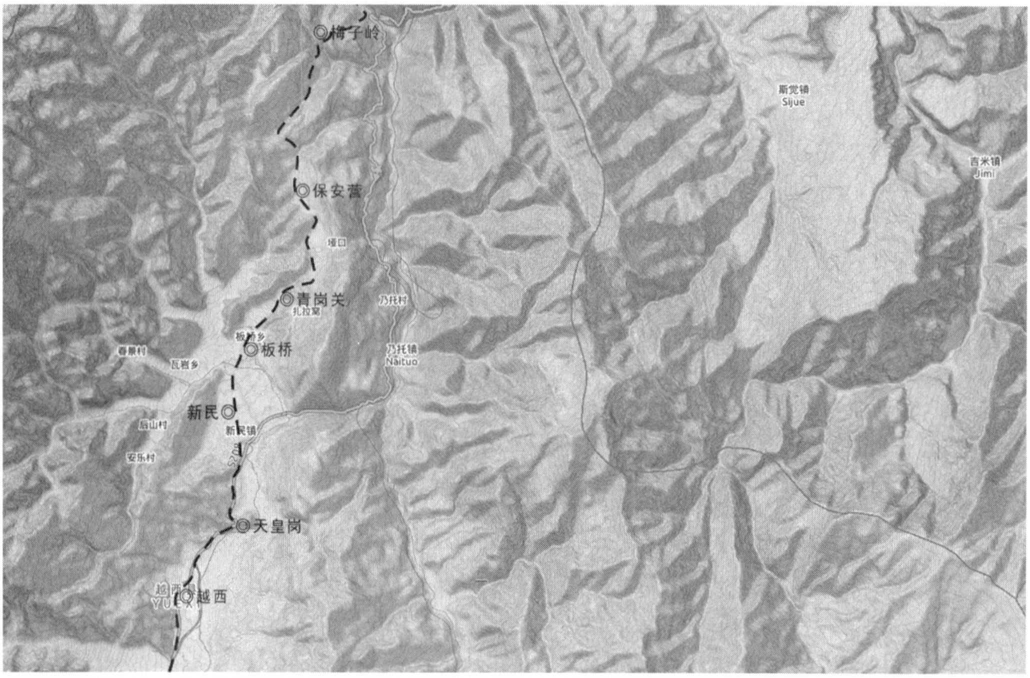

越西—梅子岭古道路线示意图

15. 越西至梅子岭

越嶲驿，今越西县城。

天皇岗，今大屯乡天皇岗。

通济铺，今越西新民镇，现存有一土城。

果罗河，今板桥乡河沿村。

青岗关，今板桥乡青松村青岗关。

利济站，今越西保安乡梨花村。

凤凰营，今越西保安乡保安村。

梅子岭，今越西梅花乡梅花村。

越西向东北方向翻过天皇岗，经过大兴村、大同村到达新民镇，新民经过土城后向北在大寨渡过马敞河到板桥乡河沿村，向东北翻越青岗关到利济站（今保安）。保安向北过

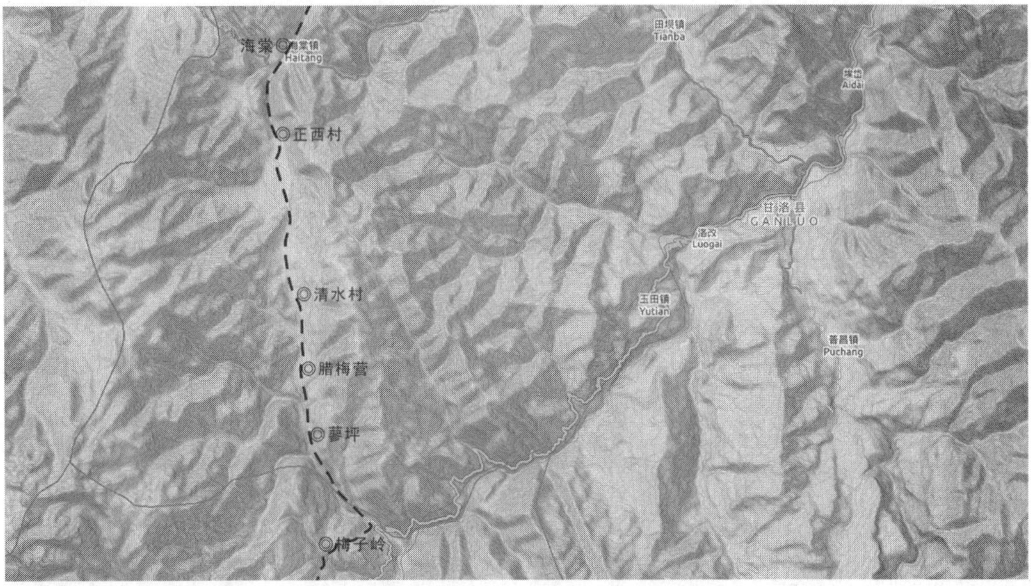

梅子岭—分水岭古道路线示意图

梨花村、保安村翻梅子岭。

16. 蓼坪至海棠

寮叶坪，今甘洛蓼坪乡蓼坪村。

腊梅营，今甘洛蓼坪乡腊梅村。

清水塘，今甘洛蓼坪乡清水村。

镇西驿，今海棠镇正西村。

从梅子岭渡过白沙河后至蓼坪，蓼坪向北达腊梅营，过清水村、镇西驿（正西村）到达海棠。

17. 海棠至大树

海棠关，今海棠镇海棠村。

煎茶坪，今海棠镇唐家湾村尖差坪。

窑厂，今海棠镇瑶厂村瑶厂。

平坝，今坪坝乡坪坝村。

深沟，今坪坝乡坪坝村观音堂。

大湾，今坪坝乡大湾村。

平夷堡，今汉源县河南乡平等村。

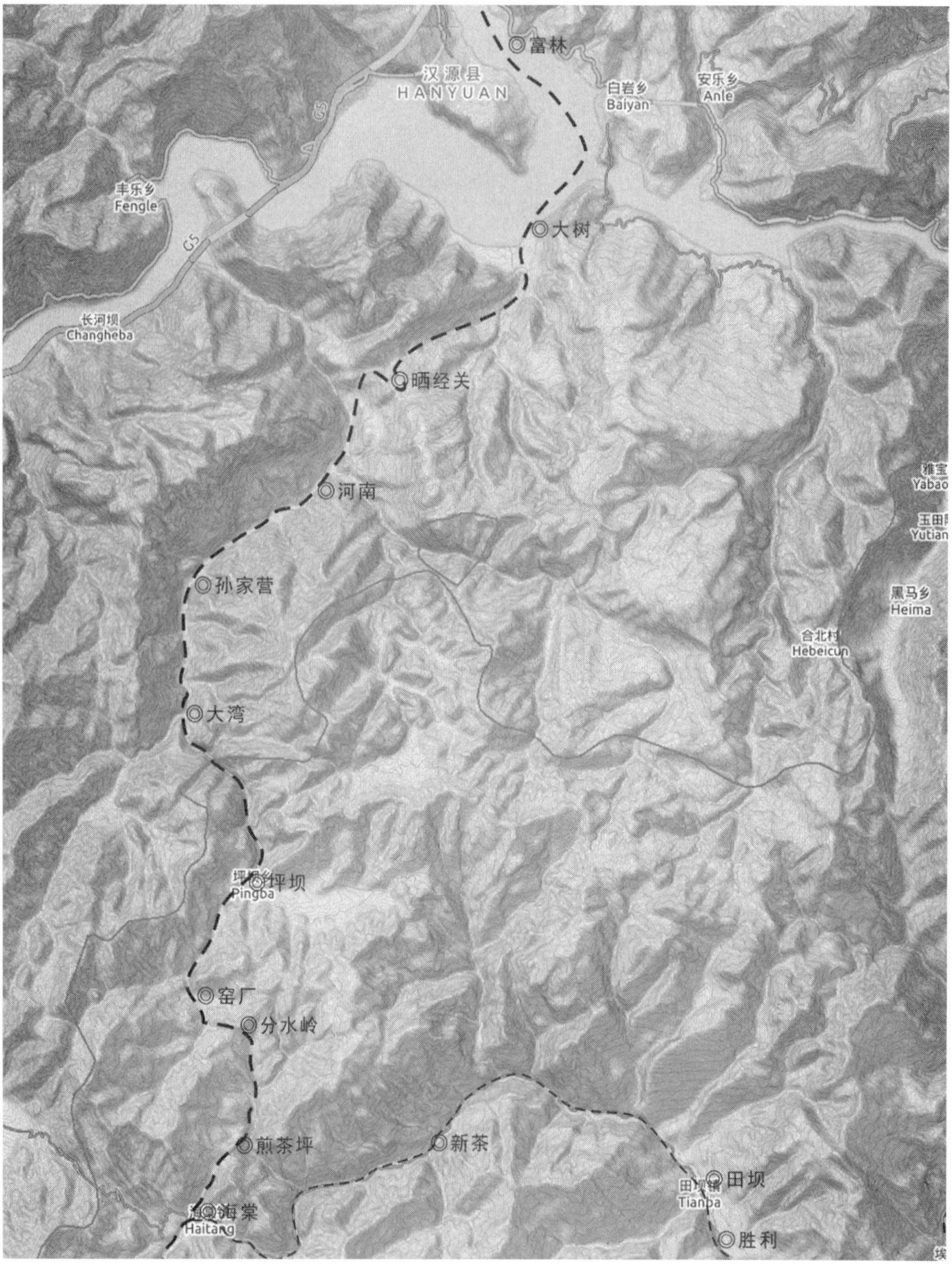

海棠—富林古道路线示意图

八里堡，今河南乡顺平村八里堡。

五里牌，今河南乡顺平村五里牌。

河南站，今河南乡河南村。

晒经关，今晒经乡。

大树堡，今大树镇。

海棠向北至尖差坪（煎茶坪），过分水岭到窑厂村。继续向北到达坪坝村，坪坝向北过深沟到大湾村，此段古道保存较好。过平等村、孙家营、八里堡、五里牌到河南乡。河南乡向东北翻越晒经关过李子村、清水塘、大坪子到达大树镇。

二、支线古道

1. 阿拉驿—洛莫底—永仁

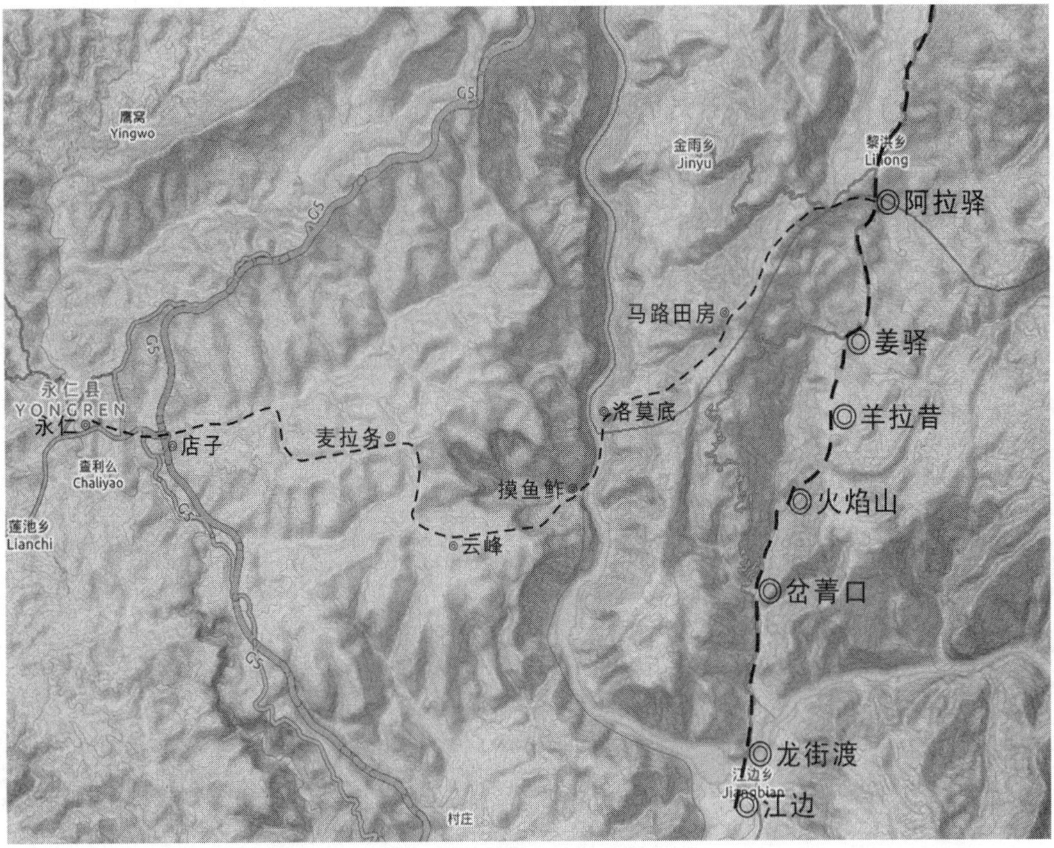

阿拉驿—永仁古道路线示意图

元代以前云南政治中心在大理，川滇古道在会理县渡过金沙江后向西经永仁、姚安至大理，元代之后在姜驿渡江后向南经元谋至昆明。阿拉驿至洛莫底这段古道，在元代之后废弃，明清成为小路，供商旅往来。阿拉驿向西至马路平子，翻祭牛山到白铜厂，下山经马路田房，到红格拉村，沿山脊下至洛莫底，到金沙江边。在摸鱼鲊渡江，上山至云峰村，经麦拉务，翻麦拉山过店子村，至永仁县永定镇。

2. 会理—撒莲

《四川通志》记载：会理县西向的铺递，土王铺 10 里、黑得 20 里、哨上 30 里、关顶 40 里、茶菴铺 50 里、乾塘 70 里、发塔 90 里、丙谷 100 里、撒莲 120 里[①]。

会理至撒莲有两条路，北路从会理向北到云岩村，云岩向西达清水村，过头道水、二台子到黑得，向北过新山村、中山村到莫佬，经过坪山村到干龙塘，下蟠龙寺到丙谷，渡过安宁河到撒莲。《通志》中所载即为北线。

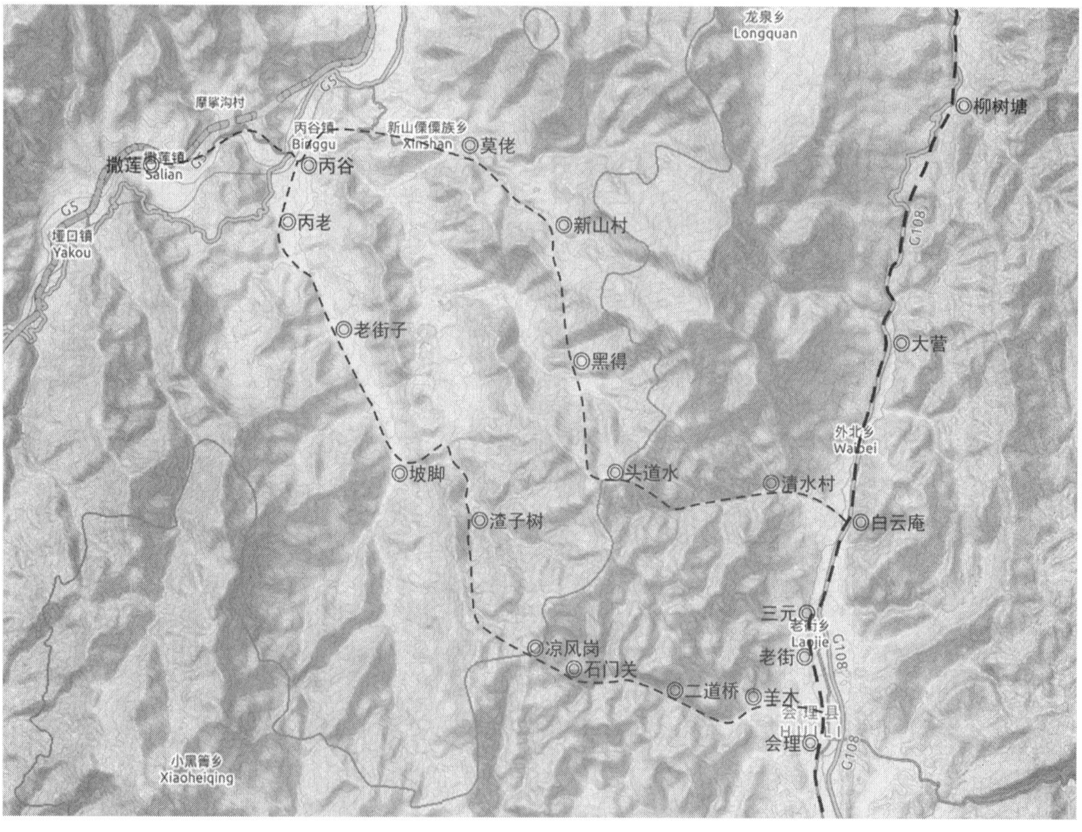

会理—撒莲古道路线示意图

南路从会理县城向西，经羊木村、二道桥、石门关，翻凉风岗到渣子树，过坪子田、坝塘到坡脚，沿河谷西岸经苏家湾、五百村、老街子、雷窝到丙谷，渡江后至撒莲。

① （清）常明、杨芳灿等纂修：《四川通志》，巴蜀书社，1984 年。

3. 会理—姜州—葫芦口

会理向东南，经南阁乡过凉桥村、海溪村，在万红村向东到小坝乡，继续向东到姜州。翻过鲁魁山到新云乡，过团结村、老街村、鲹鱼河到小岔河，向西北过车拉河村、小岔河村。半菁村到堵格乡，过老深沟到马龙村、前进村，经河边村到新街乡。新街乡向东北过花椒坪、新店子到西瑶乡，继续往东北过纸厂沟、武圣宫到葫芦口。

从会理至姜州的路线，在瓦窑塘分路向南，沿城河河谷向南，在打吉塘村继续向南，过海潮到达通安。通安原称“轱辘街”，后在周围发现铜矿，遂迁于“三家村”，逐步发展成为场镇。元代至元十四年（1277），曾于此设通安州，为会川路所属七州之一。明洪武二十七年（1394）废州，改为土百户。清康熙元年（1662）前后，土司禄李氏在此建造土司衙门。通安继续向南，经竹箐从中武山渡江（即皎平渡）通往云南禄劝县。此路在近代是云南通会理的正道，1935 年，中国工农红军第一方面军（中央红军），从皎平渡渡江占领通安，直逼会理。

4. 泸宁驿道

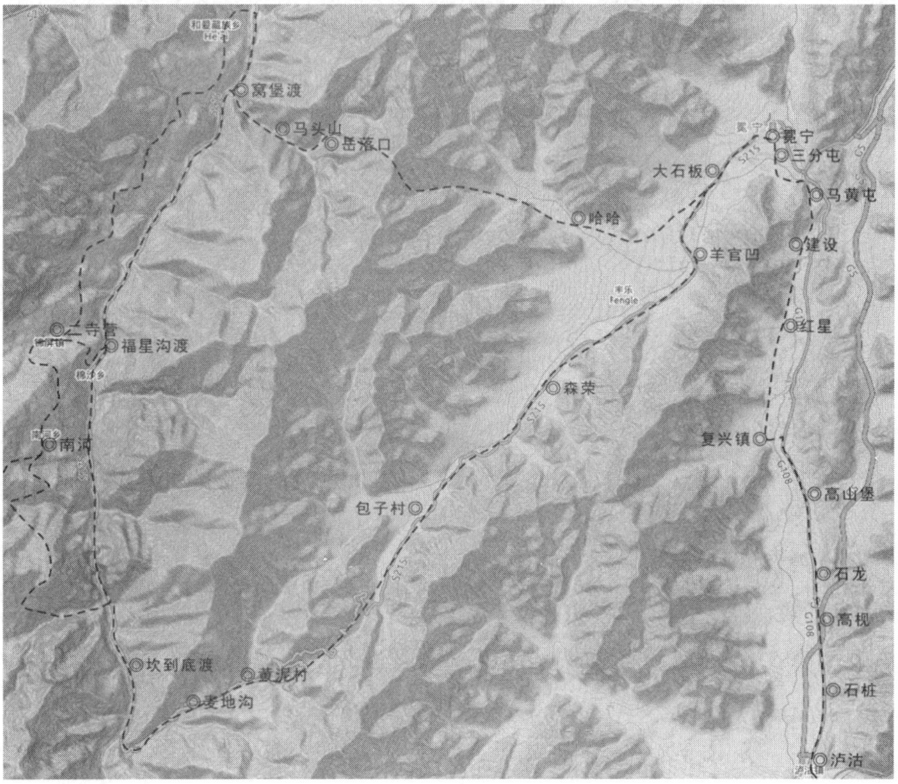

泸宁古道路线示意图

清代宁番卫在二寺营（今儿斯）设泸宁营，设参将 1 名，驻兵 1200 人，对今锦屏区进行管理。

冕宁《四川通志》[①] 记载，泸沽至冕宁县递铺有三，石桩铺、高山铺、高坡铺。

石桩铺，今泸沽镇王家祠村石桩。

高山铺，今石龙村高桥村高山堡。

高坡铺，今复兴镇建设村高坡。

泸沽向北，经五一、石桩、王家祠村、高枧村到石龙，石龙向北过民主村、双桥村、高山堡到复兴镇，在复兴镇过桥到达安宁河西岸。继续向北过水城村、红星村到高坡铺（建设村），过马黄屯、三分屯，到达冕宁。

冕宁向西南经哈哈乡，翻越牦牛山至岳落口、马头山、黄草梁，在棉纱湾渡雅砻江至二寺营。二寺营向西翻过锦屏山，到接兴堡，下山至金沙江，渡过金沙江至烟袋乡，向北至九龙。

5. 三垭古道

唐代吐蕃与嶲州往来的通道，明清时期因茶马贸易，成为藏汉交往的民族大通道。自冕宁至大桥，经苏州坝、燕麦地，越过牦牛山至九龙三垭，长约 100 千米。

三垭古道路线示意图

① （清）常明、杨芳灿等纂修：《四川通志》，巴蜀书社，1984 年，第 2860 页。

6. 彝海—安顺场

冕宁向北经大桥、彝海，翻拖乌山到擦罗，擦罗东北即达石棉，擦罗西北达安顺场。这条古道为小路，太平军石达开和红军长征曾走此路。

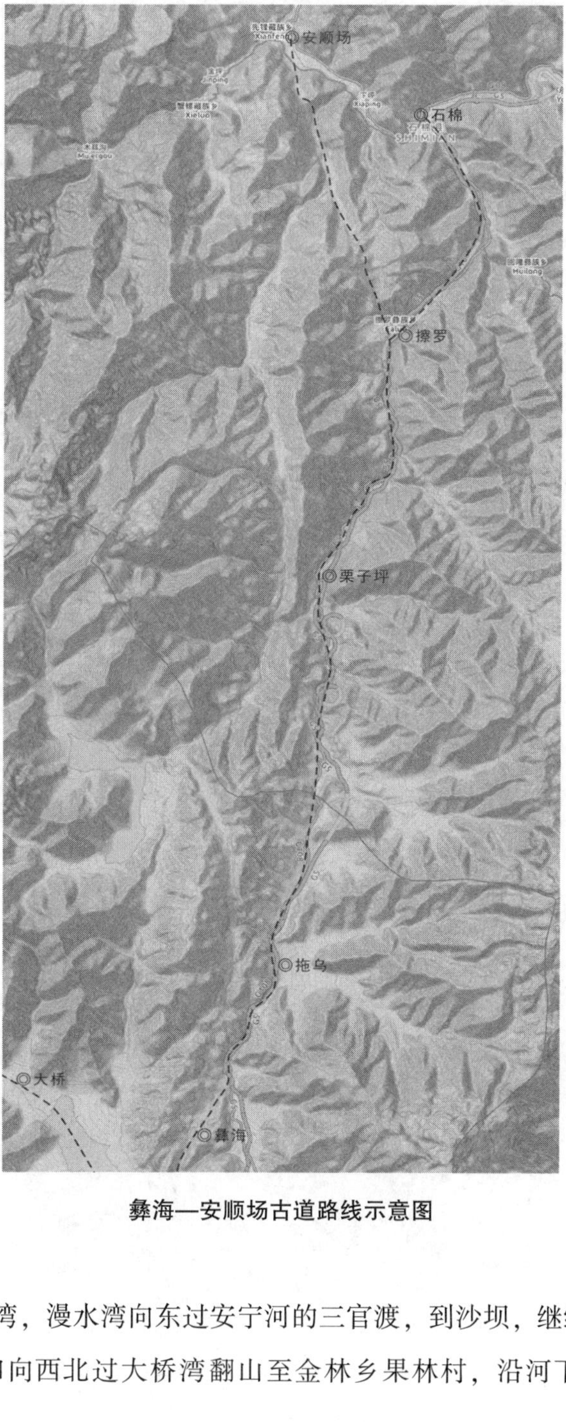

彝海—安顺场古道路线示意图

7. 泸沽—里庄

泸沽向南到漫水湾，漫水湾向东过安宁河的三官渡，到沙坝，继续向东到怀远营（泽远）、两河口，两河口向西北过大桥湾翻山至金林乡果林村，沿河下山至木里庄（里庄乡），里庄沿雅砻江向南渡江到松林坪（联合乡）。

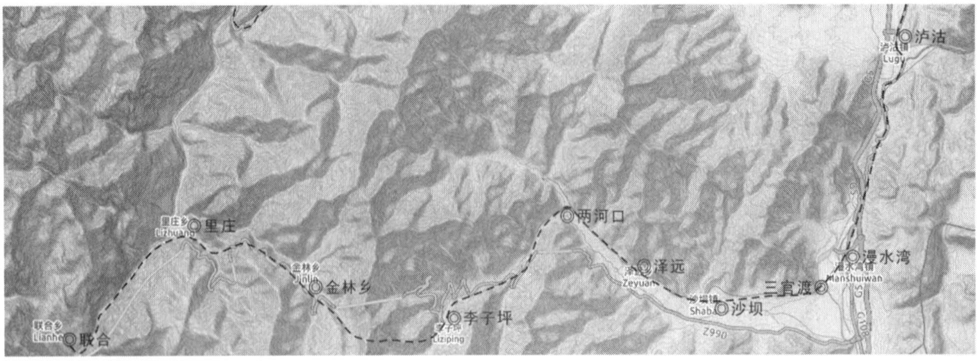

泸沽—里庄古道路线示意图

8. 德昌—普威

德昌向西南沿茨达河经王所、巴洞、宽裕、茨达，翻过花椒树坪子到普威。普威向北可达盐源，向南可达米易、盐边。

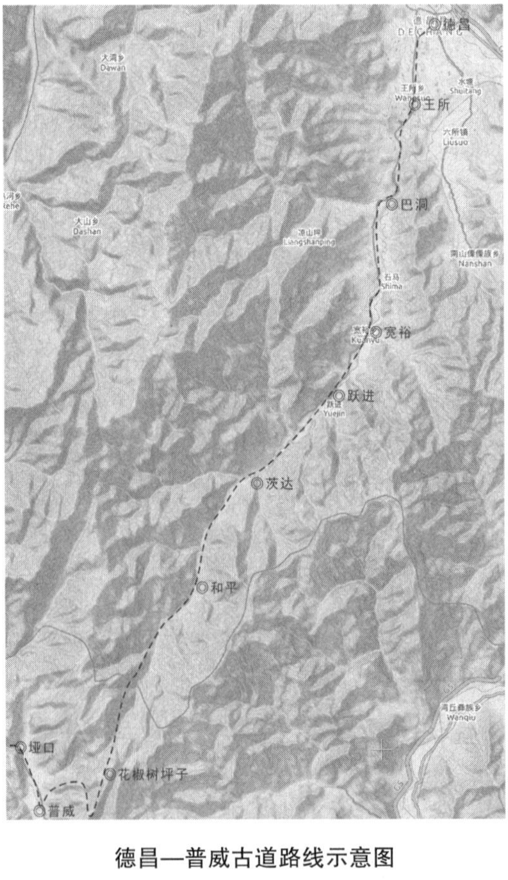

德昌—普威古道路线示意图

9. 越西东路古道

明洪武年间因四川至建昌驿道过大渡河，往来之人多死于瘴疠，嘉靖年间富好礼命“宁越指挥丁鳌者，率诸边土目”修海棠至峨眉道路，路成，设小菩萨、黑麻沟、一碗水和板房金口四个“戍堡”，派兵护卫，并在海棠立碑永记。

海棠过大菩萨至田坝，沿小沟走夹达、麻窝沟到田坝、苏雄，苏雄东北行至开建桥过尼日河，顺尼日河东岸到老木坪、乌史河大桥、梅林顶，沿小溪走金口河的板房、共安、罗回，至峨眉的射箭坪、龙池。

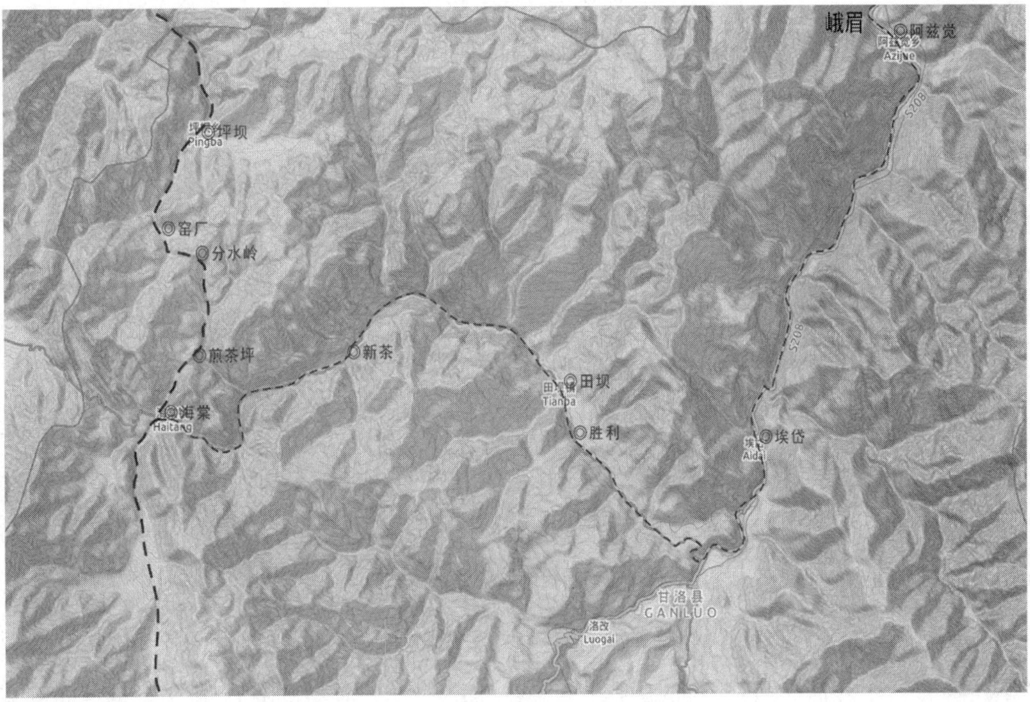

越西东路古道路线示意图

三、驿站、关隘

明清时期，对驿道的管理形成了一套军事护卫和传递公文的体系。驿站的主要作用是传送公文，急递军情，还承担为往来的商旅提供脚力马匹、休息食宿等任务。大军如有征伐，亦沿驿道进兵，驿站自然要提供军供之需，在一些重要或险要的关隘地段还驻兵守卫，加强军事护卫力量。后世不断有人在这些驿站和关隘聚居，逐渐形成了村寨，聚居人口较多的地方就形成了乡镇。此外政府还在古道上设置了政治中心，以加强管理，这些区域中心受多民族杂居、多文化融合以及商业活动、战争的影响，成为较大的城市。

1. 城市

①西昌

《四川通志》[1] 载，宁远府即建昌卫，明洪武中建土城。宣德二年（1427），甃以砖石，高三丈，周九里三分，计一千六百七十四丈，门四安宁、建平、大通、宁远。乾隆三十一年（1766）重修，嘉庆十六年（1811）补修。西昌城位于今西昌市北部，北面倚北山，东、南、西三面环水。怀远河自东北来，西流绕城东向南流经西昌城，宁远河自东北山箐流出绕城西向南流，两河于城之西南角方向交汇入安宁河。城内的街道走势为正南北向，以“四牌楼”为中心，向西方辐射分别为东街、南街、西街、北街，四条主干道与周围街道成网状散布于城内。西昌城的府县衙署分别位于城东和城南，主要文化机构分布在城西及西南一带，城内寺观较多，分布也广，白塔寺位于城西北隅。明代横贯城东西的东街和西街为贸易繁盛的主要商业街区。至清代，南街和城外紧贴南墙的大西街是全城中最热闹的街道。商业大都集中在这两条街上，重要店铺，尽在于此。

②会理

《会理州志》[2] 载，明洪武三十年（1397）建土城，洪武三十一年李毅包砌石砖，高二丈三尺，周七里三分，计一千三百一十四丈，厚一张二尺，壕沟三丈深八尺，广一千三百二十二丈。共有四门，东门扶桑，西门洗甲，南门南纪，北门望帝。钟鼓楼一座，城内十字大街，雍正十二年（1734）知州罗国珠修建。会理古城的整体形状大致呈船形，七条大街、二十三条巷道，形成棋盘状，把城内划分成若干个规矩的街坊，并且通过钟鼓楼和南北街轴线组合成有机的整体。最具特色的是南北穿城主街，由南街、北街、北关三段组成，总长约 2000 米、街宽约 8 米。两侧多为店铺，瓦屋顶，宽出檐，部分还保留了双檐的下层抱厦，木装活动门板，面漆栗红色。在巷道中，最典型的有西成巷，长约 400 米，宽约 3 米。巷内房屋多为清代建筑，形成一片古建筑群。科甲巷也很有特色，因清代多科举人家住此巷而得名，全长 156 米，宽 3.5 米。巷内现仍保留着大量完整的传统民居，其中胡宅为明代末期建筑，大部分则是清代民居，装饰精美，保存完好，形式丰富。民居多为院落式组合，一般一至三进不等。这些民居院落大量使用斗拱、替木、大料穿斗，宽幅壁板，花格门窗，组成一片别具特色的古建筑群。

---

① （清）常明、杨芳灿等纂修：《四川通志》，巴蜀书社，1984 年。

② （清）邓仁垣修，（清）吴钟仑等纂：《同治会理州志》，《中国地方志集成·四川府县志辑（70）》，巴蜀书社，1992 年。

③德昌

县城德州镇位于安宁河西岸二级台阶地上，海拔高度1380米。旧城在今县城北部，清以来呈向南扩展之势。城北高坡原有石阶小道入城。主要街道南北走向，东西街巷作基本对称排列状。

城至清代中期即已形成：官街一条，以巡检衙署为中点，分上下街，北为上翔街，南为下翔街。上街东为曹家巷，正街偏东为横街，正东为半边街，上建昌大道。上街西为西宁街、凤鸣街、惠安街，过盐井大道。下街东为丁字巷，正街偏东南为迎晖街，街外较场坝，下会理州大道。下街西为肖家巷、水巷、老猪市巷。正街末为青狮街，过普济州阿所拉大道。咸同后，街道向南延伸，形成文庙、香市、篾市、正南诸街。光绪二十七年（1901）之前，城东尚未建凤凰桥，建昌大道行人入城多取道凤凰嘴古渡，横街、半边街、兴隆街为入城路。下路向南去会理由苦马、中渡、连德过渡，向西入普济州。篾货街、正南街、香市巷、丁字巷均为入城通道。旧城街中有魁阁，四方及巷口有栅门。旧巷多为通道，南华宫巷子、水巷子、周家巷、曹家巷等有少量住户。民国后期，横街更名凤鸣街，原凤鸣街改称修文巷。所有街巷名称沿用至60年代。

④冕宁

明洪武二十一年（1388）始筑土城，设宁番卫移苏州于今县城，明永乐三年（1405）指挥使李信主持在土城基础上用砖石包砌城墙，增修城门、城楼、女墙，城墙高3.83米，厚8米，周长3000余米。城门有四，东寅宾门、西平夷门、南宁远门、北镇安门，城壕长3633米，宽6.65米，县城轮廓由此定型，后经历次补修，至民国时期基本保持原貌。1957年修水电站拆东、北、南门大部，接着为城内通行汽车，美化街道，拆除了钟鼓楼。后因经济途设之需相继拆除古城墙。县城内以钟鼓楼为中心有东、南、西、北呈“十”字形正街四条，小西街、小北街、关厢街三条小街，考棚巷、桔柑巷、马营巷等小巷数条。东、西正街道宽2.6米，南、北正街道宽3.3米，泥沙路面。民国初年，在正街居中铺条石2行，条石边镶砌卵石。民国二十七年（1938），街数无增，道面拓宽为4米，搬走条石，铺设“三合土”路面。

⑤越西

《四川通志》[①] 载，旧无城，洪武初筑土城，永乐初指挥李毅包砌以石，高二丈五尺，

---

① （清）常明、杨芳灿等纂修：《四川通志》，巴蜀书社，1984年。

周七里一分，计一千二百七十八丈，壕沟三丈，门四。嘉靖四年（1525）重修，清乾隆三十一年（1766）重修，五十三年补修。越西城又名石头城，俗称“龟城”，平面形状呈椭圆形，南北长600米、东西宽555米。城门已毁，城墙原用条石砌成，现已不存。城外有壕沟，宽6米、深3米。

2. 乡镇

①河口（会理市）

河口位于会理县西南部，距县城75千米。街道大致呈“丁”字形，北通黎溪，南通绿水，东至中厂、海溪。现存街道宽约2.5米，街道两侧为店铺，店铺后多为四合院和多进院落，均为土木结构。

②黎溪镇（会理市）

黎溪镇位于会理县西南部，距县城69千米。元世祖至元九年（1272），设黎溪州，属会川路。明代，废州，改为土千户。清代未变。民国末期为黎关乡。旧场镇街道总长600米，宽4.5米，以中段一幢砖木结构街房为界，分为上场街和下场街。房屋总面积达5万多平方米，其中瓦房约占70%，除店铺外，多为四合院和多进式住房，均为土木结构。有居民300多户，人口1000多人。1949年后，庙宇祠堂多划拨给机关、学校、粮站等单位使用。1955年和2008年遭遇地震，土木结构房屋大部倒塌，重建后多为平房。

③鹿厂

鹿厂位于县城南13千米，面积0.5平方千米。因开采冶炼铜矿而名“炉厂”，后更为“鹿厂”。早在宋末元初即有陶业生产，明代为采炼铜矿要地，清代已建有多座祠庙。民国时期为鹿武乡所在地，以大量发展土陶制品和铜器为特色，商贩云集，市场繁荣，又是农、副产品和牲畜交易集散地。集市街全长1030米，宽约5米，后街道经整修后，将原有卵石路面改建为三合土路面。

④益门

位于县境北部28千米处，场镇坐落益门河北岸，场镇为四山环抱，五条山脊形似五条长龙，故有“五龙抢宝”之称。旧名“大龙”“夷门”，寓其地控彝族聚居地的出口。民国中期，集市以经营客栈、马店者居多，街道较窄。古街道在今市场北部存约100米。

⑤甸沙关

《四川通志》载，甸沙关在州西北一百二十里，接西昌县界，旧有土千户寨，今废。

引《旧志》[①]："甸沙一名河沙，自关东南二十里为麽些塘，旧麽些夷之垒也，又南十里为虎头关，又十里为虎头铺，俱威隆夷区，又十里为周关嘴，又十里为大龙关，又十里为菅婆营，此二十余里闻有路通麻龙、仲村、卷卜、法果诸戎，最为险要。"

今甸沙关老街处在一缓坡上，街道长约60米，宽约2.5米，街道两侧为店铺，店铺后多为四合院和多进院落，均为土木结构。现街道两侧房屋保存较差，多已损毁。

⑥永郎

永郎，在德昌县城南，北距德昌县城45千米。位于国道108线西侧、安宁河一级阶地上。清雍正六年（1728）赐名永定营。《会理州志》："永定营土城高一丈二尺，周二里五分二厘，即四百五十三丈六尺，门四。雍正八年修筑。"[②]

1952年与安宁河西可郎合并为乡后改称永郎场。古为军事要冲，建有土城。以鼓楼为中心，东西街长不足500米，南北街长600米，四方皆筑有青砖双拱城门。城内设上、下衙门，较场坝。

清末以来城门、鼓楼及土城墙先后坍毁，至德昌解放时只余南、北两街和两个残存的城门洞。清代，南门外北起老凉桥，南至今道班房有长约300米老街，光绪二十六年（1900）为安宁河洪水冲袭，大部被毁，无力再建。城内建有升官祠、马王庙，城外建有关帝庙、万寿宫、南华宫、魁星阁、太阳宫，1949年后陆续拆除。

⑦锦川场

古白水，习称锦川桥。明末清初建场在今108国道西侧。街北场口为老碾河，河上架有石桥，桥北有杉松街。光绪二十六年老碾河发大水，桥、街俱毁，后乃迁街重建于今108国道东侧址。场建于二级台地之上，街长350米，宽3米，南北走向，块石泥土路面。场内建有禹王宫、黑神庙、三才庙，皆规模平平。民国二十四年（1935）铺筑三合土街面。民宅多为土木结构。

⑧乐跃场

在县城南偏东，北距德昌县城25千米，国道108线东侧。清道光年间建场于此，因街道狭窄弯曲，又居坡地，形似失落之腰带，故名落腰。1949年后改称乐跃（音：yāo）。旧街由西向东缓升，有横街，总长约350米，宽2.5—3米，卵石泥土街面，民居呈三角

---

① （清）常明、杨芳灿等纂修：《四川通志》，巴蜀书社，1984年。

② 《会理州志》，第200页。

形块状聚落。《会理州志》："半站汛外委署在治北二百里附西昌县界内，雍正七年建有土堡。"①

⑨小高场

习称小高桥，在县城南偏东，北距德昌县城 12.5 千米。街道一条，南北走向，全长 480 米，宽 4 米，块石泥路，铺面较为高大。旧时，场内有旅马店，每夜可住客歇马上百计，为西（昌）会（理）道上的大马站。房屋为木结构、土木结构。街后建有武圣宫、禹王宫、川主庙、南华宫、黑神庙，场南有惜字塔（字库塔）一座。

⑩麻栗

在德昌县城北，南距德昌县城 12.5 千米，位于安宁河东侧二级台地上。老街子在今场北 500 米处，后南移。场南临鹿厂沟，以沟双侧山峰蜿蜒伸出形若龙行，故取名"双龙场"。又因该地原为麻栎树林，居高扼险，乃称麻栎寨。场街南北走向，街心顺铺条石，其余为块石泥路。场头、巷口均有栅门关锁，有更夫巡夜。旧有火神庙、武侯祠、三官庙、南华宫、东岳庙、禹王宫、大佛庙、川主庙、万寿宫，1949 年后或拆除或改建为单位用房。场南栅门外有砖石混筑八方五级字库塔一座，尚存。

⑪黄联关

西昌市南，距城区 30 千米，面积 54 平方千米。民国二十五年（1936）为普格区区署驻地。1949 年后为南宁区公所驻地。黄联关是西昌至德昌、会理的交通要道，民国时期是过往行人、马帮的食宿站。清嘉庆年间黄联关设在禄马寨，道光年间迁至今黄联关老街。1949 年后因安宁河河道东移、108 国道扩建、成昆铁路占地等原因，在老街以东另建土林街。

⑫礼州镇

位于西昌市北，距市中心 23 千米，面积 31.6 平方千米。西汉元鼎六年（前 111）设苏示治地，元代改名礼州，清代及民国前期为礼州分县治地，民国二十五年（1936）为礼州区署驻地，1949 年后为礼州区公所驻地，1980 年恢复镇建制。礼州城墙，于清乾隆始建，清咸丰建成，为砖石城垣。城由内外两部分组成，城内为十字街，城东门外为南北街，以钟鼓楼为中心。

⑬锅盖梁镇（安宁镇）

西昌市西北，距城区 12.5 千米，面积 29.5 平方千米。北距机场 2 千米。现存的街道

---

① 《会理州志》，第 213 页。

原为驿道，以钟鼓楼为街，分为南北两段，总长960米。街道狭窄，仅能通人畜，卵石路面，侧面修排水沟。民国二十八年（1939），街道扩至2米，三合土路面。

⑭泸沽

位于县境南部，距县城37千米，处于成昆铁路过境中段，国道公路108线穿镇而过，交通发达。西汉元鼎六年（前111）置台登县，治所即今泸沽镇东北关锁城，今泸沽镇街区始于元代平乐驿，明代发展为集市，清代形成东、西、南、北四条正街，均为泥结路面，居中铺条石。

⑮复兴镇

复兴镇原名马房沟，现称巨龙，位于县城南17千米的北昆公路（108线）旁。清名兴隆场，民国二十五年（1936）改称复兴镇，有主街1条，横街、下街各1段，小巷4处，街宽仅4.5米，泥结路面。

⑯怀远营

雍正十一年（1733）设，驻地沙坝。十三年筑土城，新设都司1员，兵400名；乾隆四十四年（1779）合并嘉顺营后，又经裁拨，至咸丰七年（1857）实存兵280名。分防七汛，白宿凹、白鹿沟、骂吾甲、松林、麦地沟、嘉顺兼哈哈、卡卡兼黑槽。

⑰嘉顺营

雍正十一年（1733）设，驻地瓦尾，设都司1员，兵400名，乾隆四十四年（1779）裁撤，改设嘉顺汛，所辖汛地拨归怀远营。现存遗址位于森荣乡包子村。遗址呈长方形，残存城墙基础。南北长360米，东西宽270米。

⑱泸宁营

雍正十一年设，驻地儿斯堡，设参将1员，兵1200名，马120匹。分防八汛：庙顶、磋多、查凹、泸沽、接兴、木罗、腊古、洛居五堡。乾隆、道光年间历经裁撤，至咸丰七年（1857）实存守备1员，兵164名，驻庙顶、木罗、接兴三汛。现存街道一条，长474米。

⑲冕山镇

地处孙水河下游北岸，古称铜槽驿，彝语叫“真木”，因山形崇隆，高耸如冠冕而得名。西距县15千米。冕山从汉代起，就是清溪古道上一个驿站，因其地处咽喉，明代洪武二十七年（1394）在此设千户所。清雍正六年裁所设冕山分县，隶属宁远府，设丞署衙门数十间楼台亭阁，一条独街，卵石铺路，周围东岳庙、玉皇殿、万寿宫、清真寺等与民房交相坐落。

⑳冕山营

古称冕山关，又称桐槽站（驿）。明初为冕山堡，属宁番卫。洪武二十七年（1394）改置冕山千户所。清雍正八年（1730）裁冕山千户所，改设抚番县。后改名为冕山分县，设守卫冕山桥千户所。“咸丰六年（1856）八月被倮夷焚毁”。

位于深沟乡瓦厂村，东向东山寺，西面老虎岩，南临瓦厂村，北对大窑沟，在深沟河东岸；距冕山乡2.5千米。遗址坐北朝南，呈长方形。东西长410米，南北宽230米，四周有城墙，分东西南北四门。城墙内外壁系长方形条石粘砌，中填鹅卵石用石灰浇灌而成。城墙厚约1.5米，高约5米。城墙西边现存一段完整的基部。遗址内砌城墙的条石，在“大跃进”的年代被拆去拦河造堤，2012年深沟河发大水，遗址西北部被洪水冲毁。

㉑登相营

位于喜德县冕山镇小山村区三组，是零关道上的重要驿站。位于一条长长的山谷之中，西面是连绵起伏的小相岭山脉，东面是高耸的俄尔则哦山和清澈的深沟河，古道由南向北穿站而过。该驿站设在紧临深沟河旁的一段台阶上，由于临水，距水面有较高的距离。平面近似椭圆形，长265米，宽170米，周长约670米，并且四周有毛石和条石砌筑而成的高大围墙。围墙共设有四个入内的大门，北大门为主要入口，西门面对一块较开阔的坡地，在上面设有两门大炮以加强防御，故又称此门为西关炮台。

㉒新民

古称“通济堡”，为川滇通道必经之地。位于新民镇新市村村中心北200米，越西河北岸，马敞河西岸的一级台地上，台地面积约8平方千米。台地南面有两条东南走向的大冲沟。古城遗址位于台地中央偏东，呈长方形，东西宽355米，南北长635米。城墙的大体轮廓尚清晰。城墙夯土层明显，厚约20厘米。有的夯土层间夹一层鹅卵石，鹅卵石直径在15厘米左右。古城内曾发现过汉墓，出土了汉砖、陶罐、兵器等遗物。

㉓保安

明清称“利济站”。《光绪越嶲厅全志·关隘志》（以下简称《越嶲厅志》）载：“保安营，治北七十里，原属越嶲营内凤凰营汛，辖连三营，地在深沟。道光十九年二月，夷人烧毁。”[①]

保安乡保安村村北 80 米，城南北长约 200 米，东西宽约 100 米，近似椭圆，城墙大部不存。仅存北城门，为石砌拱形门洞，宽 5.8 米，高 3.2 米，厚 2.8 米。

㉔海棠

旧称“宁越营”。《四川通志》：“厅北一百二十里。引《边防考》关南十里为清水堡，东通戴通白石乾沟，西抵竹麻洗马姑等番，有兵戍守，又二十里为廖叶堡，在峡内平地于此节厨传，以礼使臣。又十五里至梅子堡，路通腊梅得那补蝦馍窝等处夷，又二十里至利济驿，又十五里即青岗关。”[②]《越嶲厅志》：“治北一百四十里，即海棠关。明嘉庆中置镇西千户所，属越嶲卫，国朝初改宁越营，设守备驻此，雍正六年设都司修筑土城周百丈。”[③]“土城高八尺零五分，有奇计一百丈，门二，道光中，同知叶树东重修门三东西北。”[④]

海棠古镇位于甘洛县城西北 22.5 千米处。始建于明嘉庆四年（1799），清雍正八年（1730）补修，开北、西二门，道光十八年（1838）改筑砖石墙，增开东门，现存北城门和南城墙。平面不规则，长约 360 米，宽 220 米，占地面积约 8 万平方米。古镇包括大街、中街、正街和几条小巷，四周城墙周长 900 多米，高 4 米，宽 2.3 米，用条石砌基，上砌青砖。古镇整体布局灵活，无明显的功能分区。除西部的千佛寺外，其余主要为民居。民居的前面一般作为铺面，后面住人。建筑主要为穿斗式结构，围护结构以夯土墙为主。

3. 村寨

①松坪关

位于绿水乡松坪村，《四川通志》[⑤] 载：在州西南一百八十里，近云南界，北去金沙江三十里。因交通便利而形成多姓氏杂居聚落，松坪关现已成为一村寨。整个村子坐落在低缓的山坡之上，南有小河流将村子南部环抱，村内有小溪自北而南穿越村子，注入南部河流，古道沿小溪穿村而过。村子的布局呈不规则形状，现存有较多明清民居，民居多沿古道修建，纵横交错，多保存较好，基本保留原始的格局。

---

① （清）马忠良修，（清）马湘等纂，（清）孙锵等续：《光绪越嶲厅全志》，《中国地方志集成·四川府县志辑（70）》，巴蜀书社，1992 年。

② （清）常明、杨芳灿等纂修：《四川通志》，巴蜀书社，1984 年。

③ （清）马忠良修，（清）马湘等纂，（清）孙锵等续：《光绪越嶲厅全志》，《中国地方志集成·四川府县志辑（70）》，巴蜀书社，1992 年。

④ （清）马忠良修，（清）马湘等纂，（清）孙锵等续：《光绪越嶲厅全志》，《中国地方志集成·四川府县志辑（70）》，巴蜀书社，1992 年。

⑤ （清）常明、杨芳灿等纂修：《四川通志》，巴蜀书社，1984 年。

②炒米关

《越嶲厅志》卷二十六记："炒米关，治南三十里，关在高山峡内，即韦皋所筑要冲城。《寰宇记》：要冲城下有龙泉水，出龙泉山下也，下为龙泉驿。"①

越西县南箐乡新华村五组南20米。平面呈长方形，长120米，宽58米。城墙用鹅卵石筑成。现南墙残存50米，西墙残存30多米，残高最高处3米。

③柏乡营

《四川通志》卷二十四《舆地·城池·宁远府》载："柏乡营，雍正八年重庆府通判韩国衡监筑土城高一丈，周一里九分八厘，计三百五十九丈，南北二门。"②

土城位于大瑞乡瑞城村村中心北50米，原有城墙、南门和北门，南北长约162米，东西宽不详。现仅存北门石砌拱形城门洞和两侧部分石砌城墙。该城门洞高2.5米，宽2.3米，厚1.5米。城门处原建有字库塔，今已不存。

④梅子营

《越嶲厅志》："腊梅营，治北一百一十里。"位于越西县梅花乡梅花村。梅子营驿站遗址是"南方丝绸之路"上的一处兵营驿站，现为梅花村，街道布局保存原样，街道两侧尚存马店或商铺。该街道南北走向，长约200米，街道宽3米。

四、马店

马店是马帮中途休息与补充给养的场所，它们散落在古道沿线，作为交通中的一个集散场所，是古道的重要组成部分。马店本质上是客栈，但是与一般的客栈又不同。马店服务的对象不仅有人有马，还有大量马帮的货物。对于赶马人主要提供住宿，一般这些人都自己带有粮食，在马店中自行开火做饭。马店有很大的使用面积是作为马厩，同时，也要提供存放货物的库房，还有剁草料、钉马掌、兽医等配套服务。

一般来讲，由于马店大多是私人经营，经营者以民居形式来建造马店，或通过改造现有民居成为马店。经营者的居家与马店经营融为一体，但也反映出一些不同于一般民居的特征，如建造大面积的马厩、四周立防盗作用的木栅栏、正对大门的通道入口处有账房和店铺等。这样的马店可称为"民居马店"。另外还有"大马店"，它是完全为商业经营而

---

① （清）马忠良修，（清）马湘等纂，（清）孙锵等续：《光绪越嶲厅全志》《中国地方志集成·四川府县志辑（70）》，巴蜀书社，1992年。

② （清）马忠良修，（清）马湘等纂，（清）孙锵等续：《光绪越嶲厅全志》，《中国地方志集成·四川府县志辑（70）》，巴蜀书社，1992年。

建的，居家功能不像民居马店那么重要，它由多重院落组合，房屋结构和布局等都与当地民居基本一致。

昌明马店又名贾家马店，位于会理县城关镇西关街 70 号。平面布局基本上是“四合院”式，由于临街，南面设有开阔的大门，大门与门厅相连，门宽 3.5 米。由大门、门厅、左右厢房、客房和马厩等组成，整个院落平面是一个长方形，左右对称，内院接近正方形。单体为穿斗式木结构建筑，悬山顶，小青瓦覆面。门厅面阔五间 17.5 米，进深四间 13 米。客房面阔三间 12.6 米，进深三间 5.4 米。马厩及后院长 15.5 米，宽 17.5 米。

昌明马店本身从功能上看，底层厢房是马圈，厨房在西北角，草料放东北角。正座是主人家住房，西面二楼与厢房二楼相通，是商客住房。主、客住房不相通，互不干扰。马店服务结算、晚上值班都在店铺处。内院平整无物，是人马的集散地。总体来看，整个马店平面紧凑、功能合理，比较适合马帮住宿。

荣升店位于越西县板桥乡青松村一组 9 号。据主人讲该店铺已住六代人，过去是“南方丝绸路”边店子，供过往的马帮、商旅吃住的地方。马店坐西向东，穿斗式木结构建筑，两面坡小青瓦屋顶。整体平面形状为长方形，房屋入口处为三开间，正中一间为过道，正房与厢房形成一天井。马店墙体全为土胚所制，木质构件装饰简单。面阔三间 11 米，进深六间 23 米，房高 8.27 米，面积 253 平方米。

五、渡口

三渡水，是清代从冕宁到泸宁渡雅砻江的渡口，分为上中下三渡。上渡窝堡渡，今窝堡乡的张家河坝，渡江西通拉乌、庙顶（和爱乡），清末通木船，1989 年改吊桥；中渡福星沟渡，自棉纱湾渡雅砻江通泸宁营，清雍正设泸宁营，在此渡口有官船 2 只，水手 4 名。1987 年建吊桥；下渡坎到底渡，在今麦地沟乡张家坪子，连接麦地沟与南河乡，并上通泸宁营。

三关渡，位于今沙坝乡三关村，为松林（漫水湾）过安宁河通虚郎（沙坝、泽远）的渡口。清乾隆年间修踏水桥，冬桥夏渡。

马房沟渡，位于今复兴镇下场口棺材塘，为泸沽至冕宁驿道中段跨安宁河的主要渡口。清乾隆年间修踏水桥，冬桥夏渡。咸丰年修风雨桥，渡废。

皎平渡，位于通安镇中武山村，距县城 78 千米，原名中武山渡口。南岸属云南禄劝县衫老树乡皎平村，当地少数民族称该地为拉戛村，故原名拉戛渡。1935 年中国工农红军长征，在此巧渡金沙江。1977 年云南省革命委员会报请国务院批准，正式命名为“皎平渡”。

鱼鲊渡，位于鱼鲊乡鱼鲊村的金沙江北岸，东北距县城 83 千米。明清时期，才开始设渡。原在鱼鲊下游 2 千米处有热水塘渡，自鱼鲊设渡后，便逐渐衰落。民国三十年（1941），西祥公路通车，曾在鱼鲊设轮渡，后因失养废置。1957 年 5 月 1 日恢复开渡。

莫洛底渡口，又称安喇渡，位于会理县金雨乡红格拉村。对岸为云南省永仁县的摸鱼鲊。元代以前云南政治中心在大理，川滇古道在此渡口渡过金沙江后向西经永仁、姚安至大理。

龙街渡，位于云南省元谋县江边乡龙街村，开渡始于宋元时期，明清时兴盛，是川滇通道上渡金沙江的重要渡口。

六、桥梁

境内原有的人行古桥多系清代所建，桥型多样，尤以石拱桥为多，多设在河面较窄处，有的为风雨桥，桥面上搭建亭子，风格相似，古朴典雅。另外还有铁索桥、溜筒过渡等，因年久失修或改建，现存甚少。

三元桥位于城北老街乡三元村，原系石拱桥，建于明代。清康熙四十三年（1704）毁于洪水，改建为木桥；其后于道光十六年（1836）、咸丰四年（1854）、同治六年（1867）、光绪三十年（1904），多次水毁重修。民国元年（1912）复毁于洪水，翌年改建为石墩木梁、瓦顶桥廊的风雨桥，4 墩 5 孔，跨径分别为 6－7 米，全长 41 米，高 3.4 米，桥头八字粉墙，牌坊门，彩画雕饰，两侧木栏内廊柱间置木枋作长凳，供人憩坐。桥西有庙，立碑碣九幢，记历次建桥之盛；桥东垂柳夹道，掩映八角古亭于田垄沃野之中，景色清雅宜人。1948 年 7 月 14 日中午，山洪暴发，一桥墩被毁，桥廊倾斜倒塌。是冬草修便桥，聊供人行。会理解放后，曾于 60 年代拨款整修桥面，但久未培护，朽坏日重，现仅存桥墩。

金梅廊桥位于会理县果元乡金梅村东，跨西河之上，建于清代。民国时期屡遭水毁，多次重修。1947 年冬，地方人士集资重建为 2 墩 3 孔风雨桥，全长 25.37 米，高 3.55 米，宽 3.5 米，并更名为文化桥。但历 30 余年后，桥廊瓦顶及栏杆等多处已残破，1985 年 12 月，果元乡政府负责施工整修，恢复原貌至今。

大高桥为石拱桥，位于德昌县麻栗寨鹿厂沟上，建于清康熙二年（1663），桥长 12.3 米，宽 4 米，离河床高 1.6 米，故称大高桥。因 108 国道修建，此桥年久失修，现残存桥墩。

凤凰铁索桥，初建于清光绪三年（1877），为九孔石拱桥，次年毁于洪水。光绪十一年，重建七孔石拱桥，翌年又为洪水冲塌。后由点马村大户尹吉能出面重新募资筹款，于光绪十九年开始备料施工。该工程甚大，历经五年建造完工。建成后封桥三年，以验牢固程度，光绪二十七年正式举行开桥仪式。凤凰铁索桥全长 16 米，河中以两个棱形条石墩将桥分为三孔，桥身以13根铁棒扣连而成。桥宽3米，桥面纵铺寸板三行，两侧有栏杆保险设施，桥头两端各建“桥罩”（廊亭），供人憩息，造型别致。该桥工艺之精细，跨度之大，桥面之宽，为当时宁远府辖区内所罕见。1966年，该桥拆建为德昌公路大桥，现残存桥头石墩。

泸沽桥，又称安宁桥，在冕宁县泸沽镇内，跨孙水河连接西北街和东南街，西昌至成都驿道与经冕宁通紫打地（今安顺场）的小路在这里连接，始建于明代，赵乡练募建，南北岸各筑石台一，中建石礅六，共七跨，长80米，宽4米，木梁木板。乾隆二十八年（1763），邑尉周秉采倡议重修桥面。道光八年（1828），知县书纶重修，建栏杆桥罩。咸丰时监生王庭光约集士民补修。同治二年（1863）毁于火。光绪二十三年（1897）宁远知府唐翼祖主持重建，恢复两台、四石礅，两排木架，桥面宽6米，人马行道4，两侧各留1米摊位，两外侧为木质油漆栏杆，上建木架，青瓦桥罩，南桥头木梁上立匾，题为“建南第一桥”。1955年冕宁县人民委员会交通科新换木排架，更换大梁道板，共七孔，全长68.4米。1960年7月4日晨被特大洪水冲毁（公路桥亦毁），现残存桥墩。

河边桥，位于河边街上，来凤沟、卧碑沟、许子沟三河汇流处，有一桥锁三江之说。桥建于清嘉庆七年（1802），长21.3米，3孔各长6米，桥罩高4米，年久失修，面临垮坍危险。1987年河边乡人民政府将木柱改为水泥礅，桥顶翻盖一新，保存至今。

朝王坪桥，民间称万福桥，清溪驿道桥，桥址在今朝王坪，桥墩、桥身均为木质结构，有桥罩，两孔，长9米，宽3米，高4米，建桥年代不详，毁于1948年，现存桥墩。

丁山桥，又名双石桥、零关桥。位于越西县丁山乡丁堰村村中心南200米。建于明嘉庆年间，横跨鱼洞河（水观音河）。该桥为石质平梁桥，6墩7孔，桥长28.8米，宽2.94米，厚0.65米。桥墩间距为3.58米至4.63米。每洞桥面是由平行的两块巨石梁横搭在两桥墩的石榫上组成。由于年代久，来往商旅、马帮频繁，中心桥面已磨损为浅水槽状，槽深4厘米，桥面留有马蹄窝印。

海棠北桥，位于海棠古城北门外约600米，同治四年（1865）建，石拱桥，桥长6米，高5米，宽1.7米，保存完好。

三道桥，位于甘洛县坪坝乡瑶厂村3组西30米处。该桥系清代建筑的青石板桥，呈东西走向。青石桥桥背条石现已毁，现用石条在原桥基上拱成了石拱桥，桥身长4.4米，宽3.9米，高2米，拱高0.6米，跨度4米。两边桥基条石尚存，其规格长2.2米，厚0.3米，宽1.1米不等。

七、石刻、碑刻

零关摩崖石刻，位于越西县丁山乡丁堰村村中心南 170 米。零关石刻题记刻于清代，“零关”二字为清代浙江人氏、民国初任上川南观察使梁正麟手迹。梁正麟与云南省罗平、武定州知州越西籍人马枬关系甚密，后成儿女亲家。两人均好书法，造诣颇高。梁正麟应马枬之邀来越西，在听其讲越西的悠久历史及零关古道的事后，欣然提笔写下“零关”二字，后刻于罗家山崖壁上。

该石刻题记下面原来是古道，现在为公路。刻字的壁面长 1.8 米，宽 1.05 米。两字为行书竖写，“零”字长 0.9 米，宽 0.7 米；“关”字长 0.78 米，宽 0.6 米。

塔拉摩崖石刻题记位于越西县白果乡塔拉村，在村东面半山腰的山崖上。题记刻在长 3 米，高 2.5 米，约 9 平方米的崖壁上。题记为楷书，从右到左，竖写，每字见方 10 厘米，共 30 个字。字距地面 60 厘米。题记刻于明代万历癸丑年（1613）。其内容为：“明左都督刘挺同男文昭奉旨征剿番倮，岁之，万历癸丑季冬，师抵此地全捷。”字迹基本都能辨认，个别字较模糊。《塔拉摹崖石刻题记》记载了刘挺亲率军队，打到零关古道东侧的漫滩河东面山上，彻底平息叛乱，大获全胜，完成了此次清剿战役，证明了明代万历年间发生在越西零关古道上，朝廷派兵平叛番、倮的一件重大历史事件。

桐槽紧关石刻位于冕山乡响河坝村二组，分布在长 25 米、宽 20 米、离地面 7.5 米高的岩壁上，横向排列“桐槽紧关”四字。龛长 2.6 米，宽 0.87 米，字高 0.55 米，字距 0.05 米，阳文楷书，笔力雄健，古朴苍劲；龛刻无上款，下款落“康熙四年三月十六日立”字样。冕山古称桐槽驿，河对岸有桐槽渡，地形如关，故有此称。和“桐槽紧关”隔河相对的观音岩刻有“天下无双”的正书阴文，“天”字完整无缺，清晰可见，“下”与“双”均存上半截，“无”字不存，三字毁于“文化大革命”期间，上款署“岑制军大人德政叩颂”，下款无存。

泸沽峡观音岩摩岩石刻，位于孙水关，现存石刻四幅，分布在距地面高 4 米、长 30 米的观音岩石壁上。其一：“西南形胜”，右上题“万历己□秋吉旦”，左下款“道光重刊”。其二：“山水奇观”，右上题“万历己□秋吉旦”，左下款“嘉庆戊寅季秋重刻”。其三：“禁止哑泉此水不可饮”。其四：咸丰四年，宁远知府、翰林、著名书法家史致康书写的“龙”字，字径约 2 米，已风化，字迹模糊。

第二节　西向——西木线

木里大寺为起点，经盐源至西昌。明清时，木里是盐源县“五所、四司、三码头”①中的木里宣慰司，1953年从盐源分离，建县级藏族自治区。1949年前，木里交通闭塞，除木里、康坞、瓦尔寨三大寺相互连接，供大喇嘛专用的官道外，乡村中多为羊肠小道。

《四川通志》② 载盐源县的递铺，卫城向东：底塘0里、箐口铺15里、小高山30里、鸳鸯铺45里、新添60里、蚂蝗铺75里、杭州铺90里、哨兴铺105里、禄马铺120里、梅干铺130里、大冲河铺150里、得力160里、沙坪180里、大湾190里、高山210里、泸州220里、纸房铺240里、河西铺250里、崩土坎260里。

一、主干线古道走向

1. 木里大寺至前所

木里大寺位于木里藏族自治县桃巴乡你易店（今瓦厂镇桃巴村），由木里大寺向南，过瓦厂镇到李子坪，翻越念扛杠到屋脚乡，沿逗乐河向南达前所乡。

2. 前所至梅雨

前所向东经云南境内的永宁到泸沽湖镇（左所），向东沿永宁河经盖租、长柏到拉萨，沿卧落河向东北到达白杨坪村，翻越棉桠山至棉桠，沿棉桠山山脚的莫水村、和尚村、核桃村、清河村、清水村到黑山村，过清水河到八家村，最后到梅雨镇。

3. 梅雨至卫城

梅雨向东沿今省道216，过合哨桥到花碉村，翻越凉风坳到盐井镇（今盐源县城），县城向东，过蛮坡子、黄沙沟、杨柳桥到盐井卫（卫城镇）。

4. 盐井卫至平川

卫城出东门，从东关往东北方向，沿岔河沟翻小高山，翻越小高山后到达烂坝，沿平川河经青天铺、蔡家坪子、蚂蝗铺、土公铺，过马鹿桥达杭州堡，向东过孙家坪子即达平川镇。

---

① 五所：左所土千户、中所土千户、右所土千户、前所土百户、后所土百户；四司：木里安抚司（或木里宣慰司）、瓜别安抚司、马喇副长官司、古柏树巡城兵马司；三马头：禄马六槽、阿撒、苹苴芦。

② （清）常明、杨芳灿等纂修：《四川通志》，巴蜀书社，1984年。

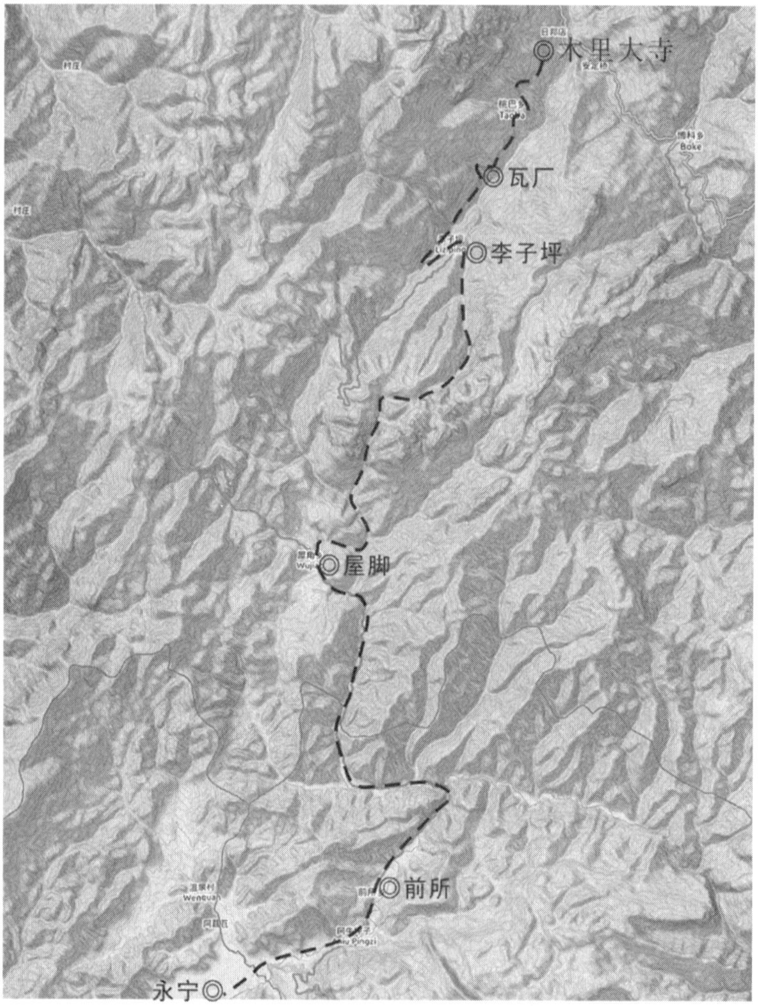

木里大寺—永宁古道路线示意图

5. 平川至盐中（佑君镇）

平川向东，过绍兴铺、骡马铺翻越梅子堡到雅砻江边，在打冲河堡（金河）渡河，沿江边向东，过方家村到得力堡。得力堡上山到沙坪堡、大湾堡，向东翻越磨盘山到纸房堡。过高山营、梅花沟即达盐中老街（今佑君镇）。

6. 盐中至西昌

盐中至西昌需渡过安宁河，安宁河沿岸有很多渡口，较大的渡口有：马鞍渡口（经久马鞍村）、安全渡口（裕隆安全村）、西盐渡口（佑君马营村）。到安宁河东岸后接建昌道，经马道、瑶山到西昌。

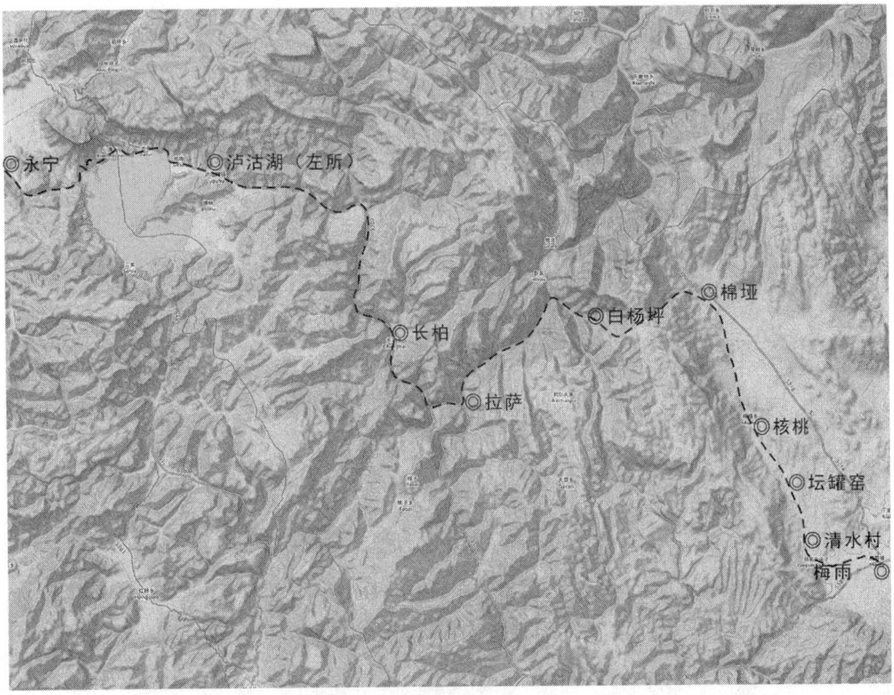

永宁—梅雨古道路线示意图

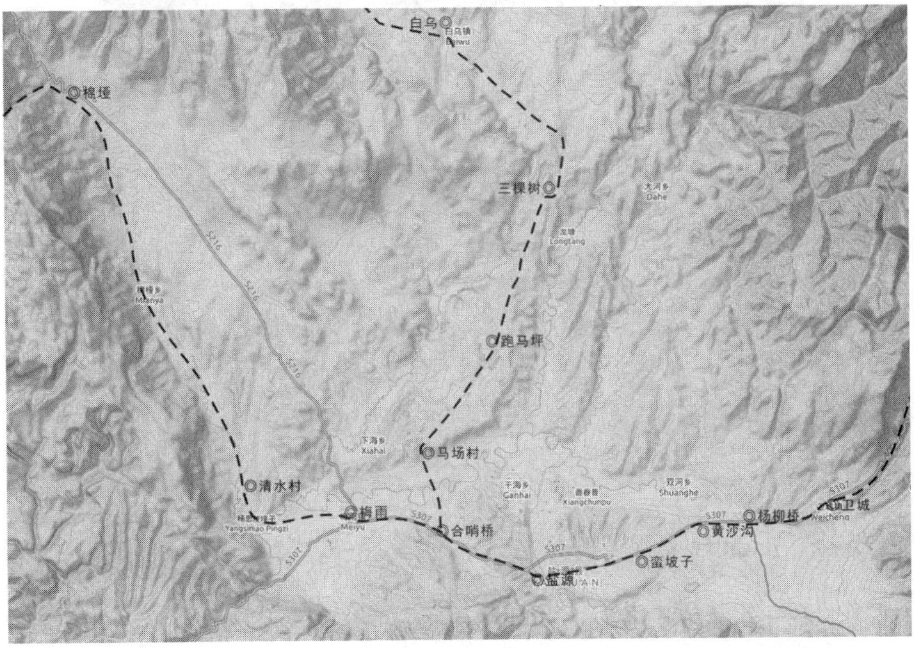

棉垭—白乌古道路线示意图

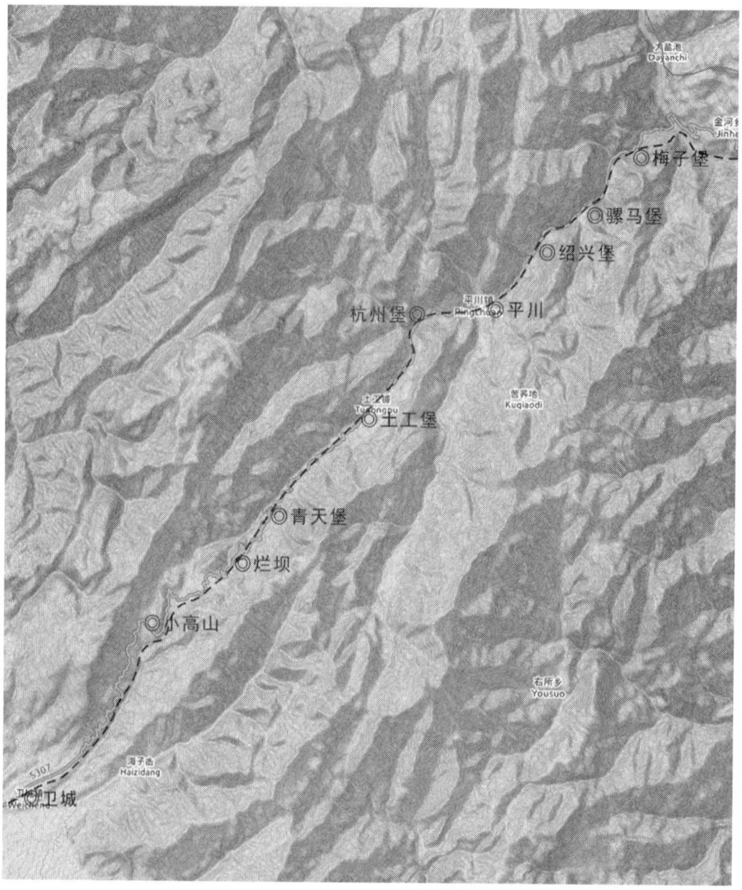

卫城—金河古道路线示意图

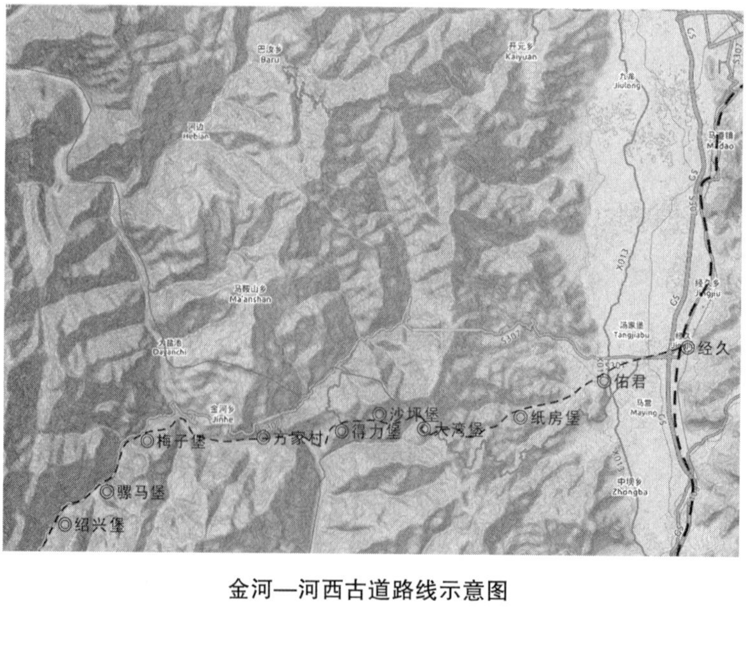

金河—河西古道路线示意图

二、支线古道

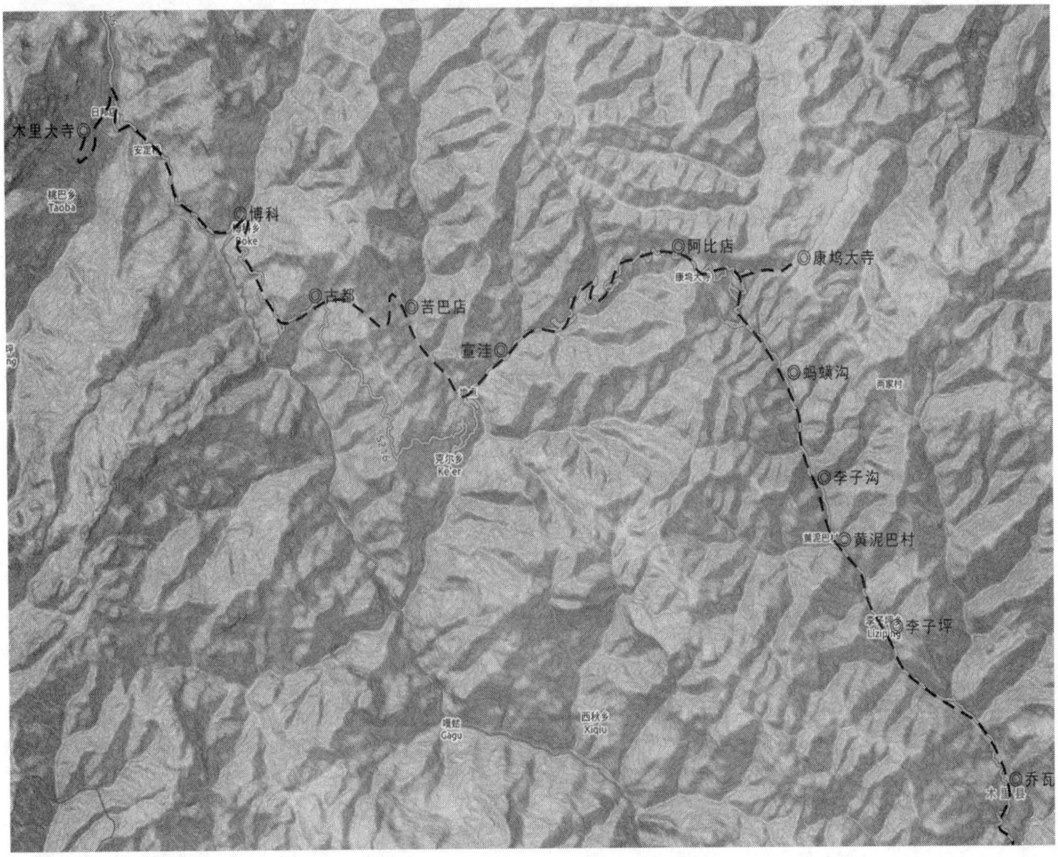

木里大寺—乔瓦古道路线示意图

1. 木里至盐源

木里县城驻地乔瓦镇。木里在土司统治时期，并无固定治所，仅以三大寺为中心，分设三个衙门，土司（大喇嘛）及其主要官员，每年轮驻一处，周而复始。建县后始设县治。初设瓦厂，1961 年迁至乔瓦。乔瓦原名博凹、博瓦（系蒙语音译，意为牧猪之地），藏语博凹为“乔瓦”（意亦为牧猪之地），汉语称此地为博瓦坪子。乔瓦位于博瓦河西岸、中米山麓，博凹乡娃日瓦村境内，原是第二区（博瓦区）区公所所在地。

康坞大寺向南经蚂蝗沟、李子沟、黄泥巴村到李子坪，沿博瓦河南下，经木里县城（乔瓦）到老虎嘴渡小金河（理塘河）到列瓦。从列瓦向东南过杨家湾、盖地到芽租乡，穿越摩梭沟，在热地村翻越扎拉山，下山即达白乌山脚。白乌向南，从滑泥铺过白洁河到盐源县驻地白盐井（盐井镇）。

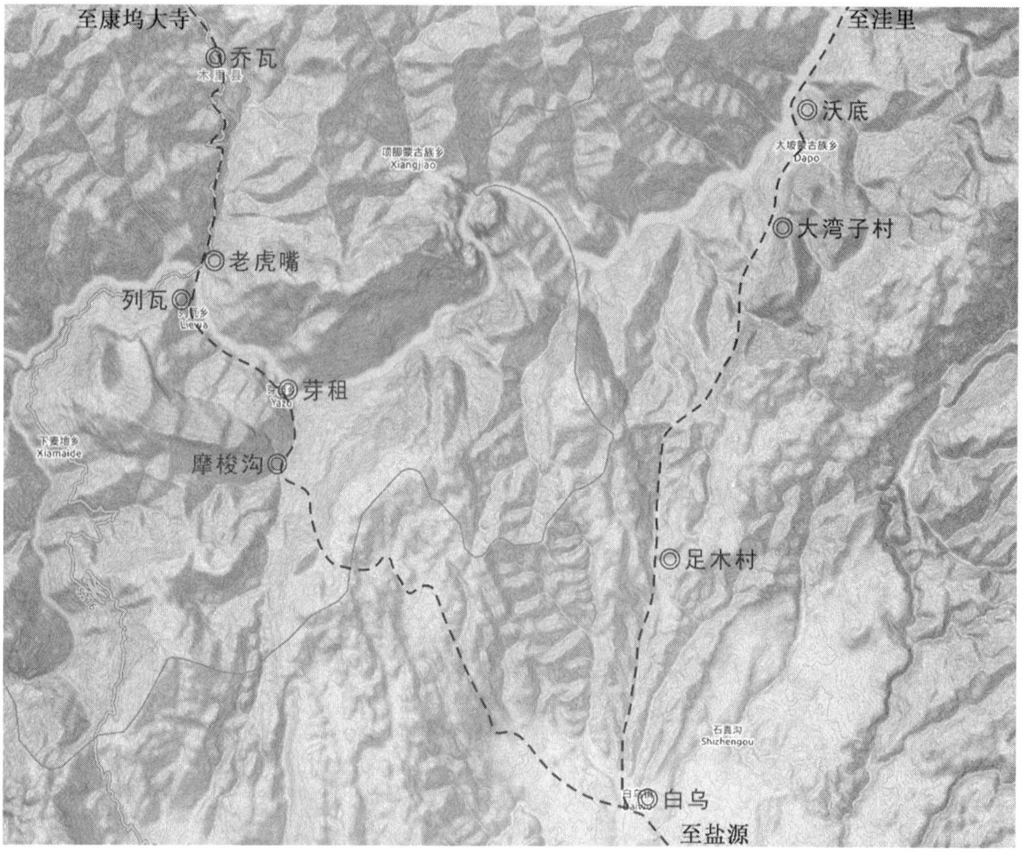

乔瓦—白乌—洼里古道路线示意图

2. 木里官道

连接三大寺的官道。官道每年由沿途各村百姓负责维修，如遇大喇嘛搬家（指由这一大寺迁往另一大寺）则需提前大修。官道一般宽 4 米，马可双行无阻。

以木里大寺为起点，沿木里河北上，经俄西小寺、固拉、固增，过木里河北行，至绒呆再过木里河继续北行，经俄公堡、东子，又过木里河上山至瓦尔寨大寺，全程 200 里。

以瓦尔寨大寺为起点，沿梭罗沟南行，越海拔 4000 米的白里米山，沿布定沟向东南经鸭咀、寸冬海至康坞大寺，全程 210 里。

以康坞大寺为起点，西行经阿比店、宣瓦、苦巴店至博科，沿木里河北上至阿掩店过木里河抵木里大寺，全程 180 里。

以八尔店为起点，向北越米真梁子至康坞大寺，全程 80 里。

以交沟为起点，西行 30 里连接康坞大寺—木里大寺官道。

3. 白乌—瓜别—洼里

俗称“黄金大道”。自卫城过白洁河，经白乌、关顶、沃底（原瓜别土司），渡金河，到洼里。

4. 盐源至宁蒗

自白盐井（今盐源县城）向西，经合哨，穿越盐源盆地，过梅雨坝子，溯盐井河而上，经黑盐塘（旧名黑盐井，有古盐池）、辣子沟出境，入云南宁蒗界，翻过干拉斯山，即抵宁蒗县城。

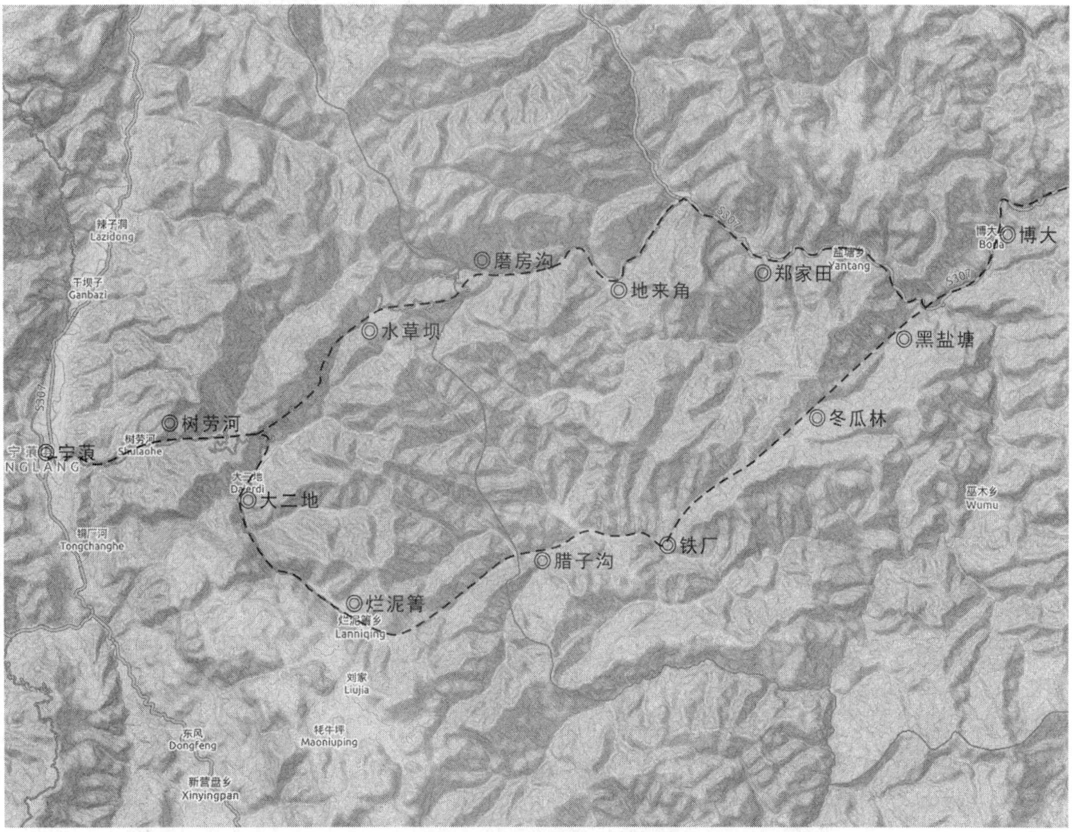

黑盐塘—宁蒗古道路线示意图

5. 盐源至盐边

出白盐井（今盐源县城）转南行，经柏林、岔秋、黄草坝，过格朗河出境，经岩口、喇踏田（永兴场）、麻柳坪、渔门，抵盐边县城（旧名阿所拉）。明清时为官道，布盐输出，均由此线。从阿所拉往南，经高坪、同德，抵今攀枝花金沙江渡口。

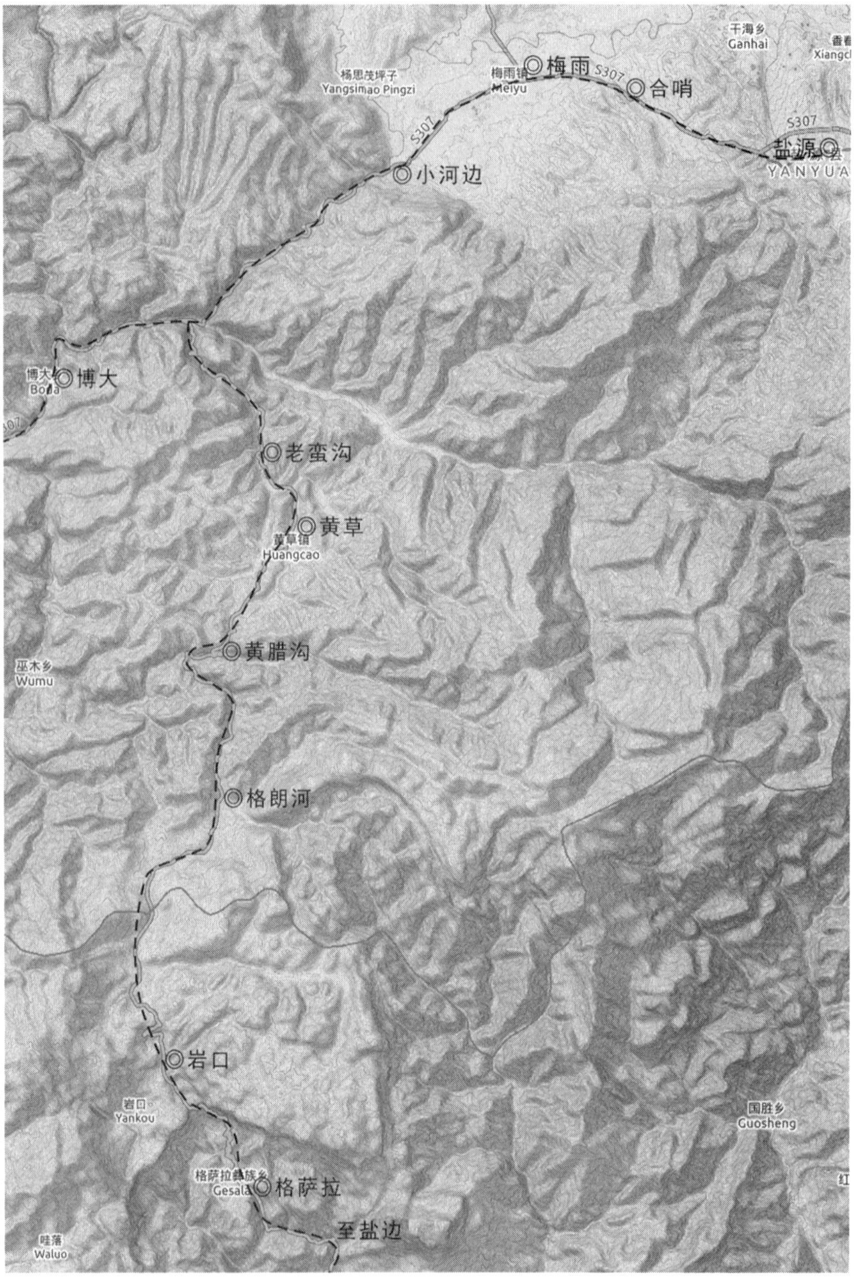

盐源—盐边古道路线示意图

6. 盐源至米易

自卫城经罗家村，过大哨垭口到板棚子，经和平子到树河，过松坪子、荒田，在大渡口过雅砻江，经烂坝到普威，连接通米易、德昌的道路。

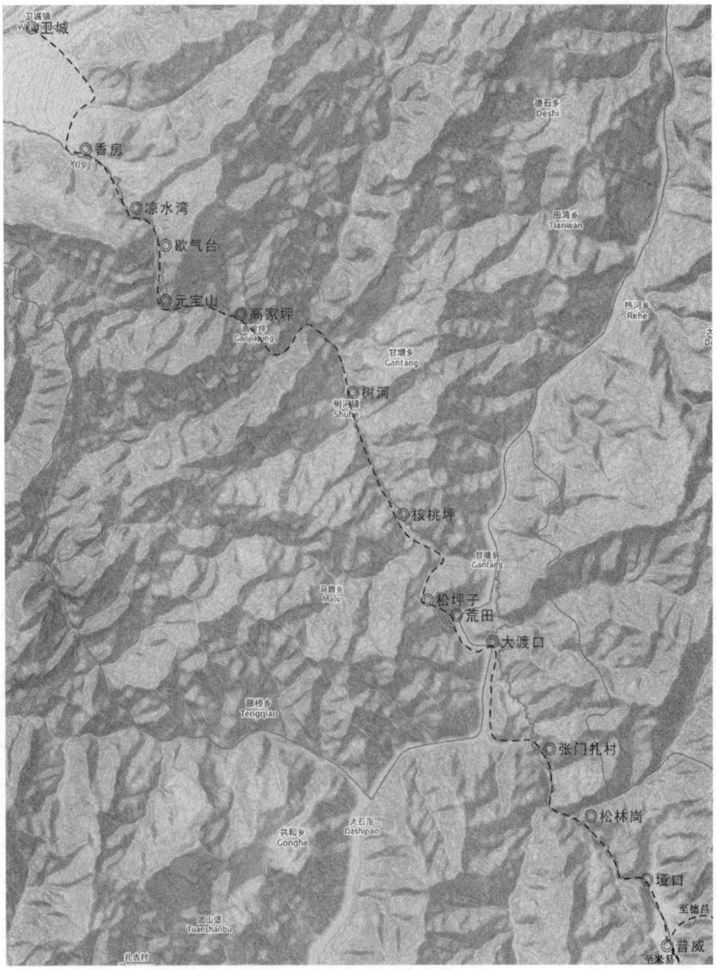

卫城—普威古道路线示意图

三、寺庙、乡镇、驿站、街道

1. 木里大寺

木里大寺位于一区桃巴乡木里河西岸的宁朗大山山麓，海拔2200米。坐北向南，平面呈椭圆形，长1632米，宽519米，占地面积约85万平方米。整个寺庙的周围，砌有高大的白色围墙，开有东南西北四门，并有僧俗兵丁守护。寺庙的中心建筑为大经堂和衙署，在大经堂的西侧前20米，紧接西墙，建二楼一底的伏魔之殿。大经堂东侧建有四楼一底的观音殿，在观音殿的东侧建四楼一底的文殊殿，南面和西面建土司衙署（称木里衙门），形成一个四合院。大经堂和衙署门前有一小平坝，是供宗教和土司大喇嘛出入举行仪式使用的。大经堂的西边是一个广场，每年庙会就在广场上跳神和演出藏剧。户场周围建有大转经房和转经走廊，寺庙的北面最高处，建一楼一底的小经堂和半露天的说法场，周围以土墙围成一个院落，是喇嘛僧众举行辩经的场所。围绕大经堂和土司衙署的北面，分布着喇嘛住宿的僧舍。僧舍各成院落，形成街巷，错落有致。

2. 康坞大寺

康坞大寺，位于康坞牧场场部东 4 千米，海拔 3650 米。整个寺庙建在一个两面有小溪中间隆起的带状土丘上。平面呈长方形，长约 1300 米，宽约 580 米，面积约 75.4 万平方米。康坞大寺分前殿、主殿、侧殿、后殿、藏经楼等部分。均是坐西面东一字形排列，中间杂以喇嘛僧房，似是一条街市。在大经堂与说法堂之间，建有一幢红墙、铜制鎏金歇山式的屋面建筑，脊挑上悬有铜铃。南侧曾建土司衙署，是四楼一底的高大建筑物，1958 年为火灾毁。现存残存夯筑土石墙，高 1—12 米不等。

3. 瓦尔寨大寺

瓦尔寨大寺，位于沙湾乡东 5 千米，木里河东岸，瓦尔寨山的半山腰台地上，海拔 2900 米。该寺经堂、衙署和喇嘛僧舍各自建成一个院落。经堂平面呈方形，长约 1500 米，宽约 1280 米，面积约 190 万平方米。分前殿、主殿、后殿等部分。在新经堂的楼上，安置有第九代活佛甲央旨古的预制灵塔。整个塔身全部使用白银包制，有的纹饰还是用黄金打制，并镶有各种珠宝玉石。瓦尔寨土司衙门，建筑在一个山丘上，共有六层，坐西朝东，是三大寺衙署中最为雄伟的建筑。

4. 干海土城

遗址位于盐井镇北 2 千米的干海乡鱼脊村，平面布局为长方形。1986 年文物普查时查明，城墙残高 1.5—2 米，土筑，文化层厚 8 厘米，南门残高 1.5 米，宽 6 米，城墙周长 1.4 千米。现城墙已毁，城门已不存，西北部被公路毁坏。

《汉书·地理志》："定笮出盐，步北泽在南。""步北泽"即盐商贸易之所，在古土城之南的自盐井，即盐灶房（今盐源县城）。清代《盐源县志·古迹》谓："自盐井北三里，明蓝玉屯兵于此，城址宛存，当即盐城故址。"

5. 卫城

明洪武初置盐井卫（今盐源县卫城镇），治所《旧志》谓"旧卫城在盐中（今西昌市佑君镇老街）"。《清一统志》宁远府盐源县城池谓"周四里有奇，门四。池广二丈五尺，明洪武二十五年（1392）修。清雍正六年（1728）改卫为县后，卫城为盐源县治所，盐中为县丞（分县）驻地"。清同治元年（1862）在战乱中烧毁。自清雍正七年为盐源县治所，经民国时期，至1951年迁自盐井，凡222年。

卫城位于小高山西面的缓坡上，平面呈长方形，东西长800米，南北宽400米。夯筑城墙，底部有条石台基。城门用砖石券拱，宽4米，高8.2米，进深12米。城内原有钟鼓楼，现已拆除。

6. 佑君镇

原名河西、盐中，清代为盐中分县治地，属盐源县。1950年划归西昌为盐中区区公所驻地。位于西昌市西南，安宁河西岸，距西昌城中心31千米，面积33.5平方千米。历来是西昌与盐源重要的交易场所、食盐集散地，也是商贾、马帮的食宿站点。

明清两代在保城河南有老街一条，清同治三年，在西盐驿道上建正街，成为河西的商业中心。

7. 黑盐塘

黑盐塘也称黑盐井，又名腊汝窝。唐时黑盐井因盐铁之利，经济繁荣。859年成了当时地方政权反复争夺的要地，后因大理战争和境内各族之间的械斗，人口稀少，田地荒芜，盐业凋敝。自11世纪后，盐井被封，淹没两百余年。元代后，当地盐泉再度生产利用，1290年在盐源设柏兴府（治所黑盐井）。明代因争夺盐池发生月鲁贴木耳叛乱，叛乱平息后在黑盐井设盐课司。万历年间，因地震和人为灾害，当地盐业衰落，盐卤之利衰微。清代，黑盐塘有盐井一眼，后因康熙四十八年（1709）丫马车之乱和其后的夷汉争盐之祸，被下旨封禁，禁盐150年左右。1881年，黑盐井恢复产盐。

盐棚山遗址位于四川省凉山彝族自治州西南部的盐源县盐塘乡郑家田村四组，遗址内发现了盐灶、木缸、佚盆、筒口锅等制盐遗物，以及制盐地点和上下尖子、卤水池等制盐相关设施，表明该遗址是一个有着不同功能分区的盐业遗址。盐棚山遗址盐业遗存的时代上限可能在元代，元代以后随着规模的扩大，熬盐中心转移至沟口。

8. 白盐井

该盐井位于今盐源县城盐井镇西南盐井沟西侧的花椒地里，地处盐源盆地南缘的柏林山脚下。盐井沟东岸山崖岩石表面上有着明显的白色带，因当地砾石层中含硝质特别多，水由岩上浸出，蒸发后在岩石上遗留有白色薄膜，远望一片白色。该井属于盐矿取卤，盐矿中含硝特别多，生产的盐质不佳，属于厚岩盐矿。

9. 黄草坝

因产黄草而得名，驻地黄草坝，海拔2400米，是盐源至盐边的必经之路。明代筑有土城，驻兵防守，有街道一条，长约 300 米。街道两侧为土木结构建筑。

四、桥梁渡口

汉晋时大笮（盐边）、定笮（盐源）因设笮桥而得名。笮桥即索桥，古人将数根竹杆整体绞成辫为芯，外裹篾青编成的竹丝，然后将三股合绞成一股，将其缠系于石孔上，或垒石，在绳索上置木板。竹索、藤索、茅索不耐风雨侵蚀，晃动较大，又易为火所焚烧，较难保存，现存者只有铁索桥。《盐源县志》载："铁索桥有五，一在阿所拉（盐边），一在喇踏田（永兴），一在湾庄，一在苹苴芦，一在老鹰岩，俱建自道光年间。"现已不存。清代还在交通要道的河流之上建有石拱桥，现今已被现代桥梁取代。

木里境内有结构独特的"伸臂桥"，全桥的构筑材料是原木和石块。先在河的两岸各建一桥墩，桥墩是用直径大约 20 厘米的木杆横竖交替架置，中填以石块，这种做法在当地称架"木垛子"。当桥墩砌到一定的高度时，即选用直径 20—30 厘米的同样长的木杆，并列置于桥墩上，逐层向河里伸递数米。这种层层递出和斗拱层层挑出的结构原理相同。一般叠 10 层左右，最多者叠 30 层。每层间隔 1 厘米左右，横置一木条。木条两端凿有穿孔，上下对眼，然后插入木条，使挑出的木杆牢固。横面的宽窄度，视交通的流通量大小而确定，最宽的桥面有 3 米左右。两岸桥墩伸出木排，搭木杆上面横铺木板，构成撤拱的桥面。有的桥面两侧还架有栏杆和扶手。主要分布于水洛河和理塘河，其他小河也有分布。此种桥兴于元代，盛于清朝、民国，至今尚存 10 座左右。

渡口，有义渡也有收费渡，渡资由各码头船工与行人面议。渡口主要设在雅砻江和安宁河上。雅砻江上的渡口有田湾顺河渡口、马鹿荒田渡口、藤桥渡口、巴折玻璃渡口、德石渡口、大坡西林渡口、洼里白碉渡口、关顶山渡口等。

1. 中渡口

盐源县树河至米易县张门闸间的雅砻江渡口，是盐源通往普威、米易的重要渡口。

2. 洼里白碉渡口

小金河（理塘河下游）与雅砻江交汇口金矿资源丰富，采金历史悠久。流经本州西部的雅砻江被称为"金河"。历史上，在金河流域曾设县以"金矿"命名。金县后撤并，分别划归相邻的盐源、冕宁两县所辖。金县旧址应在今洼里附近，洼里白碉渡口是附近金矿外运的重要渡口。

3. 安宁河渡

马鞍渡口（经久马鞍村），位于经久乡马鞍村（登仙湾）。历来是西昌县、木里县、盐源县进出来往的马帮和旅客必经渡口，过渡量段高日达骡马 400 余匹，设有载 30 匹骡马的大渡船一只。后由于西木公路通车，此渡口渐冷落。

安全渡口（裕隆安全村），位于裕隆乡安全村至马道镇围墙村，原设木船摆渡。

西盐渡口（佑君马营村），位于佑君镇马营村和黄联乡鹿马村之间，是通往盐源、木里的主要渡口。

4. 昏沙伸臂桥

位于唐央乡昏沙村，南北向，横跨理塘河。桥址选择在河面比较窄的地方，桥长 22.9 米，宽 7.2 米。

五、石刻、碑刻

润盐古道摩崖石刻，位于盐源县平川镇骡马堡村。

明建昌兵巡粮储都学道朱篚，打通西昌至盐源交通时，督修打冲河索桥，在今骡马堡陡崖上书写“润盐古道”。摩崖石刻刻在距地面 50 米的崖壁上，坐西南向东北。石刻内容为“润盐古道”四字。整个雕刻面高 1.9 米，宽 2.9 米，雕刻面积为 5.51 平方米。

第三节　东向——雷建通道

西昌向东进入大凉山腹心地区。清代，除雷波和美姑部分地区属叙州府管辖外，其余大部分属宁远府管辖。宣统二年（1910）建昭觉县，包括了今昭觉县、金阳县、布拖县区域的大部分地区，美姑、普格、雷波的部分地区。昭觉虽隶属宁远府，但实为各彝族家支控制，交通极其不便。

清宣统二年，四川总督赵尔巽为彻底整理凉山计，令雷波通判叶锡琪招士勇修雷建通道，以图沟通凉山。建昌段已通至昭觉，越过美姑河至耶鲁拉达，雷波段因恩扎家阻扰而停工，仅修至扇子坪。路宽 5 尺，可通托运。民国三年（1914），复修昭觉至雷波段，历时两年修成三分之二，因经费困难，半途而废。民国四年，雷波知事公署招募人修城北经大石盘、渣坡至西苏角一段，修数十里后停工。

一、主干古道走向

清代时，雷波属叙州府管辖，其官马大道通向宜宾屏山方向，故以雷波为界主干道可分为两段，西段为雷屏嘉道，东段为雷建通道。

雷屏嘉道

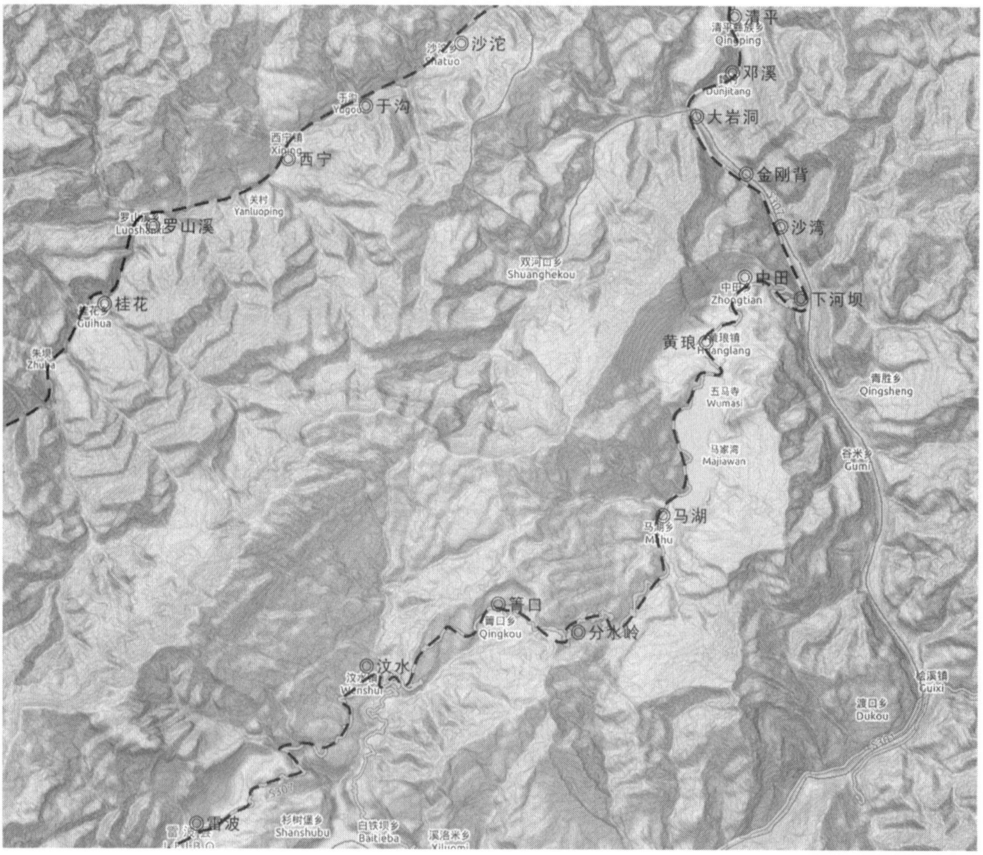

雷屏嘉道路线示意图

雷波至屏山县的驿道。

据《四川通志》[①] 记载，雷波厅向东，豆沙溪20里，核桃坪50里，箐口70里，分水铺90里，海脑坝110里，黄螂140里，大汉槽160里，鹿角岔180里，大崖洞200里；屏山县向西，结发铺20里，改基铺40里，平夷铺70里，蛮夷铺110里，干溪铺150里，邓溪铺180里。

豆沙溪，今汶水镇。

核桃坪，今菁口乡核桃坪村。

箐口，今菁口乡红岩村。

---

① （清）常明、杨芳灿等纂修：《四川通志》，巴蜀书社，1984年。

分水铺，今马湖乡菖蒲村斯里坪。

海脑坝，今马湖乡马湖村海脑坝。

黄螂，今黄琅镇。

大汉槽，今中田乡下河坝。

鹿角岔，今中田乡银厂村金刚背。

大崖洞，今柑子乡后山村大崖洞。

雷波向西，经海湾至汶水镇，越过豆沙溪到核桃坪，向北至箐口乡。箐口向东经红岩村，翻过分水岭到海脑坝（马湖乡），过金马湖，到北岸的黄琅镇。过中田下至金沙江边下河坝（大汉槽），沿江而上经沙湾、芭蕉村、金刚背到大岩洞。大岩洞向北进入屏山县的邓溪，过清平、龙冒水、干沟、沙湾到蛮夷司（新市镇）。沿金沙江北岸向西经新安、新开、解吉、金沙、结发到屏山县。

雷建通道

雷波至建昌（西昌）的驿道，昭觉至西昌设三湾河（今四开竹里拉达）、烂坝（今洒拉地波乡）、阿拉米（普诗乡阿拉木村）三站，派兵驻守保路。

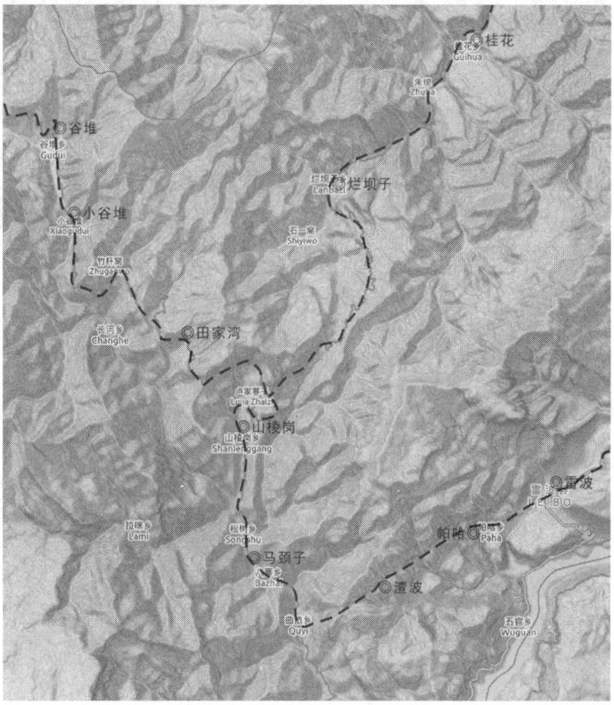

雷波—谷堆古道路线示意图

1. 雷波至谷堆

雷波向西经乌角到帕哈乡，过八合村、磨石村到渣波村，翻马鞍山到西苏角河，沿西苏角河而上，过马颈子到丁家坪（山棱岗乡），向北过田家湾、铜厂、小谷堆到大谷堆。

2. 谷堆至牛牛坝

从谷堆翻黄茅埂到井叶特西，过基伟村、巴普（美姑县）、峨普，沿美姑河向西到牛牛坝。

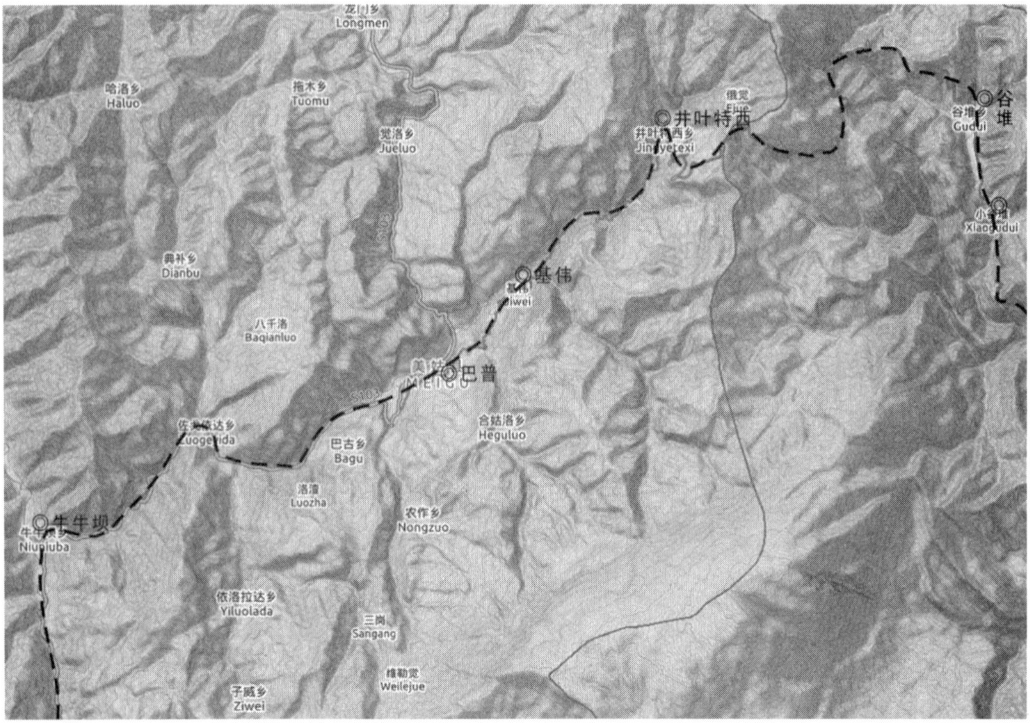

谷堆—牛牛坝古道路线示意图

3. 牛牛坝至乌坡

牛牛坝沿美姑河东岸向南经特西乃拖、尔库、米体、四比齐、九口，在洛俄依甘过美姑河大桥，向西经拉一木到乌坡（庆恒）。

4. 乌坡至昭觉

乌坡向西经尔巴克苦、哈洛觉进入竹核坝子。竹核向西沿省道 307 到普特，进入昭觉坝子，经城北乡进入昭觉县城。

5. 昭觉至玄参坝

昭觉向西到南坪，沿三湾河到树坪，树坪向南到黑洛，经洼里、竹里，过三湾河大桥

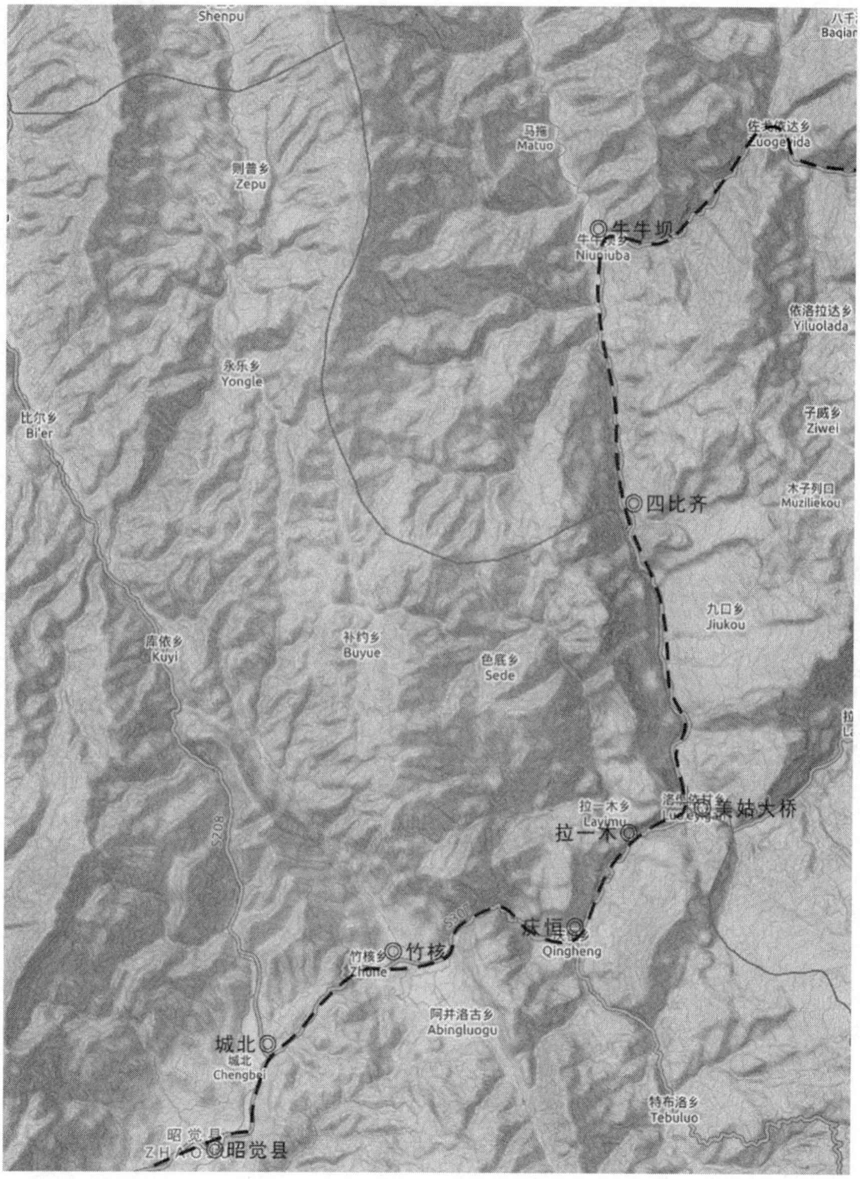

牛牛坝—昭觉古道路线示意图

到四开。四开向东翻梭梭梁子到烂坝（洒拉地波），过解放沟到七里坝。继续向东经阿拉木到玄参坝。

6. 玄参坝至西昌

玄参坝向东经玛增依乌乡幺占坡村、大兴乡石庵村到大兴场，大兴翻过小花山，经川兴、大坟堆、高枧到西昌。

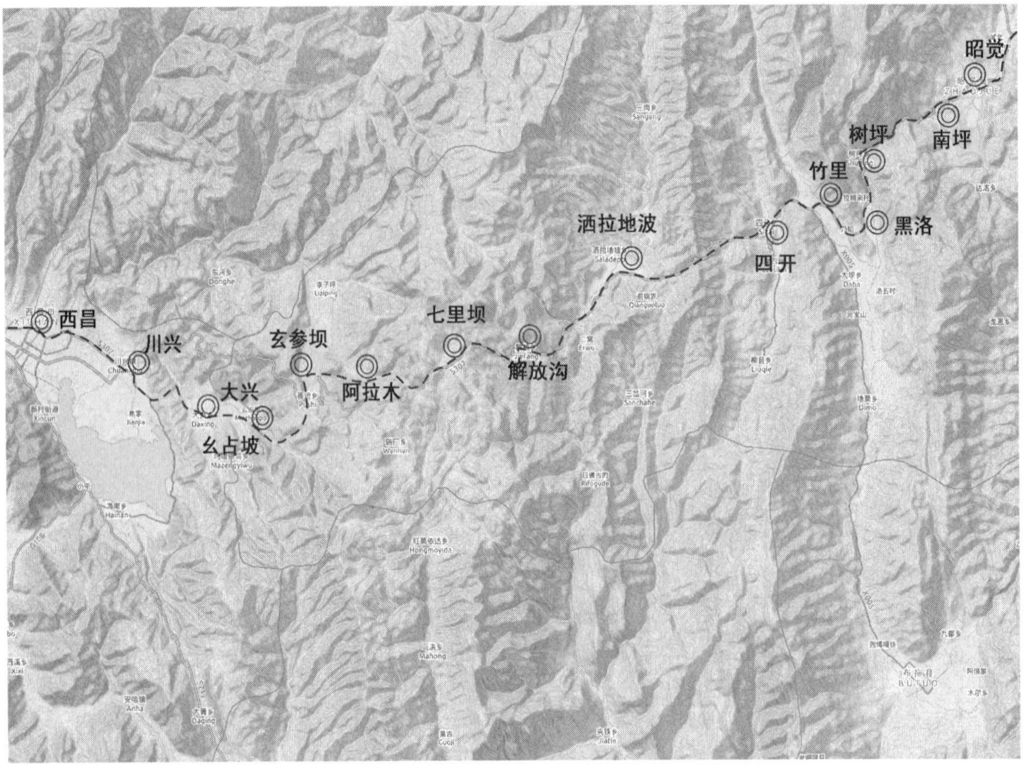

昭觉—西昌古道路线示意图

二、支线古道

1. 昭觉至灯厂

昭觉向南经金马场（达洛乡）、特口甲谷、南瓦，翻波洛梁子，到天地坝（金阳县城），经德谷沟、彭家屋基、魏家湾子到新场坪，向南到灯厂。灯厂渡江到芦稿镇，进而到昭通。

2. 好谷至布拖

好谷向南渡过三湾河，经大坝、地莫、拉达到特木里（布拖县城）。

3. 昭觉至普雄

昭觉向北，经城北乡、库依、比尔、特布洛、保石、竹阿觉、依洛地坝、乐青地至普雄。历代统治者在普雄召集土司、头人议事，多经此道，彝汉人民物资交易也多经此道。

4. 中山路驿道

由蛮夷司至三棱岗。新市镇向西到夏溪，从夏溪向南到屏边，过沙陀乡到西宁。过罗山溪、桂花、烂坝子到三棱岗。

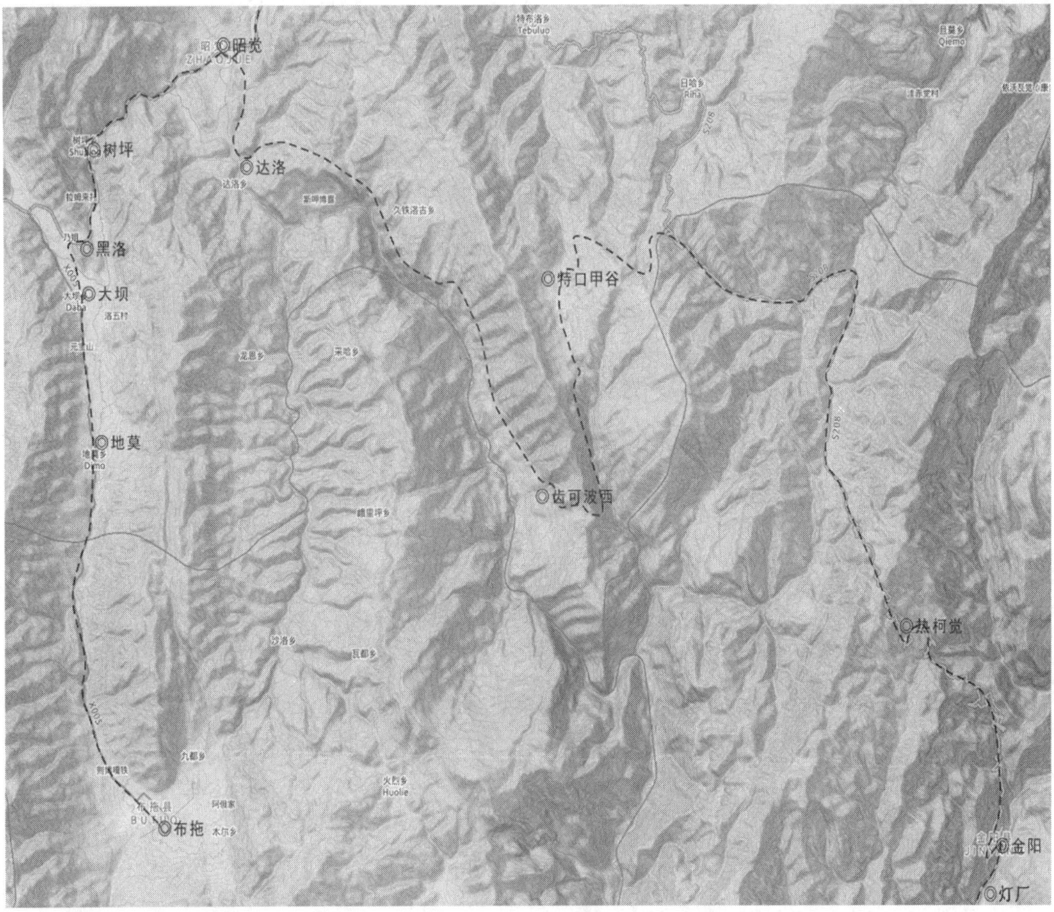

布拖—昭觉—灯厂古道路线示意图

5. 乌坡至卡哈洛

嘉庆年间，宁远府与东川、昭通两县厂商合资在乌坡（庆恒乡）建厂采矿炼铜。产品宁远府得四成，东川、交脚汛厂商各得三成。该厂奏定采铜，招募大量工匠设炉冶炼，使得铜产量猛增，年产量达一百八九十万斤。嘉庆二十二年（1817），清王朝开始采买乌坡厂铜运入北京，称为京铜。乌坡铜厂达到极盛之后，因阿都、扁巴等纠众围厂滋闹，道光十四年（1834）月产量降至 1 万余斤。京铜先由陆运至金沙江，由金沙江转水运到泸州。

有乌坡向东，经拉一木至美姑大桥，沿美姑河向下，经拉马阿觉、哈甘、柳洪、乐约到达莫红。莫红过美姑河上山至一车，经巴姑、雷池到咪姑乡，咪姑向东经大岩洞到卡哈洛，在弈子村渡口进入金沙江航道。

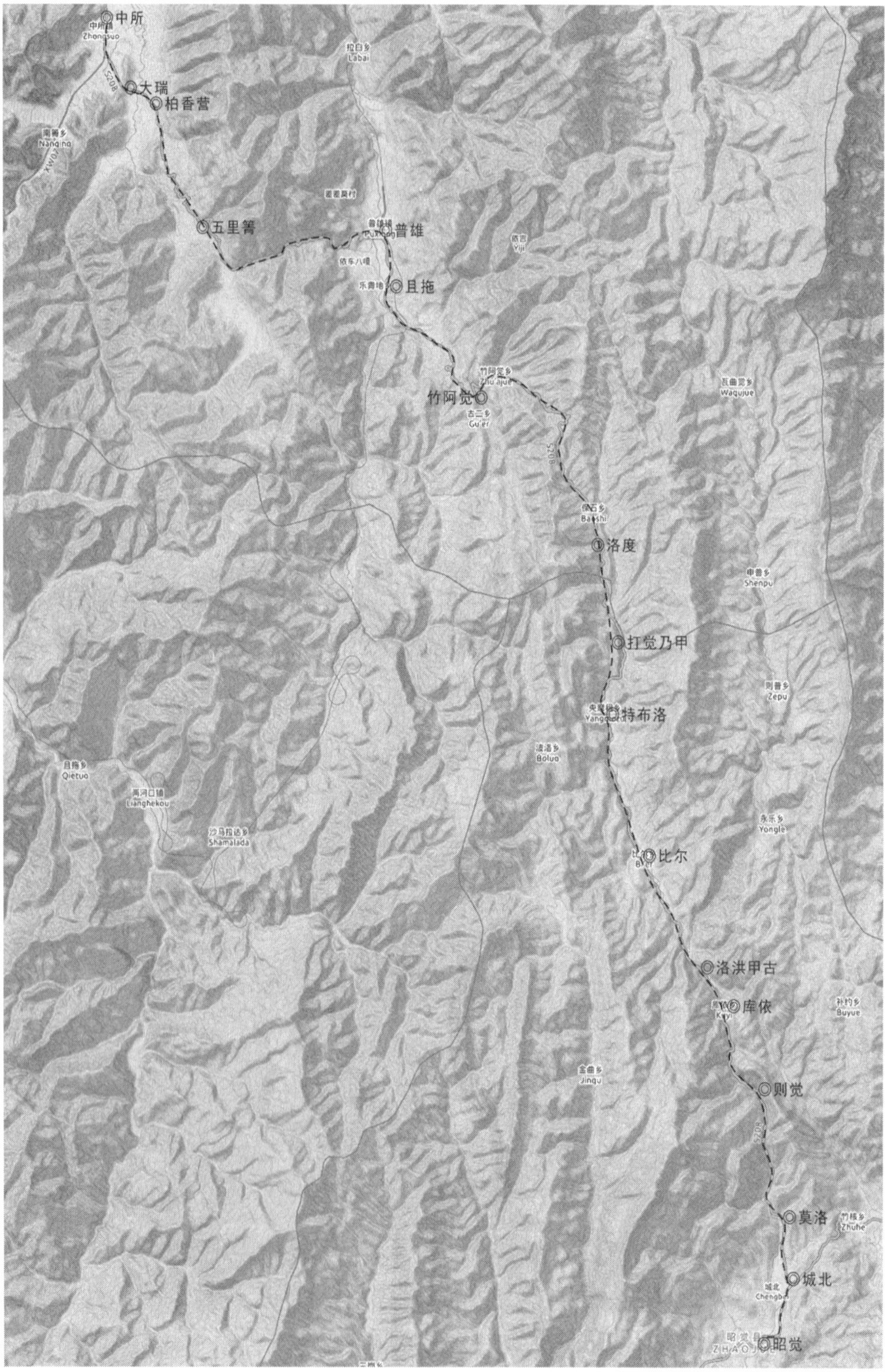

昭觉—普雄古道路线示意图

中山路驿道路线示意图

乌坡—卡哈洛古道路线示意图

三、乡镇、驿站、街道

1. 昭觉

清乾隆年间在今昭觉河与三湾河交汇处筑交脚汛城，咸丰元年（1851）阿侯家彝民起事，城被毁，后称之为交脚废城。不久又在其北台地重建交脚城，内有三条街，后来彝民再度起事破城，烧毁部分街道和建筑物。光绪三十一年（1905）法国人多龙到凉山地区“考察”时经过这里，见到交脚城“那封闭的城墙只围护着两条街，在烧掉的建筑物原址上，他们种上了植物”，此即为交脚旧城。旧城、废城均在今南坪乡木尔果村凉山州农业科学研究所附近，当地彝民称之为哈呷诺成，意为汉人老城。

宣统元年（1909）四川总督赵尔巽饬师进剿交脚，进而征剿阿侯、苏呷家彝民后，为有效控制凉山腹心地区，镇压彝族人民的反抗，禀奏清廷在交脚旧汛地添设县治，筑城屯守。次年二月，交脚设治委员徐怀璋选定地势宽阔、山环水抱、当建（昌）雷（波）之冲途、有中权扼要之势的干海子动工兴建昭觉县城，修建石料多拆用交脚旧城城墙砖石。十月完工，耗银二万零五百六十两九钱二分七厘。

清宣统二年（1910）建成的昭觉县城呈方形，周二百五十三丈。城墙连垛高一丈九尺，底厚一丈五尺，面宽九尺，外皮用石条自根至顶，内皮用山石，内用石、石灰加黄土夯筑，底部掘地四五尺，用石砌满至地平，顶部用三合土铺三寸厚，四周筑垛 434 个，垛高五尺。城开东、西、南、北四门，分别称为绥边、定远、开化、永平。门台高一丈九尺，宽二丈六尺，厚一丈八尺，全用石条；门洞高一丈三尺五寸，宽一丈，深一丈八尺；门扇高一丈一尺五寸，宽一丈，厚五寸，外用铁包。门上建有门楼，门楼中卷高一丈二尺，宽一丈九尺，两旁有耳房。东西南北四座城楼匾额分别书有“东通雷马”“西达建卫”“南带金沙”“北联越嶲”。城周有壕，宽八尺，深五六尺不等，均可通水。面积 35335 平方米。

中华人民共和国成立时，昭觉城名为东、西、南、北 4 条街，实际仅是从东门到西门 60 丈，从南门到北门 66 丈两条路相交成的十字街。

2. 雷波

位于锦屏山麓，东有凤尾山、八宝山蜿蜒环抱，西连大旗山，南凭金沙江。雍正八年（1730），卫守备胡漪请款筑土城墙，高 1.2 丈，周长 3.3 里、594 丈。开迎恩、宣化、永安、拱辰 4 门，各置城楼。道光十八年（1838），通判刘跃庚新建石头城墙，周长 653 丈，高 1.56 丈。开觐光、金带、福喜、锦屏 4 门，设炮台 6 座。光绪八年（1882），松潘总兵李培云捐银1000两，增修东、南两小城。民国八年（1919）县知事罗正冠平廖月江乱后，培修坍塌处，于4门两侧上书“孝”“耻”二字。

3. 解放沟

原名倮洛依打、倮洛沟，位于县城西南45千米处。1949年前，来往于昭觉、西昌间的商旅多在此食宿。当时居住在这里的20多户彝族农民，开有马店，供过往行商住宿，还设有饭馆。

4. 四开

四开场镇，是四开区公所、四开乡人民政府所在地，面积0.4平方千米。1958年前，区乡驻老四开（今属柳且乡），1958年迁至宜西公路边的比色底，东北距县城22千米，西南至西昌78千米，是昭觉至西昌的重要站口之一。

5. 三棱岗

三棱岗地当要冲，为军事重镇，有“铁汀三棱岗”之说。道光十八年（1838）至二十二年，建三棱岗石头城墙，周长420丈，炮台2座，开东、西、北三门，南为峭壁，凭岩扼险。西北通大小凉山东至屏山。城内建有普安营守备、千总、把总、外委署及兵房等600间，于马颈子建千总署、兵房67间，与三棱岗、雷波互为犄角，民国八年（1919）被毁。

6. 西宁

位于县城北部113千米处，为进出凉山的东大门，东西长2.8千米，南北宽1.4千米，面积3.4平方千米。道光十八年厅通判刘跃庚始筑西宁堡。民国时期于西宁置抗建、中心、向阳等垦社，有一条小街巷长250米，住着数十户居民，面积63平方米。1952年在西宁建雷马屏农场场部。

7. 黄琅

明弘治八年（1495），于黄琅懒坎坪设宁戎巡检司。清雍正七年（1729），设防御所，雷波卫守备胡漪请准款筑土城，周长486丈，折2.7里。四门，无城楼。城西北凭山扼险，东、南环绕3个小湖以水为槛。乾隆二十一年（1756），土城倾塌数处，通判曹芝田捐廉檄饬巡检梁克佐补修，建蜈蚣架，乾隆六十年，通判富森保再补。同治中巡检沈彬请准抽鸦片税金建石城。光绪八年（1882），松潘总兵李培荣来雷办夷务，捐银1000两补修竣工，建东、西、南、北四门和小南门。

8. 汶水

位于县城东北侧15千米处，清代名牛吃水场。民国时期数次遭火灾，数次修复，街道呈Z形，石板路面，两旁为穿斗式土木建筑。

9. 永盛

俗称天姑密，清代名天姑密场，民国时期为永盛区、乡政府驻地，筑有土城1座，设太平、南奉、西平、北辰四门，北辰门有土碉楼名永安堡。城内有兴隆街、正街、小河街等。

10. 瓦岗

位于县西南，元为中州，属沙马部隶建昌路。明为中县，属永宁州；洪武十七年（1384）改为苏州，后废。清雍正五年（1727），于一车河阿于支设百户2名，夷兵3名。瓦岗彝语为“挖嘎”，又称挖嘎所使，意为通上田坝、莫红、卡哈洛3地。1953年凉山工委及昭通分工委派工作团进驻瓦岗、咪姑、一车和巴姑成立咪姑工作团。陆续建雷池、咪姑、胡芦、巴姑、米西洛、一车、洗马溪、马耳红等8个乡政权。1956年初筹建瓦岗县，辖卡哈洛、咪姑、莫红和古里拉打4个区。1960年撤销瓦岗县，将原瓦岗县的行政区域分别划归昭觉、雷波县。

11. 卡哈洛

位于县境西南部金沙江畔的段家坝，卡哈洛区、乡政府驻地。清代属中县沙马部，隶沙马宣抚司，民国四年（1915），中坝设县属羿子村分县佐，民国三十一年（1942）改设羿子村区署。1955年设卡哈洛区人民政府，治地在下卡哈洛，1965年迁至中坝，1970年再迁段家坝。

四、渡口和桥梁

1. 金沙江渡口

雷波境内金沙江沿岸的大坪子、金江、坳田、石板滩、那比渡、燕子岩、武家沱、溪落渡、长岩坊、桐子林、渡口、撤水坝、羿子坝、大汉漕、芭蕉滩、大岩洞等处设木船渡，人力摆渡。芭蕉滩渡船可运货至下游寸滩、蛮夷司等地。卡哈洛金江渡口和谷米乡羿子坝渡口曾为较大的渡口。金阳境内金沙江的渡口有老渡口、对坪、春江、岳家码头、热水河、大井坝六个渡口。

1956年大岩洞邓溪渡木船停渡，渡口上移约1千米至云南绥江县境黄茅坝，为云南绥江与雷波唯一水上通道。雷山公路通车后云南永善县小务基群众为乘汽车方便，新设小务基至抓抓岩木船渡口，沙沱至马湖公路通车后，芭蕉滩基本停渡；下河坝（原大汉漕）过渡人亦极少。

2. 马湖渡口

马湖坳口与海脑坝为渡运码头。清代至民国时期，是雷波至成都、乐山、宜宾等地人货必经之道。民国十四年（1925），李姓乡人造木船渡运客商及货物。同年十一月县团务委员会决定：马湖南北渡口提归公有，黄琅、马湖民团各造大木船 2 只，对开载运人货。民国二十五年（1936），湖内公船被私人占有，至 1949 年前夕仍为私人经营。

3. 昭觉河渡口

昭觉河，沿昭觉城东流过。1952 年，县建设科造木船 2 只，雇请船工 3 人，在轿顶山下，现昭觉大桥上游 100 米外，设渡口免费渡运行人。每船满载 30 人，每日过渡 800 余人次。1957 年昭觉大桥建成后，停渡。

4. 三湾河渡口

从昭觉至西昌，必须横跨三湾河，来往行人和驮马，常因洪水受阻，不能顺利通过。1952 年在三湾河造木船 1 只，雇请船工 2 人，在好谷乡小母鸡梁子（黑洛社）山边设渡口运行人，日渡 400 余人次。1959 年三湾河桥建成后停渡。

5. 迎恩桥

位于雷波县锦城镇东约 500 米处，清雍正八年（1730）建，条石拱砌，两边有石栏杆，桥上建木质桥楼，木板壁，青瓦顶。现只存拱桥，桥楼毁。

6. 通济桥

位于雷波县南田乡油房沟村，距县城南 13 千米的泰沙河上，清光绪十七年（1891）雷波厅参将谢征嵩及幕僚甘师禹捐钱，通判秦云龙监修。为两洞石拱桥，桥墩、桥梁全用大小不等、方圆不一的卵石垒砌，石灰勾缝。此桥是雷波通千万贯、羿子村和云南大务基等地的重要通道。

7. 天生桥

位于金阳县天地坝镇，县城以东 1.2 千米的金阳河上。

五、碑刻

昭觉县四开乡好谷村好谷石表与石碑发现于 1983 年和 1987 年，其中价值最高的是东汉光和四年（181）石表①、初平三年（192）残碑②和麟凤碑。石表位于一处名叫黑洛社

---

① 凉山彝族自治州博物馆、凉山彝族自治州文物管理所：《凉山历史碑刻注评》，文物出版社，2011 年。
② 凉山彝族自治州博物馆、凉山彝族自治州文物管理所：《凉山历史碑刻注评》，文物出版社，2011 年。

的汉代遗址之上。光和四年石表表身早年断裂成两截。石表上窄下宽，高 166 厘米，上部宽 64 厘米，厚 37.5 厘米，下部宽 75 厘米，厚 44 厘米。表正面镌刻文字 9 行，侧面镌刻文字 3 行，共 400 余字，字体为阴刻隶书，内容皆为当时的公文摘要；初平三年残碑只存上半部分，长方形，残高 75 厘米，宽 69.5 厘米，厚 26.5 厘米。碑面、碑侧与碑阴皆阴刻有隶书文字，碑面文字 19 行，字迹工整，可辨 130 余字，字径约 3.5 厘米；碑侧文字 6 行，可辨近 60 字，字迹略为潦草，字径约 2.5 厘米；碑阴文字 17 行，字迹潦草，字径约 2.5 厘米，虽可看出约有 400 余字，但大多漫漶不清，无法辨识。根据碑文分析，碑上的文字非一次性镌刻，镌刻次序为：先碑面，次碑侧，再次碑阴，字体逐渐草率。碑文内容涉及“缮治邮亭”“书赐复除”及“治水”“常屯”等。邮是传递文书的专门机构，亭是汉代的基层行政组织，也是可供旅客止宿的交通设施，表明当地在秦汉时期，国家已在此上设置交通设施，并进行有效管理。

六、保头制

1949 年前，昭觉地区由各兹莫、诺合家支分割控制，汉商要越过一个家支控制的地区进行商品交换，必须找保头保护。汉族商人在昭觉到西昌之间从事商业活动，须经过五个黑彝家支地区，每个地区必须请当地势力最大的黑彝家支头人作保头。在每个地区分别交了保头费以后，即使各黑彝之间发生冤家纠纷，也可以安全通过。保头费根据贩运货物多少而定，一般抽货物价值十分之一以下。商人投保后，并不是绝对安全的，仍要冒保头反保，将其出卖为奴和保头势力不足而有货物被别的势力更大的黑彝家支拦途抢劫的风险。

在进行商品交换的地区，保头除保护人、货安全外，还派出所属的一个奴隶引商人到各家进行商品交换。这个奴隶不仅是商人的向导，而且也是商品交易的介绍人，起着商品交换中介人的作用。

清《昭觉县志稿》记载，从昭觉到西昌要经过三站十五保。昭觉由八且家保路，大母鸡梁子由阿硕家保路，三湾河第一站由彝兵保路，果觉吉梁子由马家阿扯支保路，干树子由吉耳马家保路，梭梭梁子由阿硕竹格和吉耳两支保路，不旱地由阿硕竹格支保路。烂坝第二站由尔恩家保路，清水河由尔恩家三支保路，凹古乐角由马家和尔恩家的两支保路，七里坝东沟由彝兵保路，燕子罗由马家别呢支保路，燕麦地由助切屈呷保路，阿拉米第三站由马禄且、马什且两支保路，玄生坝由马噜呷等保路。

第四节　西昌至宁南通云南

相对于南北线和东西线，凉山境内还存在一条通往云南的古道线路，它是经普格、宁南县，至云南巧家。

一、主干线

1. 西昌至普格

西昌城出发向南 4 千米到老海亭，渡邛海或陆行至海南乡、大石板，翻越大箐梁子，到池家堡。向东南行 5 千米至沙骡马场（沙合莫）。向南行至拖木沟（螺髻山镇），经盖银窝场、宾家营盘、波洛坪、白坟坡、龙塘桥到鱼水场。翻越青杠坪到耿底，沿山脚至扯扯街。继续向南经核桃林、古家坪、油房沟、陈家碾房到普基镇（普格县驻地）。

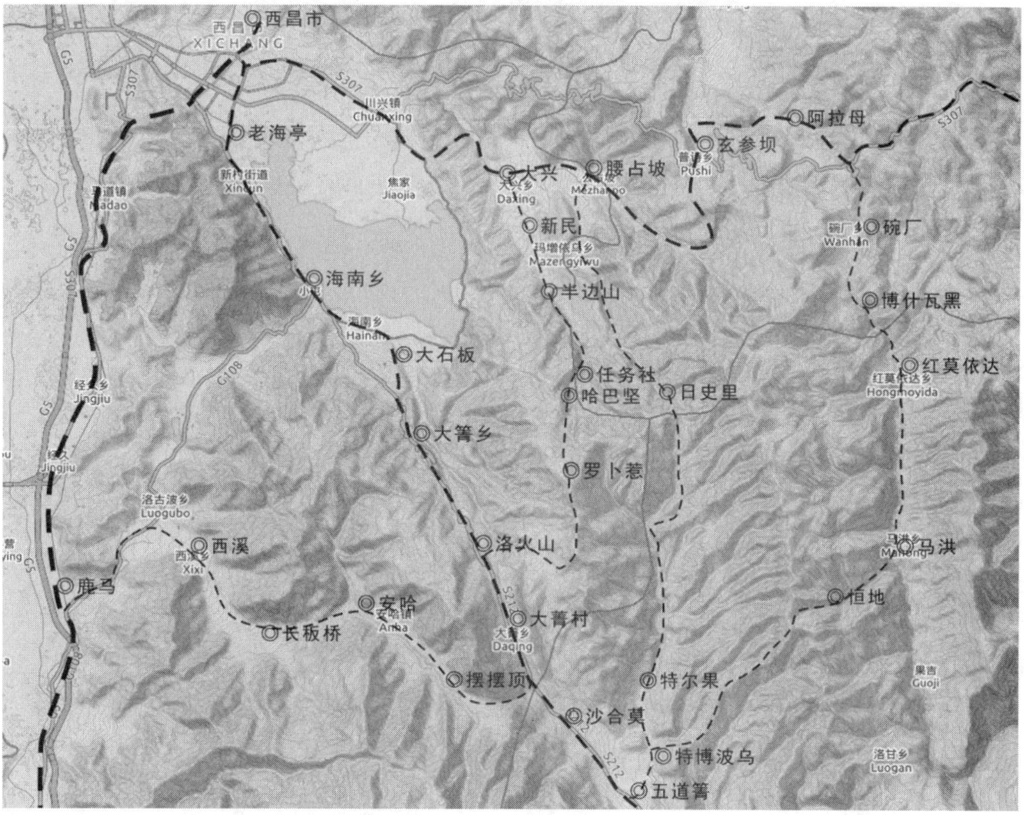

西昌—五道箐古道路线示意图

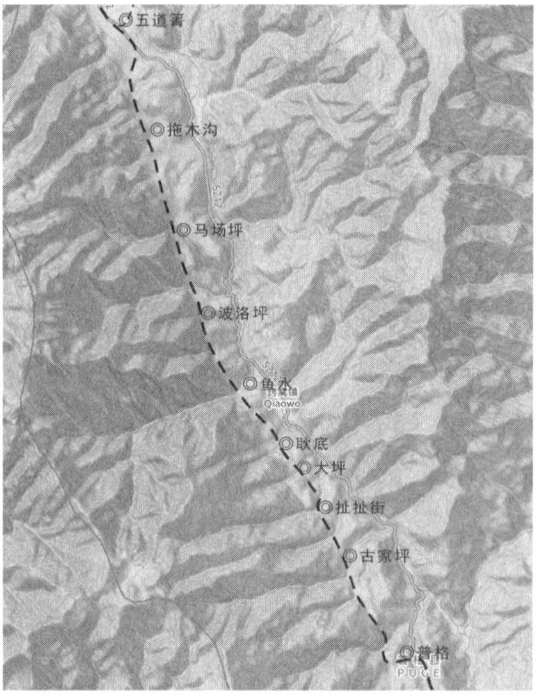

五道箐—普格古道路线示意图

2. 普格至大松林坪

普基镇向南经姚家山、平塘、抢人湾、功德房、大水塘到大松林坪（宁南松新）。

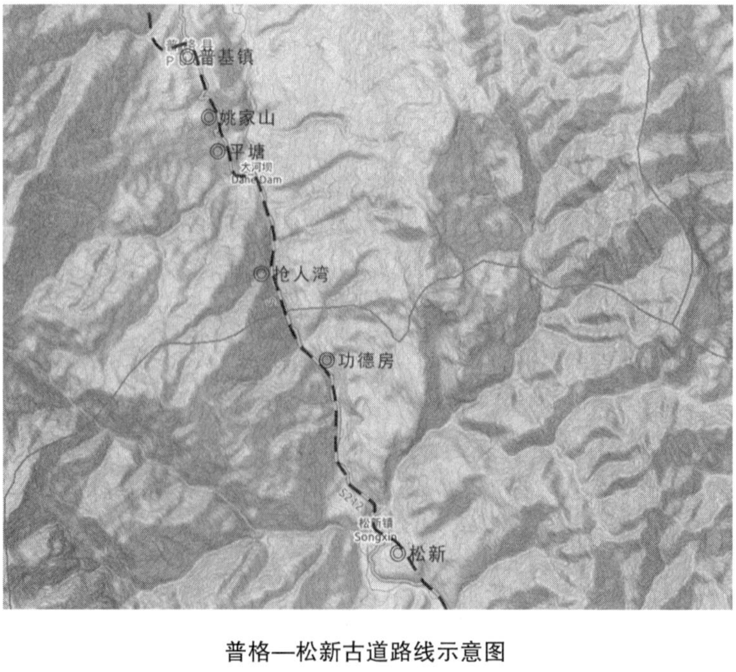

普格—松新古道路线示意图

3. 大松林坪至披砂镇

大松林坪沿黑水河向东南方向至王坤田，经过天久河坝、大花地，翻过哨房梁子经小田坝到披砂镇（宁南县城驻地）。

从大花地起，穿插于沿热水河两岸的杂草丛林，自白水河进入普格境内，此段路况极差，1949 年前沿途治安混乱，常有恶徒行凶抢劫，地方民团在哨房梁子、王坤田等处修筑碉堡，设立哨所，护送行人并收取保哨费。

4. 披砂镇至云南巧家

披砂镇经马路堡、水塘子至新场（大同乡新场村），从新场到金沙江边有两条路：一条从新场经坟坪子在小河口（黑水河入金沙江口）渡江去巧家县，另一条从新场经葫芦口桥到华弹渡江去巧家县。

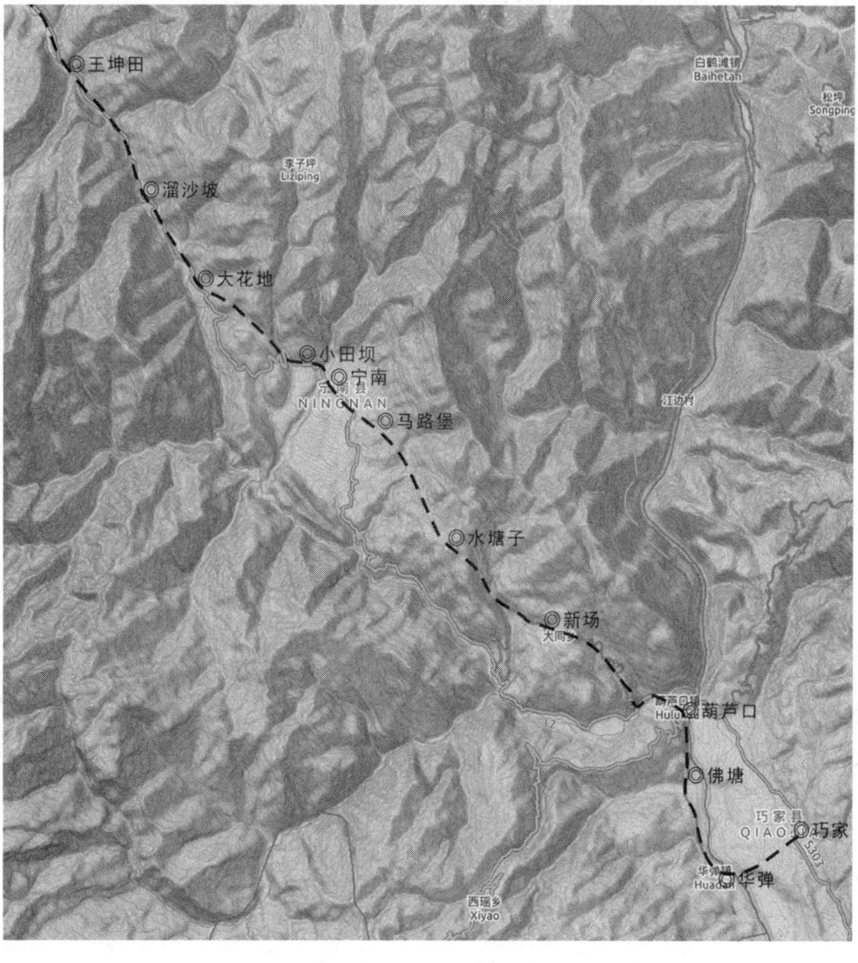

宁南—巧家古道路线示意图

二、支线

1. 普格沙骡马场至西昌黄联关

民国二十五年（1936），普格区署驻黄联关，这条小道成为公务人员的必经之路，可通驴马，此道形成于清咸丰年间。从沙骡马场向东经摆摆顶到安哈镇，过长板桥、李家营盘向北到西溪，西溪向东即达安宁河东岸的禄马，禄马向南即为黄联关镇。

2. 普格沙骡马场至西昌大兴场（大兴乡）

沙骡马场（沙合莫）到大兴有三条路，北路从沙骡马场经池家堡子到罗火山，向东到胜利村，经罗普惹（罗卜惹岩画）到哈巴家，向东到日史里村任务社，沿山沟向北到半边山，经新民、建新村，到大兴乡。

从沙骡马向南到五道菁乡，向东北到特尔果，一路向北翻罗布惹山，到日史里，穿越红星林场（马增依乌乡）到腰占坡，过石庵村到大兴；一路向东翻越五斗梁子到红莫依达，向北经碗厂、普诗到大兴。

3. 普格至德昌

形成于清朝道光年间。路宽一尺许，是一条荆棘丛生的越岭道路。

普格向西，经老村子、长房、麻窝到麦西坪，过李子坪、杨柳坪、中华咀，到干海子，向西翻越海口梁子，过三道拐、铜厂坪、二道沟，到达半站营。接建昌道通德昌、西昌。

普格到海口梁子仅30千米左右，而高差就有1500米。在海口梁子前后约15千米路段内，古木参天，刺竹盘地，其中一段不见天日，须弯腰扶壁而过，故有阴坡之称。由于步履艰难，行人一向稀少。民国十二年（1923），都土司于拖木沟和李土目打冤家，致使普西古干道交通中断，这时期，生产生活物质的交流，只好改经普德古道，交通因此一度兴盛。

4. 普格经小兴场至布拖

从拖木沟（螺髻山镇）起，经庙子湾、轿顶山、落瓜河、耻不勒吾至小兴场（夹铁乡），全程35千米，里程最近。

从普格向东，过西罗河到联合村，向北经水营盘、刘家坪到吉乐乡，再经洛乌、沙坝到小兴场（夹铁乡）。

从小兴场向东，经菜子、哈力洛，翻越乌科梁子，经四且到布拖，全长30千米。或小兴场向南经瓦打洛翻小山后，东渡西罗河到沙坝，经特兹翻越乌科梁子，经四且到布拖。

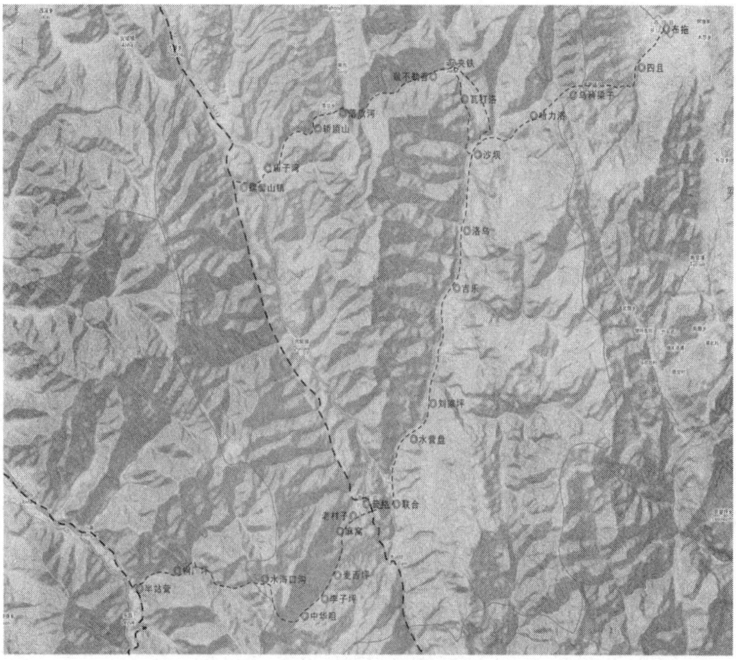

半站营—普格—小兴场古道路线示意图

5. 宁南至会理

经转堡、铁索桥、山王庙（竹寿镇）、石梨、禄角箐、槽元、太平场（太平镇）、岔河至会理。

宁南—会理古道路线示意图

三、乡镇、古市场

1. 普基镇

旧称回龙场，普格县政府驻地。普基镇位于县南部，西北距州府西昌市 74 千米，历来是川滇两省交通隘口。为一狭长谷地，北起造纸厂，南至姚家山，长 5 千米。东以尖尖山为屏障，外接黑水河，西界禹王宫山，宽 1 千米。总面积 4 平方千米。

清乾隆时起，江西、湖广等地汉族移民陆续来此开垦。嘉庆朝发展为普格场，后一度改称回龙场。道光五年（1825）之后，为建昌镇中营普格汛千总驻地，光绪末年，普格汛随绿营裁撤，宁远府经历移驻普格，又为经历治所。宣统三年（1911）迄于民国，先后为普格乡、普格区、西宁彝务指挥部、宁西特区、普安乡、普格设治局及普安镇治所。1949 年后，置普格场村，一直是县和驻军等党政军机关及区乡人民政府驻地。

1950 年仅有土城一座，城内外有两条小街和两节小巷，占地面积不过数十亩。镇区只有几家简陋旅店、驮马脚力店、饭馆、茶馆、杂货店，总人口仅 800 多人。80 年代逐步建成以新建路、中心街为骨干的六路、五街、五巷的街区格局。

2. 披砂镇

县政府驻地，坐落在县境中部披砂坝子东部后山脚下，北距州府西昌 129 千米，东南距云南省巧家县 38 千米。地势从东向西倾斜，海拔高度在 1100 米至 1180 米之间。城区总面积约 0.7 平方千米。

雍正六年（1728），筑城垣，周长 2.5 里，系土筑双层墙（并排筑两道墙，中间空隙处再填土筑实），墙宽 6 尺，高 9 尺，墙顶外筑单板女墙（城垛），厚 1.8 尺，高 5 尺，城墙铺三合土，女墙用石灰抿糊。民国年间，城垣扩展到周长 4 里多，其中除东北面尚存一段老城墙外，余均为单板围墙。围城设城门 6 道，即东门、小东门、南门、西门、北门、小北门，各门均建有城楼。1949 年后，城楼先后拆除，城墙亦随之毁坏。

清朝中叶，形成一个自西北至东南长约 1300 米，中部西南至东北宽 200 余米的两头小中间大的狭长集镇，西北伸延到水碾（今披惠乡后山村九组），东南伸延至云南沟（今纤维板厂附近），清道光三十年（1850）秋，毁于山洪。

民国三十三年（1944）划分为 10 街、4 巷、1 地段。10 街即灰堆堡街、城内街、天宝街、菜市街、江西街、万盛街、平街、新街、文明街和横檐街；4 巷：马店巷、水巷子、水棚子、叫花营；1 地段：高桥。1952 年，城内街道重新划分定名，改街称路，共分为 4 路、3 巷。

3. 华弹

旧名洼乌街，华弹街扼川、滇古渡口，为宁南县东南的重要集镇，与云南省巧家县城一江之隔。清末至民国年间，先后设为巡检司、乡、镇、区的治地，1949 年后亦为区、乡政府的驻地。

华弹乡境内有集镇旧名洼乌街（洼乌系少数民族语译音，意为繁荣、热闹之地）。清初为会理州苦竹巡检司辖地，道光十三年（1833），巡检司官署迁洼乌街，遂改称洼乌巡检司，民国元年（1912）洼乌巡检司改建为会理州洼乌分州，分州知事公署驻鲹鱼坝（今属会东县），民国二年改分州为分县，并建洼乌场，民国三年更名为华福场，民国二十一年划归宁南县，民国二十四年建华福镇，民国三十二年与弹冠乡合并取两乡（镇）之首字命名为华弹乡。

4. 松新

旧称松林坪，位于县城西北 30 千米。1949 年前一直为区、乡公所驻地。1958 年西宁公路通车后，由松林坪迁至三岔河。三岔河，位于松林坪西北山麓下的黑水河畔，原系一片芦苇丛生的乱石河滩，后逐年开发成为一个新兴集镇。

四、渡口、桥梁

华弹渡口，金沙江上渡口，今华弹镇北 300 米。渡金沙江之后即为巧家县城。渡口码头系随水位变迁的天然码头。华弹岸长 540 米，纵坡 6%，宽 7.5 米；巧家岸长 164 米，纵坡 13%，宽 7 米。两岸均为卵石河沙引道。江面宽度：洪水期 476 米，枯水期 201 米，年平均 371 米。除过江渡船外，偶有小木船运载货物，从华弹经金沙江运输农用物资及工业品至大同、骑骡沟、六城镇。这段航程受江水限制，只能在春冬枯水季节航行。由于滩多水急，无论上下行船，每经险滩都必须将船靠岸卸下货物，用人力搬过险段，再行装船，此种“搬滩”使货物重复装卸，损耗较大。逆水行船大都靠船工拉纤，匍匐前行十分艰苦。

黑水河渡口，沿黑水河的三岔河（现松新林业经营所）、下坝、谢家坝三处设有渡船。三岔河渡口在清代时由官府在小松林坪划定公田一份，作为渡船经费，免收附近村民渡资，只对别处行人收费。下坝渡口由松林坪和新村两个乡公所联合建立；谢家坝渡口由松林乡公所建立。乡公所负责渡船、溜索修造资金，船工工资由乡民负担。

长安桥位于宁南县华弹场口，跨流入金沙江的冲沟，据传建于清代乾隆年间。条石拱砌，长约 8 米，桥高 9 米，宽 3.2 米，桥面铺块石，条石栏杆。

第五节 金沙江航运

凉山州南部被金沙江三面环绕，经过会理、会东、宁南、布拖、金阳、雷波等六县。以野牛坪为界，可分为两段，河漂至野牛坪段共计250千米，野牛坪至柑子乡大岩洞段共计330千米。两岸崇山峻岭，高差800—1000米，礁石险滩，水急浪涌，落差甚大。大型水电站有乌东德、白鹤滩、溪洛渡三个。

历史上首次提出开发金沙江的是明代王骥，此后驻滇大员亦屡请开发，终因得失之争未果。河漂至野牛坪段，沿江新构造运动强烈，曾多次发生地震、山崩、滑坡。1949年前除渡运外，基本无航行之利。中华人民共和国成立初期，西南内河航运管理局对此段金沙江进行多次查勘，成立疏河队，对灰老河至鱼鲊56千米航道进行掏槽检滩，翌年成立会理县航道运输管理站，加强航道养护和运输管理。1964年，省交通厅成立金沙江航道工程处，相继在河漂沱、大渡口、莲花塘等险滩开工疏浚。至1966年汛期前，从马上经鱼鲊至龙街段140千米航道基本通航。但沿江地区雨季持续期长，暴雨集中，航运经常中段。

野牛坪至大岩洞段，因东川铜铅矿外运，开发较早。东川优质铜进贡北京，称为京铜。铜铅矿由东川境内的小江从汤丹附近流至巧家境内的蒙姑镇象鼻岭处与金沙江汇流，再由此顺金沙江而下经巧家、昭通至永善的黄草坪（今永善县黄坪乡黄坪村）。黄草坪向下游，务基滩（今务基）为第一站，锅圈滩（今溪洛渡附近）为第二站，大汉漕（今雷波中田乡下河坝）为第三站，新开滩（今绥江县新滩镇）为第四站，直至泸州。

由于蒙姑至黄草坪间十五滩最险，无法开凿，因此，铜、铅于小江口上船后，要于绿草滩上岸起驳，陆行百里，过了蜈蚣岭后才又装船。到了横木滩后又上岸起驳，陆行百二十里至对坪子滩后又上船。至烂田坝还要起驳上岸，陆行数百丈又上船到达黄草坪。此后即可顺江而下，直抵泸州，再换大船。三次起驳既浪费人力、物力，也耽搁时间。

乾隆五年（1740），枯水时节，驻滇大员开始了对金沙江野牛坪至永善段的开凿工作。首先将大毛、大汉两主要的险滩进行修凿。工程上“应修者三十五滩，其自双佛岭至蜈蚣岭十五滩最险”。乾隆七年“已将大滩数处开修，空船可行”。乾隆十年底云南巡抚张允随又力排众议，上奏请将最险处十五滩“一并开通，以免盘驳之烦”。乾隆十三年开工，至次年四月，由野牛坪至永善金沙的航道全部打通。

金沙江航运的船只将下游的盐、米运上来，又将铜运下去。为了便于上下接应，又沿江设站船，调度上下往来的船只。在黄草坪、雾基、锅圈岩、大汉槽、新开滩均设站。每站雇留船十五只。还设置承运官，巧家县知县负责蒙姑至黄草坪一段，永善县知县负责黄草坪至大汉槽一段，另设协运官，由副官村县丞担任，负责大汉槽至新开滩一段。

从蒙姑至新开滩的航线，开凿十分粗糙、原始，航行十分危险，沉船之事时有发生，《江神庙碑记》："巨石磷峋，大滩栉比，轩石盖隐旬，连山喷雪，虽人功之可籍，实天险之难夷，故铜运商贩尚多惶惧。"后清政府认为"金沙江工程自新开滩以上至黄草坪尚属有益，其余上游四十余滩有损无益，仍需陆运"，乾隆十七年（1742）"废止江运"。废止蒙姑至黄草坪航运后，东川铜陆运至昭通，再分两路运送。一路由陆路运至黄草坪后转水运，另一路沿五尺道运至盐津渡转水运。

金沙江航运的开辟，促进了蒙姑至新开滩金沙江两岸地区的社会和经济发展。沿江一带原为彝族聚居区，"改土归流"后，金沙江沿岸彝民居住地"久以化外弃置"，交通闭塞，社会经济落后。航运开通后，在沿岸设站船、铜房、兵营、土城等，加之需要大批船工水手，又从湖南、湖北、广东迁徙了大批船民到沿岸居住，促进了文化交流，加速了民族融合。昔日人迹不到之区，开河后添营设讯，联络声威，商贾趋集，川滇商民闻风贩运，盐米流通，航道一千多里两岸流域内的经济逐渐繁荣。

第六节 交通工具

交通工具的使用重在因地制宜。不同的自然环境下，采用不同的交通运输方式，平地可以背、挑、扛等，而山地陡坡只能背负。所谓"陆行乘车，水行乘船，泥行乘橇，山行乘檋"[①] 就直接体现了先民对不同环境下交通工具使用的认识。

一、陆路交通工具

传统的陆路交通工具，主要是供人们出行与进行农业生产时骑乘和运输货物用的各种车辆及工具，也有后来出现的适于短途交通使用的轿子和人力车等。

---

① （汉）司马迁：《史记·夏本纪》，中华书局，1959年。

1. 建昌马

在古代社会，马是农业生产、交通运输和军事等活动的主要动力。马匹的出现，大大改变了古代社会的生活生产状况。一方面，马的出现为远程商业网络的构建提供了现实的可能，促进了古代行商的发展。另一方面，马的移动迅速使得人们有效联系的范围大大扩展，从而使得人们的联系更加频繁。

建昌马是由山地小型野马被古代人类狩获驯化后，在横断山区自然环境和社会经济条件下，经过长期自然选择和历代人群精心选育而形成的一个山地生态型马种。建昌马适用于山地骑乘、驮运和挽车，一般日行 70 – 80 千米，长途驮运可负重 70 – 75 千克，日行30 – 40千米。建昌马是西南马种之中的一个优良品种，是西南山地马种类型，在我国马种地方类型中是仅次于蒙古马的第二大类型，数量约占全国马总数的 16%①。秦汉时称之为筰马，元代在凉山设置建昌路，明改置建昌卫，当时多用于军事和对外贸易的用途，因此“建昌马”得名，也称蜀马、川马。

建昌马具有体质紧凑、短小精干、性情温驯、蹄质坚硬、步样轻快稳健、善于行走山路、负载能力强、骑乘速度好、耐粗饲、耐劳的特点，在西汉时期就以良种马匹载入史籍，称为“筰马”。《后汉书·安帝本纪》“诏越嶲置长利、高望、始昌三苑”，说明汉代时期凉山已建立了国家直接委官经营的牧马场所。根据《西昌县志》《越嶲厅志》《会理州志》的记述，长利苑在今越西县城关附近，高望苑在今会理县城关南，始昌苑在今西昌市安宁河东岸。牧马场的遗址现已不存，但有关“筰马”的体态，在考古发掘中有所发现。

西昌市西郊天王山一号东汉砖室墓中曾出土一件残毁陶马模型的冥器；西昌市火车北站东侧汉晋时期砖室墓中曾出土一种役车的画像砖；昭觉县城北郊热赫溪附近东汉建武二年残砖室墓中曾出土过一种车马出行的画像砖；西昌市魏家山东汉砖室墓出土“天马图”画像砖；昭觉博什瓦黑大型缘条石刻岩画中的“王者出巡图”，就有六匹与真马原大的图像，体形与现今凉山良种马一致。西昌城附近南诏大理时期的火葬墓中有出土比较多的铜铸、陶塑、模印、砖雕十二生肖本像图资料，其中马的形象均具有建昌马风格。综观陶模型和画像砖中马的形象，已具有凉山良种马匹的特征，前足略短，矫健昂首，奔驰若飞。

建昌马所使用的鞍具，具有鲜明的民族特征，至今在彝族人民中仍然保存着。这种鞍

① 李鑫：《建昌马起源考》，《四川畜牧兽医》1992 年第 4 期。

具在宋人范成大撰《桂海虞衡志·志器》中记载："蛮鞍，西南诸蕃所作，不用鞯，但空垂两木蹬。蹬之状刻如小瓮，藏足指其中，恐入榛棘伤足也。后鞦镞木如大钱，累累贯数百，状如中国骡驴鞦。"在实物方面昭觉县博什瓦黑岩画出巡图中的鞍具，就是当时情况的描绘。

2. 背篓（又称背笼）

中国用背负方式来运输物资的历史由来已久，宋朱辅《溪蛮丛笑》记载："负物不以肩，用木为半枷之状，钳其项，以布带或皮系之额上，名背笼。"在具体运行时，一般是一手拿打杵、木棍等辅助性工具，这种工具适用于翻山岭，走险道。在有的打杵脚上往往还钉铁箍和铁钉，所以又叫它铁钉杵。一个杵一个窝，旨在防滑，这种背笼在秦汉时期的巴蜀地曾广泛使用，大大提高了山路运输的效率。

在盐源青铜器"三女背水铜杖首"出土的墓中曾经发现背篼女俑的塑像，反映了当时这种山地运输工具的普及程度。

3. 背夹、背板

这是劳动人民普遍使用的简单原始的运输工具。背夹，是一个梯形木架，双柱略呈弧形，内系背带，外捆货物，另备T形木杵一根，上端有槽，中途歇气可作背夹支撑，俗称打杵。背板是一块带半圆缺口的木板，由上系滑圈、皮条和头顶皮带组成。使用时，背板的半圆缺口卡在后颈部，两侧紧贴双肩，头顶皮带套在前额，皮条自下而上兜住物件，通过滑圈收紧捆牢即可背运行走。

4. 扁担、马叉

扁担是最简单原始的运输工具，是劳动人民仍普遍保留使用的工具。过去人力搬运工就靠一根扁担、两根绳子参加运输。马叉是以两根粗细、形状相似的叉形树枝并行排列，再在两叉上绑扎一根小扁担组成。搬运时，货置两叉间，肩挑扁担，手扶叉脚而行，适宜搬运木柴、木板、甘蔗等长形物件。

5. 独轮车（鸡公车）

这是一种木制手推独轮车，梯形车架中间安一个木轮，车架后延伸两根车把，推车人将车把上系的带子套在肩头，用两手握把推行车架，可载重几十至百余千克，泥石小径可通行。

在巴蜀地区，山路占很大比例。山路崎岖，行走不便，尤其是负重行走更是费时费力。先民根据当地山路的特点，设计创制了独特的交通运输工具，独轮车就是其中重要的山地运输工具。《史记·货殖列传》有蜀中冶铁世家卓氏“秦破赵，迁卓氏。卓氏见虏略，独夫妻推辇，行诣迁处”的记载，这里所说的推辇，就是指独轮车，民间也称鸡公车或旱船。应劭《风俗通义》记载：“鹿车窄小，裁容一鹿也。……无牛马而能行者，独一人所致耳。”鹿车在我国始于西汉时期，这种独轮车在山区也只多用于短途运输，或修路运输，或用于其他建设工地。三国时期诸葛亮行军作战在蜀道上用来运军粮的木牛流马，就是在这种鹿车的基础上改进的。

6. 架车

架车是两个轮子承托一个框形车架，上铺薄木板或竹笆子的简易运输车辆。民国时逐渐发展起来。最初是木质轮子，后发展成铁轮圈外嵌一条汽车外胎割制成型的胶带，以减少震动，可载重 250 – 500 千克。1949 年后逐渐以充气轮胎取代硬胶带，还以滚珠轴承代替轮毂中的钢圈，轮辐换成钢丝，使车辆整体性能大为提高，减轻了拉车劳动强度，至今城乡仍普遍用作运输工具。一般一人一车，少数一人拉中杠，一人拉边。

7. 马车

以骡马为动力拉挽的大车，为减轻驾车工人的劳动强度和增加载运量，在人力架车前增加一匹马拉套，以人驾辕，骡马挽车，人执鞭坐车驱使，故曾被称为“畜力架车”。形制大的马车形似板车，车身较大，平面呈葫芦形，后部稍上翘，以健壮的大骡马驾辕，另以三四匹骡马拉套，平地载重可达两吨。

8. 轿子

轿子又称舆轿，分官轿、花轿、客轿三种。官轿为官吏乘坐，民国时期已甚少见。花轿为婚仪迎亲新娘专用，装饰较华丽，多为四人抬。客轿为代步工具，多为黑色，两人抬，也有前二后一，三人合抬。1949 年后轿子逐渐淘汰，随着公路交通的发展、婚俗的改革，花轿曾于 20 世纪 60 年代绝迹。

9. 滑竿

滑竿是客轿的简化，结构简单轻便，两根长竹竿，中间绑一细竹编的凉椅，上有竹篾枕头，下有脚踏板，有的还以布制顶蓬遮阳。

10. 黄包车

黄包车是近代城市客运工具，由车轮、车斗、车把组成，车轮为两个大钢圈外配胶带或充气胶胎，车轴上以弹簧钢板连接车斗，车斗中可坐人也可载行李、物品，车斗踏脚前端延伸两根木车把，长约 1.2 米，拉车人手握车把拉挽而行。

二、水路交通工具

1. 竹筏

竹筏、木筏是主要以竹木编扎而成的交通工具。西南地区多竹，因此舟船工具也多取竹为材，人工划桨、摇槽是渡河的唯一方式。沿河还有赤身拉纤的纤夫，帮助船只在逆流而上的情况下顺利渡河。

秦汉时代，巴蜀地区已经广泛使用木筏、竹筏等水上交通工具，这类交通工具的使用显然适应了西南地区交通地形复杂的自然环境：竹木筏制作简单且迅速，操纵很灵活，成本也很低廉，更重要的是它不怕搁浅，能在深水、浅水中灵活航行，因而在巴蜀山间河川广泛使用。

2. 皮囊、皮船

人们在杀羊时，将羊皮整张退下，割去羊腿后，将四只脚和嘴巴位置用绳子封好，留一个口。用时用嘴吹足气，使其充气鼓起，这样羊皮就变成了一个皮气囊。渡河时人们便抱着羊皮气囊，划水过河。若将十四五只羊皮捆在一起，绑在扎好的竹架子上就做成了一个更为稳当可靠的羊皮筏。

据清道光《盐源县志》载：“呷呱河渡，在瓜别，番人渡以皮船，亦以横吞。瓜别渡，番人以革囊渡，可通冕宁。”“横吞”即皮囊。皮囊和皮船是有区别的，如旧诗所云：“蛮儿不用皮船渡，骑个横吞过远汀。”皮囊或革囊，又叫皮袋，“剥羊皮缝笮囊，吹气如脬，缚四肢予皮之四足，浮泛若鹜，曰‘羊浑脱’（横吞)”。皮船，即皮囊筏，“划皮囊数十。联络如筏，缚人其上，数夷人各跨一囊，以长绳牵之，曰‘皮船’”。后又有一种以羊、牛皮做成的蟹壳形皮船，用二桨划水，较“浑脱”稍稳，通称为“囊渡”。在金沙江上，使用皮囊、皮船由来已久，《元史》所载忽必烈率蒙古大军至金沙江，“乘革囊及筏以渡”，就是采用当地传统的“囊渡”。

3. 猪槽船

泸沽湖周边地区常见的渡河工具，用一根直径约 1 米的原木，中间掏空形成独木舟，因形似猪槽，故俗称猪槽船。以两根树木相拼而成的称双木猪槽船。这种船本为居民打渔和家庭运输工具。自开发旅游业后，当地人民在农事之余，以猪槽船揽载游客，徜徉于湖中，或载客去小岛观光游览，载客游船多以两只猪槽船并联而成双体船。

第四章 从考古遗存看凉山古道

通过对凉山境内古道相关遗存的考察，我们发现凉山古道基本为明清或民国时期的遗存。凉山境内的古道是连接川滇交通的要道，是“南亚廊道”的重要组成部分，是一条历史悠久、内容丰富、文化深厚的陆海对接古道。这些明清时期的交通网络并非在明清时期才形成的，而是古代先民在长年累月的民族迁徙、文化交流、商品贸易等活动过程中逐渐形成的。我们希望通过对凉山境内考古遗存的系统梳理，来洞察人类活动对交通发展的推动作用，旨在揭示凉山交通网络形成的一般规律。

凉山考古学文化，可分为五个时期：新石器时代、商周时期、西南夷时期、汉晋时期、隋唐元明（含南诏大理）时期。我们将对凉山境内不同时期的考古学遗存发展脉络和分布状况进行梳理，来观察凉山交通发展状况。

第一节 新石器时代

一、考古学文化发展脉络

凉山新石器时代的遗存分布十分广泛，迄今已发现300余处遗址和遗物地点，主要分布在盐源盆地和安宁河流域、城河流域。

1. 盐源盆地

盐源县发现的新石器时代遗址以皈家堡遗址①为代表。皈家堡遗址行政上隶属四川省凉山彝族自治州盐源县双河乡杨柳桥村一组，西距盐源县城约 15 千米。坐落于清水河南岸的小山丘上，高出四周 2—3 米，面积约为 22800 平方米。山丘上地势相对平坦，南侧和西侧的溪沟既可提供水源，又构成天然的屏障，自然条件较好。为了确定遗址的性质，了解其文化内涵，成都文物考古研究院、凉山彝族自治州博物馆和盐源县文物管理所近年来对遗址进行了发掘②，出土了陶器和石器。遗址的主体年代为新石器时代，零星存在有商周时期和大理国时期的遗存。

遗址新石器时代遗存可分为两个阶段：早段距今 4800 年左右，少数探方有分布，夹砂陶、泥质陶比例相当。夹砂陶部分掺入细石颗粒、石英，陶色斑驳，主要有灰黄、灰红及褐陶，纹饰有粗绳纹、细绳纹、戳点纹。泥质陶陶胎细腻，陶色主要为青灰，少量为黑皮或黑衣，纹饰主要为细绳纹、附加堆纹，少量器表有刮削暗纹。器类有纹唇罐、喇叭口高领罐、敛口钵、卷沿罐以及少量捏制小罐。

晚段距今 4200—4500 年左右，陶质，夹砂陶占绝大多数，少量泥质陶，有的陶片含有石灰岩砂粒或云母片。均为手制，多数采用泥条盘筑法，少量小型器物直接捏制。陶器坯体常见斜向或横向刮削修整纹路。少数陶器可能存在渗碳处理。纹饰非常发达，饰于器物上腹、口部等，少量施于口沿内沿面。根据施纹方式，纹饰可以划分为戳印、压印、刻划、附加堆塑四类。器物主要为平底器，少量圜平底器（主要为钵）。少量罐带耳，圈足器发现甚少。器类主要有罐、钵、碗、壶、瓶。其中以罐、钵数量为大宗。

2. 安宁河流域

近年来，四川省文物考古研究院、成都文物考古研究院和凉山彝族自治州博物馆合作，在凉山境内开展了多次考古调查工作，对安宁河流域古文化面貌和发展变迁的认识有了突破性的进展。刘弘③、江章华④、周志清⑤等先生分别撰文对凉山古文化类型进行了详

---

① 成都文物考古研究院、凉山彝族自治州博物馆、盐源县文物管理所：《2015 年盐源盆地考古调查简报》《盐源县皈家堡遗址 2015 年度调查试掘简报》，《成都考古发现（2015）》，科学出版社，2017 年。

② 成都文物考古研究院、凉山彝族自治州博物馆、盐源县文物管理所：《盐源县皈家堡遗址 2015 年度调查试掘简报》，《成都考古发现（2015）》，科学出版社，2017 年；左志强、周志清、孙策：《四川盐源发现目前川西南最早新石器遗存》，《中国文物报》2017 年 12 月 1 日。

③ 刘弘：《崇山峻岭中的绿洲——安宁河谷文化遗存调查研究》，巴蜀书社，2009 年。

④ 江章华：《安宁河流域考古学文化试析》，《四川文物》2007 年第 5 期。

⑤ 周志清：《浅析安宁河流域新石器文化类型》，《成都考古研究（一）》，科学出版社，2009 年。

细的分析，初步建立了凉山考古学文化的发展序列。

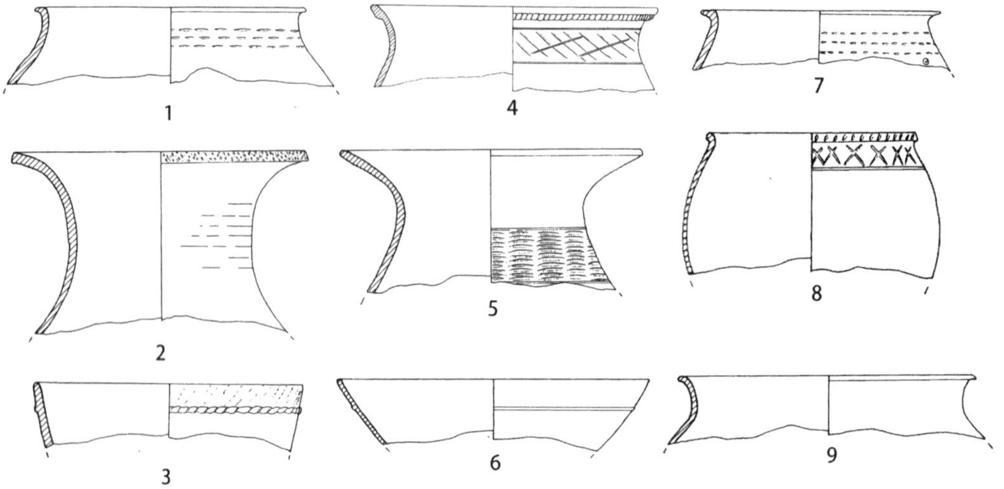

安宁河流域新石器时代出土陶器

1、2、4、5、7—9. 陶罐　3、6. 陶钵

安宁河流域的新石器文化可分为两个阶段，早期以西昌大兴横栏山遗址①为代表。横栏山遗址，位于西昌市东南15千米的大兴乡建新村，邛海东岸的山坡上。遗址内发现的遗迹有疑似建筑遗迹3座和灰坑。因发掘区域的限制，仅在探方内发现一排柱洞和北面的转角柱洞，依柱洞排列情形观察，其平面形状应为长方形。柱洞平面形状为圆形，口径20—40厘米，深10—15厘米，填土内含有零星炭屑，有的柱洞底部垫有卵石。灰坑数量较少，平面形状有椭圆形、长方形和不规则形，出土有陶器和石器等。遗迹与地层等堆积中出土的器物所体现出的文化面貌较为一致。

陶器以夹砂灰褐陶为主，其次是夹砂灰陶和夹砂红陶，泥质陶非常少见。素面陶占大宗，纹饰最常见的是戳印纹、附加堆纹、划纹等，绳纹少见，以戳印的米点纹、篦点纹以及口沿下附加堆纹最具特征。陶器制法为手制，以泥条盘筑为主，大多经过轮修，个别器物外表经过刮磨处理。由于烧制陶器时火候掌握不均，器表氧化不匀，致使器物表里、上下颜色斑驳。仅见平底器，不见三足器、圈足器和圜底器。器形以附加堆纹口沿罐、肩部

① 西昌市文物管理所：《四川西昌市横栏山新石器时代遗址调查》，《考古》1998年第2期；成都文物考古研究所、凉山彝族自治州博物馆、西昌市文物管理所：《四川西昌市大兴横栏山遗址调查试掘简报》，《成都考古发现(2004)》，科学出版社，2005年。

戳印米点纹的斜肩罐、肩部戳印篦点纹的溜肩罐、喇叭口罐等数量最多也最具特征，另外还有器盖、钵、碗、瓶、壶等，及少量带流壶。生产工具主要是磨制石器，有斧、锛、凿、镞、穿孔石刀和网坠等。

该类文化遗存不仅具有独特的文化面貌，而且在安宁河流域有着广泛的分布，代表了安宁河流域某个阶段的考古学文化，因此可以将其命名为“横栏山文化类型”。这类遗存，除大兴横栏山遗址外，还有马鞍山遗址①、棲木沟遗址下层②、营盘山遗址下层③、德昌汪家坪④和董家坡遗址⑤等。横栏山遗址第3、4层各有1个碳14数据，校正年代分别为公元前2150年—前2030年和公元前2575—前2480年⑥。

晚期以礼州遗址中段⑦为代表。礼州遗址位于西昌市以北25千米的礼州镇陈远村，地处安宁河东岸的二级阶地上，西距安宁河约3千米。礼州遗址的地层堆积可分为4层，第3、4层为新石器时代文化层，新石器时代的遗迹有窑址、烧火坑和部分墓葬。窑址由火塘和火道组成，火塘呈圆形，火道位于火塘东部，呈长条形。这类遗存除礼州遗址外，还有西昌杨家山遗址⑧，大厂遗址M1、M2⑨和新庄M181⑩。

礼州遗址出土的石器均有明显的使用痕迹，除砍砸器为打制外，其余皆为磨制，钻孔技术较高，器形有刀、砍砸器、斧、锛、凿、环状器、网坠、石镞、石臼、磨石、球等，半月形石刀、梯形石斧、石凿、刮削器和盘状砍砸器是礼州遗址的代表性石器。礼州遗址新石器

---

① 凉山彝族自治州博物馆、成都文物考古研究所、西昌市文物管理所：《四川西昌市经久乡马鞍山遗址调查试掘简报》，《成都考古发现（2005）》，科学出版社，2006年。

② 四川省文物考古研究院、凉山彝族自治州博物馆、西昌市文物管理所：《凉山州西昌市棲木沟遗址试掘简报》，《四川文物》2006年第1期；成都市文物考古研究所、凉山彝族自治州博物馆、西昌市文物管理所：《四川西昌市棲木沟遗址2006年度试掘简报》，《成都考古发现（2006）》，科学出版社，2008年。

③ 凉山彝族自治州博物馆、成都文物考古研究所、西昌市文物管理所：《四川西昌市营盘山遗址发掘简报》，《成都考古发现（2005）》，科学出版社，2006年。

④ 凉山彝族自治州博物馆、德昌县文物管理所、成都文物考古研究所：《四川凉山彝族自治州德昌县汪家坪遗址调查简报》，《成都考古发现（2008）》，科学出版社，2009年。

⑤ 凉山彝族自治州博物馆、德昌县文物管理所、成都文物考古研究所：《2009年四川德昌县董家坡遗址发掘简报》，《成都考古发现（2010）》，科学出版社，2011年；《2010年德昌县董家坡遗址发掘简报》，《成都考古发现（2011）》，科学出版社，2012年。

⑥ 成都文物考古研究所、凉山彝族自治州博物馆、西昌市文物管理所：《四川西昌市经久马鞍山遗址调查试掘简报》，《成都考古发现（2005）》，科学出版社，2007年。

⑦ 礼州遗址联合考古发掘队：《四川西昌礼州新石器时代遗址》，《考古学报》1980年第4期。

⑧ 凉山彝族自治州博物馆：《西昌杨家山新石器时代晚期遗存》，《文物资料丛刊（5）》，文物出版社，1981年。

⑨ 四川省文物考古研究院、凉山彝族自治州博物馆、西昌市文物管理所：《四川西昌市大厂遗址M1、M2发掘简报》，《四川文物》2017年第1期。

⑩ 四川省文物考古研究院、凉山彝族自治州博物馆、西昌市文物管理所：《四川西昌市新庄遗址先秦时期土坑墓发掘简报》，《四川文物》2018年第4期。

时代遗存出土陶器多为夹砂红陶，次为夹砂灰褐陶，部分有黑色陶衣；器形主要有喇叭口高领的壶、带流壶、钵等，纹饰以戳印纹为主，另有划纹、弦纹、附加堆纹等。

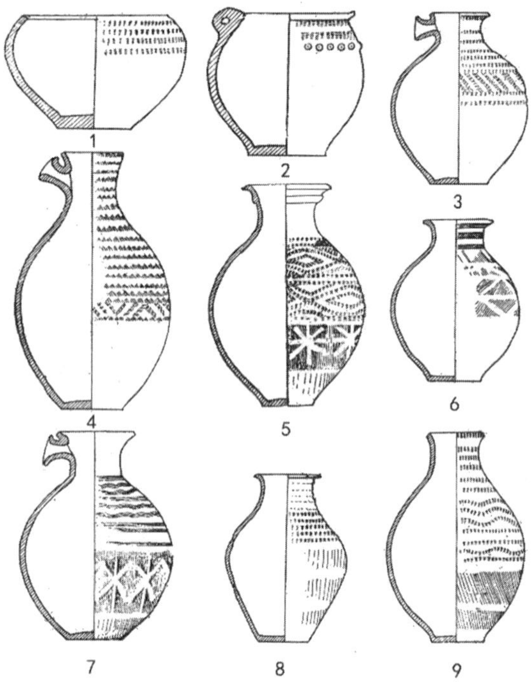

礼州遗址 AM10 出土陶器

1. 陶钵　**2.** 单耳罐　**3**、**4**、**7.** 带流壶　**5**、**6**、**8**、**9.** 壶

该遗址报告除发表有第 3、4 层新石器文化层出土的少量石器外，陶器均是墓葬出土遗物。礼州遗址清理墓葬共计 21 座，分 A、B 两个区。A 区清理墓葬 13 座，B 区清理墓葬 8 座。关于这 21 座墓葬所在遗址堆积中的层位，原报告描述“墓口分别在第 3 层的上部（如 BM1—BM3，BM5—BM8）和下部（如 BM4）”，推测只有 BM4 是开口在新石器文化层下的，而 A 区所有墓葬都均没有介绍开口层位。BM4 出土陶器可分南、北两组，有壶 14 件、带流壶 11 件、坛 5 件、器盖 1 件，共计 31 件。壶、带流壶数量最多，其次是坛。根据随葬陶器的形制、数量推测，它们应是代表这座墓随葬陶器的基本组合。与这座墓随葬陶器组合相近的，含壶、带流壶数量较多的当是 AM10。所以 AM10、BM4 应是礼州遗址新石器时代的代表遗存。

根据陶器特征以及叠压打破关系，进而划分为性质、年代不同的三段：早段以早期地层堆积为代表，属于新石器时代晚期的“横栏山文化”；中段以 AM10 为代表，器物为带流壶、壶、单耳罐等，纹饰以锥刺纹为主，暂命名为“礼州中段遗存”，承继于横栏山文化；晚段以BM3为代表，器物组合以双耳罐、碗、钵、杯、小口瓶为主，纹饰以划纹为主，晚段的BM3打破中段的BM4，暂命名为“礼州晚段遗存”①。

礼州遗址出土的石斧、锛、凿、穿孔刀的特征与横栏山遗址的石器相当一致，以AM10、BM4为代表的新石器时代遗存出土的陶器也带有许多横栏山文化的特征，如纹饰中戳印纹发达，其喇叭口高领壶可能与横栏山文化中的喇叭口高领器也有关系，其肩部有戳印纹的钵与横栏山遗址出土的钵亦有些相近，带流壶应是从横栏山文化中的带流壶发展而来的，特别是出土的残带流壶，与横栏山遗址出土的带流壶相似。唯一值得注意的是，横栏山遗址出土的典型附加堆纹口沿罐在礼州遗址中却没有发现，究其原因可能是礼州遗址陶器都是墓葬出土的缘故。总体来看，礼州遗址与横栏山文化有较紧密的关系。

3. 城河流域

城河流域的新石器时代遗址主要发现于城河中下游地区，以新发马鞍子遗址②为代表。在城河流域发现的新石器时代的遗址还有东咀遗址③，黎溪镇的饶家地遗址④、唐家坡遗址、莲塘遗址⑤，以及位于金沙江一级支流城河的下游新安乡可能属于新石器时代的“猴子洞遗址、大劈山墓、河东田遗址、河头地遗址、李家坪遗址、平地遗址、大坪子遗址”⑥ 等。

会理县马鞍子遗址位于会理县新发镇乐寨村四组，遗址位于新发至通安的公路东侧，呈不规则形状，面积21600平方米。马鞍子遗址于2015年发现，2017年、2018年，会理县文物管理所、成都文物考古研究院、凉山彝族自治州博物馆派人组成联合调查队，先后两次对该遗址进行调查、试掘和钻探。

马鞍子新石器时代的文化遗存又可分为早晚两期。早期以第6层、第6层下和第7层

① 江章华：《安宁河流域考古学文化试析》，《四川文物》2007年第5期。

② 成都文物考古研究所、凉山彝族自治州博物馆、会理县文物管理所：《2017年会理县马鞍子遗址调查简报》，《成都考古发现（2016）》，科学出版社，2018年。

③ 成都文物考古研究所、凉山彝族自治州博物馆、会理县文物管理所：《2006年度四川会理县东咀遗址发掘简报》，《成都考古发现（2006）》，科学出版社，2008年。

④ 成都文物考古研究所、凉山彝族自治州博物馆、会理县文物管理所：《2012年会理县饶家地遗址发掘报告》，《成都考古发现（2015）》，科学出版社，2017年。

⑤ 成都文物考古研究所、凉山彝族自治州博物馆、会理县文物管理所：《会理县1987年古代遗址调查简报》，《成都考古发现（2015）》，科学出版社，2017年。

⑥ 四川省文物考古研究院：《金沙江畔文明闪烁——乌东德水电站（四川）考古工作取得阶段性成果》，《中国文物报》2018年10月16日。

的文化遗存为代表。该期遗存出土遗物相对较少，陶质以夹砂陶为主，泥质陶少见，陶片数量最多的是夹砂红褐或灰褐粗绳纹（蓝纹）陶片，此类陶片烧制火候较高，陶胎掺合料较多，质地粗糙。器形以缸形器为主，另有少量束颈罐，纹饰制法以压印和刻划为主，种类计有粗绳纹（蓝纹）、连珠纹、网格纹、附加纵向泥条等。

晚期以第 5 层和 5 层下的遗存为代表，其以缸形器、锯齿状花边罐为主，另有少量束颈罐，可能流行动物泥塑足、高领盘口罐；不见乳钉纹罐、壶形器、高圈足器和带耳器等，纹饰较为单一，和早期基本一致。

根据报告发表 4 个碳 14 测年数据，马鞍子早期年代推测为距今 4200—4000 年，而晚期年代可能为距今 4000—3750 年①。

4. 其他

其他区域发现的新石器时代遗址有：西罗河（黑水河上中游）的普格县田坝、中村、团山遗址②；黑水河流域的宁南县曾龙田、钟家梁子遗址③；越西河流域的新民村遗址④；安宁河上游冕宁县的庙山遗址⑤、安宁河下游德昌毛家坎遗址⑥、米易何家坝遗址⑦，这些遗址都没有经过发掘，其年代和文化性质只是根据调查和采集的石器、陶器等遗物作出初步推测。

二、考古学遗存分布状况与文化交流

新石器时代凉山境内的考古学遗存主要分布在安宁河流域、城河流域、盐源盆地、黑水河流域、越西河流域。

距今 4800—4300 年，凉山境内发现的新石器时代文化遗存较少，只在盐源皈家堡遗址和西昌横栏山遗址有发现。到距今 4000 年左右，凉山境内的新石器时代文化遗存如雨后春笋一样，在较多区域都有发现。这些遗存之间并不孤立存在，它们之间存在着较多相似的文化因素，表明它们之间存在着较为频繁的文化交流或人群流动现象。人类的交通行

---

① 成都文物考古研究所、凉山彝族自治州博物馆、会理县文物管理所：《2017 年会理县马鞍子遗址调查简报》，《成都考古发现（2016）》，科学出版社，2018 年。

② 普格县志编纂委员会：《普格县志》，四川大学出版社，1992 年。

③ 宁南县三普资料，现存宁南县文物管理所。

④ 资料存凉山彝族自治州博物馆。

⑤ 冕宁县三普资料，现存冕宁县文物管理所。

⑥ 四川省文物考古研究院、凉山彝族自治州博物馆：《四川德昌县毛家坎新石器时代遗址发掘简报》，《四川文物》2007 年第 1 期。

⑦ 晏德宗：《何家坝遗址考古调查》，《攀枝花史志》1999 年第 3 期。

为，从远古开始，原始先民的交通行为是氏族社会彼此交易发展的前提，也是水陆交通文明的滥觞。分析古代人群活动的区域和路径，可以对交通路线的形成有新的认知。通过对凉山新石器考古学文化的分布和与周围考古学文化的交流的分析，可以探讨凉山考古学文化圈与周围各文化间交流的具体通道，并探求受自然地理状况影响的文化交流通道对于人文地理格局的影响。

凉山州位于横断山区东麓，横断山脉地区的山脉、河流均为南北走向，地理上呈典型的南北“走廊”形态，也是一个天然的地理通道。文化性质相异，而地域上临近的诸考古学文化或族群间的文化交流与往来，当依赖一定的地理通道。人类进入新石器时代以来，特别是新石器时代晚期文明诞生前后的时段内，这种文化的地域间交流空前活跃。文明起源的方式有三种，裂变、撞击和融合，三者的共同点都反映出不同考古学文化之间、不同族群之间在地理区域划分上的空间位次关系。不同区域诸考古学文化的并存，为它们之间的交流创造了客观前提，而这些不同的地域之间无疑存在着相互交流的地理通道。

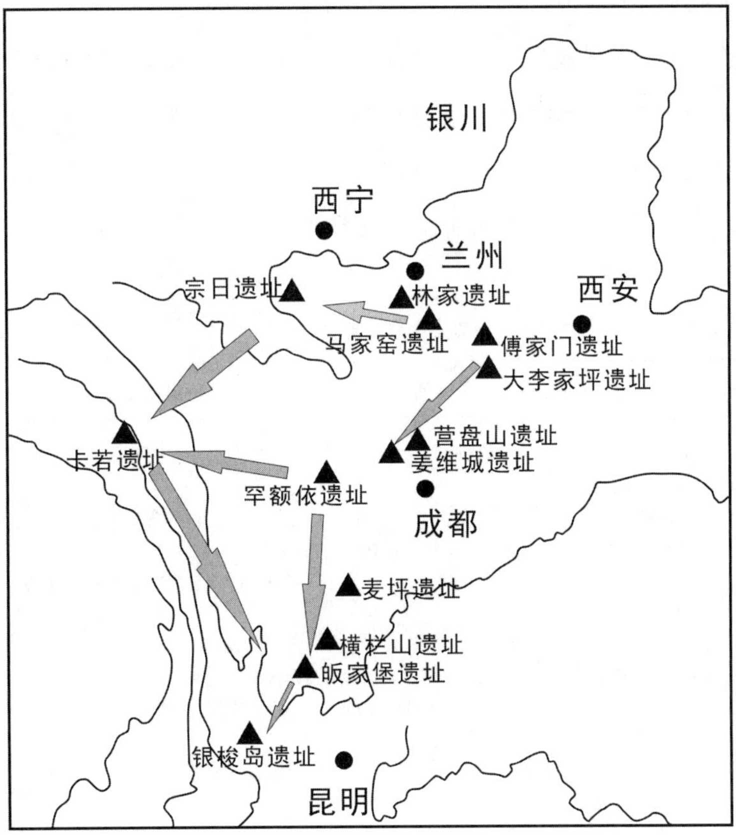

西部地区考古学文化交流示意图

早在距今5500年左右的马家窑文化已经从甘肃中南部向西南挺进至四川西北部。近年来在四川西北部岷江上游的茂县波西遗址①、营盘山遗址②、汶川的姜维城遗址③，大渡河上游的哈休遗址④、罕额依遗址⑤发现的新石器文化遗存，与甘青地区同时期的新石器文化遗存十分相近。如波西遗址发现的细泥红陶弧边三角纹彩陶钵、口沿内侧有一道凸棱的直口尖唇钵、双唇式小口瓶等陶器与仰韶文化遗存⑥出土的同类器物特征相近，各类陶质、陶色及纹饰所占比例，以及器形上的特征也与之相似；营盘山遗址、姜维城遗址、哈休遗址、罕额依遗址等遗存的主体面貌同甘肃天水师赵村遗址⑦第四期和第五期、马家窑文化石岭下类型和马家窑类型遗存、甘肃秦安大地湾遗址⑧第四期文化、武都大李家坪遗址⑨第二期和第三期文化等仰韶文化晚期遗存相比较，之间存在较多的共性。

彩陶文化到达川西北后，可能与青海东部的马家窑文化共同西向推进，与西藏昌都地区的土著文化传统融合，形成了卡若文化⑩，它对西南地区稍后阶段文化的传播产生了深刻的影响。

皈家堡遗址的某些特征与西藏东部昌都地区的卡若遗址也有着若干联系，皈家堡遗址陶器中的罐、壶、盆、钵等器形，夹砂陶的陶质，刻划、压印和附加堆纹等纹饰所表现的“衬花工艺”，石器中的半月形石刀、磨制条形石斧等似乎是受到了卡若文化的影响。我们认为，距今5500年左右的马家窑文化从甘肃中南部向西南挺进至四川西北部，再深入影响西藏东南而形成卡若文化，卡若文化在西南横断山区有较强的适应性，很快在横断山区

---

① 成都文物考古研究所、阿坝州文物管理所、茂县博物馆：《四川茂县波西遗址试掘简报》，《成都考古发现(2004)》，科学出版社，2006年。

② 成都文物考古研究所、阿坝州文物管理所、茂县博物馆：《四川茂县营盘山遗址试掘报告》，《成都考古发现(2000)》，科学出版社，2002年；蒋成、陈剑：《2002年岷江上游考古的收获与探索》，《中华文化论坛》2003年第4期。

③ 四川省文物考古研究所、阿坝州文物管理所、汶川县文化体育局：《四川省汶川县姜维城新石器时代遗址发掘简报》，《考古》2006年第11期。

④ 阿坝藏族羌族自治州文物管理所、成都文物考古研究所、马尔康县文化体育局：《四川马尔康县哈休遗址2006年的试掘》，《南方民族考古》（第六辑），科学出版社，2010年。

⑤ 四川省文物考古研究所、甘孜藏族自治州文化局：《丹巴县中路乡罕额依遗址发掘简报》，《四川考古报告集》，文物出版社，1998年。

⑥ 中国科学院考古研究所编著：《庙底沟与三里桥》，科学出版社，1959年。

⑦ 中国社会科学院考古研究所：《师赵村与西山坪》，中国大百科全书出版社，1999年。

⑧ 甘肃省博物馆文物工作队：《甘肃秦安大地湾遗址1978至1982年发掘的主要收获》，《文物》1983年第11期；甘肃省文物考古研究所：《秦安大地湾》，文物出版社，2006年。

⑨ 北京大学考古学系、甘肃省文物考古研究所：《甘肃武都县大李家坪新石器时代遗址发掘报告》，《考古学集刊》第13集，中国大百科全书出版社，2000年。

⑩ 西藏自治区文物管理委员会、四川大学历史系：《昌都卡若》，文物出版社，1985年；西藏自治区文物管理委员会：《西藏昌都卡若遗址试掘简报》，《文物》1979年第9期。

的川西南、滇西北扩散开。川西南地区发现新石器时代晚期较重要的文化类型有大渡河流域的汉源县“麦坪文化”①、安宁河流域的西昌“横栏山文化”②、城河流域的会理东咀遗址③、饶家地遗址④；滇西北地区发现较重要的新石器时代文化遗址有金沙江中游的剑川海门口遗址⑤、宾川白羊村遗址⑥、大理银梭岛遗址⑦、永胜堆子遗址和枣子坪遗址⑧、永仁菜园子遗址⑨、元谋大墩子遗址⑩、澜沧江中游的永平新光遗址⑪等。这些遗址出土陶器的装饰风格有“衬花工艺”⑫ 的特点，这些特点也是这一阶段文化传播的重要表现。

结合岷江上游的茂县波西遗址、营盘山遗址、汶川的姜维城遗址，大渡河上游的哈休遗址等发现的彩陶和绳纹陶器来看，其与西北地区马家窑文化的彩陶基本一致，表明从西北到西南这条南地理大通道，早在公元前 4000 年左右，随着马家窑文化从甘肃中南部向西南挺进至四川西北部便已凿通。这条通道被先民开拓以后，其后继者不断拓展。古代人群通过此走廊南北迁徙，一波一波的，并持续到晚近的历史时期，其间未曾中断。古代民族在不同的历史时期、通过不同的交通路线、采取不同的传播方式在横断山区迁徙移动，南北文化交流融合也波浪式地在此区域不断向前推进。

---

① “麦坪文化”遗址还包括龙王庙遗址、背后山遗址、金钟山遗址、摆鱼村遗址、大地头遗址和三星遗址，关于麦坪文化的论述详见刘志岩：《麦坪遗址的初步分析》，《“早期中国的文化交流与互动——以长江三峡库区为中心”学术研讨会论文集》，科学出版社，2012 年。

② “横栏山文化”遗址还包括马鞍山遗址、营盘山遗址下层、棲木沟遗址下层、德昌汪家坪和董家坡遗址及礼州遗址等，关于横栏山文化的论述详见刘弘：《丛山峻岭中的绿洲——安宁河谷文化遗存调查研究》，巴蜀书社，2009 年；江章华：《安宁河流域考古学文化试析》，《四川文物》2007 年第 5 期；周志清：《浅析安宁河流域新石器文化类型》，《成都考古研究（一）》，科学出版社，2009 年。

③ 成都文物考古研究所、凉山彝族自治州博物馆、会理县文物管理所：《2006 年度会理县东咀遗址发掘简报》，《成都考古发现（2006）》，科学出版社，2008 年。

④ 凉山彝族自治州博物馆、凉山彝族自治州文物管理所：《一个考古学文化交汇区的发现——凉山考古四十年》，科学出版社，2015 年。

⑤ 云南省文物考古研究所、大理州文物管理所、剑川县文物管理所：《云南剑川县海门口遗址》，《考古》2009 年第 7 期；《云南剑川县海门口遗址第三次发掘》，《考古》2009 年第 8 期。

⑥ 云南省博物馆：《云南宾川白羊村遗址》，《考古学报》1981 年第 3 期。

⑦ 云南省文物考古研究所、大理市博物馆、大理市文物管理所、大理州文物管理所：《云南大理市海东银梭岛遗址发掘简报》，《考古》2009 年第 8 期。

⑧ 云南省文物考古研究所、西北大学文化遗产学院、吉林大学边疆考古研究中心、永胜县文物管理所：《云南永胜县枣子坪遗址发掘报告》，《边疆考古研究》第 16 辑，科学出版社，2014 年。

⑨ 云南省文物考古研究所、中国社会科学院考古研究所云南工作队、成都市文物考古研究所、楚雄州博物馆、永仁县文化馆：《云南永仁菜园子、磨盘地遗址 2001 年发掘报告》，《考古学报》2003 年第 2 期。

⑩ 云南省博物馆：《元谋大墩子新石器时代遗址》，《考古学报》1977 年第 1 期。

⑪ 云南省文物考古研究所、大理州文物管理所、永平县文物管理所：《云南永平新光遗址发掘报告》，《考古学报》2002 年第 2 期。

⑫ 王仁湘：《西南地区史前陶器衬花工艺探讨》，《四川文物》2008 年第 1 期。

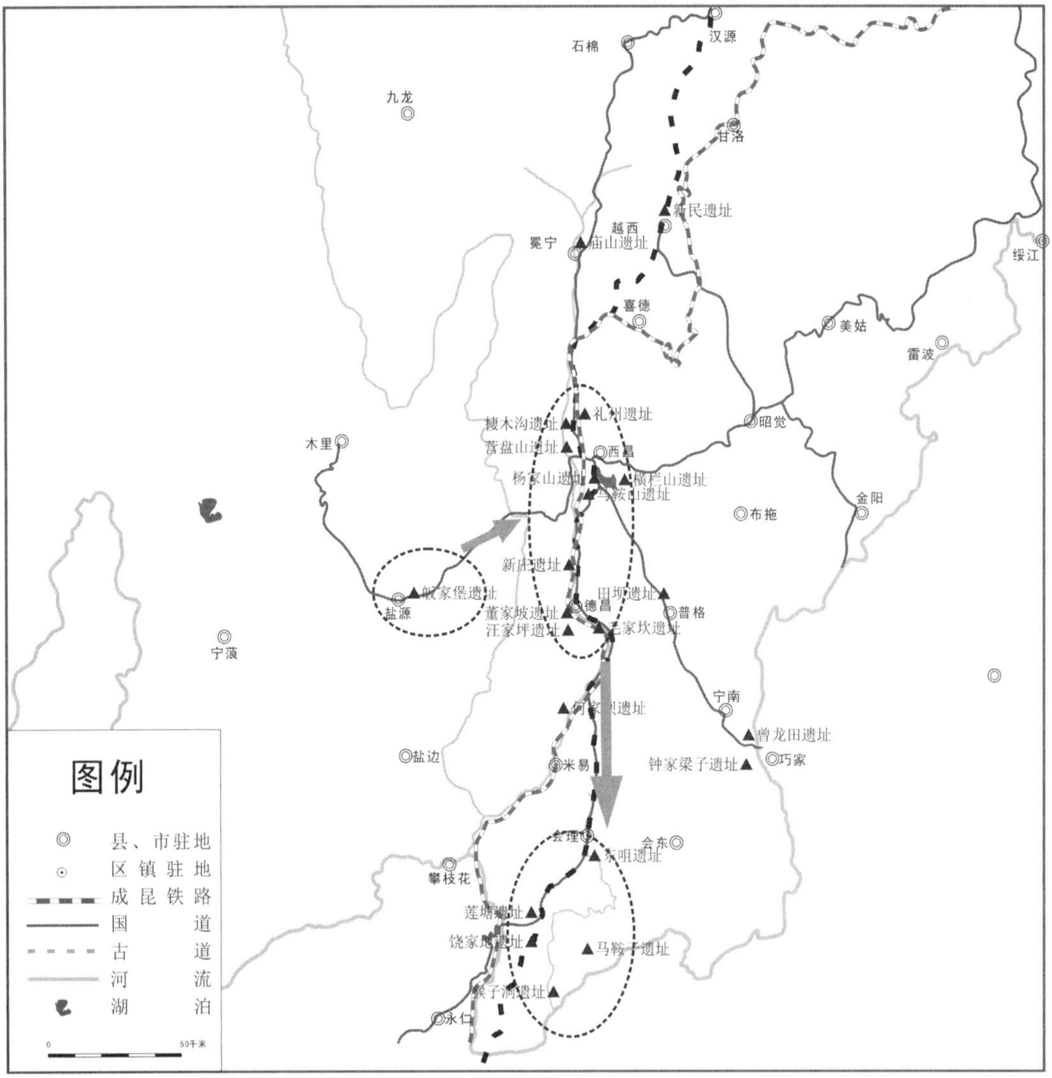

新石器时代凉山考古学文化交流示意图

发现于安宁河流域的“横栏山文化”①，年代为距今4000年左右。关于横栏山文化的面貌，刘弘②、江章华③、周志清④等先生分别撰文进行了详细的分析，这类遗存在安宁河

---

① 西昌市文物管理所：《四川西昌市横栏山新石器时代遗址调查》，《考古》1998年第2期；成都文物考古研究所、凉山彝族自治州博物馆、西昌市文物管理所：《四川西昌市大兴横栏山遗址调查试掘简报》，《成都考古发现（2004）》，科学出版社，2005年。

② 刘弘：《丛山峻岭中的“绿洲”——安宁河谷文化遗存调查研究》，巴蜀书社，2009年。

③ 江章华：《安宁河流域考古学文化试析》，《四川文物》2007年第5期。

④ 周志清：《浅析安宁河流域新石器文化类型》，《成都考古研究（一）》，科学出版社，2009年。

流域有着较为普遍的分布，代表安宁河流域下新石器晚期阶段的考古学文化。该类遗存的主要特征是陶器以夹砂灰褐陶为主，其次是夹砂灰陶和夹砂红陶，泥质陶非常少见。素面陶占大宗，纹饰最常见的是戳印纹、附加堆纹、划纹等，绳纹少见，以戳印的米点纹、篦点纹以及口沿下附加堆纹最有特征。陶器制法为手制，以泥条盘筑为主，大多经过轮修，个别器物外表经过刮磨处理。由于烧制陶器时火候掌握不均，器表氧化不匀，致使器物表里、上下颜色斑驳。仅见平底器，不见三足器、圈足器和圜底器。器形以附加堆纹口沿罐、肩部戳印米点纹的斜肩罐、肩部戳印篦点纹的溜肩罐、喇叭口罐等数量最多也最具特征，另外还有器盖、钵、碗、瓶、壶等，还见有少量带流壶。生产工具主要是磨制石器，有斧、锛、凿、镞、穿孔石刀和网坠等。

凉山境内发现的新石器时代的考古学文化表现出的一些特征与横断山区发现的诸多考古遗存中文化因素比较，存在有很大的相似性，这种相似性就是文化交流的结果。文化交流与地理通道的拓展相辅相成，是一个渐进的的过程。因为在原始社会初期，人类活动范围受生产力的制约，随着经济的发展，人类活动范围也随之扩大。

横栏山文化与其北部大渡河流域的麦坪遗址相比，二者有着紧密的联系，但是文化性质却有着明显的差别，并有着自己的特征。二者的紧密联系表现在：从遗迹上看，都出土有一定数量的建筑遗迹和灰坑，建筑遗迹为窝棚式或木骨泥墙式结构，说明已经进入原始的定居农业阶段。从遗物上看，二者陶器均以平底器为主，圈足器少见，不见三足器、圜底器、尖底器，其中罐类占大宗，常见的有侈口束颈罐、喇叭口罐、溜肩罐等，且都以夹砂陶为主，有少量的泥质陶，陶色以褐色陶系占主导，器表常见的装饰包括附加堆纹、戳印纹和刻划纹等，此外二者均流行器物纹唇和在口沿下盘筑一圈泥条的做法；石器均以磨制石器为主，出土数量较多的半月形穿孔石刀和梯形石斧，石器器型较小，钻孔发达。

礼州遗存是安宁河流域新石器时代文化发展的第二阶段。礼州遗址①是一处十分典型的遗址，该遗址报告除发表有第 3、4 层出土的少量遗物外，其余均是墓葬出土遗物。代表中期的遗存有 AM10、AM16、BM4，出土陶器多为夹砂红陶，次为夹砂灰褐陶，部分有黑色陶衣；器形主要有喇叭口高领的壶、带流壶、钵和单耳罐等，纹饰中以戳印纹为主，另有划纹、弦纹、附加堆纹等。礼州遗址出土的石器均有明显的使用痕迹，除砍砸器为打制外，其余皆磨制，钻孔技术较高，器形有刀、砍砸器、斧、锛、凿、环状器、网坠、石

---

① 礼州遗址联合考古发掘队：《四川西昌礼州新石器时代遗址》，《考古学报》1980 年第 4 期。

镞、石臼、磨石、球等，半月形石刀、梯形石斧、石凿、刮削器和盘状砍砸器是礼州遗址的代表性石器。

礼州中段遗存与金沙江中游大墩子遗址[①]比较，虽然文化性质不同，但二者存在的相似特征，为我们探索古代人群的文化交流提供了线索。二者文化面貌的相似性表现在大墩子遗址和礼州中段遗存出土的石器中，斧、锛、凿、刮削器非常接近，陶器的制作方法相同，皆为手制，以泥条盘筑为主，钵、盆、壶、杯、瓶和罐是两遗址相似的器类，蓖齿纹、划纹、附加堆纹和弦纹为两遗址相同的纹饰。礼州遗址和大墩子遗址有金沙江相隔，很显然，大江大河是无法阻挡两个文化之间的交流，他们之间的文化交流与碰撞是通过金沙江两岸支流的河谷而联系起来的，结合德昌董家坡遗址[②]和会理饶家地遗址[③]、莲塘遗址[④]、东咀遗址[⑤]出土遗物分析，为我们对金沙江南北两岸文化交流通道拓展的认识与研究提供了切入点。

通过遗存的分布状况看，此阶段凉山境内考古学文化交流的通道是由盐源盆地渗透到安宁河流域，沿安宁河河谷，经过城河流域和西罗河流域越过金沙江，到达金沙江南岸，传播至龙川江流域、牛栏江流域及附近地区。这条通道凿通后，金沙江两岸先民通过此道频繁交流，是川滇文化交流的重要通道，在此后的交通史上发挥着至关重要的作用。

第二节　商周时期

一、考古学文化发展脉络

凉山商周时期文化遗存发现的区域有安宁河流域、城河流域、大凉山腹地、盐源盆地等。

① 云南省博物馆：《元谋大墩子新石器时代遗址》，《考古学报》1977 年第 1 期。

② 凉山彝族自治州博物馆、德昌县文物管理所、成都文物考古研究所：《2009 年四川德昌县董家坡遗址发掘简报》，《南方民族考古》第七辑，科学出版社，2011 年；《2010 年德昌县董家坡遗址发掘简报》，《成都考古发现（2011）》，科学出版社，2012 年。

③ 成都文物考古研究所、凉山彝族自治州博物馆、会理县文物管理所：《2012 年度四川会理县饶家地遗址发掘简报》，《成都考古发现（2015）》，科学出版社，2017 年。

④ 成都文物考古研究所、凉山彝族自治州博物馆、会理县文物管理所：《会理县 1987 年古代遗址调查简报》，《成都考古发现（2015）》，科学出版社，2017 年。

⑤ 成都文物考古研究所、凉山彝族自治州博物馆、会理县文物管理所：《2006 年度四川会理县东咀遗址发掘简报》，《成都考古发现（2006）》，科学出版社，2008 年。

1. 安宁河流域

安宁河流域发现有冕宁高坡遗址[①]、赵家湾遗址[②]、西昌经久大洋堆遗址[③]、羊耳坡遗址槽子田墓地[④]和阿七新庄遗址[⑤]。高坡遗址和大洋堆遗址是安宁河流域商周时期考古学遗存的代表。除这两个遗址外，还有冕宁赵家湾遗址，以及近年来发掘的裕隆长村羊耳坡遗址槽子田墓地、阿七新庄遗址和琅环乡李家湾遗址[⑥]。

大洋堆遗址位于安宁河谷中段东岸的一级台地上，西距安宁河约 2000 米。遗址为略高出四周的一个小台地，遗址内南北相距约 80 米有两个小土丘。1994 年 10—12 月，四川省文物考古研究所等单位对遭到一定程度破坏的区域进行了抢救性发掘，发掘面积 140 平方米[⑦]。

发掘报告将遗址分为早、中、晚三期。早期的 9 座墓葬中有 8 座为圆角长方形竖穴土坑墓，只有 1 座为长条形，墓坑内未见人骨与葬具。中期遗物主要出在 24 个器物坑。这些器物坑分布密集，间距 0. 05—2 米，平面形状近圆形或椭圆形，斜壁、圜底。大部分坑内斜置一前一后的 2 件陶罐，一般陶罐是前大后小，前罐底部被人为打穿，后罐口部紧接前罐底部。也有部分坑内只有 1 件陶罐，个别坑内在两件大陶罐口沿处放置 1—4 件陶器。罐内为纯净细土，未见其他遗物，这种所谓的器物坑应当为瓮棺葬。晚期遗存为两座大石墓和两个灰坑，出土遗物器类有尊、豆、钵、杯、罐等，纹饰有刻划纹、乳丁纹、戳印纹与少量镂孔，刻划纹、戳印纹饰于器物的肩、颈部，乳丁纹饰于器物肩部。

高坡遗址位于安宁河上游（北段）西岸的一级台地上，东距安宁河约 200 米，遗址面积约 5600 平方米。2010 年 10 月，成都文物考古研究所与凉山彝族自治州博物馆、冕宁县

---

① 成都文物考古研究所、凉山彝族自治州博物馆、冕宁县文管所：《2010 年凉山州冕宁县高坡遗址调查简报》，《成都考古发现（2010）》，科学出版社，2012 年；《2011 年凉山州冕宁县高坡遗址调查简报》，《成都考古发现（2011）》，科学出版社，2013 年。

② 成都文物考古研究所、凉山彝族自治州博物馆、冕宁县文管所：《2010 年凉山州冕宁县赵家湾遗址调查简报》，《成都考古发现（2010）》，科学出版社，2012 年。

③ 西昌市文物管理所、四川省文物考古研究所、凉山彝族自治州博物馆：《四川西昌市经久大洋堆遗址的发掘》，《考古》2004 年第 10 期。

④ 四川省文物考古研究院、凉山彝族自治州博物馆、西昌市文物管理所：《四川西昌市羊耳坡遗址槽子田墓地 2016—2017 年度发掘简报》，《四川文物》2018 年 1 期

⑤ 四川省文物考古研究院、凉山彝族自治州博物馆、西昌市文物管理所：《四川西昌市新庄遗址先秦时期土坑墓发掘简报》，《四川文物》2018 年第 4 期。

⑥ 冯峰：《高坡文化初步研究》，重庆师范大学硕士学位论文，2019 年。

⑦ 西昌市文物管理所、四川省文物考古研究所、凉山彝族自治州博物馆：《四川西昌市经久大洋堆遗址的发掘》，《考古》2004 年第 10 期。

文物管理所联合试掘了该遗址①。该遗址出土的陶器以夹砂红褐陶为主，其次为夹砂灰褐陶，另有少量泥质黑皮陶。陶器以素面为主，常见的纹饰有叶脉纹、乳钉、划纹、附加堆纹等，其中叶脉纹主要见于钵、碗的底部，乳钉主要装饰在大口瓮形器的肩部。代表性陶器主要有大口乳钉缸、折肩圈足碗、饼足钵、杯形口双大耳罐、鸭嘴状长流器等。

新庄遗址位于四川西昌市阿七乡螃蟹村一、二、四组，地处安宁河西岸二级阶地上。该遗址呈南北向分布，南北长约1000米，东西宽约100—800米，面积约40万平方米。遗址后期遭受人为改田改土被破坏严重，拟建铁路横穿该遗址。2016年8月至2017年9月，为配合成昆铁路扩能工程凉山段的建设，四川省文物考古研究院等对新庄遗址进行了抢救性考古发掘，发现新石器时代晚期至东汉时期的灰坑、房址、墓葬沟等遗迹1000余个。其中先秦时期墓葬447座，墓葬形制有瓮棺葬、石室墓及土坑墓，出土铜、陶、石等各类随葬品1000余件。

过去由于材料少，在高坡遗址和新庄遗址发掘前，其文化面貌不明，性质难以确认。新庄遗址发现了较多墓葬，墓葬出土的随葬陶器为我们了解这类遗存的文化性质提供了条件。

新庄遗址M226、M369出土陶器较少，器物组合为大双耳罐和圈足豆。这同大洋堆Ka13、M3、M8出土陶器基本一致。另外新庄M96、M353、M361、M373这几座墓同样出土有大双耳罐和圈足豆，但是其出土器物种类和数量都比前者要多。推测这几座墓应属同一文化性质的墓，年代上存在有差异，但不会久远。需要注意的是M361、M369、M373为石室墓，余者为土坑墓。

我们将此类遗存视为安宁河流域商周遗存的第一期：以大洋堆遗址的早期、中期KA13和新庄M226、M369、M96、M353、M361、M373等为代表。器物组合为大双耳罐和圈足豆，另有折沿罐（尊）、深腹罐、束颈罐、小杯等。纹饰简单，以刻划折线纹、戳印纹为主。M226碳14测年数据3740±35BP，树轮校正年代为2211BC—2033BC，M96碳14测年数据为3510±30BP，树轮校正年代代为1918BC—1748BC。所以第一期的年代应为2100BC—1800BC。

新庄遗址M24、M111、M370、M117，出土陶器以折沿罐（尊）为主，另有小杯或浅

① 成都文物考古研究所、凉山彝族自治州博物馆、冕宁县文管所：《2010年凉山州冕宁县高坡遗址调查简报》，《成都考古发现（2010）》，科学出版社，2012年；《2011年凉山州冕宁县高坡遗址调查简报》，《成都考古发现（2011）》，科学出版社，2013年。

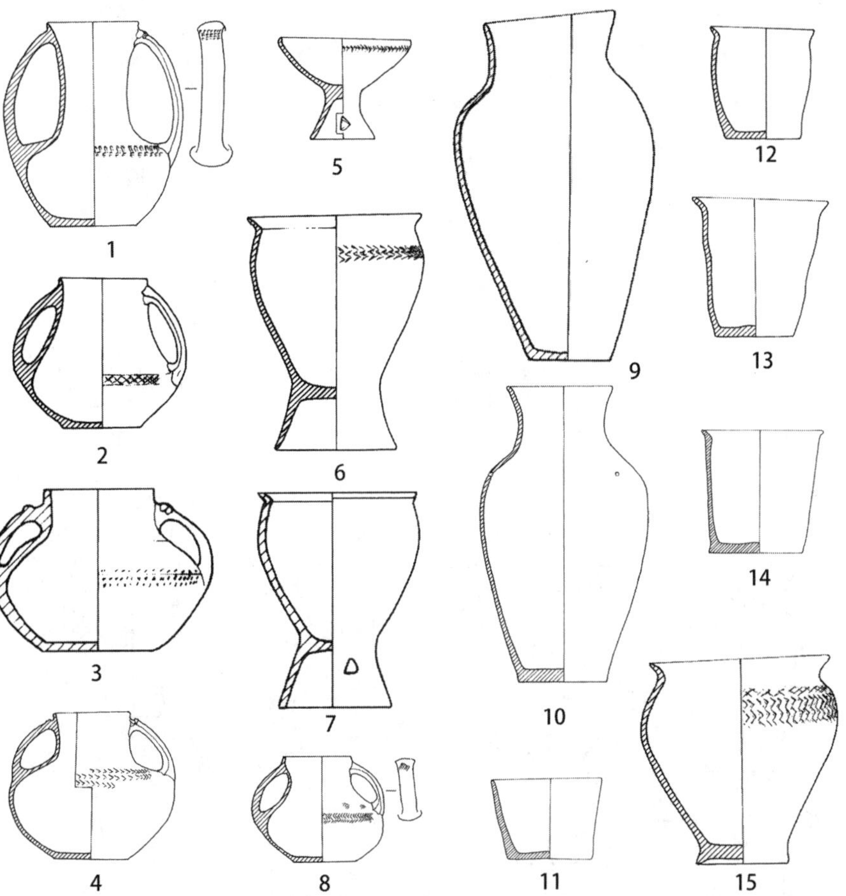

安宁河流域商周遗存第一期出土陶器

1—4、8. 陶双耳罐 **5.** 陶豆 **6、7.** 陶圈足罐 **9、10、15.** 陶罐 **11—14.** 陶杯

腹钵及少量圈足豆，这同大洋堆晚期 H1、H2 和天王山器物坑①出土器物组合和性质基本一致。这类遗存可视为安宁河流域商周遗存的第二期。依据折沿罐的形制又可将第二期分为前后两段：M111 和 M370 为代表的遗存为前段，流行花边口装饰，器型较矮胖，大洋堆 H1、H2 和天王山器物坑和新庄 M24 为后段，器物多为素面，部分器物在上腹部装饰条带状的刻划纹，器型多瘦高。二期前段和一期在时间有部分重合。

M24 碳 14 测年数据为 3380±45BP，树轮校正年代为 1774BC—1596BC；M111 碳 14

① 凉山彝族自治州博物馆：《四川西昌天王山十号墓清理简报》，《考古》1984 年第 12 期。

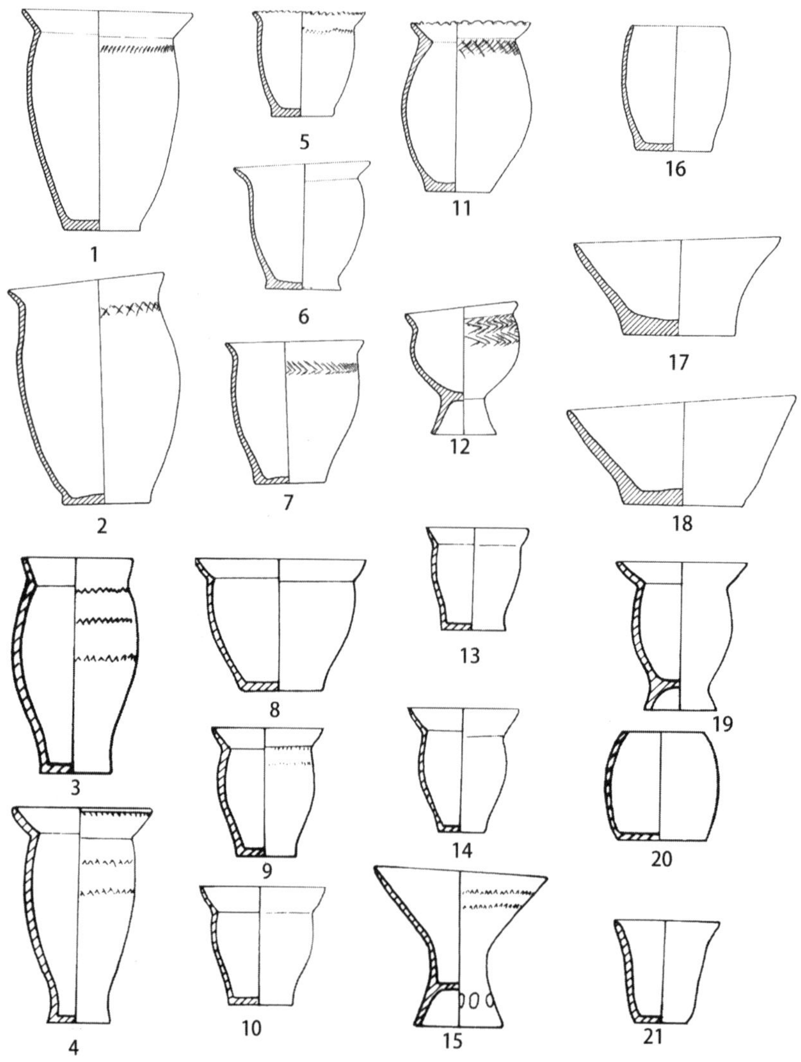

安宁河流域商周遗存第二期出土陶器

1—11、13、14. 陶折沿罐 **12、19.** 陶圈足罐 **15.** 陶豆 **16、20、21.** 陶杯 **17、18.** 陶钵

测年数据为 3610 ± 35BP，树轮校正年为 2041BC—1885BC①。所以第二期的年代为 1900BC—1600BC。

第三期以高坡遗址、大洋堆瓮棺葬（Ka12、17、19、21、23）、大石墓（DM2）以及新

① 四川省文物考古研究院、凉山彝族自治州博物馆、西昌市文物管理所：《四川西昌市新庄遗址先秦时期土坑墓发掘简报》，《四川文物》2018 年第 4 期。

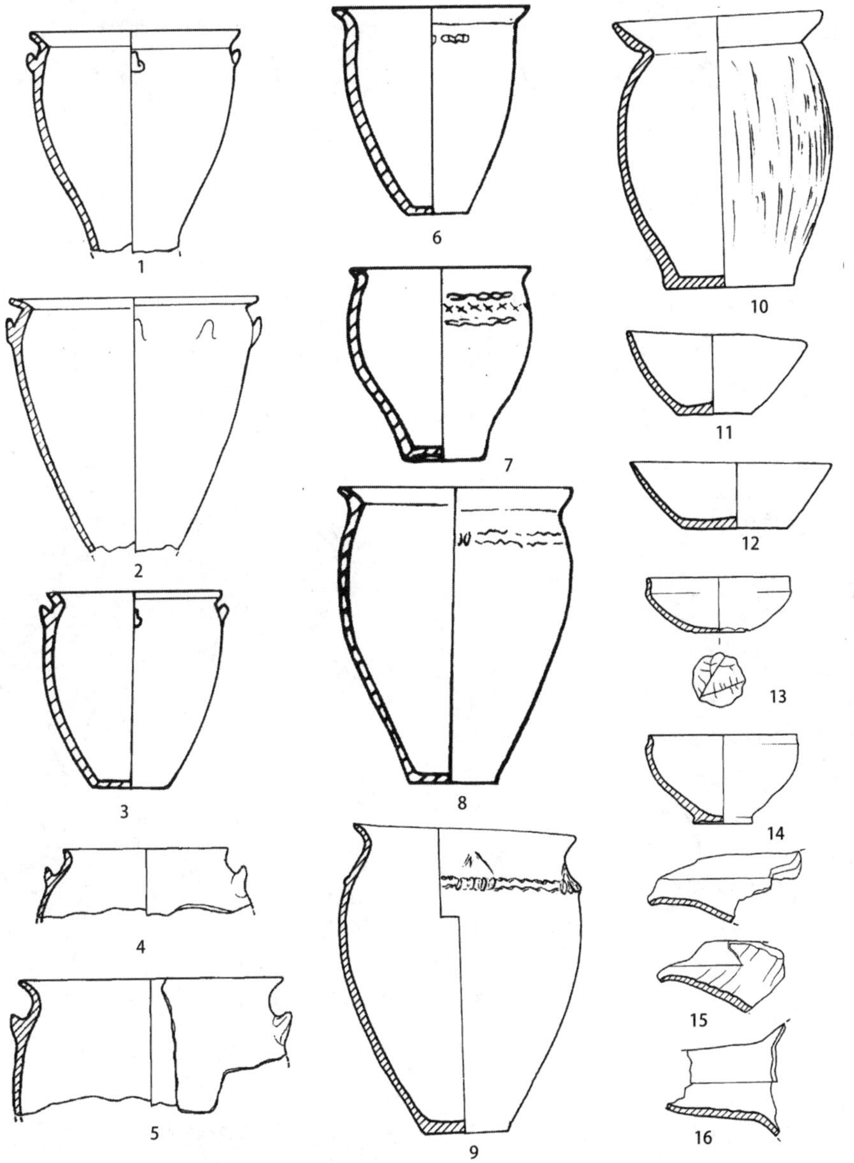

安宁河流域商周遗存第三期出土陶器

1—5. 陶乳钉罐　**6—10.** 陶罐　**11—14.** 陶钵　**15**、**16.** 陶器流

庄 M117 为代表。陶器以素面为主，常见的纹饰有叶脉纹、乳钉、划纹等，其中叶脉纹主要见于钵、碗的底部，乳钉主要装饰在大口瓮形器的肩部。代表性陶器主要有大口带乳钉瓮、折肩圈足碗、饼足钵、杯形口双大耳罐、鸭嘴形流器等。高坡遗址有三个碳 14 数据：2010SMGT1③木炭 3010 ±35BP，树轮校正 1390BC—1120BC；2010SMGT1③木炭3050 ±30BP，

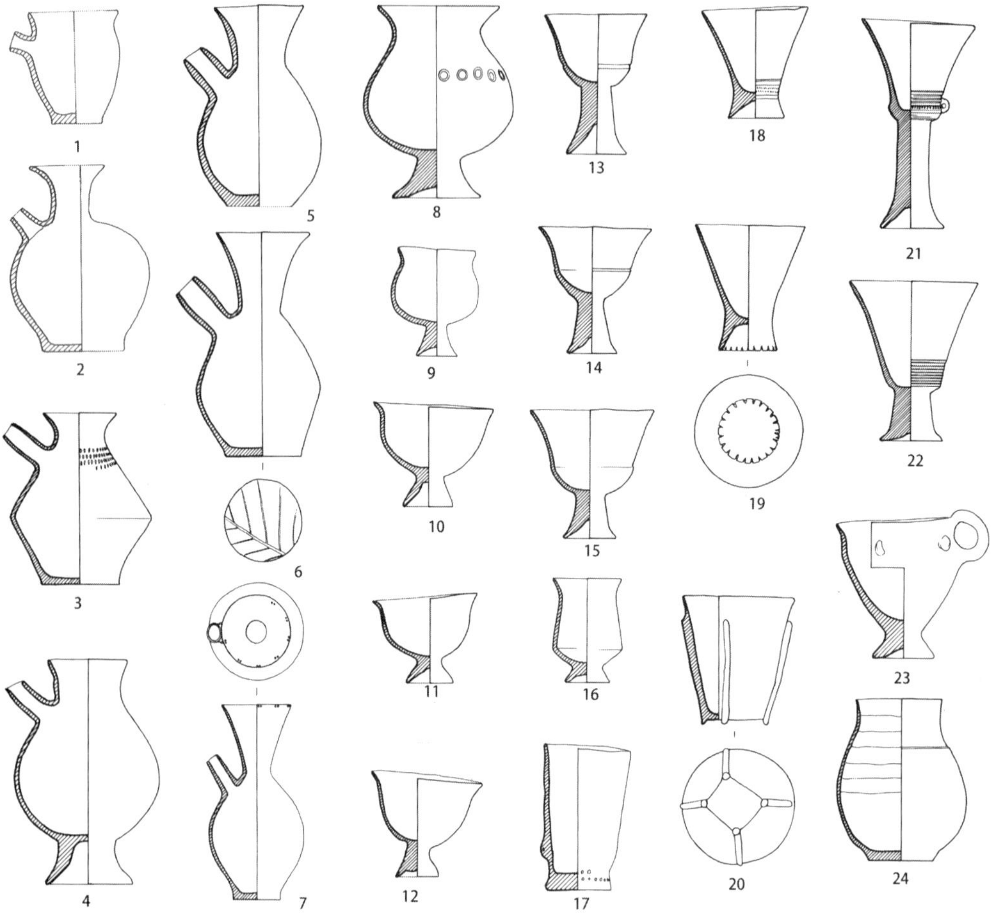

安宁河流域商周遗存第四期出土陶器

1—7. 陶带流壶　**8—16**、**18**、**19**、**21—23.** 陶圈足杯　**17**、**20.** 陶杯　**23.** 陶罐

树轮校正 1410BC—1250BC；2010SMGT1③木炭 2950 ± 25BP，树轮校正 1270BC—1050BC①。所以第三期的年代为 1400BC—1100BC。

第四期以新庄 M251、M271、M5、M73 为代表，还有裕隆长村羊耳坡遗址槽子田墓

---

① 成都文物考古研究所、凉山彝族自治州博物馆、冕宁县文物管理所：《2011 年凉山彝族自治州冕宁县高坡遗址发掘简报》，《成都考古发现（2011）》，科学出版社，2013 年。

地，棲木沟 M1[①] 以及麻柳灰坑[②]，器物组合以陶带流壶、圈足杯为主，陶器多为泥质黑陶，多为素面，部分墓葬出土少量铜器。M251 出土木板进行测年得到的碳 14 测年数据为 2805 ± 30BP，树轮校正年代为 1046BC—894BC；M73 的碳 14 测年数据为 2910 ± 30BP，树轮校正年代为 1209BC—1011BC。考虑到槽子田墓地、棲木沟 M1 和麻柳灰坑出土器物同新庄墓地有些许差异，年代可能稍晚，其中槽子田 M96 和 M132 出土的黑皮陶带流壶、圈足杯、圈足罐、筒形杯、觚等器物在燕家山大石墓[③]、坝河堡子大石墓[④]、拉克四合大石墓[⑤]中有发现，所以第四期的年代为 1200BC—800BC。

2. 城河流域

城河流域商周时期发现的遗存有小营盘墓地[⑥]和大劈山墓地[⑦]以及马鞍子遗址第 3、4 层[⑧]。

小营盘墓地和大劈山墓地位于会理县新安乡，两处墓地在城河南岸同一块坡地上，中间有一大冲沟将两墓地隔开。2002 年 12 月，凉山彝族自治州博物馆和会理县文物管理所对小营盘墓地进行了发掘，清理墓葬 20 座，2018—2019 年，四川省文物考古研究院、凉山彝族自治州博物馆和会理县文物管理所因乌东德水电站淹没区抢救性发掘，在大劈山墓地发掘 4000 平方米，发现了 205 座石棺葬。

此墓地规模大，墓葬形制多样，分布集中，排列有序，墓向基本一致，皆头朝山坡、足向城河，相互打破关系较少，应该为一处有规划的部落或家族墓地。建造方法是先在地面挖一长方形竖穴土坑，然后用大小不等的天然砂页石板竖置围砌成长方形墓室，部分墓葬用数块石板作盖，还有一些墓葬铺垫石板作底。墓室长 1. 6—2. 75 米、宽 0. 4—0. 55 米、深 0. 3—0. 5 米。墓葬多为耕土层下开口，没有发现古代文化层堆积。葬式多为单人仰身

---

① 成都文物考古研究所、凉山彝族自治州博物馆、西昌市文物管理所：《四川省西昌市棲木沟遗址 2006 年度试掘简报》，《成都考古发现（2006）》，科学出版社，2008 年。

② 四川省文物考古研究院、凉山彝族自治州博物馆、西昌市文物管理所：《凉山州西昌市麻柳村灰坑清理简报》，《四川文物》2006 年第 1 期。

③ 凉山彝族自治州博物馆：《四川西昌市郊大石墓》，《考古》1983 年第 6 期。

④ 西昌地区博物馆等：《西昌坝河堡子大石墓第二次发掘简报》，《考古》1978 年第 2 期。

⑤ 凉山彝族地区考古队：《四川凉山喜德拉克公社大石墓》，《考古》1978 年第 2 期。

⑥ 昆明市博物馆、凉山彝族自治州博物馆等：《金沙江中游地区两处新石器时代石棺葬的发掘》，《考古》2007 年第 11 期。

⑦ 四川省文物考古研究院：《乌东德水电站（四川）考古工作取得阶段性成果》，《中国文物报》2018 年 10 月 16 日。

⑧ 成都文物考古研究院、凉山彝族自治州博物馆、会理县文物管理所：《2017 年会理县马鞍子遗址调查简报》，《成都考古发现（2016）》，科学出版社，2018 年。

直肢一次葬，少量二次葬。通过体质人类学观察，发现大劈山人群存在着较为普遍的拔牙习俗，上颌齿槽保存较好的个体都发现有拔牙现象。墓葬发现有较多的割肢葬葬俗，可以观察判断的墓葬确定该类葬俗的共有 16 座，多见人体头颅切割后放置于胸部或者腹部进行埋葬，四肢基本位于正常体位。墓葬的随葬品较少，多数墓葬不见随葬品。随葬陶器常见为随葬一个或两个陶罐，随葬贝类饰品的现象较多。

小营盘墓地出土器物

1. 陶罐 **2.** 陶壶 **3.** 陶杯

会理小营盘的年代，发掘报告推测为“会理县小营盘和禄劝县营盘包这两处石棺葬群，与附近有遗址共存的云南楚雄永仁石棺葬①进行比较，它们的陶器都具有深腹、平底、无耳的风格，在文化性质和时代上应有一定联系。由此可以初步认为，金沙江中游地区最近发掘的这两处石棺葬群的时代为新石器时代晚期”。大劈山石棺墓的年代，发掘者也初步认为是新石器时代。

《中国文物报》“大劈山墓地出土器物”中的小平底高领深腹罐同小营盘陶高领罐（XM13：1）形制基本一致，判断这两墓地应为同一文化性质的墓地，只是后期被冲沟分割开，墓地的年代基本一致。关于墓地的年代，小营盘和大劈山墓地出土的这两件陶高领罐与西昌阿七新庄出土的高领罐（M353：1、2）形制基本一致，新庄 M353 我们将其推定为安宁河流域商周遗存的第一期②，所以城河流域商周时期墓葬的年代应为

① 楚雄彝族自治州文管所、云南省博物馆文物队：《云南永仁永定镇石板墓清理简报》，《文物》1986 年第 7 期。
② 见前文安宁河流域商周考古学文化分期。

2100BC—1800BC。

马鞍子遗址商周时期遗存包括第3、4层及其开口在第3、4层下的红烧土堆积、柱洞等遗迹和出土遗物。此时期出土的遗物以角形乳钉罐、带耳罐、盘口罐、壶形器、叶脉纹装饰的饼足器底以及饰水波纹的高圈杯为常见，基本不见锯齿状花边罐、缸形器、动物足部等，盛行叶脉纹、水波纹和乳钉装饰。镂孔高圈足折腹杯和带耳陶罐是新发乡马鞍子遗址商周时期的代表性器物，2017年发掘马鞍子遗址商周时期遗存目前有1个碳14测年数据，2017SHM1④碳化稻1885BC—1741BC（93.1%）。

3. 大凉山腹地

大凉山腹地的地理范围为凉山彝族自治州东部的昭觉、美姑两县及邻近的雷波、金阳、布拖等县的部分地区。大凉山腹地发现商周时期的遗存是石棺墓。

大凉山腹地石棺葬的发现，应追溯至20世纪70年代。1976年冬，为了配合《凉山彝族奴隶制》一书的编写，由四川省民委、凉山州革委、四川省博物馆、四川大学历史系考古专业、凉山文化馆组成的凉山彝族地区考古队，对昭觉县附城区、竹核区、四开区的石棺墓进行调查和发掘，共发掘石棺葬20座[①]。

2005年，为了配合凉山彝族自治州的文物基础调查，凉山彝族自治州博物馆、四川大学考古学系、昭觉县文物管理所联合组成考古队在四开乡好谷村一条名为“拉古都”的山脊上发现古代墓葬27座，其中石棺葬14座[②]；2006年，三家单位组成的联合考古队在昭觉县拉一木乡拉一木村发现石棺墓29座并对破坏严重的8座进行了清理；在昭觉县齿科波西乡和平村发现石构墓10座并选择发掘了其中的5座[③]；2011年，三家单位组成的联合考古队在四开乡日历村各则羊朋发现石棺葬15座，并对其中13座进行了清理，同时在四开乡好谷村乃姐社普拉波石棺墓地发现并清理石棺墓4座[④]。

所谓石棺墓就是构筑墓壁的材料为石板，墓室顶部不加石板盖，多数也无底板。石板墓的构筑方法可分为两类：第一类大体上是先在地面掘一略成梯形的长方坑，四面各用一

---

① 凉山彝族地区考古队：《四川昭觉石板墓发掘简报》，《考古学辑刊》第一集，中国社会科学出版社，1981年。

② 凉山彝族自治州博物馆、四川大学考古学系、昭觉县文物管理所：《四川昭觉县好谷村古墓葬群的调查和清理》，《考古》2009年第4期。

③ 凉山彝族自治州博物馆、四川大学考古学系、昭觉县文物管理所：《四川昭觉县古文化遗存的调查和清理》，《南方民族考古》第六辑，科学出版社，2010年。

④ 凉山彝族自治州博物馆、四川大学考古学系、昭觉县文物管理所：《四川省昭觉县四开乡两处石棺墓地的清理》，《考古》2016年第8期。

块石板竖贴坑壁，有的用一块石板平置于墓坑底，埋葬时在底板上铺一层泥土，然后放入骨架和随葬品，最后用泥土覆盖，上面不另加石板盖；第二类先在地面平整处分出一块略成长方形的平地，在平地的两对边或两临边挖出比石板稍厚的基槽，将石板放置在基槽内，然后在地平面上置剩余两块石板以构成墓室，埋葬时在墓室底部放入骨架和随葬品，最后用泥土覆盖，上面不另加石板盖。

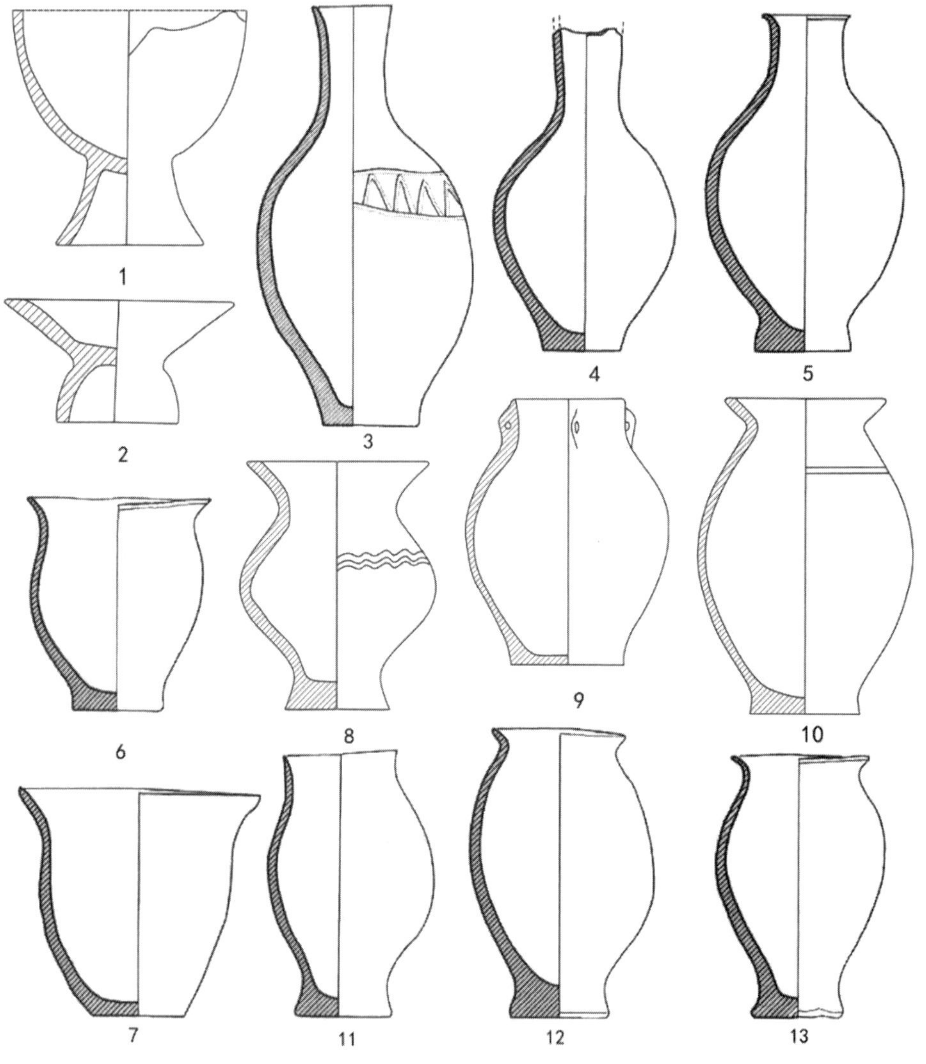

大凉山腹地商周时期石棺墓出土陶器

1、2. 豆 3—5. 壶 6—9. 罐 10—13. 尊

目前已经见诸报告的石棺墓有：尔巴克苦石棺墓、瓦寨山石棺墓、附城区石棺墓①、阿倮乃甲石棺墓、挖苦乃甲石棺墓②、濮苏波捏石棺墓、俄巴布吉石棺墓③、拉一木石棺墓④、各则羊朋石棺墓、普拉波石棺墓⑤等。此外还有一些过去调查发现的石棺墓，现已不存的地点。

大凉山地区的石棺墓延续时间较长，可能长达2000年左右。商周时期的墓葬以各则羊朋石棺墓地和濮苏波捏石棺墓地为代表，出土随葬品有陶器、石器、有机质手镯、有机质绳状饰物等；秦汉时期的墓葬以附城区石棺墓地、尔巴克苦石棺墓地、俄巴布吉石棺墓、普拉波石棺墓地为代表，出土小件铜器和铜盆，年代可能至东汉时期。大凉山地区石棺墓的年代缺环还比较多，目前还无法梳理出发展演变的清晰脉络。

大凉山石棺墓商周时期的墓葬被破坏严重，出土随葬品不多，有陶器、石器、有机质手镯、有机质绳状饰物等。陶器种类有罐、壶、瓶三种，均夹砂陶，多数器物表面似有黑色或红色陶衣。手制，器表抹平，内部未经修整，部分器物内壁可见分段制作之后拼接的痕迹。烧制火候不高，陶质酥脆。多素面，少数壶的肩部刻划折线纹。

各则羊朋石棺墓中常见的编织物和藤进行年代测试后，共有5个数据⑥：2011ZGM1编织物距今3460±30年，经树轮校正公元前1890—前1690年；2011ZGM6藤手镯距今3570±25年，经树轮校正公元前1980—前1870年；2011ZGM3编织物距今3630±25年，经树轮校正公元前2050—前1910年；2011ZGM8藤手镯距今3520±35年，经树轮校正公元前1940—前1740年；2011ZGM8编织物距今3440±30年，经树轮校正公元前1880—前1670年；另外2005年濮苏波捏PM2人骨的碳14测年为距今3170±145年，据此我们在将各则羊棚石棺墓地的年代定在公元前二千纪前半段，年代在1900BC—1700BC。

---

① 凉山彝族地区联合考古队：《凉山州昭觉县石板墓发掘简报初稿》，《凉山彝族奴隶制研究》1977年第1期；凉山彝族地区考古队：《凉山州昭觉县石板墓发掘简报》，《考古学辑刊》第1集，中国社会科学出版社，1981年。

② 王家祐：《昭觉县四开区考古见闻记》，《凉山彝族奴隶制研究》1979年第1期。

③ 凉山彝族自治州博物馆、四川大学考古系、昭觉县文物管理所：《四川昭觉县好谷村古墓葬的调查和清理》，《考古》2009年第4期。

④ 凉山彝族自治州博物馆、四川大学考古学系、昭觉县文物管理所：《四川昭觉县古文化遗存的调查和清理》，《南方民族考古》第六辑，科学出版社，2010年。

⑤ 凉山彝族自治州博物馆、四川大学考古学系、昭觉县文物管理所：《四川省昭觉县四开乡两处石棺墓地的清理》，《考古》2016年第8期。

⑥ 凉山彝族自治州博物馆、四川大学考古学系、昭觉县文物管理所：《四川省昭觉县四开乡两处石棺墓地的清理》，《考古》2016年第8期。

4. 盐源盆地

盐源盆地皈家堡遗址发现有少许商周时期的灰坑①，在罐罐山（道座庙）遗址发现有瓮棺②。

罐罐山遗址位于卫城镇大堰沟村。遗址地势平缓，边缘被现代村子占据，文化堆积厚30—50厘米，文化层出土陶器以带耳罐多见，陶质均为夹砂陶，陶色以红褐陶、灰褐陶多见，纹饰以叶脉纹常见。发现的瓮棺葬器形瘦高，器底呈天包地式内凹，器底饰叶脉纹。

通过对葬具内填土进行浮选出的碳化稻谷进行测年，W1 碳化稻校正后年代数据为1277BC（95.4%）—1121BC，W2 碳化稻谷校正后年代数据为 1027BC（91.4%）—891BC，推测盐源盆地瓮棺葬年代为 1100BC—900BC。

二、考古遗存的分布状况、文化交流与古道的走向

商周时期，凉山的考古学面貌发生了重大变化，考古遗址的数量较少，墓葬数量激增，以石构筑成棺的丧葬习俗，开始出现并逐渐占据主导地位（城河流域和大凉山腹地表现尤为突出），同时土坑墓的数量仍占一定比例（安宁河流域），部分墓地（如新庄遗址、大洋堆遗址）出现土坑墓和石棺墓共存、埋葬器物相同的现象。

从分布区域看，依然集中在安宁河流域、城河流域，此外大凉山腹地也有较多发现，盐源盆地有零星发现。虽然我们发现了数量众多的墓葬，但墓葬多成群分布形成一片较大的公共墓地，其分布的范围较新石器时代并没有明显的扩大。

公元前 2000 年至公元前 1600 年之间，在安宁河流域主要流行大双耳罐、圈足豆，另有折沿罐（尊）、深腹罐、束颈罐、小杯等，纹饰简单，以刻划折线纹、戳印纹为主。发现此类遗存的地点有安宁河流域新庄遗址、大洋堆遗址、高坡遗址、赵家湾遗址。

安宁河流域东部大凉山区域发现的石棺墓，出土有较多的圈足豆、折沿罐、深腹罐、束颈罐等，与新庄遗址、大洋堆遗址出土的同类器物相比，形制上有较多的共性，唯有安宁河流域一期较常见的大双耳罐在大凉山腹地没有发现。

公元前 1400 年至公元前 1000 年间，安宁河流域流行大口带乳钉瓮、折肩圈足碗、饼足钵、杯形口双大耳罐、鸭嘴形流器等。陶器以素面为主，常见的纹饰有叶脉纹、乳钉、

---

① 成都考古研究院、凉山彝族自治州博物馆、盐源县文物管理所：《盐源县皈家堡遗址 2015 年度调查试掘简报》，《成都考古发现》（2015），科学出版社，2017 年。

② 成都考古研究院、凉山彝族自治州博物馆、盐源县文物管理所：《2015 年盐源盆地考古调查简报》，《成都考古发现（2015）》，科学出版社，2017 年。

划纹等，其中叶脉纹主要见于钵、碗的底部，乳钉主要装饰在大口瓮形器的肩部。发现此类遗存的地点有冕宁县三分屯遗址、高坡遗址、赵家湾遗址、胡家嘴遗址，西昌市的咪咪唧遗址、棲木沟遗址、营盘山遗址、沙坪站遗址、羊耳坡遗址、新庄遗址，盐源县的皈家堡遗址，会理县的东咀遗址、饶家地遗址、马鞍子遗址等。此外，滇东北昭鲁盆地的鲁甸野石山遗存①、黔西北的鸡公山文化②也有和此类遗存相似的遗物发现。

从地理位置上看鸡公山文化分布在东，高坡遗存分布在西，它们所处的东、西两个区域属于两个不同的考古学文化分布区。而野石山遗存分布在这两个文化区中间，野石山遗存中常见的乳钉侈口罐、小口单耳罐、鸭嘴形器流、折肩圈足碗等器物在安宁河流域的众多遗存中有较多发现，这些发现为我们讨论两者的文化性质和文化交流提供了契机。从遗存中出土的器物可以发现这三个遗存有共同的文化因素存在，说明距今3400—3000年左右，昭鲁盆地与川西南地区有着密切的文化与族群往来。

昭鲁盆地和安宁河河谷处在宽阔的坝子内，地势平坦，水源便利，气候温和，容易发展出较高的农业文明，促进了区域聚落中心的形成，并对周边地区古代文化产生强大的吸附力，使周围人口向中心聚集，形成文化中心。同时，这两个地区隔金沙江相望，金沙江的支流黑水河、西溪河、牛栏江、安宁河等河谷的走廊将这两个区域贯穿起来，为区域内的人群互动提供了便利条件。

目前从在两区域内发现的考古资料来看，黑水河流域的普格县发现有带鋬手的陶罐和陶碗、陶钵等；美姑河流域的美姑县发现有带鋬耳、角状乳丁的陶罐和大量石棺墓；西溪河流域的昭觉县发现有数量众多的石棺墓等。这些资料表明这两个地区交流的通道可能是由安宁河中上游地区（冕宁、西昌）通过黑水河（普格）到达金沙江的中游地区（巧家），再经过牛栏江到达昭鲁盆地；或是大凉山地区的西溪河（昭觉）、美姑河（美姑）到达金沙江岸边，再经牛栏江至昭鲁盆地。

城河流域粪箕湾墓地的角状乳钉纹罐和马鞍子遗址发现的内折腹圈足杯、角状乳钉纹罐，在安宁河流域商周遗存中广泛存在。反映出安宁河流域商周时期考古学文化的影响已

① 云南省文物考古研究所、昭通市文物管理所、鲁甸县文物管理所：《云南鲁甸野石山遗址发掘简报》，《考古》2009年第8期。

② 贵州省文物考古研究所、四川大学历史文化学院考古系、威宁县文物管理所：《贵州威宁县鸡公山遗址2004年发掘简报》，《考古》2006年第8期；王林：《威宁中水鸡公山遗址初步分析》，四川大学硕士学位论文，2006年；王林：《贵州威宁县鸡公山遗址初探》，《四川文物》2012年第4期。

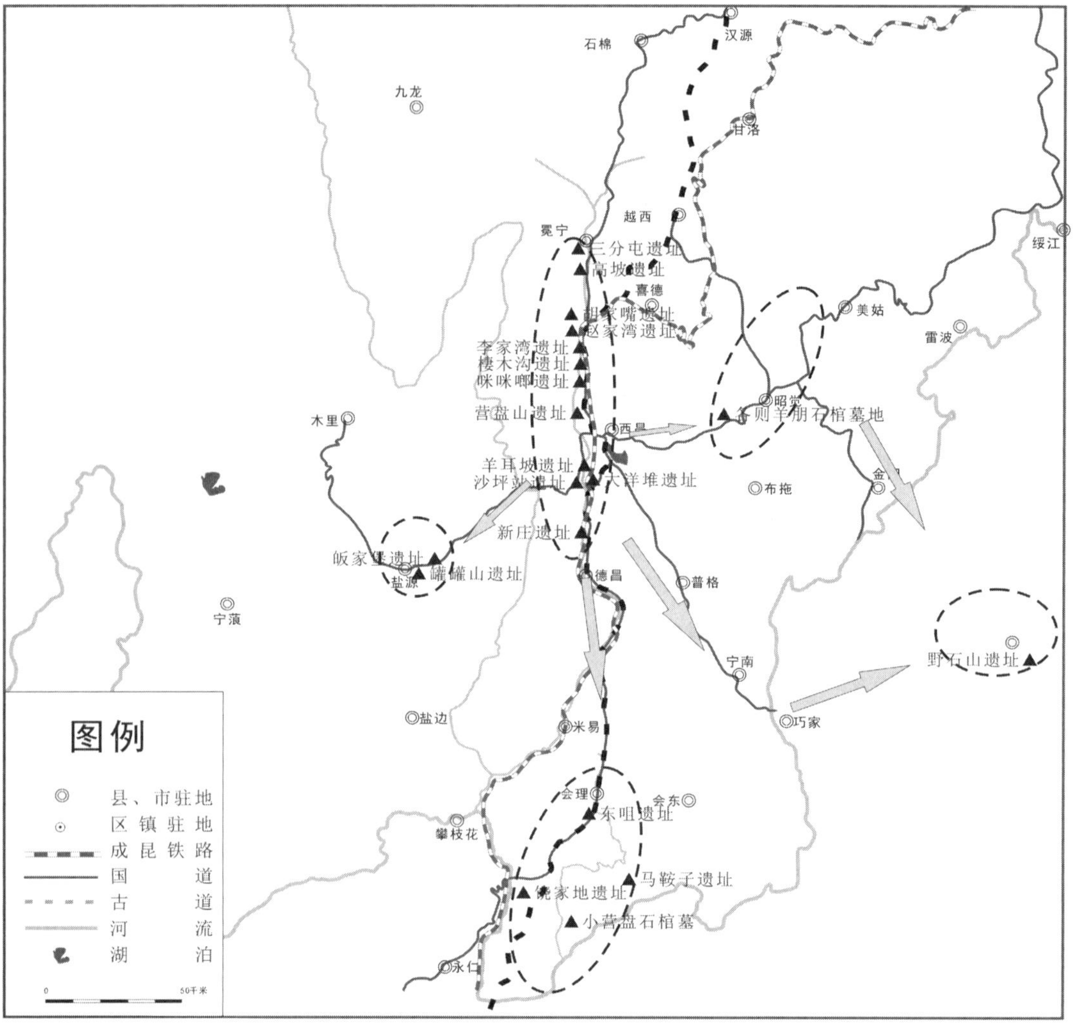

商周时期凉山考古学文化交流示意图

经深入会理境内，并在进入城河上游地区后分道，形成南北两条文化传播线路，北线经由南阁经过通安至新发境内进而南渡金沙江进入云南境内；而南线则为粪箕湾遗存流行区域，其通过会理城关经由黎溪盆地进入云南。

第三节　西南夷时期

战国至西汉时期，我国的西南地区分布与活跃着许多古代民族，这些民族被历史文献统称为“西南夷”。与中原地区相比较，“西南夷”的文化发展是滞后的，当中原地区，包括相邻的成都平原早就进入铁器时代时，西南夷还停留在青铜时代，但这个时代却是凉山和“西南夷”地区考古学文化最为丰富繁盛的时期。所以，我们在对凉山考古学文化进行分段时，充分考虑了这个实际情况，分出了西南夷时期考古这一阶段。这个阶段从中原地区的春秋时期开始，下限到东汉初期，区域内发现的这一时期的考古学文化与商周时期的考古文化基本都有继承关系。

《史记·西南夷列传》对西南少数民族的情况有记载：“西南夷君长以什数，夜郎最大；其西靡莫之属以什数，滇最大；自滇以北君长以什数，邛都最大：此皆魋结、耕田、有邑聚。其外西自同师以东，北至楪榆，名为嶲、昆明，皆编发，随畜迁徙，毋常处，毋君长，地方可数千里。自嶲以东北，君长以什数，徙、筰都最大；自筰以东北，君长以什数，冉駹最大。其俗或土著，或移徙，在蜀之西。自冉駹以东北，君长以什数，白马最大，皆氐类也。此皆巴蜀西南外蛮夷也。”从史书中可以看出，分布于凉山的西南夷为“邛”“筰”和“以什数”的君长。

一、与西南夷相关考古学遗存的发现

近年来的研究表明：安宁河流域集中分布的大石墓是邛人的遗存，以盐源盆地为中心，包括云南永胜、华坪等地发现的青铜时代墓葬应是筰人的遗存，大凉山腹地的石棺墓与叟人有关。

1. 安宁河流域

安宁河流域西南夷时期的考古学文化主要是大石墓及其遗址和相关遗迹[①]。大石墓是主要分布于安宁河谷的一种颇具特色的考古学文化遗存。所谓“大石墓”，是指在地面以块石堆砌或用大石围砌墓室，再在墓室顶部用巨石覆盖的一种墓葬形制。

大石墓的出土器物主要有陶器、铜器、铁器、石器、骨器、玉器、牙器等。其中以陶、铜、石器较为普遍。陶器以夹砂红陶、夹砂褐陶为主，亦有少量泥质红陶和泥质黑陶。主要器形有罐、杯、带流壶、瓶、觚、盆、豆、釜、纺轮等。陶器纹饰丰富，以叶脉纹、弦纹、波浪纹、镂孔等纹饰为主。

大石墓集中分布在安宁河流域。具体来讲，大石墓自北向南分布于喜德、冕宁、西

---

① 四川省文物考古研究院、凉山彝族自治州博物馆、西昌市文物管理所：《安宁河流域大石墓》，文物出版社，2006年。

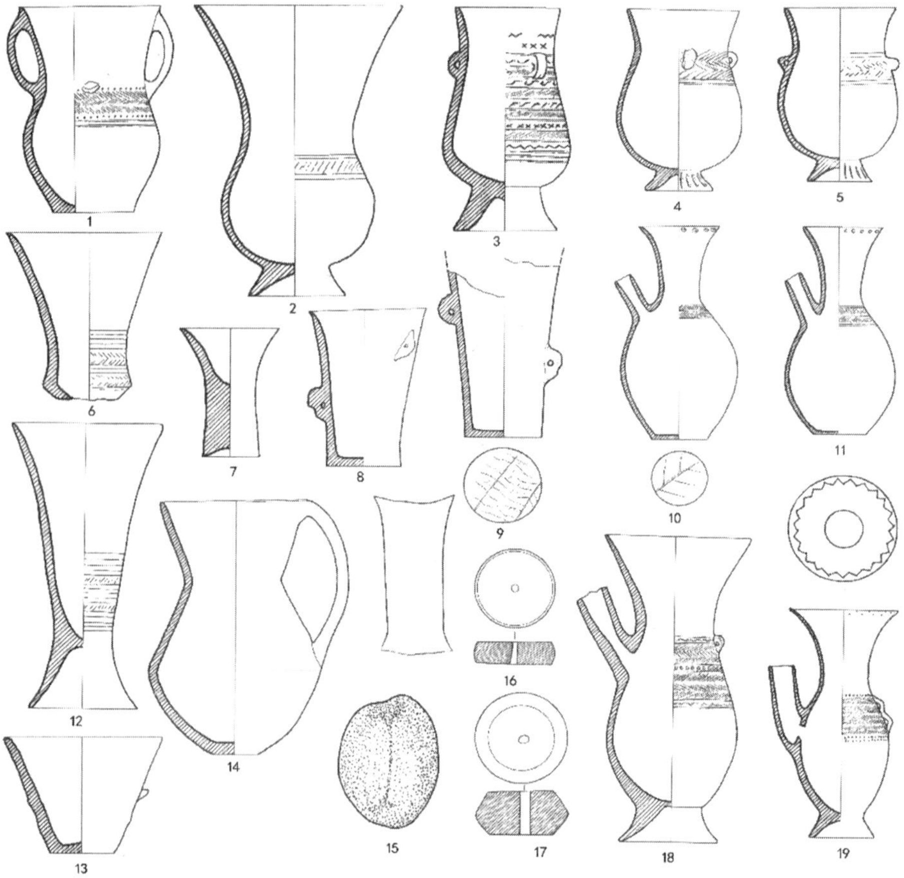

安宁河流域大石墓出土器物

1. 双耳罐 2—9. 杯 10、11、18、19. 带流壶 12. 觚 13. 杯 14. 单耳罐 15. 网坠 16、17. 纺轮

昌、德昌、米易等县市，以西昌市境内数量最多。安宁河的东西两岸及一些较大的支流沿岸（孙水河、茨达河、西溪河、阿七沟），包括邛海周围，都是大石墓的集中分布区。目前发现有大石墓分布的市县乡有喜德县的拉克乡；冕宁县的城郊，以及回龙乡、巨龙镇、复兴镇、铁厂乡、漫水湾镇；西昌市的月华乡、礼州镇、小庙乡、樟木箐乡、星宿乡、裕隆乡、佑君镇、海南乡、经久、黄水乡、阿七乡、大兴乡、西郊乡、北山乡、西溪乡、安宁镇；德昌县的德州镇、麻栗乡、大坝乡、银鹿乡、方家乡、阿荣乡、阿月乡、黄家坝乡、王所乡、六所乡、巴洞乡、茨达乡；米易县的挂榜、弯丘、三井巷。除此之外，在金沙江北岸的一条小支流西罗河的上游小兴场也有一处大石墓分布点，小兴场位于普格县境内，是唯一一处不在安宁河河谷内的大石墓分布点。

安宁河谷内分布有如此数量的大石墓，必然有相应的与大石墓有关的遗址。目前调查发现并经过试掘，可以确定为大石墓文化遗址的有德昌县王家田①，西昌市的棲木沟遗址②、咪咪啷遗址③和沙坪站遗址④，冕宁县的三分屯遗址⑤四处，另外还有几处经过调查可以初步确定为大石墓文化的遗址，其分布基本与大石墓群相邻。

2. 盐源盆地

盐源盆地位于四川省凉山彝族自治州的西南部，20 世纪 80 年代以来，在盐源县发现了大量青铜时代的古墓葬，年代为战国至西汉时期。其出土了大量具有鲜明区域特点和民族特色的青铜器。由于严重的盗掘活动，这些墓葬已经被破坏殆尽，文物考古部门仅有机会对其中三处墓群进行抢救性发掘，它们是盐源县的老龙头墓群、八家村墓群和云南宁蒗县的大兴镇墓群。其中老龙头是以大型墓葬为主的墓群，八家村墓群和大兴镇墓群均以小型墓葬为主，宁蒗大兴镇墓群虽然未在盐源盆地内，但与盐源盆地的土坑墓属于一个文化是无疑的。

由于盐源的古墓葬大量被盗，许多文物流失民间，文物部门经过长期努力，收集了大量青铜器和其他文物，公安部门也接收了不少青铜器，加上发掘出土的文物，总数在千件以上。种类以青铜器为主，还有陶器、铜铁合制器、少量石器和更少量的金器。

盐源出土的青铜器，总体上可分为兵器、乐器、宗教用具、生产工具、装饰品和马具几类。盐源发现的陶器数量较多，但种类不多，基本上可以分为两类。第一类为大双耳罐，数量很少，敞口，束颈，鼓腹，平底（也有矮圈足），口平面作圆形，有部分呈菱形，双鋬耳从口沿连至腹部。泥质黑皮褐陶，表面磨光，腹部饰凸起或刻划的双螺旋纹，并施以红、白色彩绘，有的罐两侧的耳与颈之间各有一泥条斜撑。第二类双耳罐数量最多，双鋬耳略小，耳从口沿连至肩部，侈口、束颈、圆腹、有平底也有矮圈足，均为夹砂或泥质黑陶。还发现极少单耳罐、圈足罐和深腹罐。

经过多次的田野调查，盐源盆地内的古墓群已经发现十余处，它们主要集中在盆地中

---

① 四川省文物考古研究院、凉山彝族自治州博物馆：《凉山州德昌王家田遗址发掘简报》，《四川文物》2006 年第 1 期。

② 四川省文物考古研究院等：《凉山州西昌市棲木沟遗址试掘简报》，《四川文物》2006 年第 1 期。

③ 凉山彝族自治州博物馆等：《四川西昌市咪咪啷遗址调查试掘简报》，《成都考古发现（2004）》，科学出版社，2006 年。

④ 成都文物考古研究所、凉山彝族自治州博物馆、西昌市文物管理所：《2015 年度四川西昌市沙坪站遗址发掘简报》，《成都考古发现（2016）》，科学出版社，2018 年。

⑤ 凉山彝族自治州博物馆、冕宁县文物管理所：《四川凉山冕宁三分屯遗址试掘简报》，《四川文物》2006 年第 5 期。

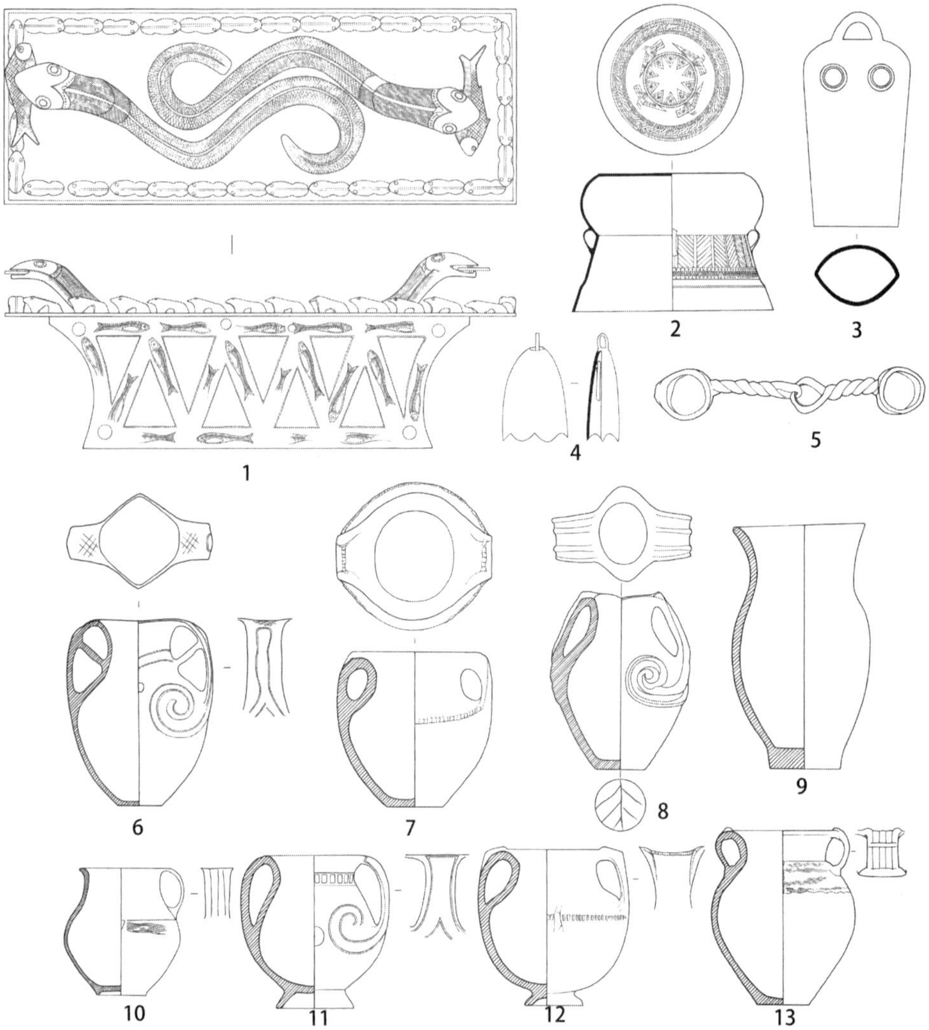

盐源盆地青铜文化墓葬出土器物

1. 铜案　2. 铜鼓　3、4. 铜铃　5. 铜马衔　6—8、10—13. 陶双耳罐　9. 陶罐

部的双河、干海、梅雨三个乡镇①。双河乡的古墓群有老龙头、南边河、海马塘三处，干海乡的墓群有营盘山北、营盘山南、曹家湾、无名包包、唐光连地五处，梅雨镇有八家村的一、二、三号地点和小河边四处，另外在泸沽湖畔的洛瓦、格撒，洼里乡猪屎坝，盐边二滩淹没区，西昌官地白铜坝，木里县烧香梁子，云南宁蒗大兴镇、永胜金官龙潭也发现

① 凉山彝族自治州博物馆、成都文物考古研究所：《老龙头墓地与盐源青铜器》，文物出版社，2009 年。

了这类土坑墓。近年来在裕隆羊耳坡蛮子沟墓地也发现有此类墓葬①。

3. 大凉山腹地

大凉山腹地西南夷时期的遗存主要是石棺墓。因为大凉山腹地石棺墓延续时间较长，前文已对大凉山腹地石棺墓的分布区域、商周时期石棺墓的概况进行了叙述，本节仅对西南夷时期墓葬进行分析。

西南夷时期的墓葬以附城区石棺墓地、尔巴克苦石棺墓地、俄巴布吉石棺墓、普拉波石棺墓地为代表，年代晚者可能至东汉时期。

普拉波石棺墓地②位于四开乡好谷村乃姐社，与大凉山地区石棺墓一般位于较为平缓的山腰或山坡近顶处不同，普拉波石棺墓地地处较为陡峭的山脊上。山脊表面全为风化的黄色砂岩，夹杂着较多的小砾石，无土层覆盖，地表只有零星的灌木能够生存。石棺墓即开凿于砂岩之中。石棺墓的构建，均是在砂岩上开凿竖穴岩坑，沿坑壁立石板构筑墓室。所用石板表面均为黑褐色，风化严重，比较疏脆。随葬品有陶器、铁器、石器。出土 4 件陶器均残甚不能复原，为泥质褐陶，烧制火候低，疏脆易碎。其中PM4∶3仅残存颈、肩、腹部，肩部有流。颈部刻划竖线条纹，上腹戳印点线纹。

俄巴布吉石棺墓发现于昭觉县四开乡好谷村俄巴布吉，构建方法是先在较平整的基岩面上凿出一近椭圆形的浅坑，沿坑壁围砌石块以建墓室，入葬后以土覆盖低平的墓丘，最后在其上压盖大石板。出土有铜发钗、铜钺各 1 件。铜钺銎内有木柄残段，铜发钗柄端有一长方座，下有 6 根发针。

4. 城河流域

城河流域西南夷时期的墓葬有石棺墓和土坑墓。以雷家山墓地③、粪箕湾墓地④为代表，以土坑墓多见，集中分布于城河流域下游地区的黎溪盆地内，此外还有瓦石田墓地⑤、

---

① 四川省文物考古研究院、凉山彝族自治州博物馆、西昌市文物管理所：《四川西昌市羊耳坡遗址蛮子沟墓地 2016 年度发掘简报》，《四川文物》2017 年第 1 期。

② 凉山彝族自治州博物馆、四川大学考古学系、昭觉县文物管理所：《四川省昭觉县四开乡两处石棺墓地的清理》，《考古》2016 年第 8 期。

③ 成都市文物考古研究所、凉山彝族自治州博物馆、会理县文物管理所：《四川会理县雷家山一号墓的发掘》，《考古》2010 年第 4 期；《会理雷家山墓地 M1 发掘报告》，《成都考古发现（2007）》，科学出版社，2009 年。

④ 会理县文物管理所、凉山彝族自治州博物馆、四川省文物考古研究所：《四川会理县粪箕湾墓群发掘简报》，《考古》2004 年第 10 期。

⑤ 陶鸣宽、赵殿增：《四川会理县发现瓦石田遗址》，《文物资料丛刊（5）》，文物出版社，1981 年；唐翔：《会理青铜文化综述》，《四川文物》1999 年第 4 期。

王家梁子墓地①、郭家堡墓地②、庙子老包 1 号墓③等。

粪箕湾墓群分布在水坪梁子和小团山两处，墓地总面积约 14200 平方米，其中水坪梁子墓地面积约 11200 平方米，小团山墓地面积约 3000 平方米。

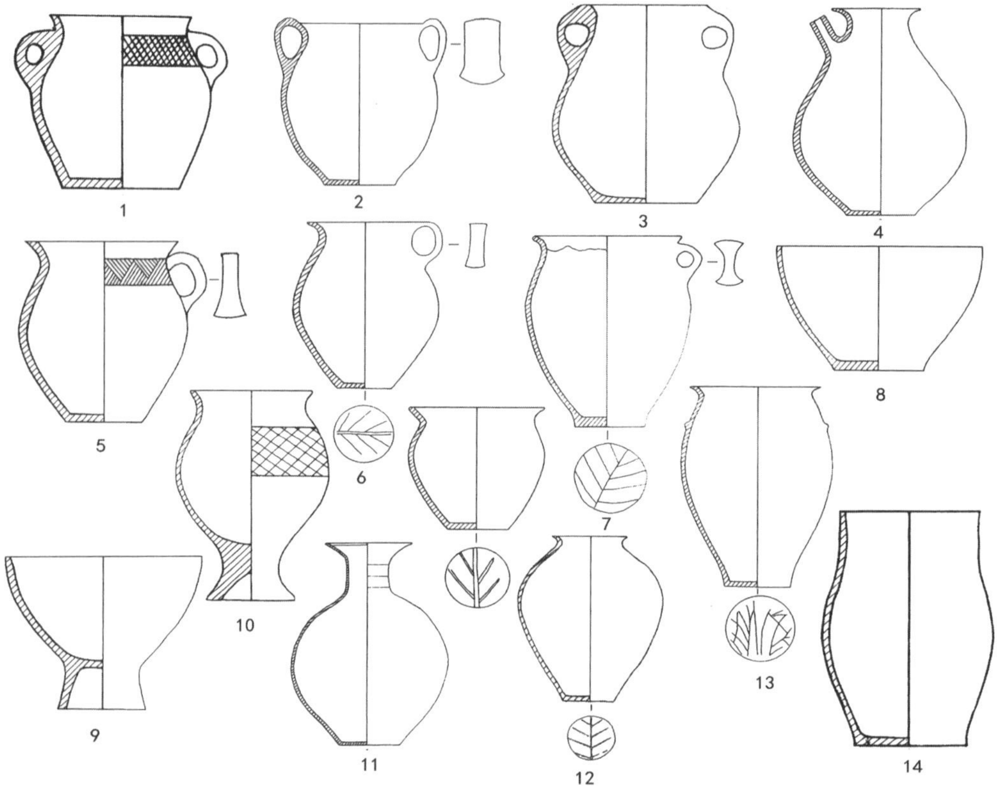

城河流域粪箕湾墓地出土器物

1—3、5—6. 陶双耳罐 4. 陶带流壶 7. 陶单耳罐 8. 陶钵 9. 陶豆 10. 陶圈足罐 11. 陶壶 12—14. 陶罐

水坪梁子墓地最为典型，该墓地分布于一条东西向的低丘梁子上，山梁南北两侧墓葬分布较密集，大致集中在南坡和北坡上、下部。墓葬总体呈南北向，南北坡的墓葬头向相对，枕着山梁；山丘顶部的墓葬分布较稀疏，且少数墓葬呈东西向。在南坡土坑墓的外围

① 成都文物考古研究所、凉山彝族自治州博物馆、会理县文物管理所：《四川省会理县王家梁子墓地清理简报》，《会理粪箕湾水坪梁子墓地发掘报告》，科学出版社，2018 年。

② 成都文物考古研究所、会理县文物管理所、四川大学考古系、凉山彝族自治州博物馆、西昌市文物管理所、会理县文管所：《2009 年度会理县新发乡考古调查简报》，《成都考古发现（2008）》，科学出版社，2010 年。

③ 成都文物考古研究所、凉山彝族自治州博物馆、会理县文物管理所：《2017 年会理县新发乡庙子老包 M1 清理简报》，《成都考古发现（2016）》，科学出版社，2018 年。

东南约30米处的公路两侧分布有石棺墓，墓向与土坑墓一致，呈南北向。

随葬品可分为陶、铜、石、玉器四类。其中以陶器最多，石器次之，铜、玉器较少。随葬陶器又以夹细砂褐陶为主，少量夹粗砂陶。陶色以褐陶和黄褐陶为主，有少量灰陶，火候较低，多系手制结合慢轮修整。陶器大多数为平底器，另有圈足器，器形以罐为大宗，主要有无耳罐、单耳罐、双耳罐，还有钵形豆、罐形豆（球形腹豆）、斜腹钵、弧腹钵、细颈壶、带流壶、单耳杯、瓮、瓶和各式纺轮。陶器的基本组合为罐、壶、瓶。除豆和双耳罐制作较精外，余皆显粗糙。大多数陶器为素面，纹饰有平行线组成的三角形纹和菱形纹、网格纹，一般装饰于罐、豆的肩、腹部，还有较多的叶脉纹，均饰于陶器的底部。

雷家山墓地位于会理县南阁乡南阁村五组的雷家山坡上，但墓地在早年已被破坏殆尽，只剩下一座残墓（M1），墓葬为竖穴土坑墓，平面呈长方形。墓室仅存西部，残长1—2.2米、宽2.7米、深0.9米，方向为115°。墓室内未发现人骨和葬具的痕迹。随葬器物主要是陶器和石器，以陶器的数量最多。陶器的种类主要以单耳罐、圈足杯、豆、纺轮为主，有罐、豆、壶、瓶、杯、尊形器、纺轮等，部分圈足杯、圈足豆、单耳罐制作精致、纹饰繁缛；石器包括斧、镞、凿、锛、杵、砺石、穿孔坠饰和一侧有磨痕的卵石。

雷家山土坑墓出土的单耳罐、尊形器、圈足罐、双鋬手罐等器物与粪箕湾墓地出土的同类型器物接近，流行针叶形石箭镞和卵石，表明他们之间存在着较为密切的联系，但雷家山墓地出土的折腹圈足杯、豆、瓶等器物不见于粪箕湾墓地。

5. 其他地区

1967年因雅江县山崩致使雅砻江下游断流，堰塞湖形成巨大的洪水冲毁了下游沿岸的村庄，在被冲刷的沿江台地上暴露了不少石棺墓①。近年为配合杨房沟水电站建设，在麦地龙乡又发现有石棺葬墓地②。木里县乔瓦镇娃日瓦村达娃组③于2011年发生山体滑坡，在滑坡的泥土中曾发现有山字格铜剑和铜矛、戈等。

1987年8月，越西县文化馆在越西县城西北2千米的聊家山④征集到一批文物，铜器

① 黄承宗：《木里县的古代石棺墓》，《凉山彝族奴隶制研究》1980年第1期。

② 四川省文物考古研究院、凉山彝族自治州博物馆、木里县文物管理所：《四川木里县中铺子村石棺葬墓地发掘简报》，《四川文物》2016年第5期。

③ 资料存木里县文管所。

④ 毛瑞芬、邹麟：《四川越西县聊家山发现战国西汉铜铁器》，《考古》1991年第5期。

有大耳束腰罐、洗、泡饰，还有铜柄铁剑、鎏金铜圈和铁削。根据出土器物的风格，应为战国至西汉之物。此处未经发掘，但根据出土物和现场调查，估计是一处土坑墓。普雄镇曲可地村瓦古觉发现有蛇头形柄无格剑①，另外在大屯乡华阳村发现有鎏金蒜头铜壶和辫索纹耳铜鍪等②。

金阳县马依足乡木纳沟村木纳沟墓地，位于县城东 3 千米的金阳河一级台地上，根据调查，木纳沟墓地曾出土过蛇头形柄青铜剑与剑鞘、三角形援铜戈③。

二、区域间文化交流与交通路线

西南夷时期凉山境内的考古学文化较商周时期有了明显的发展，其中安宁河流域、大凉山腹地、城河流域内的考古学文化基本上继承了商周时期的考古学发展的脉络，随葬品种类的增多和生产工具的进步表明社会经济向前发展。盐源盆地的青铜文化成为区域内一颗耀眼的明珠，缔造其文明的筰人，活动范围也较以前任何时期的先民都空前广泛，对外交流也异常活跃。

1. 区域内文化交流

盐源青铜文化同安宁河流域大石墓文化比较，从构筑方式上看，大石墓的墓壁一般都由大石立砌，顶部盖以天然巨石，这也是其得以“大石墓”之名的来由，此类遗存一般盛行多人二次葬。墓葬特点是规模普遍较大，建造墓室的石质材料巨大，墓葬结构独特。老龙头墓葬与大石墓最相近的地方就是用数块大石依次覆盖墓室，每块大石也有上吨重量，远远超过了西南地区大量存在的其他类型的石棺葬的盖板石。另外，老龙头 M9 的二次捡骨葬葬式与大石墓的葬式也有相同之处，但除 M9 外，老龙头的其他墓葬并不行此葬式，而大石墓却是全部实行二次捡骨葬。

在出土器物方面，大石墓出土的陶器主要有双耳罐、单耳罐、无耳罐、带流壶、圈足杯、觚形器，它们构成了大石墓的基本陶器组合。器耳上装饰横向泥条和“S”形纹的装饰风格是大石墓中独有的装饰传统，而大量出现的叶脉纹、附加堆纹、附加“S”纹、“く”形纹也是常见的纹饰。青铜器中常见长条形齿梳形发钗、铃、镯、环等，还出土了双柄刀、剑、镰、镞、甲片、轮形扣饰等，但数量较少。盐源出土的一种双耳陶罐与大石

---

① 资料存越西县文物管理所。

② 四川凉山彝族自治州博物馆、越西县文化馆：《四川越西华阳村发现蜀文物》，《文物资料丛刊（7）》，文物出版社，1983 年。

③ 周志清、补琦、刘灵鹤、祝克鸿：《金阳县木纳沟墓地出土青铜器简述》，《成都文物》2014 年第 3 期。

墓出土的双耳陶罐在器形特征上非常相近。两者不但在口沿、颈、腹、耳各部位相似外，在肩部还都饰有刻划的波浪纹和“S”形的附加堆纹，仅在陶色上相差较大，老龙头的双耳罐以黑褐陶为主，大石墓的双耳罐则以红褐陶为主。还有一种器物反映了老龙头墓葬与大石墓的某种关系，这便是穿孔的长条形砺石。早年对条形砺石的用处不明，故称之为石坠或石条形器。老龙头墓葬出土的条形砺石彻底解决了该器物的用途和名称，老龙头 M11 出土的一件条形砺石直接与诸多青铜兵器放在一起，砺石上尚有明显的磨砺痕迹。大石墓中也常发现条形砺石，表明两者之间有着某种形式的文化联系。西昌河西大石墓曾出土了一件双柄铜刀，刀弧背，刀身近脊处饰以鱼纹，刀柄为并列的两条，双实心圆环首，这件双柄刀曾被认为是大石墓的典型器物。这种双柄刀虽然在老龙头墓葬中未见出土，却在盐源其他青铜文化墓地发现了十余件。

从分布地域上看，在安宁河西岸发现有盐源青铜文化墓地，羊耳坡遗址蛮子沟墓地①，新庄遗址出土了盐源青铜文化中常见的陶双耳罐、铜柄铁剑、铜杖首等，另外在阿七乡阿七沟看牛山也曾出土有铜柄铁剑②。皈家堡遗址青铜时代的灰坑中也发现有安宁河流域大石墓中常见的泥质黑陶陶杯或陶觚③。

种种迹象表明安宁河流域大石墓与以老龙头墓葬为代表的盐源青铜文化在文化特征上有较多的相近之处，应该是西南地区诸多古文化遗存中与老龙头墓葬“血缘”较近的一种文化遗存。

大凉山石棺墓（也称石板墓）主要分布在大凉山的昭觉河与美姑河流域，与安宁河流域大石墓为近邻。大凉山石棺墓用石板构筑墓室，长度一般在 2—4 米之间，墓葬规模不大，有底无盖是石板墓最大的特征，石板墓流行二次葬。大凉山石板墓出土的器物甚少，陶器中未见带耳器，只有两种敞口深腹罐和陶壶。普拉波 PM4 出土有残流嘴④，这是大凉山地区首次发现的带流器，可能和安宁河流域大石墓所出带流壶有一定关系。大凉山昭觉县齿可波西发现的石构墓⑤，是沿垂直于山坡边缘的方向开挖土坑，一侧短边不封闭，形

---

① 四川省文物考古研究院、凉山彝族自治州博物馆、西昌市文物管理所：《四川西昌市羊耳坡遗址蛮子沟墓地 2016 年度发掘简报》，《四川文物》2017 年第 1 期。

② 资料存西昌市文物管理所。

③ 资料暂未发表，笔者参与发掘盐源县皈家堡遗址所见。

④ 凉山彝族自治州博物馆、四川大学历史文化学院考古学系、昭觉县文物管理所：《四川昭觉县四开乡石棺墓地的清理》，《考古》2016 年第 8 期。

⑤ 凉山彝族自治州博物馆、四川大学考古学系、昭觉县文物管理所：《四川昭觉县古文化遗存的调查和清理》，《南方民族考古》第六辑，科学出版社，2010 年。

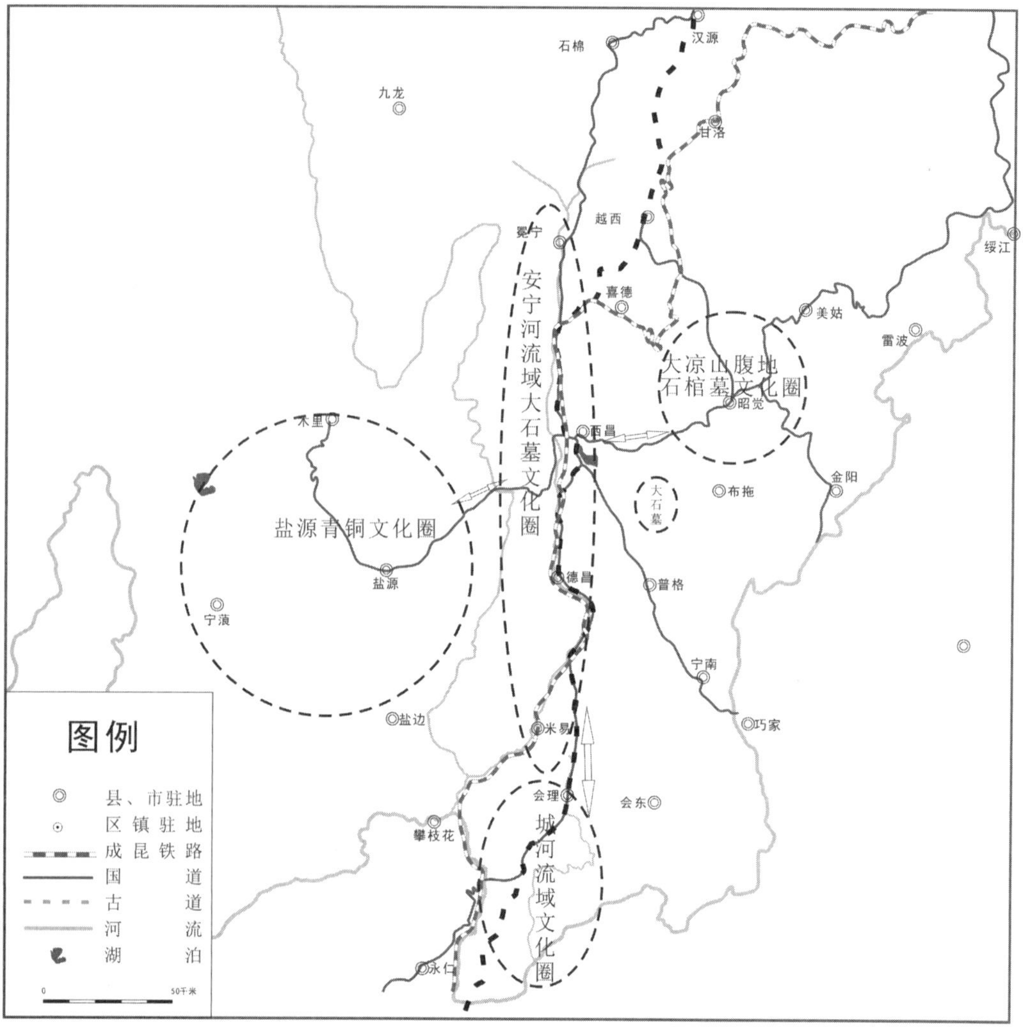

“西南夷”时期凉山考古学文化交流示意图

成“∩”形，然后在底部铺设石板，在两侧及后部用大小不等的石块沿坑壁砌筑至距地面尚有一定高度时，在上面横向铺设较为平整的石板，前部竖向立条形石板形成封闭的墓室。最后在其上覆盖泥土，与地面和坡面齐平。葬式均为二次捡骨葬，出土器物有：陶圆底釜、陶罐、陶纺轮、玻璃耳铛、琉璃耳铛、骨串饰、银指环、铁器残片和铜钱等。石构墓“竖穴式营造，横穴式使用”，在墓室前竖向立条形封门石板，与大石墓的使用是相同的。两汉之际大石墓在安宁河流域消失了，大凉山腹地东汉晚期的石构墓又看到了安宁河流域大石墓的影子，这极有可能为大石墓的孑遗。

会理县雷家山 M1①，墓葬为竖穴土坑墓，墓室仅存西部，墓壁垂直齐整。随葬陶器摆放凌乱，主要有单耳深腹平底罐、侈口深腹平底罐、侈口长颈高圈足杯、双口罐、双腹瓶、半球形豆以及叶脉纹纺轮。会理雷家山虽然在埋葬方式上采用土坑墓的方式，但从随葬器物反映的文化内涵上看，与大石墓文化面貌具有较大的相似性，其出土单耳深腹平底罐、侈口长颈高圈足杯以及叶脉纹纺轮等器物组合和形制以及叶脉纹纹饰与大石墓非常相似。

2. 与蜀文化的交流

蜀位于凉山州的北面，蜀的历史文化非常久远而且发达，早在商代就已经形成了广汉三星堆和成都金沙这类的大型城市和祭祀中心。战国时期的蜀文化以船棺葬、陶尖底盏、柳叶形铜剑、“烟荷包”式铜钺、三角援铜戈、辫索纹耳的铜鍪、铜釜甑、刻有巴蜀符号的各类器物为其主要的文化遗存②。盐源盆地青铜器与蜀青铜器联系最为密切且线索比较清楚的是三角援铜戈，戈的援部尖长，援本处略向上下延伸，整个援部呈锐三角形，很明显是以蜀戈中的一种长三角援无胡戈为“祖型”演变而来，但在形制上已经发生了一些变化，盐源戈的援部变得更为细长③。在西昌市裕隆乡羊耳坡遗址槽子田墓地④出土的柳叶形短剑扁茎无格，茎有一穿，三角形援无胡直内戈也同蜀文化的一致。这种接受某文化的文化元素，并将其改变为带有自身特点的文化现象，比起单纯接受某文化的“舶来品”而言，应该是相互之间的文化联系更深一些的表现。

在越西县大屯乡华阳村发现有鎏金蒜头铜壶和辫索纹耳铜鍪，这是具有显著巴蜀文化因素的器物发现区域的最南端，这表明地处川西南边缘凉山地区在西南夷时期同巴蜀地区有着密切的文化交流，越西县是邛人活动的最北端，是邛人和蜀人频繁接触的区域，盐源盆地出土的“巴蜀图语”带钩、戈等少量巴蜀文化的因素，可能是通过邛人为中介而获取的。

---

① 成都市文物考古研究所、凉山彝族自治州博物馆、会理文物管理所：《四川会理县雷家山一号墓的发掘》，《考古》2010 年第 4 期。

② 四川省博物馆：《成都百花潭中学十号墓发掘记》，《文物》1976 年第 3 期；成都市文管会：《成都三洞桥青羊小区战国墓》，《文物》1989 年第 5 期；四川省博物馆、新都县文管所：《四川新都战国木椁墓》，《文物》1981 年第 6 期；四川省文管会、大邑县文化馆：《四川大邑五龙战国巴蜀墓葬》，《文物》1985 年第 5 期；四川省博物馆：《四川犍为巴蜀墓》，《考古》1983 年第 9 期；四川省博物馆：《四川船棺葬发掘报告》，文物出版社，1960 年；荥经严道古城遗址博物馆：《四川荥经南罗坝村战国墓》，《考古学报》1994 年第 3 期；四川省文物考古研究院等：《什邡市城关战国秦汉墓葬发掘报告》，文物出版社，2006 年。

③ 刘弘：《论蜀式戈的南传》，《四川文物》2007 年第 5 期。

④ 四川省文物考古研究院、凉山彝族自治州博物馆、西昌市文物管理所：《四川西昌市羊耳坡遗址槽子田墓地 2016—2017 年度发掘简报》，《四川文物》2018 年第 1 期。

3. 与滇文化的交流

盐源青铜文化与滇文化区别较大，但是盐源青铜文化中发现有明显属滇文化风格的器物，如曲援戈、靴形钺、蛇首无格剑、铜鼓、铜编钟等。同时滇文化中发现的山字格剑属盐源青铜器文化的典型器物。晋宁石寨山、江川李家山、呈贡天子庙、昆明羊甫头和滇东的曲靖八塔台都是著名的滇文化大型墓地，这些墓地都由大、中、小型墓葬组成，在这一点上与老龙头墓葬群有相似之处。盐源青铜器中石寨山型铜鼓、覆瓦形编钟、蛇首无格剑、云雷纹剑鞘、靴形钺、臂、铜柄铁剑、条形砺石等这些典型滇文化器物在盐源地区的出土，反映出该区域的古代居民与滇人之间有着密切的往来。从器物学角度观察，滇文化对盐源青铜文化的影响并没有达到改变其文化特征的程度，盐源青铜文化只是接受了某些滇文化器物，很可能是交战与贸易双方通过不同途径获取。

4. 与川西北文化交流

川西高原的石棺葬文化和盐源的青铜文化有着较为明显的联系，如都使用双耳罐和单耳罐。典型的兵器有山字格剑、曲柄剑、铜柄铁剑等，都普遍存在铜手镯、耳环、扣饰、泡饰等各类青铜饰物。川西高原石棺葬出土的山字格剑、铜柄铁剑和旋涡纹大双耳罐与盐源的同类器物相一致。岷江上游石棺墓出土的山字格剑、铜柄铁剑和旋涡纹双耳罐与盐源青铜文化中的同类器物相一致。宝兴陇东石棺葬中有用马腿骨、羊骨殉葬的现象同老龙头墓地中普遍随葬马的习俗接近。雅砻江中上游的雅江、吉里龙石棺墓出土的部分双耳罐和单耳罐与盐源青铜文化中的部分双耳罐和单耳罐形制相近，但也有部分陶器的风格有着明显的区别。总的来说，盐源青铜文化与川西高原的石棺墓有某些相近似的文化特质和相近似的文化因素。

5. 与北方欧亚草原的交流

主要是盐源青铜文化和北方欧亚草原青铜文化之间的交流。

盐源青铜文化具有北方系青铜文化的一些特征。从大的方面来看，北方草原青铜文化三大要素兵器、马具和“野兽纹”艺术中，马具和兵器在盐源青铜文化中都表现很突出，野兽纹虽然不多，但也有发现。

盐源青铜文化中出土了马衔、马节约、马头饰等各式马具，墓葬中用马头、马蹄随葬的现象与北方系青铜文化中普遍存在的殉牲现象相一致。如甘肃、宁夏地区的北方系青铜文化的墓葬一般都有用马头、马蹄随葬的现象①。

盐源青铜文化中兵器的数量最多，有剑、戈、矛、刀、钺、镞、臂鞲和盾。盐源青铜文化中数量较多的弧背刀与北方系青铜文化中的弧背刀特征非常相近。其中的环首刀广见于甘宁、内蒙等地北方系青铜文化当中。而双圆饼首刀与北方系青铜器中的双环首刀接近，盐源青铜文化当中的曲柄式剑与河北、内蒙、山西等地的北方系青铜文化中的曲柄兽首或铃首剑有近似的风格，它们之间应该有关系。铜柄铁剑与宁夏固原地区出土的铜柄铁剑形制也相近。双圆饼首剑应该与北方系青铜文化中的双环首剑有关系，双环首剑普遍发现于内蒙、河北等地的北方系青铜文化遗存中。

关于盐源出土的双马纹铜饰，可能与流行于欧亚草原游牧民族当中的双马神像有关。双马神是雅利安人、伊朗人、斯基泰人、塞人等印欧人原始宗教系统中最古老的神祇之一，古代印欧人崇祀双马神的习俗后来为欧亚草原游牧人所传承，斯基泰人、萨尔马提亚人和塞人等印欧语系游牧人都在各自艺术品中创作了大量双马神像。目前双马神像在西亚、新疆、内蒙等地有较多的发现。

从两地出现的共同的文化因素观察，特别是与甘青宁地区出土的器物有着非常接近的亲缘关系，这是否反映出这些居民之间有着某种程度上的联系，甘青宁地区出土器物的时代相对盐源地区要早，它们二者之间不存在相互平行发展的阶段，人群的移动或许是盐源青铜文化产生的主要原因。根据两地区青铜文化的特点推测春秋初期至战国时期活跃于固原地区古代族群中的一部分，在其青铜文化的晚期可能已经进入盐源盆地，并与来自西北地区其他青铜文化的族群一道创造了盐源青铜文化。而开始于3000年之前就已经存在的西北地区族群向西南地区迁移进程，深刻影响了西南地区居民的文化传统，并改变了这些居民的族群构成。

6. 与滇西北的交流

宁蒗地区与盐源相距较近，近年宁蒗大兴镇发掘的土坑墓②，其出土遗物的文物特征与盐源青铜文化非常相近。大兴镇土坑墓出土陶器主要是双耳罐、单耳罐、敞口深腹无耳罐，这与盐源青铜文化中的陶器是一致的，部分陶器的形制也相近，宁蒗出土的青铜山字格剑、双圆饼首辫索状茎剑、柳叶形长骹带耳矛、斧、环首刀、镜形铜饰牌等都与盐源群

---

① 杨建华：《春秋战国时期中国北方文化带的形成》，文物出版社，2004年，第35页。
② 云南省博物馆文物工作队：《云南省宁蒗县大兴镇古墓葬》，《考古》1983年第3期。

遗物中的同类器几乎相同。

1956 年，永胜县金官区龙潭乡在修筑水库时发现一批青铜器，应出自墓葬[①]。从这批青铜器看，主要有三类风格的器物。第一类是与盐源青铜文化遗物相近的器物，有山字格剑、双圆饼首剑、曲柄剑、铜柄铁剑、矛等；第二类是滇文化风格的器物，有一字格剑、蛇首无格剑、矛、曲援戈、斧等；第三类是具有自身特点的青铜器，主要有圆刃“几”字纹钺、靠茎处脊分叉的无格剑等。三类器物中以第一类因素的器物为主导，其次是第二类因素的器物，第三类因素的器物较少。

从上述分析可以看出，宁蒗地区和永胜青铜时代的文化面貌同盐源青铜文化基本一致，应属于盐源青铜文化圈，他们之间的交流应属于区域内的交流。

德钦县位于云南省的西北角，横断山脉的中段。曾先后在该县的永芝、纳古、石底发现过三批古墓葬。1974 年在永芝清理了 3 座石棺墓、1 座土坑墓，并采集了部分遗物[②]。该墓地出土陶器主要有单耳罐、三耳罐、无耳罐、旋涡纹双耳罐等。其单耳罐、旋涡纹双耳罐与盐源群遗物中的同类陶器相近，其出土的青铜器也与盐源青铜器基本一致，有山字格剑、柳叶形长骹带耳矛、斧、环首刀、镜形铜饰牌等。德钦纳古位于澜沧江上游东岸，1977 年清理的 23 座石棺墓中[③]，出土陶器主要有平底双耳罐、圈足双耳罐、单耳罐等，与盐源出土的陶器十分相近。出土青铜器主要有双圆饼首剑、曲柄剑、柳叶形长骹带耳矛、镯、圆牌饰等，与盐源群遗物中的同类青铜器也十分相近。石底位于县城南面，澜沧江的东岸，1977 年清理的 2 座土坑墓[④]，出土的陶器有单耳罐、双耳罐、无耳罐等，与盐源的陶器相近，青铜器中的山字格剑与盐源的相近。该墓地出土有滇文化风格的矛，其鹿首形杖首饰目前在盐源尚未发现，但都有使用杖饰的习俗。

中甸县位于横断山区，金沙江的东岸。1988 年，在该县的克乡村、奔东村清理石棺墓 43 座，出土随葬品 23 件[⑤]。陶器主要是双耳罐和单耳罐，与盐源青铜文化遗物中的陶器相近。

剑川鳌凤山墓葬群[⑥]，1988 年发掘出土遗物有陶器、铜器、石器等，其中双耳罐、单

---

① 云南省博物馆保管部：《云南永胜金官龙潭出土青铜器》，《云南文物》总第 19 期，1986 年。
② 云南省文物工作队：《云南德钦永芝发现的古墓葬》，《考古》1975 年第 4 期。
③ 云南省文物工作队：《云南德钦县纳古石棺墓》，《考古》1983 年第 3 期。
④ 云南省文物工作队：《云南德钦石底古墓》，《考古》1983 年第 3 期。
⑤ 云南省文物考古研究所：《云南中甸县的石棺墓》，《考古》2005 年第 4 期。
⑥ 云南省文物考古研究所：《剑川鳌凤山古墓发掘报告》，《考古学报》1990 年第 2 期。

耳罐、山字格剑、双圆饼首剑、柳叶形长骹带耳矛、条状砺石等与盐源青铜文化群遗物十分相近，另有束腰耸肩钺、削、靠茎处脊分叉的无格剑是具有其自身特点的器物。

上述德钦、中甸、剑川三个区域发现的青铜文化和盐源青铜文化有较大的相似性，但其青铜文化中具有自身特点的文化因素也较为浓厚，它区别于以滇池区域为中心的滇文化或石寨山文化和以洱海区域为中心的滇西青铜文化，应是一个独立的文化区，应属于盐源青铜文化的强烈影响区。

7. 与滇东北和黔西北的交流

金阳木纳沟墓地位于金阳县马依足乡木纳沟村东500米的山坡上，该墓地先后出土8件青铜器①。这些青铜器多为兵器，另有少量工具，兵器有蛇首形无格剑、剑鞘、戈，工具有铁锸。其中发现的蛇首剑和剑鞘是最具明显地域风格的兵器，在西南夷地区剑鞘最流行的当属滇文化。但金阳发现的这类剑鞘同滇东北昭鲁盆地的昭通营盘墓地甲区、威宁中水银子坛等墓地出土的剑鞘形制和装饰风格完全一致。金阳发现的戈为三角形援，无胡，本中部有一圆穿，圆穿两侧上饰三角形纹，阑两侧各有一圆形穿，方内，近阑处有方形穿孔。这种类型的戈与昭鲁盆地中水银子坛墓地发现的戈非常接近。

昭鲁盆地主要位于云南省东北部的昭通地区，其东部延伸至贵州威宁中水一带，大致处在五莲峰与乌蒙山之间。昭鲁盆地地势开阔，自古是沟通云贵高原与巴蜀的要道之一，又可向西过金沙江进去川西南。昭鲁盆地是夜郎文化的腹心地区，又是夜郎、邛都以及巴蜀等不同族群和文化的交汇地带。昭鲁盆地青铜时代的墓地有：昭通营盘墓地②、文家老包墓地③、白沙墓地④，威宁中水红营盘⑤和银子坛⑥。银子坛墓地出土的陶器有罐、瓶、碗、豆、杯和纺轮等。罐、瓶居多，罐多带耳，以单耳居多；瓶多深腹敞口；豆多粗柄。铜器主要有兵器和装饰品，另有少量生活用容器，其中装饰品数量较多。兵器种类有剑、戈、矛、镞等，还有一些防护装备如铠甲和臂甲。就出土的铜器而言，剑主要有蛇头形茎剑、带棱扁茎空首无格剑和柳叶形扁茎无格剑三种形制。戈无胡，条形援或三角形援，有

① 周志清、补琦、刘灵鹤、祝克鸿：《金阳县木纳沟墓地出土青铜器简述》，《成都文物》2014年第3期。

② 营盘发掘队：《云南昭通营盘古墓葬群发掘简报》，《云南文物》1995年第41期。

③ 昭通地区文物管理所：《昭通文家老包古墓葬群调查简报》，《云南文物》1984年第15期。

④ 丁长芬：《昭通青铜文化初论》，《云南文物》2002年第1期。

⑤ 贵州省文物考古研究所、四川大学历史文化学院考古系、威宁县文物管理所：《贵州威宁县红营盘东周墓地》，《考古》2007年第2期。

⑥ 李飞：《贵州威宁银子坛墓地分析》，四川大学硕士学位论文，2006年。

的施纹饰。矛一般叶部较短小，骹口分叉。

从两地出土的青铜文化器物上看，两地都具有一定的地方风格及特征，但是一些器物形制上存在着一些相似的因素，说明金阳所在的大凉山腹地与昭鲁盆地存在着某些文化上的交流。考古资料证实在公元前13至前9世纪安宁河河谷的商周时期的考古学文化就已经影响至昭鲁盆地[①]，地处大凉山地区昭觉、越西等地所发现的蛇首剑可能是古夜郎文化通过金阳地区北传的结果。从地理位置上看金阳处在大小凉山与滇东黔西地区之间，两区域仅有一江之限，古代文化与人群的互动历来频繁，逐渐形成了便利的通道，两地交流的路径极有可能通过金阳。

第四节　汉晋时期

汉初社会经济萧条，国家百废待兴，加之北有匈奴的威胁，无暇顾及西南夷地区的经营。由于先民之间的交流，促进了道路的开拓，给西南夷地区的交通贸易带来了便利，因此民间的交通并未中断。西南夷诸民族之间南来北往进行贸易活动，凭借栈道无所不通，贩卖筰马、牦牛和僰僮，倾销铁器、食盐等生产生活物资。

到汉武帝时，经过几十年的休养生息，国富民强，汉王朝库存有余，武帝又开始经略西南夷。元光六年（前129）武帝派司马相如出使邛、筰，在通往西南夷的道路上设置都尉，领10余县，属蜀郡。后武帝为打通至身毒的道路，元狩元年（前122）派张骞、王然于、柏始昌、吕越人等，率四路大军“出駹、出冉、出徙、出邛、僰，皆各行一二千里。然其北方闭氐、筰，南方闭嶲、昆明”[②]。元鼎六年（前111）汉平南越，接着又令驰义侯征西南夷，设武都、牂牁、越嶲、沈黎、汶山郡，其中凉山所在的越嶲郡设15县，《汉书·地理志》：“越嶲郡，武帝元鼎六年开……县十五：邛都、遂久、零关道、台登、定莋、会无、莋秦、大莋、姑复、三绛、苏示、阑、卑水、灊街、青蛉。”[③] 汉代以通道为目的经略西南夷的活动，取得重大进展，并继续向纵深拓展。

官方的政治活动，给西南夷地区带来了巨大的变化，中央政权为了加强对地区的控

---

① 周志清：《滇东黔西青铜时代的居民》，科学出版社，2014年。

② （汉）司马迁：《史记》卷一二三《大宛列传》，中华书局，1982年。

③ （汉）班固：《汉书》卷二八上《地理志》，中华书局，1962年。

制，保证中央政府在西南夷地区的政治影响和军事威慑力，就必须对区域内输送军队及各种军用物资。这种政治活动反映在考古学遗存上就是，凉山境内发现了较多汉晋时期的城址、军事屯戍遗址及其墓葬。

一、汉晋时期考古遗存

1. 城址

凉山地区保存至今的汉代城址有两处，即西昌高枧土城与礼州陈远土城。

高枧土城位于今西昌市区东南 2.5 千米的高枧乡中所村，南距邛海约 2 千米，当地人称“孟获城”。城址坐落于邛海北岸的台地边缘，背依一名叫姜坡的小山坡。东、西、南三面地势开阔。城址呈圆角长方形，南北向。南北长 373 米、东西宽 251 米，面积达 93000 平方米。现在东、西、南墙大部保存完好，城墙残高 1.8—3.6 米、宽 3—5 米，夯层清晰，每层厚约 25 厘米。该城的东西两墙外侧各有一条冲沟，南墙建在台地的边缘上，增加了城墙的高度，城的北墙外有一片宽约 10 米的洼地，可能是护城河的痕迹。该城的城内外及城墙夯土内都有大量的汉代绳纹瓦。根据高枧土城的地理位置、规模、出土文物并结合整个凉山地区汉代文化遗存综合分析，高枧土城应该是东汉时期邛都县的县城遗址①。

陈远土城位于西昌市礼州镇陈远村一处山前坡地上，安宁河东岸支流热水河北岸，高出河床 50 米，南距热水河 100 米，城墙为泥土夯筑，夯土为黄色，断面呈梯形，四墙闭合。南北长 105 米、东西宽 35 米，城墙最厚处 6 厘米、残高 1.3 米、周长约 280 米、面积 3675 平方米。除东墙只剩墙基外，其余三墙尚存部分墙体。夯层清晰，每层厚度为 6—8 厘米，并在其中发现少量的红陶片，东城墙内侧发现不少汉晋时期几何菱形纹砖。此外，曾在古城的南、北、东三面，分别发现了战国至汉代大石墓、新莽时期土坑墓、东汉时期砖室墓等不同时期的墓葬。陈远土城的时代是两汉时期，推测可能是汉代苏示县治所在地②。

2. 遗址

目前在凉山地区发现的汉代遗址已经有 10 余处，这些遗址可分为可能与汉代某些县的县址有关的遗址、聚落遗址和冶铜铸币遗址三类。

---

① 林向：《1975 年金沙江安宁河流域考古调查记略》，《童心求真集》，科学出版社，2010 年；刘弘：《丛山峻岭中的“绿洲”——安宁河谷文化遗存调查研究》，巴蜀书社，2009 年。

② 凉山彝族自治州博物馆：《凉山考古四十年》，科学出版社，2015 年。

（1）大坟堆遗址位于高枧土城东 500 米处，地势平坦，面积约 1 万平方米。出土的器物中以板瓦最多，所出板瓦皆饰绳纹，平面略呈梯形，但规格不一。最大者长 54 厘米、上宽 38 厘米、下宽 36 厘米、厚 2 厘米。最小者长 38 厘米、上宽 32 厘米、下宽 30 厘米、厚 1.5 厘米。筒瓦数量次于板瓦，饰绳纹，因残破，长度不明。出土的陶片大多数为泥质青灰陶，可辨器形有瓮、钵、罐、盆、碟、豆等。大型的器物，如瓮、钵、罐等饰以绳纹、弦纹、斜方格纹，小型器物一般为素面，只少数饰以弦纹。瓦当皆为卷云纹瓦当。推测大坟堆可能是邛都县衙署早期的所在地，后来才迁到高枧土城，修筑了城墙，早期的县址可能都是无城墙的①。

（2）罗火热遗址位于昭觉县城北乡谷都村罗火热社，面积约 10 万平方米。遗迹主要有灰坑、磉墩、柱洞。根据陶片和绳瓦片的特征推测其年代为汉代。发现并清理灰坑 4 个。与建筑有关的遗迹，包括柱洞与柱础两种形式，其中柱础 6 个，柱洞 9 个。遗迹单位出土的遗物均为陶片和瓦片，可辨器形有罐、盆、瓮、钵等。根据陶片和绳纹瓦的特征推测，该遗址的时代应为汉代。两汉时期的越嶲郡有卑水一县，《汉书·地理志》和《后汉书·郡国志》里都有记载，《华阳国志·蜀志》也记载了卑水，还简单地记载了其地理方位“卑水县，去郡三百里，水流通马湖”。结合文献记载和出土文物（如好谷东汉石表、墓葬等）和地理方位，该遗址很可能就是汉卑水县故址所在②。

（3）营顶遗址位于会理县城北约 1 千米的一片台地上，面积 1150 平方米。暴露的文化层厚 0.7 米，包含物有云纹瓦当、绳纹板瓦、筒瓦及陶器残片等，还曾在遗址上发现建筑的夯土基础③。会无县是汉越嶲郡的一县，《汉书·地理志》和《后汉书·郡国志》里都有记载，《华阳国志·蜀志》记载：“会无县，路通宁州，渡泸得住狼县。故濮人邑也。今有濮人冢，冢不闭户，其穴多有碧珠，人不可取，取之不祥。”根据出土文物、相关历史文献记载及凉山地区同类遗址的比较分析，该遗址很可能与汉代越嶲郡的会无县有关。

（4）泸沽遗址位于冕宁泸沽镇南，发现于 20 世纪 70 年代。80 年代尚保存了约 300 平方米，暴露的汉代文化层厚约 50 厘米，包含物有绳纹瓦和陶器残片。近年因泸沽镇扩建，该遗址已不复存在。现在泸沽仍然出铁，汉代将台登县设在今之泸沽，符合汉王朝在新开

---

① 西昌市文物管理所：《西昌市文物志》（油印稿），1997 年。

② 凉山彝族自治州博物馆、四川大学考古学系、昭觉县文物管理所：《四川昭觉县城北乡谷都村的汉代遗址和墓葬》，《南方民族考古》第六辑，科学出版社，2011 年。

③ 国家文物局主编：《中国文物地图集·四川分册》，文物出版社，2009 年。

发的地区设置县的规律，因此泸沽遗址很可能与汉代的台登县有关①。

（5）抵坡此屯戍遗址位于昭觉县四开乡日历村，坐落于一个名叫抵坡此的山坡顶部。该遗址的遗迹有夯土堆、庭院和道路。现在遗址范围内分布有 11 座夯土堆，土堆平面大致呈圆形，其中 2 座位于山腰位置，9 座分布于近山顶地带，大致呈南北向一字排开（图版四，2）。多数土堆的周围散落破碎陶片、瓦片等。抵坡此遗址的 11 个人工夯筑的土堆，2 个位于山腰位置，9 个分布于近山顶，错落有致。站在土堆上视野开阔，从山上望下，一马平川。地势较高的西侧有 7 个土堆，大致呈南北向一字排开，主要功能可能是瞭望与戍守。9 个不同位置的土堆相互补充，可瞭望方圆近 5 千米的范围，四开坝子北部尽收眼底。位于山腰位置的 2 个土堆，则起到传递信息的作用，可能属于前哨，背后有若干地势较平整的地方，地面采集到数量较多的陶片，附近的小山坡上还发现过 17 枚武职官印，可能为军队住所。推测抵坡此很可能是一处东汉晚期至蜀汉时期的军事屯戍遗址②。

（6）凉山地区的汉代遗址还有一些，由于均没有进行过试掘，目前只掌握了简单的调查材料，应该是聚落遗址，这些遗址基本上都分布在凉山汉代的两条主要交通线牦牛道和安上—卑水—邛都道上。主要地点有越西县越城镇青龙村周家湾遗址、城北村膀膀田遗址，西昌市高枧乡陈所村黑泥井遗址、南坛村南坛遗址、高枧乡海边村遗址，昭觉县四开乡好谷村黑洛遗址、新城镇南坪村木尔果遗址、竹核乡获波遗址、阿并洛古乡尼惹村遗址。

3. 冶炼铸币遗址

与冶炼有关的遗址即西昌市黄联关镇东坪冶炼铸币遗址，此地文化遗迹丰富，并采集到铜锭、钱范等重要文物。东坪冶炼铸币遗址位于安宁河东岸二级台地的西缘，东为螺髻山摆摆顶，西傍成昆铁路，西距安宁河仅 60 米。遗址地势开阔，东西长约 600 米、南北宽约 300 米，总面积 18 万平方米。遗址的西北部文化层堆积十分丰富，地表可见大量的炉渣，炉渣中夹杂有残陶器口沿、斜方格纹和锥刺纹陶片、绳纹板瓦和筒瓦片、矿石、木炭，还发现成片的红烧土、较多的炼炉和大量的陶片堆积。其中最重要的发现是出土了“货泉”钱范 5 件、小铜锤 2 件、铜锭 17 件，此后，西昌市文物管理所和凉山彝族自治州博物馆又分别在

---

① 刘弘：《丛山峻岭中的“绿洲”——安宁河谷文化遗存调查研究》，巴蜀书社，2009 年。

② 王家祐：《昭觉县四开区考古见闻记》，《凉山彝族奴隶制研究》1979 年第 1 期；凉山彝族自治州博物馆、四川大学历史文化学院考古学系、昭觉县文物管理所：《四川昭觉县四开坝子汉代遗存的调查与清理》，《考古》2018 年第 8 期。

黄联关镇征集到1件铸有一“越”字的铜锭和1件东汉初期的铜质五铢钱范①。

4. 墓葬

凉山地区的汉墓特指随着两汉王朝开发西南夷活动而进入凉山地区的汉民族的墓葬，这些墓葬可以分为土坑墓、砖室墓、瓮棺葬与崖墓，凉山地区的汉墓在西汉时就已经存在，东汉则是数量最多的时期。凉山地区的汉晋墓葬主要发现于西昌和昭觉两个地点。

凉山地区的汉墓虽然有土坑墓、砖室墓、瓮棺墓、崖墓四类，但以前者为主流。凉山地区的汉墓基本呈线状分布，一条从北向南，具体分布在越西县的新民、青龙，喜德的五合，冕宁县的泸沽、漫水湾、赵家湾，西昌市的月华、礼州、安宁、太和、桑坡、北山、南坛、高枧、川兴、大兴、泸山、马道、经久、黄联关，德昌县的德州镇，会理县的营顶、河口。另一条从东向西，分布点则有美姑县的巴普、牛牛坝、大桥，昭觉县竹核的合波、波克，县城附近和四开的瓦里村、好谷村，西昌市的大兴横栏山、高枧、西昌城区。

目前在凉山地区发现的可以明确定为蜀汉时期的墓葬只有1座。该墓位于西昌西郊乡南坛村，凉山彝族自治州博物馆于1982年对其进行发掘。这座墓葬的平面呈“凸”字形，墓室为长方形，有甬道。墓室长4米、宽2.1米、甬道长1.9米、宽1米。该墓早年被盗，只出土了少量陶器，有泥质灰陶盝形帷帐座，陶灯及陶鸡、陶房、陶碗、陶罐的残片，重要的是该墓出土了一块有“建兴五年岁□”铭文的纪年砖②。

西晋新都太守庞府君墓位于西昌市川兴镇小花山，为长方形券拱砖室墓，墓室用长方形条形砖修砌，墓室狭小，早年被盗，随葬物无存，但出土了一批铭文砖。该墓用来修筑墓室的大部分砖上都有模印的反书“新都太守庞府君墓”铭文③。

成汉墓葬目前只发现在西昌东郊，迄今发现并发掘了两处共5座。一处2座，位于西昌西郊乡大石板村土城巷④；另一处3座，位于西昌南坛村凉山电视台⑤，这两批墓葬均为长方形券拱砖室墓，墓室前端带有“凸”字形甬道，墓壁和墓底皆用长方形花边砖修

① 刘世旭、张正宁：《四川西昌市东坪村汉代炼铜遗址的调查》，《考古》1990年第12期；四川大学历史系考古专业、西昌市文物管理所：《四川西昌东坪汉代冶铸遗址的发掘》，《文物》1994年第9期；四川省文物考古研究院、凉山彝族自治州博物馆、西昌市文物管理所：《凉山州西昌市东坪遗址第二次发掘简报》，《四川文物》2006年第1期；西昌地区博物馆：《四川西昌发现货泉钱范和铜锭》，《考古》1977年第4期；凉山彝族自治州博物馆：《四川西昌首次发现东汉五铢钱铜范》，《考古》1986年第11期。

② 王兆祺：《四川凉山西昌发现的东汉、蜀汉墓》，《考古》1990年第5期。

③ 凉山彝族自治州博物馆：《一个考古学文化交汇区的发现：凉山考古四十年》，科学出版社，2015年。

④ 刘世旭、刘弘：《西昌市西郊乡发现成汉墓》，《四川文物》1991年第3期。

⑤ 张正宁：《西昌清理成汉墓群》，《中国文物报》1992年11月1日。

砌，随葬品置于墓后端和甬道中。由于这些墓葬都比较小，长仅 2 米多，出土的器物主要有铜釜、陶武士俑、陶猪和陶钵。虽然出土器物较少，却是成汉时期的标准器物。陶器均为泥质黑陶，如出土的一件武士俑属于典型的成汉器物，武士俑作侍立状，身体作筒形，“甲”字形脸，额部有角状凸起，眉弓凸出，大眼高鼻，阔嘴薄唇，招风耳，耳垂有孔。

5. *石刻*

凉山地区的汉代石刻均为东汉时物，发现于昭觉县和西昌市两地，这与邛都和卑水两县在东汉时的地位有关。邛都（今西昌市）为越嶲郡郡治所在，卑水（今昭觉县）则为凉山汉代东大道（安上—卑水—邛都）上的枢纽。好谷石表与石碑分别于 1983 年和 1987 年发现于昭觉县四开乡好谷村，是凉山地区两汉时期考古最重要的发现之一。其中价值最高的是东汉光和四年石表、初平三年残碑和麟凤碑。石表位于一处名叫黑洛社的汉代遗址之上，附近还发现不少汉代砖室墓①。

石阙位于西昌市区东南西郊乡，立阙处原为农田，现在已经成为城区。阙为无铭双阙，用当地红砂石制成，两阙东西相距 8 米。东阙尚存阙顶、阙身和基座，西阙仅存阙顶 1 件。东阙基座长 1. 45 米、宽 1. 05 米、高 0. 28 米。基座中部有一 28 ×20 厘米的方榫眼，与阙身下部的榫头相吻合。阙身长 0. 97 米、宽 0. 53 米、残高 1. 65 米，无纹饰和题记。阙顶作九脊重檐庑殿式，长 1. 7 米、宽 1. 1 米、高 0. 55 米。正脊长 1. 08 米、宽 0. 23 米，略为方形。顶上雕刻瓦垅、瓦当，瓦当面正中有一乳钉。顶底部四周雕刻有出檐。西阙仅存阙顶 1 件，形制大小与东阙相同②。

二、汉晋时期的历史背景

1. *两汉*

公元前 202 年，西汉王朝建立。在汉初的 60 余年间，百废待兴，又忙于抵御北方匈奴的进攻，汉朝统治者在西南地区除了继续经营巴蜀地区以外，无暇兼顾西南夷。前 141 年，汉武帝刘彻继帝位。这时西汉经过文景之治，国力已大为增强，刘彻遂开始注意南方。

建元六年（前 135），闽越攻南越，大行令王恢受命击闽越，恢遣番阳令唐蒙谕晓南

---

① 吉木布初、关荣华：《四川昭觉县发现东汉石表与石阙残石》，《考古》1987 年第 5 期；凉山彝族自治州博物馆、昭觉县文物管理所：《四川凉山州昭觉县好谷乡发现的东汉石表》，《四川文物》2007 年第 5 期。

② 四川省综合考古队：《四川省金沙江、安宁河流域考古调查简报》油印稿，1975 年；林向：《1975 年金沙江安宁河流域考古调查记略》，《童心求真集》，科学出版社，2010 年。

越，唐蒙在南越见到来蜀地的枸酱，从蜀贾得知枸酱是经过夜郎地区的牂柯江运至番禺，遂上书建议开夜郎道，于夜郎地区设置官守，为以后经此出兵南越做准备，武帝许之。唐蒙率军赴见夜郎侯多同，赠与厚礼，许置吏后以多同子为令，多同与夜郎旁小邑皆听蒙约。汉朝于是设置了犍为郡，并开通由僰道至牂柯江（指今贵州西部）的道路。以后司马相如亦建言在西夷邛、筰地区可置郡县，汉武帝以之为中郎将逍往渝之，遂于邛、筰地区置一都尉、十余县，隶于蜀郡。随后又复通了自成都达邛都的道路。至于司马相如在邛都地区设置的一都尉和十余个县，史载语焉不详，《汉书・地理志》仅说越嶲郡下辖的定筰县（治盐源）为“都尉治”①。

汉朝在西南夷东北部地区设置郡县以后，调用四川地区汉中、巴郡、广汉和蜀郡四郡的人力和物力修建西南夷道。费时数年道路不通，筑路士卒和民工死者甚众，西南夷又数反。汉朝调兵进击，“耗费无功”。其时汉朝在北边修筑朔方城用度浩大，御史大夫公孙弘建言暂罢西南夷，专力事匈奴。元朔三年（前 126）汉武帝诏罢西夷，“独置南夷夜郎两县一都尉，稍令犍为自葆就”。这一次调整，汉朝撤销了邛筰地区的一都尉、十余县和西南夷东北部的若干县，在后一地区仅保留了两县一都尉。

元鼎五年（前 112），西汉第三次经营西南夷。是年南越反，汉遣军五路合击南越。其中驰义侯发巴蜀罪人自犍为下牂柯江趋番禺，途经夜郎时征发其丁壮。且兰部落首领虑远行旁国掠其老弱，乃与其众反，杀汉使及犍为郡太守。南越既平，汉军还诛且兰，遂平南夷设为牂柯郡。夜郎君乃入朝，武帝封为夜郎王。汉又杀邛君、筰侯，冉駹等震恐请置吏，汉朝乃于邛都置越嶲郡，于筰都置沈犁郡，在冉駹置汶山郡，于广汉白马置武都郡。

2. 蜀汉

东汉的后半期，今云南、贵州和凉山地区又称为南中。东汉刘焉为益州牧，刘焉攻杀汉中太守，阻断斜谷道，与子刘璋统治益州达 20 余年。东汉时南中地区社会的情形较秦汉时期有了很大的变化，最为突出的是出现了大姓和叟帅地方势力。大姓基本上是汉族移民中的豪强，叟帅是居住在山区的叟人和昆明人的首领，当时大姓和叟帅已成为不可忽视的政治力量。在刘焉、刘璋父子割据益州时，叟人和昆明人居住的越嶲地区，则已经脱离了刘氏政权的控制②。

① 西汉越嶲郡地图可参见谭其骧主编《中国历史地图集》，中国地图出版社，1982 年。

② 东汉越嶲郡地图可参见《中国历史地图集》。

建安十六年（211），刘璋为抗拒曹操，于是迎接刘备入蜀。刘备据有了益州以后，开始恢复对南中地区的经营。后又相继恢复东汉时期的越嶲郡、牂柯郡和永昌郡，分别任命了郡守和郡吏，并遣军进驻越嶲地区。蜀汉虽恢复了东汉时的越嶲郡、牂柯郡和永昌郡，但看来实际能控制南中诸郡的程度仍然有限，任命的官吏或未赴任，或在南中大姓犯法时不得不沿用刘璋从轻处理、淡化事态的办法。

建安二十四年，孙吴袭取荆州，蜀汉大将关羽败死。章武三年（223），刘备率军攻吴受挫，病死于白帝城。当时的形势对蜀汉十分不利，南中地区的大姓和夷帅纷纷倒戈反蜀。越嶲郡叟帅高定元首先发难，他杀死郡将军焦璜，据越嶲郡称王。诸葛亮遂以龚禄为越嶲郡太守，驻安上县遥领越嶲郡。高定元的起事在当地少数民族中引起了很大的反响，越嶲郡叟族首领利狼，越嶲、滇中等地的青羌，以及今川东一带的賨人也纷纷反叛，“为（诸葛）亮仇敌”。刘备死后，雍闿杀死益州郡太守正昂，公开降吴。一年之间，越嶲郡、益州郡、牂柯郡由于地方势力反叛而相继脱离了蜀汉的统治。在南中诸郡中，除朱提郡仍为蜀汉所控制，还有永昌郡奉蜀汉为正朔。

建兴三年（225）春，诸葛亮率军南征。据《华阳国志·南中志》：蜀军兵集僰道（今四川宜宾），分兵三路，诸葛亮亲自率主力军进攻越嶲地区。自东汉顺帝以来，越嶲地区的零关道被旄牛夷阻断，刘备据有益州以后，对越嶲地区虽有所经营，但是成效不大。建安二十三年（218）越嶲叟帅高定元派兵围攻新道县（治今云南绥江），威胁了南中至安上的新道，后被犍为郡太守李严所破。刘备死后，高定元首先反叛并称王，在南中地区影响极大。由此，诸葛亮以越嶲地区为平定的重点。同时，诸葛亮以马忠为牂柯郡太守，率军从东路进攻朱褒；派庲降都督李恢由平夷（在今贵州毕节县境）自中路进攻建宁地区（今云南曲靖一带）的雍闿和孟获。

诸葛亮统率西路军由僰道溯金沙江经安上达马湖（在今四川雷波县），再陆行至卑水（今四川昭觉县）。雍闿探知蜀军主力进攻越嶲地区，乃随众赴援。尚未接战，雍闿在内讧中被高定元的部曲所杀，孟获接替雍闿指挥。诸葛亮乘乱攻下越嶲。高定元聚众再战，被蜀军斩杀。越嶲地区的战事结束。诸葛亮率军追击孟获，经会无（在今四川会理县西）渡金沙江进入今滇东北地区。东路军的征讨比较顺利。马忠击败朱褒，占领了牂柯地区诸县，以后与西路军会合。中路军进攻建宁时，在昆明（建宁东北）被反叛大姓的武装围困。李恢虚言蜀军粮尽将撤以麻痹对方，乘围困怠懈突然出击获胜，控制了南至盘江（在今云南罗平、广南一带）、东接牂柯的地区，与诸葛亮率领的西路军“声势相连”。诸葛亮率军进入滇东地区以后，与马忠、李恢两军对孟获余众形成了合围之势，建宁、盘江地区遂成为第二阶段战役的主战场。诸葛亮平定孟获后率诸军至滇池，南征战役基本上结束。这一次出征，三月军发成都，五月渡过金沙江，秋天平定南中诸郡，十二月诸葛亮统军回到成都，用兵前后仅 11 个月，即取得了平定南中的胜利。

南中四郡既平，蜀汉改益州郡为建宁郡，以李恢为太守，建宁郡移治味县（今云南曲靖）。分建宁、越嶲两郡地置云南郡，以吕凯为太守，治弄栋（在今云南姚安县北）。又分建宁、牂柯两郡地设兴古郡，以马忠为太守，治宛温（在今云南砚山以北）加上原来的越嶲郡、牂柯郡、永昌郡和朱提郡，蜀汉在南中地区共设置 7 个郡。

越嶲郡自从诸葛亮讨伐高定元以后，当地叟夷仍数次反抗。延熙三年（240），蜀汉以张嶷为越嶲郡太守，张嶷用威抚兼施、各个击破的方法，先后降服了北徼捉马、苏祁诸夷，又诱降了汉嘉地区的旄牛夷。张嶷进讨骁劲且不承节度的北徼捉马部落，擒其渠帅魏狼，奏准封魏狼为邑侯，“诸种闻之多渐降服”。对降而复反的苏祁邑君冬逢及其弟隗渠，张嶷设计诛杀，并捕诛杀害越嶲郡太守龚禄的斯都耆帅李求承。张嶷又从蛮夷手中夺取盛产盐铁及漆的定笮，设长吏管理，张嶷至定笮，“甚为蛮夷所信任”的酋豪狼岑和槃木王舅未来拜见，张嶷遣壮士前往收捕挞而杀之，并外宣布“狼岑之恶”。张嶷还招降汉嘉郡界（今四川汉源）的旄牛夷 4000 余户，与其渠帅相盟誓，阻绝上百年的零关旧道得以复通。在张嶷统治的 15 年间，越嶲郡的局势比较安定，史称“邦域安穆”。张嶷卸任时，越嶲郡夷民恋慕不舍，随张嶷赴朝廷朝贡的夷酋有上百人。

3. 两晋宋齐梁陈

泰始元年（265），司马炎改魏为晋建立了西晋，太康元年（280）晋灭了孙吴，实现了全国范围内的统一。至建兴四年（316）被汉国所灭，西晋存在了 52 年。西晋，仍以降晋的蜀汉庲降都督霍弋续任原职，并以霍弋遥领交州刺史，许其“便宜选用长吏”。霍弋死后，又以其子霍在替任庲降都督。霍在在南中地区“领其兵，和诸姓”，大体上仍实行南征以后蜀汉既定的治策。

泰始六年，西晋以益州辖区过大，从南中地区分出建宁郡、兴古郡、云南郡和永昌郡，设立与益州同级的宁州，以鲜于婴为刺史。太康五年，西晋又撤销宁州，将宁州 4 郡仍并入益州，同时在原宁州地区设置军事统治性质的南夷府，以天水人李毅为南夷校尉，

“持节统兵镇南中”。太安二年（303）复立宁州，增牂牁、越嶲、朱提三郡[①]。

晋朝复置宁州后，以李毅为刺史，加龙骧将军，封邛都县侯，后来西晋以广汉太守王逊为南夷校尉兼宁州刺史。后李毅、王逊处事不当，造成南中大姓反叛。由于王逊在宁州“严猛太过，多所诛锄”，朱提大姓平夷太守雷炤和流民阴贡、平乐太守董霸攻破牂柯、平夷和南广诸地，降于在成都称帝的成汉政权领袖李雄。李雄遣叔父李骧攻破越嶲郡进攻宁州，王逊派云南大姓督护姚岳阻李骧于堂螂县（今云南巧家一带），大破李骧，追至金沙江边。王逊以姚岳兵胜而未能穷追，怒而鞭之，乃病发而死。永昌元年（322），东晋任命零陵太守尹奉为宁州刺史、南夷校尉。

太守元年（323），李骧攻占越嶲郡，越嶲郡为成汉所有。咸和二年（327），宁州秀才庞遗起兵攻李雄将任回、李谦等，李雄遣罗恒、费黑救之，尹奉遣姚岳、杨术救援，战于台登，姚岳战败，术战死。咸和八年（333），李雄遣弟李寿攻破宁州，尹奉出降，南中地区遂为成汉政权所有。永和三年（347），东晋大将桓温攻入成都，成汉政权首领李势投降，益州和宁州再次被东晋所据有。以后，桓温的部将周抚、周楚及其家族掌握了对益州和宁州的统治权，控制这两个地区达 41 年之久。宁康元年（373），前秦遣军进攻成都，周仲孙退守宁州，在前秦的攻击下，“西南夷邛、筰、夜郎等皆归之”，前秦以姚苌为宁州刺史，建立了对宁州地区的统治。太元八年（383）前秦在淝水之战中失败，势力范围大为收缩，东晋再次恢复了对宁州地区的统治。

元熙二年（420）刘裕建立刘宋，东晋遂亡。隋朝大一统前的 170 年间，我国南方经历了宋、齐、梁、陈 4 个朝代。刘宋时（420—478），于今凉山地区设越嶲郡，益州统辖。

昇明三年（479），萧道成建齐代宋。南齐建立以后，高帝“诏遣大使分行四方，遣兼散骑常侍十二人巡行。以交、宁道远，不遣使”。南齐在建立之初对宁州的统治有名无实，《南齐书·本纪》记载领益州、宁州刺史者有 9 人，推测大都是坐镇益州而已，未曾亲履郡县。据《南齐书》卷一五《州郡下》：“宁州，镇建宁郡，本益州南中，诸葛亮所谓不毛之地也。道远土塉，蛮夷众多，齐民甚少，诸爨、氐强族，恃远擅命，故数有土反之虞。”可知在南齐的大部分时间，对南中整体能有效管辖的情形不会太多。

天监元年（502），萧衍建立了萧梁，继承了南齐对宁州的统治。大同三年（537），梁以武陵王萧纪为益州刺史，萧纪在蜀统治 17 年，“南开宁州、越嶲，西通资陵、吐谷

① 晋代越嶲郡地图可参见《中国历史地图集》。

浑，内修耕桑盐铁之功，外通商贾远方之利，故能殖其财用，器甲殷积”。萧纪在镇守益州时注意经营宁州、嶲州，并大量收集其土产，除付商贾以牟利外，还作为贡纳献至朝廷，史载言其开建宁、越嶲以后，“贡献方物，十倍前人”。

公元553—557年，西魏曾短暂控制凉山地区，但只有五年，后遥授爨氏大姓的首领为宁州刺史，南宁州包括了今昭通地区和凉山的一部分，故当时的滇东北被称为“东爨”，其时嶲州（基本为今凉山地区）也为爨氏所踞。

北周尽有西魏之地，周武王天和三年（568）大将军郑恪率军平越嶲地，于嶲城置严州，后复置越嶲郡，领越嶲、邛都二县。

三、从汉晋时期的考古遗存看凉山的交通及汉政权对凉山的统治

汉文化对于凉山地区来说是一种外来文化，它的进入打断了凉山地区土著文化（大石墓文化、石棺墓文化）原来的发展进程，重新整合了凉山地区的文化。凉山地区的各类汉代文化遗存在地理分布上基本呈线形分布：一条从北向南，从汉源经越西、喜德、泸沽、西昌、德昌而至会理；另一条从东向西，从雷波、美姑经昭觉而到西昌。这两条道路即著名的南方丝绸之路凉山段。凉山地区的汉代文化遗存最为集中的地点是西昌、昭觉，西昌长期是越嶲郡的郡治邛都县的所在地，是越嶲郡的政治、经济、文化、军事中心；昭觉却因东汉中期后旄牛道改道而成为一个繁荣的交通中枢，因此都成了汉代文化遗存最为丰富的地点。

1. 凉山的汉晋古道

南北向的古道称为“零关道”。“零关道”因经过零关（今凉山州甘洛县深沟）而得名。东汉时，这条道又称旄牛道，因“旄牛夷”居住旄牛县而得名，旄牛夷应是汉代居住在今汉源、石棉、木里、冕宁一代的人群。东汉延光二年（123），旄牛夷攻占零关道，使零关道梗塞百年之久，直至建兴十四年（236），张嶷任越嶲郡太守与当地旄牛夷“开通旧道”，才使零关道重新畅通。

汉代的“零关道”具体线路不见详细记载。唐代，从成都到邛都有清溪道。清溪道当是在“零关道”的基础上发展而来，路线大体一致，所经过的地区也不会相差很大。这就是由成都经今天双流、新津、邛崃到雅安，向南经汉源到达西昌。由越嶲郡邛都县沿孙水（安宁河）南下，经今四川会理西南向渡过金沙江，到达今云南的永仁、大姚、姚安，达洱海地区。

东西向的古道汉代文献中鲜有记载，因为其道路主要途经汉代卑水县，所以我们暂称之“卑水道”，它是连通“五尺道”与“旄牛道”的重要交通要道。到了隋唐时期的文献才得以所见，称之为“沐川源道”。东汉时期，中央政权对西南的控制有所减弱，捉马虏、叟人等少数民族在区域内活动频繁，攻打城邑，旄牛道（零关道）被阻断。西昌一带的邛都作为控制越嶲郡乃至西南地区的桥头堡，为不使其成为“孤岛”，保证其与成都之间交通路线的畅通十分重要。由安上（屏山）经卑水（昭觉）到邛都的道路，沟通了五尺道和旄牛道的联系，使之成为后来百余年间凉山至成都的官道。

另外，在“邛都”通往“筰都”，还存在有“筰都道”。西南夷时期，“邛都”和“筰都”之间交流密切，通道已经存在。汉晋时期，延熙三年（240），蜀汉以张嶷为越嶲郡太守，从蛮夷手中夺取盛产盐铁及漆的定筰，设长吏管理，张嶷至定筰，“甚为蛮夷所信任”的酋豪狼岑和槃木王舅未来拜见，张嶷遣壮士前往收捕挞而杀之，并外宣布“狼岑之恶”。说明在东汉时期，中央政权对西南的控制减弱，致使“筰都道”像“旄牛道”一样，被蛮夷所控制，被迫中断，到蜀汉时期，才再次被打通。

2. 汉政权开设古道的动因

秦汉之际，中央王朝对西南夷的经营，常以交通为契机。公元前 2 世纪，汉武帝致力于北逐匈奴的宏伟大业，派张骞出使大月氏，取代西域，到达中亚。在中亚的大夏看到来自四川的“邛竹杖、蜀布”，张骞询问得知，这些物品是由身毒（印度）转运而来，遂由此推知，从今天的四川西南必然有一条捷径直达身毒。

可以看出，武帝开通西南夷的官道，最初绝不是出于经济开发目的，军事目的要更大一些。张骞向汉武帝汇报后，武帝连续派出使者，探路 10 余次，因西南夷阻挠，终莫能通。

元光六年（前 129），司马相如率众在孙水上架桥，打通了由成都南下达邛都的道路。“司马长卿便略定西夷，邛、筰、冉、駹、斯榆之君皆请为内臣。除边关，关益斥，西至沫、若水，南至牂柯为徼，通零关道，桥孙水，以通邛都。还报天子，天子大说。”①

然而，西南夷官道的开通并不顺利，开拓交通耗费甚巨，引起巴蜀民众的仇怨，加之西南夷数反，为集中力量对付北方的匈奴，经营西南夷的活动暂时停顿下来。“当是时，巴蜀四郡通西南夷道，戍转相饷。数岁，道不通，士罢饿离湿，死者甚众；西南夷又数反，发兵兴击，耗费无功。上患之，使公孙弘往视问焉。还对，言其不便。及弘为御史大

① （汉）司马迁：《史记》卷一一七《司马相如列传》，中华书局，1982 年。

夫，是时方筑朔方以据河逐胡，弘因数言西南夷害，可且罢，专力事匈奴。”①

后来元鼎四年（前113），反击匈奴的战争已经取得决定性的胜利，来自北方的威胁解除了，在这样的情况下，汉武帝对胁迫南越国“比内诸侯”，改藩属国为诸侯国表现出了很大的兴趣和决心。这一年，武帝遣安国少季等往谕南越王赵兴、太后樛氏入朝，欲南越国“比内诸侯”，改原来的藩属关系为隶属关系，并令卫尉路博德率兵屯驻桂阳（治今广东连县），名为以待南越使者，实则慑以军威。在此情形下，南越国丞相吕嘉举兵反抗，攻杀南越王赵兴、太后及汉使。武帝于是发大军十万进讨。元鼎五年秋（前112），汉朝军队分五路征讨南越。其中驰义侯一路经夜郎地下牂柯江趋番禺，途经夜郎时征发其丁壮。且兰部落虑远行恐旁国掠其老弱，乃与其众反，杀汉使及犍为郡太守。南越既平，汉军还诛且兰，遂平南夷设为牂柯郡。同一年，于邛都置越嶲郡，于筰都置沈犁郡，在冉駹置汶山郡，于广汉白马置武都郡。元封二年（前109），武帝发巴蜀兵击灭与滇同姓相扶的劳浸和靡莫，大军兵临滇国城下，滇王被迫出降。武帝乃于其地设益州郡，赐滇王王印令复率其民。汉武帝“使驰义侯因犍为发南夷兵”助征南越，又征西夷，收服滇、昆明夷及哀牢夷等，西夷、零关道随之畅通。

汉朝对西南夷地区的经营取得了重大突破。汉朝在西南夷地区的郡县设置，非常明显地反映出它的目的在于寻找通道。秦汉之际，一方面由于西南边疆地区的闭塞，缺乏大规模经济开发的基础，另一方面，限于统治集团对西南边疆的地位及其重要性的认识，对其进行经济和资源开发是不受重视的。根据当时的国防大势，汉武帝在西南夷地区开设了交通线，设置郡县，并非出于西南边疆之经济价值的吸引，其最初动机应当主要是基于军事战略和政治上的原因，即主要是为了寻找通往大夏和南越的通道。

汉武帝主要是基于借道西南夷攻打南越和寻找通往大夏等地的“蜀身毒道”的目的才着力经营西南夷地区的。但开通后的“南夷道”“零关道”等重要交通线却具有了重要的军事、政治价值，成为汉朝在西南夷地区统治的命脉。西南夷地区的交通线开设以后，其首要职能主要是便于朝廷更好地实施军事和政治控制、输送军队及各种军用物资，保证中央政府在西南夷地区的政治影响和军事威慑力。

3. 汉政权对西南夷的统治

汉初，武帝开发西南夷，促进了西南夷的政治、经济发展。东汉永平十二年（69），

① （汉）司马迁：《史记》卷一一六《西南夷列传》，中华书局，1982年。

哀牢夷内附，以其地置哀牢、博南二县，割益州郡西部都尉所领六县合为永昌郡。永昌郡的设立，标志着汉朝在西南部边疆的辖界基本确定，此时西南夷被划为牂柯、越嶲、朱提、建宁、永昌、云南、兴古等七郡，被称为南中地区。

蜀汉政权对南中的政策，采取“攻心战术”，最著名的事件就是诸葛亮对孟获“七擒七纵”。平定南中后，为加强对这一地区的统治，在南中地区设置最高军政机关庲降都督，负责管理整个南中地区，还“皆即其渠帅而用之”起用少数民族上层来辅助管理，如庲降都督李恢，又领建宁太守，建宁瑜元人；云南郡守吕凯，永昌不韦人。

中央政权虽然采取了“怀柔”“安抚”等措施，对南中地区进行管理，事实上武力征服仍然是主要手段。加上南中地区多为少数民族，原始的部落组织未被打破，氏族部落首领号令广大民众的风俗依然存在，中央政权对西南夷地区的控制是建立在中央政府强大军事威慑力的基础上，中央政权一旦势力有所衰弱，西南诸夷便纷纷躁动。

从相关记载看，秦汉至魏晋时期，西南夷地区的反抗和起事，包括西南夷上层不满汉朝的行动发生过多起。如：东汉延光二年（123），旄牛夷攻占零关道。后又有越嶲的叟帅高定元首先起兵，攻夺郡城，杀郡将焦璜的事件。越嶲郡自丞相亮讨高定之后，叟夷数反，太守张嶷在越嶲“讨叛鄙、降夷人、安种落，蛮夷率服”。

这些少数民族的叛乱都很快被平息下去，分析其原因，除了起事者因受诸多局限斗争水平低、中央王朝拥有强大的军事镇压能力外，汉晋时期对西南夷地区重要通道的拓建，加强了与内地的交通联系，使统治者能较快获得信息，并能通过交通干道迅速转运军队、辎重等，也是一个重要的因素。这时期西南夷地区的重要交通线是中央王朝对西南夷地区实施政治和军事控制的重要依托，二者之间有着密切的内在关联。

总之，汉晋时期西南夷地区交通线的重要职能，是为西南边疆诸族及徼外诸国赴内地政治中心朝贡提供便利，行旅、商人、使者通过这些交通路线往来匆匆，也促进了沿线商贸的兴盛。西北丝绸之路一旦因政局动荡而梗阻闭塞的时候，经过零关道、卑水道、笮都道联系中国内地与西南边疆、中南半岛、印度地区的国际通道作用更显突出和重要。特别在东晋南北朝时期，中原战乱不断，五胡十六国少数民族政权相继建立，北方政治上长期处于分裂状态，由内地经关中出西域的道路失去了中央王朝强大的保护和经营，时断时续，难以保障畅通，于是经过西南夷地区通往徼外的这条“南亚廊道”就愈发显得重要。

四、秦汉至蜀汉两晋时期的邮驿体系

古代信息技术条件极其薄弱，中央与地方之间政治信息的传递是靠邮驿系统来完成的，而邮驿系统的基础设施就是交通网络。秦汉的邮驿系统不断发展和完善并最终覆盖帝国统治疆域，事实上就是经济拓展和军事扩张的结果。对于一个疆域庞大的封建帝国来说，高效、发达的邮驿体系是至关重要的，邮驿体系是顺畅、发达且灵敏的信息传递系统，中央政府通过其获得来自全国各地的信息，是中央政府与全国各地以及各地方政府之间能够保持有效联系的唯一途径。

1. 邮驿管理系统

秦汉邮驿管理由丞相总负其责，辖于最高军事长官太尉，但九卿之一的少府则是实际的中央收发机关的首脑，九卿中的卫尉、大鸿胪（景帝时称大行令）也与邮传有密切关系。此外，兼管邮驿事务的还有御史大夫，主要是通过巡行和对使用邮传的使者发放“封传”进行监察。

东汉时由太尉负责，其下的法曹仅负责邮驿科程式，即法律制度和规章，这是由邮驿主要是为军事通信服务的职能所决定的。至于具体通信则由尚书台负责。在地方均由太守县令掌管，下还有几个督邮掌管，但具体主管文书的属吏是令史，公文的经办人是郡县内分管某科事务的属曹。其交通系统的关驿与军备系统的仓、库及城官都是隶属于都尉府的。此外，在边疆地区尚有一套由都尉兼管的候官、候组织。

2. 邮驿机构

关于秦汉邮驿机构，有邮、驿、亭、传四种。邮、亭均具有邮传机构与专政机构两方面的职能，而传、驿则主要是邮递性质的机构。按其实际，邮亭为戍卒步递；驿则用马传递紧急公文，因设站长短分为驿、置两种，大者称驿，小者为置。邮是传书的机关，也可供人止宿，郡县各行政组织间的文书、上封事、奏疏均可用邮；驿也是传达消息的设备，与邮相似，二者的不同是在传书的方法上。邮有邮人，可以负完全传寄的责任；驿则只供给传书者以交通工具，传书人仍须由发书者派遣；驿主要用马，传则用车，以供政府官员或持证之人因公乘坐，其作用和驿不同，而制度与驿相类，都是在一定距离供给交通工具的改换[①]。

3. 邮书传递方式

秦汉时期，就其所用的交通工具而言，邮书传递，可分为步递、马递、车递和船递，而以前三种最普遍。但就具体方式而言，又可分为“以邮行”“以次行”“以亭行”“亭次

① 白寿彝：《中国交通史》，上海书店出版社，1984 年。

行”“隧次行”“马驰行”和“轻足行”等。

以邮行即通过邮亭机构，五里一邮，由邮人居间的“邮人”传递，不必由官府另外派人，以邮行者多为远距离传递，与“以邮行”不同的是，“以次行”的传递者可能是官府专门派出的人员；“以次行”或“以次传”即依次传递，按道里远近又可分为“以县次传”和“以隧次传”两种，前者以县为换文距离，后者按驿道两旁烽隧逐一传递；“以轻足行”即用善于行走者步行传递，只适用于近距离传递；“驰行”是用车快速传递；“吏马驰行”是以吏乘快马传递，多用于边郡紧急文书。

4. 亭制

汉代的乡亭是设于乡间的一种负责维持社会治安和兼顾邮传、由县直接管辖的行政机构，与设于城市之都亭相对应。汉代乡亭以管理地方治安为首要职能，同时兼有行宿、民事、宣传等功能，特殊情况下，乡亭还蓄养牲畜，代邮传书①。

汉代“设十里一亭”，是每隔十里设一亭（乡亭），但事实上，“十里一亭”只是一种理论规划，具体操作中还考虑人口密度、地域条件等因素，采取灵活通变的原则。乡亭的具体分布大致分两种情形：在人口密集地区，乡亭往往杂于民宅之间，和民居相连，形成“民间之宅，与乡亭比屋相属，接界相连”的景象。这些地方的乡亭往往因亭成市。这种立市于亭的做法，除方便当地居民生活外，也顾及来往旅客的需求。乡亭周围的居民区自然可能原本就存在，就是说最初亭就设在居民区中。但也可以推测，在无居民地点所置之亭，慢慢也会形成市场和居民点，甚至达到较大规模。在人口稀疏之地，亭的间距往往超过十里。如昭觉“光和四年石表”载有“十四里丁众”，说明卑水县之上诸、安斯两乡亭有十四里。

关于乡、里和乡亭的关系，乡亭和乡在职责上虽存在交叉重合，但乡亭主管治安，乡主管民政，直接隶属于县的乡亭与乡不存在上下级关系。因此，二者是属于不同性质、不同系统的地方行政机构；在管辖范围上，乡亭的辖区（亭部）一般比乡为小。在乡、里这一行政系统内，“十里一乡”即十个民居里构成一个乡，乡和里是以户籍为单位而形成的隶属关系。

乡亭与传舍、与乡、与邮在职责上的交叉重合，不可避免地造成了行政资源的浪费。乡亭由于职责杂而不精，很容易被其他具有相同功能的专业机构或建制所取代。由于亭的

① 张玉莲：《汉代乡亭考》，《中华文史论丛》2008 年第 4 期，总第 92 辑。

本职在于治安管理，一般情况下，它不会将主要精力投入到招待服务上，后来以盈利为根本目的的“逆旅”（私人旅店）出现，其服务更周到，设施也更齐备，随着逆旅如雨后春笋般兴起，亭在汉末以后衰微，至晋朝已经基本废止。

秦汉发达的邮驿交通不仅增强了行政效率和中央政府坚强的统治力量，促进了商业的兴盛和都市的繁荣，有利于人员流动和知识传播，而且对开阔眼界、统一信念、加强全国文化的统一等，都具有重要意义。但其自身又有局限性：其一，严格的关防制度，妨碍和限制了正常的信息传递与物资交流；其二，传车供应的等级限制，大大降低了信息传递的社会意义；其三，各级官吏把邮传机构作为贪赃枉法、剥削百姓的手段，抵消和降低了邮传的积极作用。

五、司马相如“桥孙水”的相关问题

汉武帝遣司马相如开零关道，《史记·司马相如列传》载：元光六年（前129），“天子以为然，乃拜司马相如为中郎将，建节以使……司马长卿便略定西夷，邛、筰、冉、駹、斯榆之君皆请为内臣。除边关、关益斥，西至沫、若水，南至牂柯为徼，通零关道，桥孙水，以通邛都”。由此可知，司马相如在通邛都时，开通了零关道，并在孙水上架桥以渡。

1. 在何处架桥？

零关道在越过小相岭后进入孙水河上游的河谷，河谷两岸山势陡峭，峡谷深切，其道沿水而行，多水急、峡宽。过登相营进入松林坪、深沟地段后，一直到泸沽，除孙水关外，地势相对开阔，两岸地势相对缓和，河流较缓。因河流穿梭在山间峡谷，为了道路的便捷性，便需架设多处桥梁。

清代时此段有据可考的桥有：1. 泸沽桥（安宁桥）在泸沽镇内，跨孙水河连接西北街和东南街，始建于明代，赵乡练募建，南北岸各筑石台一，中建石墩六，共七跨，长二十四丈，宽一丈二尺，木梁木板。乾隆二十八年（1763），邑尉周秉采倡议重修桥面。道光八年（1828），知县书纶重修，建栏杆桥罩。咸丰时监生王庭光约集士民补修。同治二年（1863）毁于火。光绪二十三年（1897）宁远知府唐翼祖主持重建，恢复两台、四石墩，两排木架，桥面宽一丈八尺，人马行道一丈二尺，两侧各留三尺摊位，两外侧为木质油漆栏杆，上建木架，青瓦桥罩，南桥头木梁上立匾，题为“建南第一桥”。2. 兴桥，冕山乡新桥村北1千米，初建于清嘉庆年间，为石墩木面桥，两孔，长6米，宽3米，毁于清道光年间。3. 马鞍桥，在深沟乡政府北2.5千米处，木质结构古驿道桥，3孔，长9

米、宽 2 米。4. 朝王坪桥，民间称万福桥，位于深沟乡朝王坪，桥墩、桥身均为木质结构，两孔，长 9 米、宽 3 米，建桥年代不详，毁于 1948 年。5. 三道桥，在深沟乡登相营村东 2 千米处，小地名鸡打鼓，石台墩简木面桥，两孔，长 6 米、宽 3 米，建桥年代不详。6. 龙潭沟桥，在深沟乡小山村，木质结构，一孔桥，建桥年代不详，桥长 5 米、宽 3 米、高 5 米。7. 深沟桥，在深沟乡政府南 400 米的河上，石台墩木面驿道桥，单孔，长 3 米、宽 2.6 米、高 4 米，建桥年代不详。

从清代的古桥选址来看，古代桥梁多架设在地势平坦、水流平缓、河面窄的地方，架桥成本低，难度小，不会出现泥石流或是因地震造成路毁桥坍的情况。距今 2000 多年的西汉，生产力水平较低，所以这些要素也是建桥所必须考虑的。

过泸沽后向南至邛都，是安宁河河谷，地势平坦，古道一直处在安宁河东岸，无需架桥便可直达西昌。所以我们认为司马相如“桥孙水”，是在孙水河上架桥以沟通道路，并非指的是某一座，而是小相岭至泸沽段河谷内的众多桥梁。

司马相如“桥孙水”，打通成都与西昌的要道后，为保护这条要道的畅通，历代王朝多派兵驻守。直到清代时，从小山（小相岭）至泸沽设有龙潭沟、九盘营、登相营、深沟、冕山、新桥、太平、铁厂、孙水关、泸沽等驿站 10 处，旅店众多。据史料记载，通过这条道路的输出品主要有丝绸、布匹、瓷器、铁器、漆器、茶叶及珍贵药材；输入品主要有宝石、玉器、珍珠、海贝、琉璃等。社会秩序正常时，军商行旅熙来攘往，日行旅客千人以上，马 300 多匹。这条古道不仅便利了书信传递和军政事务的发展，而且促进了南北物质和文化的交流。

2. 架的是什么桥？

古代社会，在交通空前发达的情况下，桥梁建设技术也得到发展。桥梁是陆路交通系统中借以跨越河川险阻的建筑形式。栈道、复道等就是以桥梁建造技术的发展为基础而得以出现和推广的。

秦汉的桥梁形式有：梁桥、拱桥、笮桥。

梁桥在汉代画像石和画像砖中发现较多，往往成为汉代画像的主要题材之一，说明梁桥已经成为当时桥梁中最有代表性的桥型，其修造技术已经为各地区普遍应用。通过山东苍山兰陵汉画像石表现桥梁的画面，可以看到以砖或石材砌筑桥柱的桥梁形式，而山东嘉祥武梁祠石室西间东面画像石所见梁桥，更明确表现出石作技术应用于桥梁工程。

拱桥出现的可靠资料最早见于汉代。班固《西都赋》有“因瑰材而究奇，抗应龙之虹梁”句，所谓“抗应龙之虹梁”，很可能是指拱桥。拱桥在墩台之间以拱形结构承重，以增大跨度，增加荷载，其施工工艺和结构力学的实践都显示出新的水平。拱下形成较大空间，也利于水上航运的发展。拱桥的出现是以拱券技术为基础的。从汉墓发掘的资料看，大约汉武帝元狩年间至昭帝时期，带竖井墓道的小砖券墓及仿照这种小砖券墓而筑作的弧形土洞墓开始出现。大致在宣帝时期，小砖券墓逐渐流行。拱桥正是在拱券建筑形式成熟之后，才得以出现并逐步普及的。

笮桥，又叫索桥、绳桥、簇桥、吊桥、绠桥、悬笮桥、悬度、悬桥，是在中国横断山区地带河谷深切、岩石壁立，水流湍急难以立柱作墩，而竹木众多的地理环境下，产生的一种特有的交通设施。川西地区是笮桥分布集中的地区，古代笮民族因善于造笮桥故名。据《华阳国志》载，汉晋时成都检江上便有笮桥，唐代成都则有笮江水。汉晋时大笮（盐源）、定笮（盐边）便是因设笮桥而得名，以后有笮州、绳州、笮通、笮秦、笮关等地名，今盐源县仍有藤桥乡的地名。

笮，《太平御览》卷七七一纂文：“竹索谓之笮，茅索谓之索。”可见当时笮桥的主要原料是竹索和茅索。古代竹索制法与今天西南地区制竹蔑索法十分相似，即用蔑黄编成竹股，作缆索内芯（或用麻芯），再将篾青编为外层，一般细的索仅以篾青绞成辫而成。若制作较大的以数根竹竿整体绞成辫为芯，外裹篾青编成的竹丝，然后将三股合绞成一股，直径可达30—50厘米，整体拉力十分强。后来，人们觉得竹索、藤索、茅索不耐风雨侵蚀，晃动较大，又易为火所焚烧，在冶炼技术发展的前提下，逐渐改用扁环扣取而成的铁索和锻铁棒两端锻环扣互联的铁眼杆取代竹索等材料，出现了铁索桥（又称铁锁桥，藏族称为执桑巴）和铁眼杆桥①。

古代西南笮桥有两大类型，即多索平铺型吊桥和多索非平铺型吊桥两大类型。前者可分为底索承载式和悬索承载式两种形式；后者可分为藤（麻）网索桥、V型多索桥和双向走行桥三种形式。索桥的锚碇是稳定索桥的重要部分，古代西南各族人民充分利用不同的地势，因地而设，发明了各种各样的索桥锚碇方式。从整体上看，索桥锚碇方式有两种，一种是无柱式，一种是有柱式。所谓无柱式系指索搑的锚碇不是用木柱、石柱或铁柱系绳，而是直接将绳（包括竹索、藤索和铁索）缠系于石孔上，或垒石，或埋于石窟中甃以石块。

① 蓝勇：《西南古代索桥研究》，《四川文物》1993年第4期。

从古代西南笮桥分布规律看，笮桥主要分布在西南两大区片，一是西南地区西部的横断山七江流域河谷地带，即岷江中上游、大渡河、雅砻江、渡口以上的金沙江、澜沧江上游、怒江上游、龙川江上游地区。这个地区是中国西南笮桥分布最集中的地区，也是中国西南笮桥产生最早和种类最齐全的地区。另一是川南、川东山地、滇东北和贵州喀斯特地区。

零关道的孙水河段，河谷深切、岩石发育好、气候温湿、竹木藤葛原料丰富，这种特征为司马相如在孙水河上架索桥创造了必要和可能的条件。司马相如“桥孙水”很有可能就在此地，结合当时的地理条件和技术因素分析，建的当是索桥。

六、武侯南征路线考

蜀汉章武三年（223），刘备大败于猇亭，在永安薨后，南中诸郡相继叛乱。先是越嶲的叟帅高定元首先起兵，攻夺郡城，杀郡将焦璜，诸葛亮遣越嶲太守龚禄住在安上，遥领越嶲事务；益州大姓雍闿反，杀太守正昂，朝廷另行委任蜀郡张裔为太守，后雍闿又捉张裔送与东吴，吴遥用雍闿为永昌太守，又派刘璋之子刘阐为益州刺史；牂柯郡丞朱褒领太守后恣意妄为。当时情况而言，刘备伐吴失败，元气大伤，国内政局不稳，吴蜀联盟破坏，在这种不利形势下诸葛亮未便加兵。

建兴三年（225），在内外形势有所改善后，诸葛亮便诉诸武力，大举南征，兵分三路，诸葛亮率主力“自安上由水路入越嶲，别遣马忠伐牂牁，李恢向益州”。此次南征是蜀汉大规模的武力征服，结果以诸葛亮凯旋而终。

关于南征的路线文献记载甚略，《三国志·诸葛亮传》：“三年春，亮率众南征，其秋悉平。”“五月渡泸，深入不毛。”《华阳国志》：“建兴三年春，亮南征，自安上有水路入越嶲。”①《华阳国志·南中志》：“高定元自旄牛、定笮、卑水多为垒守。亮欲俟定元军众集合并讨之，军卑水，定元部曲杀雍闿及士庶等，孟获代闿为主，亮既斩定元。”②《南征表》：“初谓高定失其窟穴，获其妻子，道穷计尽，当归首以取生也。而邈蛮心异，乃更杀人为盟，纠合其类二千余人，求欲死战。”

南征路线的考证，学界讨论热烈。《雅州府志》谓孔明南征系出邛崃山与零关道。谭其骧等主编的《中国历史地图集·三国鼎峙图》绘：从成都偏西南过大渡河，经越西县直

---

① 任乃强校注：《华阳国志校补图注》，上海古籍出版社，1987 年。
② 任乃强校注：《华阳国志校补图注》，上海古籍出版社，1987 年。

南，在今元谋境渡泸水至滇池[①]。方国瑜《诸葛亮南征的路线考说》：“诸葛亮由成都出发，循岷江而下至僰道，驻军于卑水，与高定战，破之，追至邛都，乃南下经会无、三绛追击孟获，攻战至滇池。”[②]

成都至益州，自秦汉以来有两条道：五尺道和零关道（旄牛道）。从蜀郡（今成都）至邛都（今西昌）既平且近的旄牛道，大约在延光三年（124）旄牛夷叛以后，常有战事，即已不通。《三国志·蜀书·张嶷传》：“郡有旧道，经旄牛中至成都，既平且近；自旄牛绝道，已百余年，更由安上，既险且远。”后张嶷平定越嶲任太守后，“嶷与（旄牛王）盟誓，开通旧道”。诸葛亮南征在张嶷任太守之前，其间旄牛道是不通的。邛崃山被称为大相岭，沿途有孟获城，荥经黄泥堡有“七擒孟获处”摩崖大字，此多亦后人附会之举，诸葛亮南征应是不走零关道的。

《华阳国志·南中志》：“建兴三年春，亮南征，自安上由水路入越嶲。…高定元自旄牛、定莋、卑水多为垒守。亮欲俟定元军众集合，并讨之，军卑水。”[③] 安上、卑水的方位问题，即成为厘定南征路线的关键。

安上不见于两《汉书》，是汉末或蜀汉时期新置县。卑水是汉武帝在越嶲郡设的15县之一，《汉书·地理志》：“越嶲郡，武帝元鼎六年开……县十五：邛都、遂久、零关道、台登、定莋、会无、莋秦、大莋、姑复、三绛、苏示、阑、卑水、灊街、青蛉。”[④]

刘琳先生认为清张澎《蜀典》及杨守敬《历代舆地图》定在屏山县西是正确的，具体应在金沙江北岸之蛮夷司（今新安镇、新市镇一带）[⑤]。方国瑜先生[⑥]、尤中先生[⑦]等意见基本一致。从目前的材料综合分析，我们认为这种意见是最合理的。屏山一带，自古至今皆是进入凉山的要道，民国期间马长寿先生首次考察凉山，就是取道于此[⑧]。

与安上为蜀汉新置县不同，卑水系《汉书·地理志》越嶲郡十五县之一，其设立是在西汉时期，东汉、蜀汉、两晋因之，是越嶲郡内除邛都之外见于文献最多的一县，表明其十分重要，但关于其方位，却分歧最大，大致有雷波、美姑、宁南与普格、昭觉等不同

---

① 谭其骧主编：《中国历史地图集》第三册，中国地图出版社，1982年。
② 方国瑜：《诸葛亮南征的路线考说》，《思想战线》1980年第2期。
③ 任乃强：《华阳国志校补图注》，上海古籍出版社，1987年。
④ （汉）班固：《汉书》卷二十八上，中华书局，1962年。
⑤ 刘琳：《华阳国志校注》，巴蜀书社，1984年。
⑥ 方国瑜：《中国西南历史地理考释》，中华书局，1987年。
⑦ 尤中：《中国西南民族地区沿革史（先秦至汉晋时期）》，民族出版社，2005年。
⑧ 马长寿：《凉山罗彝考察报告》，巴蜀书社，2006年。

意见。

顾祖禹《读史方舆纪要》认为卑水废城近马湖江（即今雷波附近）[1]，但并无充分依据，姑置不论。谭其骧先生等主编《中国历史地图集》定卑水县在今美姑境内[2]，尤中先生推测“卑水县亦即在今美姑县”[3]，周振鹤先生则认为卑水在大凉山南麓，昭觉、美姑、雷波交界一带[4]，刘琳先生亦认为卑水在今美姑[5]。根据我们的实地调查，美姑境内为多山地形，缺乏大的山间平地，人口多居住在狭窄的河谷地带，今天的美姑县城亦十分逼仄，实是不得已的事情。从调查发现看，有汉系遗存的地点地形亦不优越，缺乏作为县治的条件。上述先生推测卑水县在美姑的依据，大概是认为美姑河（下游称溜筒河）系卑水，但这个意见也没有确切证据。

方国瑜先生虽然认为卑水系今美姑河，但他据去郡里程、五铢钱等遗物发现定卑水县在今昭觉[6]；李绍明先生主要依据汉墓、军屯遗址等考古发现认为卑水应在今昭觉附近[7]；刘弘先生则认为卑水县治可能在今竹核坝子一带[8]。近年来我们在罗火热遗址发现的柱洞和柱础，规格较高，应非一般民居，极有可能与官府建筑有关[9]，且周围有大量汉晋时期砖室墓，表明其时生活在其地的汉人数量相当多。结合近年我们在大凉山地区的调查、发掘所获资料综合判断，卑水县即今昭觉县、县治在今昭觉县城附近的意见很可能是正确的。

结合上述卑水和安上的方位，我们复原诸葛亮南征从成都到达邛都路线如下：

从成都出发，沿岷江南下至僰道（宜宾）之后，经水路（逆金沙江而上）到达越嶲郡之安上县（今屏山县新市镇，旧称石角营、蛮夷司）登陆。水路沿线，虽然四川境内尚无考古发现，但云南绥江境内金沙江沿岸却多次零星发现有秦汉时期汉系遗存[10]，表明此道沿线久为汉人熟悉。

---

① 顾祖禹：《读史方舆纪要》，中华书局，2005 年。

② 谭其骧主编：《中国历史地图集》第二册，中国地图出版社，1982 年。

③ 尤中：《中国西南民族地区沿革史（先秦至汉晋时期）》，民族出版社，2005 年。

④ 周振鹤：《汉书地理志汇释》，安徽教育出版社，2006 年。

⑤ 刘琳：《华阳国志校注》，巴蜀书社，1984 年。

⑥ 方国瑜：《中国西南历史地理考释》，中华书局，1987 年；《诸葛亮南征的路线考说》，《方国瑜文集》（第一辑），云南教育出版社，2001 年。

⑦ 李绍明：《关于凉山彝族来源问题》，《凉山奴隶社会研究》1978 年第 2 期（总三期）。

⑧ 凉山彝族自治州博物馆、昭觉县文物管理所：《四川凉山州昭觉县好谷乡发现的东汉石表》，《四川文物》2007 年第 5 期。

⑨ 凉山彝族自治州博物馆、四川大学考古学系、昭觉县文物管理所：《四川昭觉县城北乡谷都村的汉代遗址和墓葬》，《南方民族考古》第七辑，科学出版社，2011 年。

⑩ 杨帆、万扬、胡长城：《云南考古（1979—2009）》，云南人民出版社，2010 年。

登陆之后，循西宁沟而上，至谷堆，翻越黄茅埂至今美姑一带[①]，向西至牛牛坝，折向南，过九口、美姑河大桥，进入昭觉。进入昭觉境内之后，经竹核坝子至昭觉坝子（卑水），在此一带战胜高定、雍闿联军之后，经四开坝子至邛都，皆沿今307省道而行。

大军至邛都之后的路线，一般认为是沿安宁河谷南行，在今会理、会东境内“渡泸”。如蒙文通、李有明先生认为系从三缝（即三绛，今会理黎溪）西南渡江[②]。方国瑜先生意见大体相同，但更为具体，指出是从今会理黎溪至鱼鲊渡口，渡金沙江至对岸拉鲊渡口[③]。马曜先生认为汉代会无在今会东境内，据《华阳国志》“会无县路通宁州，渡泸得堂狼县”的记载，指出诸葛亮向东追击孟获，正是经过这个渡口[④]，但并未指出具体为何渡口。

自西昌沿安宁河谷南行，至会理之后渡金沙江入滇，确为自古至今相沿的道路。沿此道进发，还需经过会无、三绛二县，可沿途绥抚。营顶遗址可能为会无县治。三绛县治，一般认为在今黎溪一带。至黎溪后，在何处渡泸，则需要结合南征入滇战略目标来考虑。蜀军在僰道附近兵分三路，东路马忠向牂柯，中路李恢向益州，西路诸葛亮一军原本准备首先平定越嶲郡高定叛乱，但雍闿率军来援，正好给了蜀军聚而歼之的机会。雍闿因内讧被杀，孟获继而成为首领，下令率军撤回。因此在平定越嶲之后，追击孟获便成为诸葛亮所率西路军的下一步作战目标。孟获为建宁郡大姓，兵败后需回军以获得后方补充，但此时，中路军李恢部早已平定建宁（南征时，益州改建宁），若退回据点必然腹背受敌，只有向西逃窜方为上策。

诸葛亮渡泸的目的是平定南中，必然以孟获为目标，所以在黎溪南下后至阿拉驿，向西在莫洛底渡金沙江至摸鱼鲊，进而到永仁、大姚、姚安。为何不从今鱼鲊渡江，今元谋、武定在两汉时尚未设治，东晋时为建都郡地，唐时才有金沙江南北通行的大道，此道元时始见于记载，诸葛亮南征时，非通行大道。

渡泸以后的进征路线，《汉晋春秋》记武侯平孟获后，“遂至滇池”，滇池即今昆明一带。《三国志·李恢传》：“丞相亮南征，先由越嶲，而恢案道向建宁。诸县大相纠合，围

---

① 任乃强校注：《华阳国志校补图注》，上海古籍出版社，1987年。

② 蒙文通、李有明：《论诸葛亮南征》，原刊《光明日报》1962年8月1日，本文转引自宁超《诸葛亮“南征”的若干问题》，《云南社会科学》1981年第2期。

③ 方国瑜：《诸葛亮南征的路线考说》，《思想战线》1980年第2期。

④ 马曜：《论诸葛亮安定南中》，《历史研究》1975年第4期；马曜：《诸葛亮南征路线考》，《云南文史丛刊》1993年第1期。

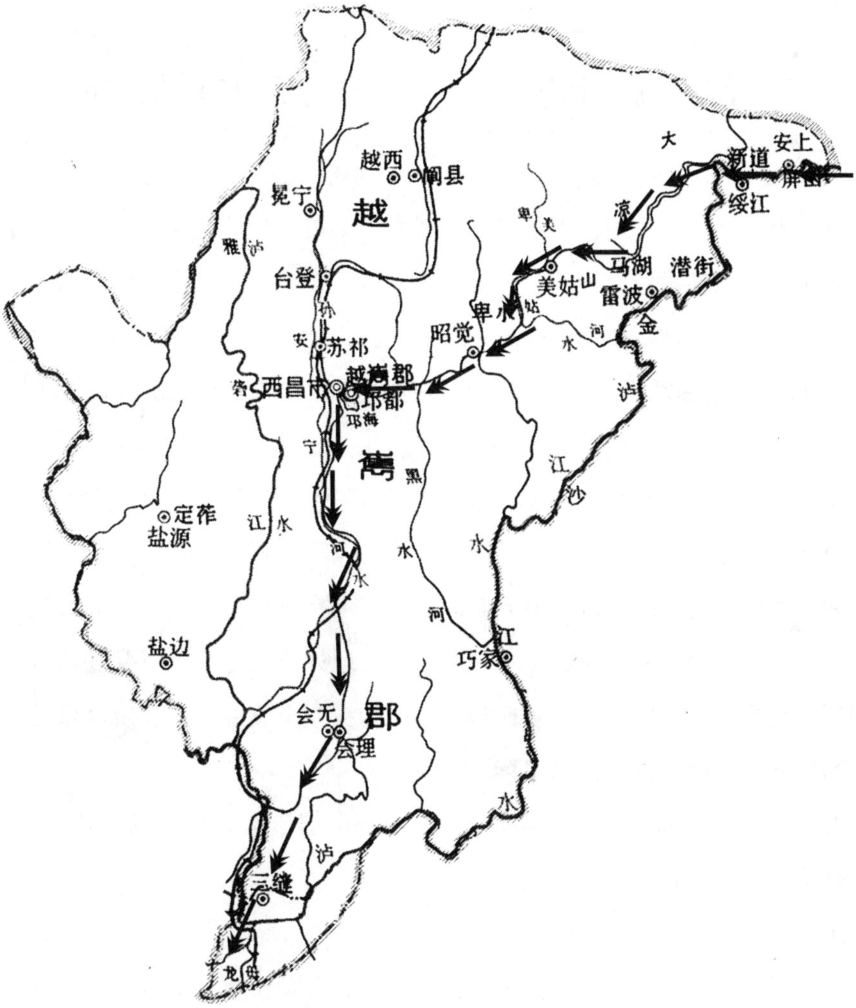

诸葛亮南征凉山境内行军路线示意图

恢军于昆明。时恢众少敌倍，又未得亮声息，绐谓南人曰：官军粮尽，欲规退还，吾中间久斥乡里，乃今得旋，不能复北，欲还与汝等同计谋，故以诚相告。南人信之，故围守怠缓。于是恢出击，大破之，追奔逐北，南至槃江，东接牂牁，与亮声势相连。”可知李恢进军路线自北向南，由僰道经建宁至滇池，与诸葛亮会师。

回成都的路线，《三国志·费诗传》：“建兴三年，随诸葛亮南行，归至汉阳县。”汉阳属朱提郡，今威宁。诸葛亮归程是自滇池经味县（今曲靖）至汉阳，汉阳之后不见记录，应是经石门、僰道、犍为，循岷江而上，十二月回成都。

第五节　隋唐宋元（南诏大理）时期

隋朝继汉晋之后，在今川西南地区再次建立了中央王朝的统治，并在川西南一些地区设置了统治机构。唐朝讨伐南诏的天宝战争以前，在今川西南地带设置了若干都督府和众多的羁縻府州，分片管理川西南地区，建立了对凉山地区较为巩固的统治。唐玄宗天宝十五年（756）安史之乱爆发，吐蕃伺机联合南诏侵犯嶲州（今四川凉山州），嶲州地区被攻下之后，南诏与吐蕃共同瓜分了原属唐的嶲州乌蛮、白蛮地区。越嶲（今四川西昌）一带属吐蕃，会同（今四川会理）上下归南诏。南诏在会同设置会川都督府，作为统治大渡河南岸广大地区的据点。咸通十四年（873），南诏自大渡河攻陷黎州，次年攻成都，退归，后南诏与西川议和，西川节度使高骈进兵至大渡河而止，没有收复嶲州旧壤，大渡河以南为南诏所据。此后的三百年间，凉山脱离了中央政权，归地方政权管辖，只是随地方政权的更换而变换领属，直到元代才恢复中央政权管辖，元朝在凉山设置了罗罗斯宣慰司。

一、隋唐宋元时期考古学文化遗存

凉山地区的唐宋元时期的考古学文化遗存大部分属于南诏大理的遗迹，主要有城址、遗址、火葬墓、石刻和岩画五类。

1. 城址

唐嶲州土城位于今西昌市市区，坐落在邛海以北的缓坡地上，城址呈正方形，每面城墙长约1750米，总面积约300万平方米。20世纪80年代初，尚保存了大部分城墙，城墙系夯筑，夯层厚约0.2米、残高1—3.5米、厚10—14.5米。近年因城市建设，城墙已基本被毁，只在局部地方还剩下一些残墙。由于明清时的西昌城位于土城的西北角，其西墙和北墙利用了嶲州土城的部分西墙和北墙，现在的西昌市区大部位于土城内，所以土城内唐宋时期的遗存基本无存，唯在土城的北墙内外各发现过一处唐代瓦窑，出土了莲瓣纹瓦当等物。东河从城北墙中部穿城而过，从城墙西南角流出汇入安宁河的支流海河，现在的东河已宽达百米，估计当时入城后只是穿城而过的一条小河，其时的南北城墙应各有一座水门。

干海土城位于盐源县城北6千米干海乡鱼脊村的一片开阔地上，平面呈正方形，坐北朝南，长宽均约350米，面积约12万平方米。城墙系夯筑，残高约2米、上宽2米、下宽约 8 米，南墙保存较好，20 多年前南门遗迹尚存，城内文化层堆积 0.3—0.4 米，采集到布纹筒瓦。

沙坪村土城位于西昌市西南 30 千米佑君镇（原名盐中），坐落于安宁河西岸的二级台地边缘，城址作正东西向，平面呈长方形，规模较小，城东西长 140 米、南北宽 112 米，面积约 15680 平方米。城墙用黄土夯筑，夯层清晰，厚约 0.15 米、残高 1.6—3.7 米、下宽 2—4 米。城外东南角紧临城墙有一夯土台，可能是残存的敌楼。城内曾采集到布纹筒瓦。目前西、南、北三面城墙还基本可辨。据文献分析，或为唐西泸县城址。

崩土坎土城位于西昌市经久乡，坐落于安宁河东岸的二级台地边缘，民间称之“诸葛城”。城平面呈长方形，东西长 200 米、南北宽 370 米，面积 74000 平方米。夯筑城墙，夯层厚约 15 厘米。城墙的四隅转角处各有一土台，似为残存敌楼。城墙残高 0.5—2 米、残宽 1.5 米。曾在城内采集到布纹厚瓦和宋代的绿釉瓷碗，推测为大理国时期城址。

2. 遗址

近年来，遗址发现较多，南诏—大理时期的遗址多为圆形或椭圆形灰坑，灰坑四周较为规整，坑多填不规则石块，填土中的包含物有绳纹夹砂红陶片和炭屑，多数坑内有火烧过的痕迹。这类灰坑可能与火葬有关。其中沙坪站遗址大理国时期遗迹中，H3 和 H4 两个灰坑，经过浮选发现农作物有稻、粟、黍、小麦、大豆，其中大豆有 43 粒，占农作物总量的 78.18%，稻有 6 粒，占 10.91%①。这类遗址发现的地点除沙坪站遗址外，还有西昌羊耳坡遗址、西昌阿七新庄遗址、盐源皈家堡遗址等。

3. 墓葬

凉山地区的南诏—大理时期墓葬主要是分布在西昌城郊的火葬墓。火葬墓的墓坑均为圆形竖穴土坑，坑的直径深浅视所埋入的火葬罐的大小而定。火葬罐置于坑中，有两套罐（即罐中另放一罐）、三套罐，但大多数为单罐。部分火葬罐的外周或两套罐罐与罐的间隙中，等距离的放置 5 个陶板俑。火葬罐放入坑内后，就近用土或火葬后的木炭屑掩埋，个别火葬罐则放在石椁内②。

火葬墓是凉山地区大理国时期最为典型的文化遗存，火葬墓皆成群分布，现共计发现火葬墓群 6 处，全部发现于西昌市城郊。

---

① 闫雪、姜铭、周志清、左志强、孙策：《大理国时期西昌地区的作物种类》，《成都考古研究》，科学出版社，2016 年。

② 刘弘：《西昌市北山宋代火葬墓》，《中国考古学年鉴（1986）》，文物出版社，1987 年。

北山火葬墓群，位于西昌市明清老城北门外约 1 千米，是目前发现的 6 处火葬墓群中面积最大的一处，面积达 20000 平方米。

小山火葬墓群，位于西昌市东南约 4 千米的一处小山坡上，面积约 10000 平方米。

桑坡火葬墓群，位于西昌市西北 2 千米的台地上，面积约 10000 平方米。

姜坡火葬墓群，位于西昌市东 2 千米的一片山坡上，面积约 2000 平方米。

杨家坟山火葬墓群，位于西昌市东南约 12 千米邛海边的一处山坡上，面积约 5000 平方米。

新村火葬墓群，位于西昌市南 5 千米邛海边的一处山坡上，面积约 10000 平方米。

4. *石刻*

凉山地区发现的这一时期的石刻皆为大理国时期的遗物，且都是火葬墓的组成部分，主要分布在西昌城郊，有墓志、墓幢和墓碑三类。

墓志呈圆饼形，数量较多，每处火葬墓地都有发现。直径一般在 40—80 厘米、厚 25—35 厘米，均用当地红砂石刻成。墓志均盖在火葬墓的坑口，既作为墓葬的标志，也起保护墓葬的作用。墓志正面大多镌刻曼陀罗图案，有浮雕也有阴线镌刻的。图案大多呈八角形，也有少量十角和十二角形的。图案中部或每支角上及角与角的间隙之间镌刻有梵文或白文。

墓幢呈卵塔形，数量也较多，每处火葬墓群皆有发现，一般高 60—80 厘米，均用当地红砂石刻成。上部为球形，即佛教所称的摩尼珠，珠下刻仰莲承托，仰莲下部为圆柱形或抹角方柱形基座。部分摩尼珠的一面或两面有半圆形小龛，龛内浮雕结跏趺坐的佛像或四臂的尊胜佛母。

墓碑数量很少，目前只发现了两通。一通是西昌三坡（即桑坡）出土的镌刻有大理国年号的墓志，该墓志为一块长条形的自然红砂石刻成，长 125 厘米、宽 45 厘米、厚 28 厘米。上阴刻楷书六行五十七字，部分字迹已漫漶不清。碑文“盛德二年”为确定北山火葬墓的时代提供了重要依据。另一通是发现于西昌市西郊钟官坡村的残墓碑，该碑用当地红色砂石雕制，做圆头碑形状，两面刻写文字，下部残缺。残高 30 厘米、宽 26 厘米、厚 5 厘米。正面上部中间有一高约 10 厘米、宽约 6 厘米的小龛，龛内浮雕一尊趺坐的佛像。小龛两侧阴刻朱雀图案，下面有阴刻直书的汉字六行，均缺下部，存三十九字。

5. 岩画

凉山境内发现的唐宋时期岩画有两处，一处是昭觉县的博什瓦黑岩画①；另一处是西昌市的罗卜惹岩画②。博什瓦黑岩画发现于1981年，罗卜惹岩画则发现于1987年的第二次全国文物普查时。两处岩画的内容均为佛教造像，镌刻工艺也相同，均采用造像面部浅浮雕，其他部位阴线镌刻的手法，故总体上讲，两者为同一时代的文物。博什瓦黑岩画的规模也比罗卜惹岩画大，从造像风格观察，前者的部分岩画可能比后者略早一些。两处岩画之间现尚有小道可通，是当时从大凉山腹地通向云南的要道。

博什瓦黑岩画位于昭觉碗厂乡南约4千米的博什瓦黑山坡上。博什瓦黑是彝语，意为“刻有画像的岩穴”。岩画在博什瓦黑的阳坡上，北为碗厂乡政府驻地，西邻碗厂河。碗厂河从博什瓦黑西南蜿蜒南流，经普格县江入西罗河后注入金沙江。石刻画像阴刻在十六块巨石上，形状互异。岩画的内容主要为佛教造像。编号为81405的刻石，位于整个石刻群的中心和显著地位。此一巨石上刻有四幅画，编号为81405. 1–4。其中，81405. 1刻的是四尊天王像；81405. 2刻的一头象，象鼻上卷一裸体人；81405. 3即天竺僧人赞陀崛多的刻像；81405. 4刻的是四尊明王像。可见，整个编号为81405的巨石，所刻的都是与佛教密宗有关的图像。

二、隋唐宋元时期不同政权对凉山的经营

1. 隋唐时期中央政权对凉山的经营

隋朝统一全国不久，隋文帝杨坚开始经营今云南与川西南地区。他在用兵“清抚边服”的基础上，于南宁州旧地设南宁州总管府（驻今云南曲靖），以韦冲为总管。韦冲就任，爨震及西爨首领“皆诣府参谒”。但不久随韦冲赴任的其兄子伯仁“掠人之妻，士卒纵暴”，引起当地众人不满。文帝闻讯大怒，诏蜀王秀察治此事，韦冲遂被免职。在此前后，隋朝还恢复了南朝在今川西南地区设置的西宁州（治今四川西昌），以梁毗为刺史。梁毗在西宁州任刺史达11年。在他到任之初，当地少数民族首领争斗不已，“边境略无宁岁”。梁毗用拒收诸族酋长所贿锭金的办法劝喻之，“于是蛮夷感悟，遂不相攻击”。时称梁毗在任“处法平允，时人称之”。隋朝享国日短，而且对川西南的统治仅维持了数年，因此对凉山地区还不可能进行全面的经营。

---

① 凉山博什瓦黑石刻画像调查组：《凉山博什瓦黑石刻画像调查简报》，《中国历史博物馆馆刊》1982年总第4期。

② 凉山彝族自治州博物馆、西昌市文物管理所：《西昌大菁乡罗卜惹岩画》，《四川文物》1999年第4期。

武德元年（618），李渊建立了唐朝，并于同年开始经营川西南地区。据《旧唐书》卷四一《地理四》：“嶲州中都督府，隋越嶲郡。武德元年，改为嶲州，领越嶲、邛部、可泉、苏祁、台登六县。二年，又置昆明县。三年，置总管府，管一州。贞观二年，割雅州阳山、汉源二县来属。”唐朝对川西南地区的经营是相当重视的。由于嶲州、戎州有重要交通线经过，戎州还紧邻成都平原，在自东汉及隋的大部分时间内，嶲州、戎州及其附近地区并未脱离封建政权的控制，嶲州、戎州的战略地位既重要，恢复起来又较容易，因此嶲州、戎州及其附近地区便成为唐朝立国之后在西南第一批设治的地区，唐朝还以这一区域作为向云、贵地区经营的据点。唐初在今云南和川西南地区初步设治以后，先后又有所调整，据《新唐书·地理七下》：嶲州都督府辖有16个羁縻州，大致形成了以若干都督府统辖羁縻府州，分片管理川西南地区的格局①。

高宗中期，位于青藏高原的吐蕃势力，在崛起后开始南下洱海周围地带和川西南地区。永隆元年（680）之前，唐剑南节度募兵于茂州（治今四川茂汶）西南筑安戎城，“以断吐蕃通蛮之路”。但吐蕃以生羌为向导，于永隆元年攻陷其城，吐蕃遂尽据羊同、党项及诸羌之地。其势力所及，“东接凉、松、茂、嶲等州”。“幅圆余万里，汉、魏诸戎所无也。”吐蕃势力南下并据有洱海周围地区和嶲州以西的区域，引起了唐朝很大的忧虑。唐廷遂极力招徕吐蕃新据地区的诸蛮，与吐蕃展开了争夺。

在唐朝与吐蕃的争斗之中，洱海地区诸蛮“或叛或附，恍惚无常”，唐吏或处置失宜，便使局势更趋复杂化。唐监察御史李知古，先击败洱河蛮并降之，但又征其赋徭，取其子女为奴婢，并杀死逞赕诏主丰咩，诸蛮乃相率以叛，已接受唐朝封号的浪穹诏主傍时昔引吐蕃攻杀李知古，“仍断其尸以祭天”。这一次反叛影响甚广，波及了越嶲以南的地区，以致“姚嶲路由是历年不通”。

在天宝战争以前，唐朝恢复了中央政权对川西南大部分地区的统治，并设置了一些都督府和羁縻州县，使中央政权的政令在这一地区能有效地得到贯彻，为内地经济文化因素进入边疆地区提供了有利的条件。在治理和建设方面，唐朝也推行了一系列有利于边疆地区经济发展的措施，其中又以交通业的建设贡献最大。唐朝还支持南诏统一了洱海周围地区和川西南地区，遏制了吐蕃势力的南下，为当地各民族发展社会生产创造了相对安定的社会环境。唐朝又推行了一些开发边疆地区的措施，并取得了一定的成效。在今川西南地

① 唐代嶲州地图可参见《中国历史地图集》。

区发展的历史上，唐朝前期的经营占有十分重要的地位。

2. 南诏、大理两政权对凉山地区的经营

唐玄宗天宝十五年（756）安史之乱爆发，吐蕃伺机联合南诏侵犯巂州（今四川凉山州）。《旧唐书·南诏传》曰："会安禄山反，阁罗凤乘衅攻陷巂州及会同军。"① 《新唐书·南诏传》亦曰："会安禄山反，阁罗凤因之取巂州、会同军，据清溪关。"② 《南诏德化碑》载："［赞普钟］五年（即天宝十五载，七月改至德元载，公元756年），范阳节度安禄山窃据河、洛，开元帝出居江、剑。赞普差御史赞郎罗于恙结赍敕书曰：'树德务滋长，去恶务除本，越巂、会同，谋多在我，图之此为美也。'诏（按：阁罗凤）恭承上命，即遣大军将洪光乘……统细于藩，从昆明路，及宰相倚祥叶乐、节度尚检赞同伐越巂。诏亲帅太子藩，围逼会同。越巂固拒被戮，会同请降无害。子女玉帛，百里塞途，牛羊积储，一月馆谷。"《南诏德化碑》碑末题词："赞普仁明，审知机变。汉德方衰，边城绝援。挥我兵戎，攻彼郡县。越巂有征，会同无战，……邛泸一扫，军郡双灭。"③ 巂州地区被攻下之后，南诏与吐蕃共同瓜分了原属唐的巂州乌蛮、白蛮地区。越巂（今四川西昌）一带属吐蕃，会同（今四川会理）上下归南诏。南诏在会同设置会川都督府，作为统治大渡河南岸广大地区的据点。《元史·地理志》"会川路"条："天宝末，没于南诏，立会川都督府，又号清宁郡。"④ 至德二年（757），吐蕃南诏再次联合侵犯，越巂县、台登县（今四川泸沽）均被攻陷。此时，巂州绝大部分被吐蕃与南诏占据，大约以阳蓬岭（今会理县甸沙关）为界，南为南诏势力范围，北为吐蕃势力范围。

贞元十年（794），南诏与吐蕃决裂，复与唐和好，击败吐蕃，巂州始告恢复，复置越巂、苏祁、西泸等旧县，隶剑南西川节度管辖。但阳蓬岭以南会川都督仍属南诏，未还西川，且多占疆土。

唐文宗太和三年（829），南诏王劝丰祐遣弄栋节度使王嵯巅率兵攻西川，陷邛州（今邛崃）、戎州（宜宾）和巂州。唐文宗太和五年，南诏再犯巂州，攻占越巂、苏祁等县，迫使唐朝将巂州驻地于次年迁往台登（今冕宁县南部之泸沽）。《旧唐书·文宗本纪》："［太和］五年……冬十月戊寅，蛮寇巂州，陷二县。……六年五月甲辰，西川修邛

① （后晋）刘昫等：《旧唐书》第16册，中华书局，1975年。
② （宋）欧阳修、宋祁撰：《新唐书》第20册，中华书局，1975年。
③ 周祜：《大理历史文化论集》，中国社会科学出版社，1993年。
④ （明）宋濂等：《元史》第5册，中华书局，1976年。

峡关城，又移巂州于台登城。”[①] 至此，台登以南为南诏所据。自咸通初年，南诏屡攻巂州，侵略会川都督以北的巂州境，台登遂为南诏所有。其后，于州治越巂县城外筑建昌城，又于城北置三阜城，于苏祁县置笼么城（一名甸头城）；于西泸县置沙野城，皆属会川都督所辖[②]。占领台登后，置台登城，设承上（南诏地方官名）之官以统之，移“乌蛮”实台登城并以其部落长守之。

咸通十年（869），南诏出兵清溪关，攻占大渡河，次年正月陷黎州，冬围成都，败归。咸通十四年，南诏自大渡河攻陷黎州，次年攻成都，退归。此后南诏与西川议和，西川节度使高骈进兵至大渡河而止，没有收复巂州旧壤，大渡河以南仍为南诏所据。

南诏占据大渡河以后，得势于大理之郑氏、赵氏、杨氏以至段氏，都以大渡河为其北界。继南诏之后，大长和国、大天兴国、大义宁国政权，至段思平建立的大理国，在巂州地区仍然同南诏时设置一样。

大理国时期，会川都督管领之地分别以清宁（会理）、建昌（西昌）二郡为南北中心。北宋绍圣元年（1094），大理权臣高升泰篡权，建“大中”政权，其在位两年。高升泰死，其子高泰明遵父命，复立段氏为君，但虚拥名位，史称“后理国”。后理国废会川都督，分别置会川府和建昌府，直接由后理政权管辖[③]。

南诏时期，凉山地区是唐、吐蕃、南诏政权之间相互攻伐的主战场，区域内战火纷飞，生灵涂炭。段思平建立大理政权后，采取积极措施治理国家，以适应当时社会发展，对于被统治的各民族的部落，解除了他们南诏时期的集体奴隶地位，免去徭役。地方政权组织形式，则统一划分府或郡，下设有县，各府郡长吏是当地世袭的白族封建领主。被统治的其他民族的部落则交错杂居。随着生产力的发展，社会经济、政治也得到了一定的发展。大理国后期，段氏国王失去了实际上的统治权力，以高氏为首的白族到处割据称霸。在大渡河以南、金沙江以北的凉山地区，邛部的力量逐步壮大，邛部贵族自称“山前山后百蛮都鬼主”，拥有武装，攻劫临部。而建昌、会理的白族统治者，实际上只能据城自守，不可能对邛部进行有力的控制，与此同时，金沙江上游的么些（纳西族）各部贵族，也各自盘踞。其他民族各部贵族们为发展自己的地方势力，相互兼并或对立，造成分裂，民族之间纷争不已。这种情况下，社会发展缓慢，人民生活水平低下。

---

① （后晋）刘昫等：《旧唐书》第2册，中华书局，1975年。

② 南诏时期会川都督府地图可参见《中国历史地图集》。

③ 大理时期会川府、建昌府地图可参见《中国历史地图集》。

唐、南诏、吐蕃之间大规模的频繁战争，特别是南诏末年到大理国建立连续近半个世纪的战争，加上内部奴隶、各部族的起义，造成人口锐减，以致史书记载15岁的少年都被强征到战场。后大理虽经近300年的恢复，也还没有达到南诏初期的水平。战争造成人口锐减，产生负面效应，统治阶级需要巩固其统治，满足其对财富积累的欲望，不断增加兵源，而频繁的战争反而进一步加剧了人口的减少，形成一种恶性循环，下层人民为生计所迫，为应付统治者对兵源、财富的需求，苦不堪言。

3. *唐宋与南诏、大理政权之间的关系*

南诏、大理政权分别是在唐代及宋代于今云南和川西南地区建立的地方政权，是西南地区存在时间最长、影响最大的地方政权，在西南地区历史上有重要的地位。

洱海地区，秦、汉以来为昆明族居住区域；到公元7世纪初，相当于唐代初年，西洱海区域部落复杂，而以六诏著名。六诏仅为西洱海诸多部落中的六个部落。六诏之名号，《新唐书·南诏传》曰："其先，渠帅有六，自号六诏，曰：蒙巂诏、越析诏、浪穹诏、邆賧诏、施浪诏、蒙舍诏。"① 所以称"诏"者，《旧唐书·南诏传》曰："蛮谓王为诏。"②《新唐书·南诏传》亦曰："夷语王为诏。"③ 故六诏犹六王也。

六诏之中建诏最早者，当为蒙舍诏，南诏之名应当是后起的，蒙舍诏在地理上居于其他五诏之南，故称南诏。蒙舍诏所在的盆地土地肥沃，物产丰富，部落内人口众多，经济基础较好。而唐朝为了阻止吐蕃奴隶制政权向西南地区的扩张，为了抗击滇池和滇东地区的爨氏割据势力，竭力扶持洱海地区部族力量。在六诏之中，蒙舍诏经济条件较好，且对唐王朝一贯亲近，这样，蒙舍诏自然就得到了唐王朝的支持。

开元二十五年（737）在唐王朝的扶持和帮助下，蒙舍诏用武力兼并蒙巂，攻占石桥城、石和子，夺取太和城（在今云南大理市太和村），修建龙口城（在今大理市上关），据有"河蛮"之地。剑南节度王昱插手越析诏与"白蛮"的争端，并越析诏地于南诏。越析诏主波冲兄子于赠遂携家众，东北渡泸水（今金沙江）徙于龙佉河（在今四川盐边县境），以图复举。皮逻阁隔泸水筑城胁于赠。以后阁逻凤率兵击之，于赠投水死，越析诏乃灭。在此前后，南诏又先后破大和、大厘，败邆賧、施浪、浪穹三诏，使其退往野共剑川，基本统一了洱海地区，唐王朝便正式予以承认。

---

① （宋）欧阳修、宋祁：《新唐书》第20册，中华书局，1975年。
② （后晋）刘昫等：《旧唐书》第16册，中华书局，1975年。
③ （宋）欧阳修、宋祁：《新唐书》第20册，中华书局，1975年。

开元二十六年，朝廷封皮逻阁为云南王、越国公，赐名蒙归义。学术界一般都将这一年作为南诏国的建立时间。卢求《成都记·序》说：“南蛮六部不相臣服，天子每有恩赏，各颁一诏，呼为‘六诏’。开元末，节度使王昱受贿上奏，合六诏为一，乃封大酋帅越国公蒙归义为云南王，始独称南诏。”①《旧唐书·南诏传》载：“归义渐强盛，余五诏浸弱。先是，剑南节度使王昱受归义赂，奏六诏合为一诏。归义既并五诏，服群蛮，破吐蕃之众兵，日以骄大。每入觐，朝廷亦加礼异。”② 南诏吞并五诏之事，《南诏德化碑》中亦有记录，碑文载：“洎先诏与御史严正诲谋静边寇，先王（按：蒙归义，即皮逻阁）统军打石桥城，差诏（按：阁罗凤）与严正诲攻石和子。……无何又与中使王承训同破剑川……二河既宅，五诏已平。……而越析诏余孽于赠恃铎鞘，骗泸江，结彼凶渠，扰我边鄙……故请自征，志在扫平。枭于赠之头，倾伏藏之穴，铎鞘尽获，宝物并归；解君父之忧，静边隅之祲。”③

南诏既破灭五诏，统一洱海区域，即以洱海区域为据点，向四面发展，扩张疆土，巩固统治政权，势力日益强大。十年后，蒙舍诏阁逻凤（皮逻阁之子）又乘爨氏内讧之机，灭掉了爨氏政权，直至公元765年建拓东城，正式统治滇池地区，形成了一割据西南地区强大的奴隶制地方“王朝”。

安史之乱以后，唐朝暗藏的各种矛盾充分暴露，内忧外患接踵而至，使唐廷应付不暇，初唐锐意进取的朝气已丧失殆尽。在这样的情况下，唐朝在西南地区治边之策的特点是力求务实，处理边疆事务多属就事论事。天宝战争（755—763）以后，南诏与唐朝决裂并转与吐蕃结盟。吐蕃于宝应二年（763）攻陷长安，并多次进攻盐（今陕西定边）、夏（今陕西榆林）等州。贞元三年（787）李泌献策于德宗：“臣愿陛下北和回纥，南通云南，西结大食、天竺，如此则吐蕃自困，马亦易至矣。”德宗以其“南通云南，西结大食、天竺”语为是。李泌又言：“招云南，则是断吐蕃之右臂也。”出于此考虑，贞元十年，唐朝与南诏恢复了友好关系。但唐、诏和好的前提是唐朝册封南诏主异牟寻为南诏王，正式承认了南诏藩属国相对独立的地位，天宝战争以前南诏对唐朝的依附关系已不复存在。

唐朝扶持南诏的目的是“以夷制夷”，借南诏的力量与吐蕃抗衡，以确保唐帝国西南疆的安全。但是南诏崛起于西南之后，并非服帖地听命于唐王朝，反而企图壮大自身势

---

① 转引自方国瑜：《方国瑜文集》第二辑，云南教育出版社，2001年。
② （后晋）刘昫等：《旧唐书》第16册，中华书局，1975年。
③ 周祐：《大理历史文化论集》，中国社会科学出版社，1993年。

力。这与唐朝在西南的利益是不相容的，必然会引起冲突。在南诏国 167 年的统治当中，南诏与唐朝、吐蕃时和时战，吐蕃衰落以后，南诏与唐朝的争战，更无已时，以致国力疲弊。异牟寻死后，南诏统治危机逐渐加深，相继即位的南诏国主大多年少，大臣摄政比较普遍，统治大权也逐步由蒙氏转到了朝廷重臣手中，导致南诏政权内部的隐患加剧，南诏后期社会矛盾空前激化，最后终于导致了南诏国的灭亡。

唐昭宗天复二年（902），清平官郑买嗣篡蒙氏位，“杀蒙氏亲族八百人于五华楼下”，改国号“长和”，以大理为都，蒙氏政权宣告结束。郑氏建立的大长和国是南诏国的直接继续，南诏国没落的奴隶主贵族势力仍然具有相当大的力量。大长和国的统治并不长久，后唐明宗天成三年（928），权臣东川节度杨干贞杀死第三代王郑隆亶，扶持清平官赵善政为国主，改国号为“大天兴国”。第二年杨干贞废掉赵善政，自立为王，建立大义宁国。杨氏统治时期，“贪虐无道，中外咸怨”。通海节度使白蛮贵族段思平联合滇东乌蛮三十七部势力，以“减税粮”“宽徭役”为号召，起兵往讨之，于后晋天福元年（936）以武力推翻了大义宁国，建立起大理国封建农奴制政权。大理国的建立，结束了南诏灭亡以后政权频繁更替的局面，并继续了南诏对今西南地区的管辖。

大理国在对外关系方面，放弃了南诏四处扩张的做法，在处理与宋朝的关系方面，大理政权始终持积极的态度。但是由于北宋统治者在总结唐朝灭亡的教训时，太祖“鉴唐天宝之祸起于南诏，以玉斧画大渡河以西曰‘此外非吾所有’”。因而，自宋太祖起，即定下了与大理政权关系的基调。在这样的情况下，两宋在处理与大理政权的关系时，始终摇摆不定，基本上采取以大渡河为界，尽量疏而远之的政策。

乾德三年（965），宋遣大将全斌率军进攻成都，随后四川地区被北宋统一。大理政权即遣使至宋祝贺。开宝元年（968），大理政权再次遣使至黎州（今四川汉源）递交文书，希望与宋通好。太平兴国七年（982），太宗诏黎州守将于大渡河畔造大船，“以济西南蛮之朝贡者”。大理政权与北宋遂建立了朝贡的关系。为解决战马严重不足的问题，熙宁六年（1073）后，北宋在黎州、雅州等地设置了马匹博易场，与大理国及西南诸蛮部落购买战马，双方的经济交往因此得到拓展。大理政权与黎州等官府的马匹交易一度达到较大的规模。邛部川（今四川越西县）山前、山后五部落甚至“仰此为衣食”。大理政权对增进与北宋的关系表现出很高的积极性，在与宋朝交易马匹的同时多次遣使要求册封。据《宋史·大理国传》：政和七年，大理政权向宋朝进贡，宋廷遂封大理国王段和誉为云南节度使、大理国王，赠金紫光禄大夫、检校司空、上柱国，这一时期亦有宋朝遣使至大理国的情形，至此北宋与大理政权的和睦关系出现了一个高潮。但至宣和二年（1120）宋辽战争，北边战事偏紧。广州观察使黄璘又因引荐大理国入觐被罗织罪名，北宋有意冷淡与大理政权的关系，“自是大理复不通于中国，间一至黎州互市”①。

宋廷南渡之后，由于在与北方契丹、金等民族政权多次战争中失败，使南宋统治集团对边疆少数民族的偏见进一步加深。在这样的背景下，对大理国的戒备心理必然有增无减，在南宋统治者看来，大渡河以南地区已属徼外。但由于北方马匹的来源渐紧，在大理政权屡请入贡互市的情况下，南宋不得不在广西置买马提举司向大理国和罗殿、自杞诸蛮买马。

南宋绍兴三年（1133），广西官府奏大理国请求入贡，高宗“谕大臣止令卖马，不许其进贡”，表明打算终止与大理政权在北宋时建立的宗藩关系。为拒绝大理国贡马队伍入宋，广南西路买马提举司竟以“今春买马已足，别无买马钱物在寨”作为托词；高宗虽诏对所贡马仍可收买，“令广西帅臣更切相度，无他意，即令提举买马官多方措置收买”，但“仍令帅司密切旨挥，经由沿边供职官等，至时暗作堤备，不许张皇，引惹生事”。绍定四年（1231），大理国请求南宋复开清溪道以利入贡，南宋镇吏孟珙以“大理自通邕广，不宜取道川蜀”为理由拒绝。

南宋与大理政权的马匹交易曾达到了很大的规模，但由于南宋对马匹交易有诸多的限制和防范，兼之路远且道路梗阻难行，大理国商贾赴邕州卖马的情形渐稀。而“自杞诸番本自无马”，因此自杞、罗殿向大理国购得马匹后，乃取代大理国成为向南宋主要的卖马者。南宋对与大理政权的交往渐趋消极，至南宋后期与大理政权的官方联系已基本上断绝。

4. 元代对凉山的经营

公元1206年，成吉思汗建立了蒙古国以后挥师进入黄河流域。宋端平二年（1235）窝阔台汗遣军三路攻宋，遭到南宋军民的顽强抵抗，蒙宋战争在四川、襄汉、江淮战场陆续进入胶着状态。宋淳祐四年（1244），蒙古军自北过灵关（凉山甘洛）至九禾（丽江九河），大理国王段祥兴遣将高禾迎击，高禾战死，蒙古军亦退去。

宋宝祐元年（1253），蒙古军绕道西北攻下大理国，汲取其兵力和物力，并对南宋进行“斡腹”夹击。蒙哥汗命弟忽必烈率10万骑兵远征大理国，以大将兀良合台总督军事。

① （元）脱脱等：《宋史》卷四八八《大理传》，中华书局，1985年。

“秋八月，师次临洮（今甘肃临洮）。遣玉律术、王君候、王鉴谕大理，不果行。九月壬寅，师次忒剌，分三道以进：大将兀良合带率西道兵，由晏当路；诸王抄合、也只烈帅东道兵，由白蛮；帝由中道。”① 不久，忽必烈留兀良合台“攻诸夷之未附者”，又以刘时中为宣抚使与之一同安辑云南，忽必烈本人率领一部分部队班师北归②。蒙古军的这一次远征，结束了大理国后期“酋领星碎，相为长雄，干戈日寻，民遂涂炭”分裂割据的局面。

公元 1267 年，忽必烈封第五子忽哥赤为云南王。忽哥赤临行前忽必烈面谕之，诏他到云南后“善抚吏民”稳定政局。忽哥赤赴滇后 4 年，即发生了都元帅宝合丁和行六部尚书阔阔带毒死忽哥赤的事件。忽哥赤被害使忽必烈深感震动，鉴于情况严重，他决定在云南建立行省，并于至元十年（1273）把抚治云南的重任交给了大臣赛典赤赡思丁。赛典赤“以所改云南郡县上闻”，完成了地方政权机构的改革，建立行省制度。行省制度是元朝在统治制度方面的一项重要创造，行省把地方军政权力集中于一身，“凡钱粮、兵甲、屯种、漕运、军国重事，无不领之”。至元十一年行省建立以后，在原万户府、千户所的基础上设置了路府州县。按元朝规定，行省以下设路，路领州县或府。至元二十年又规定辖民 10 万户以上者为上路，10 万户以下者为下路，地理位置重要、辖民虽不到 10 万户者亦为上路。路设总管府，置总管、达鲁花赤各 1 员。

蒙元统治时期，也发生过多次诸族的起义事件。如公元 1264 年，建昌地区爆发了以彝族首领建蒂为首并有其他民族参加的抗元斗争。落兰部首领建蒂，原是建昌路泸沽县的首领，归附元朝之后又发动叛乱，北边杀害元朝委任的邛部川六番安抚招讨使都王明亚，南部借其女沙智嫁给建昌首领阿宗之机控制了建昌，其强盛时控制着凉山大部分区域。由于其影响到了元朝对这一战略地区的统治，元世祖忽必烈才派其王子奥鲁赤亲领大军，前来平叛，结果以建蒂的失败而告终。但此后，忽必烈不计前恶，仍任命建蒂的女儿沙智为佩虎符的万户，在之后的政权机构变革中，沙智这位女官又被任命为佩虎符的建昌路总管府总管。

元朝在凉山设置的罗罗斯宣慰司，驻今四川西昌。罗罗斯宣慰司所统治的地域范围，大致是今大渡河以南、金沙江以北，东至屏山、马边，西迄盐源、木里地区③。辖建昌路（治今凉山州西昌市）、德昌路军民府（治今凉山州德昌县德州镇王所乡）、会川路（治今

① （明）宋濂等：《元史》卷四《世祖本纪》，中华书局，1976 年。
② （明）宋濂等：《元史》卷三《宪宗本纪》，中华书局，1976 年。
③ 元代罗罗斯宣慰司地图可参见《中国历史地图集》。

凉山州会理县城关镇）、柏兴府（治今凉山州盐源县卫城）。建昌路领一县九州：中县、建安州、永宁州、泸州、礼州（领泸沽县）、里州、阔州、邛部州、隆州、姜州；德昌路军民府领四州：昌州、德州、威龙州、普济州；会川路领五州：武安州、黎溪州、永昌州、会理州、麻龙州；柏兴府领二县：闰盐、金县。

元朝对凉山地区的统治制度，是一种军事管制制度。罗罗斯宣慰司都元帅（后改为兼管军万户）是当时凉山地区的最高军事长官，为军事职务，同时也兼管行政。罗罗斯宣慰司都元帅第一任是火你赤，《元史·世祖本纪》："至元十二年（1275）三月乙亥，谕枢密院：比遣建都都元帅火你赤征长河西，以副都元帅覃澄镇守建都，付以玺书，安集其民。"① 第二任为覃澄，《元史·谭资荣传》："西南夷罗罗斯内附，帝以澄文武兼资，可使镇抚新国，以为副都元帅、同知宣慰使司事。至其境，谕之曰：皇元一视同仁，不间远近，特置大帅，安集招怀，以捍外侮，非利征求于汝也。夷人大悦。"其后，帖木哥、脱力世宫、斡罗思、答失八都鲁等人都为罗罗斯宣慰司都元帅或兼管军万户②。元代后期，出现了罗罗斯土官宣慰使，土官宣慰使不像流官宣慰使那样可以统治整个罗罗斯，不是都住治罗罗斯的首府建昌，其统治权只限于其传统的部落式辖区③。有关罗罗斯土官宣慰使的最早记录是漂末，其代理死去的丈夫的罗罗斯宣慰使，女土官漂末的史载，仅此一见。其后，史料中所见的罗罗斯土官宣慰使还有撒加伯、安定、安配等。

元代在罗罗斯设置土官制度的百余年间，改变了凉山长期混战和割据的状况，以流官主治的罗罗斯宣慰司，和朝廷任命的以土官随俗而治的路、府、州、县的土流政权兼置，就使今凉山和西昌地区纳入全国统一的行省之下，宣慰司及其下属的路府州县的设立，也与全国的行政建制统一了。

三、隋唐宋元时期考古遗存的文化因素分析

隋唐宋元时期，凉山的考古遗存与先秦和汉晋时期比较，类型单一，数量较少。墓葬的数量较多，但主要集中在西昌市郊的北山、小山、桑坡、姜坡、杨家坟山、新村等6处。城址发现4处，主要位于西昌和盐源。岩画发现2处，一处位于西昌大菁乡，一处位于西昌和昭觉交界处的博什瓦黑。总体来看，这一时期的考古遗存主要集中在以西昌为中心的环邛海地区。

---

① （明）宋濂等：《元史》卷四《世祖本纪》，中华书局，1976年。

② 杜玉亭：《元代罗罗斯总府建置考》，《内蒙古社会科学》1985年第1期。

③ 杜玉亭：《元代罗罗斯土官的建置和评价问题》，《民族研究》1980年第1期。

从凉山地区发现的隋唐宋元时期的考古遗存来看，凉山地区在南诏大理时期有着浓厚的佛教信仰习俗。昭觉博什瓦黑石刻画像①，基本上是佛教造像，整个画像除一幅王者出行图及少数供养人和世俗人画像以及几方原始岩画外，均为佛教密宗的诸佛菩萨、明王的画像。刻造年代，据《简报》说："可能是南诏景庄王或其后人开始刻造的，后起的大理国统治者，继续营造。"营造这一大规模的石刻固然与当时统治阶级的提倡与民间的宗教信仰有关，但石刻的内容则直接或间接反映了当时的文化与信仰。众所周知，南诏后期，佛教成为国教影响极大，佛教的密宗大师声望最高、影响最大者首推天竺僧人赞陀崛多。

编号为81405的刻石，位于整个石刻群的中心和显著地位，此一巨石上刻有四幅画：81405.1刻的是四尊天王像；81405.2刻的一头象，象鼻上卷一裸体人；81405.3即天竺僧人赞陀崛多的刻像；81405.4刻的是四尊明王像。博什瓦黑编号为81405.3的长者像所着衣服式样，较之于石钟山所谓的波斯国人（实际上这都是由天竺而来的梵僧或西僧的形像）亦极其相似，他们均着长袍而腰束带，只是博什瓦黑的为一坐像，石钟山的为立像，稍显不同而已。博什瓦黑长者天竺僧人赞陀崛多像后有一杖，前有一"兽"。此"兽"应为犬的变形，犬颈上挂一串念珠并以右爪持之，更显出此神犬对尊者的虔诚与驯服。持杖携犬也是南诏、大理时造像中梵僧的普遍形式，如石钟山的梵僧形像中有两个各自牵着一只犬，剑川沙登村第五窟用阴线刻的观音像，手持瓶，旁亦有一犬，"卫国圣母与建国梵僧"像的梵僧座下也有一犬。剑川石钟山石窟开凿的年代在南诏至大理国时期数百年间，而昭觉博什瓦黑石刻的年代亦在南诏晚期至大理国时期，二者在时间上是相同或接近的，它们的关系是密切的。

凉山地区崇佛的情况不只反映在岩画上，除此之外，今凉山彝族自治州境西昌、会理等地还有不少与南诏大理崇佛有关的遗迹，如凉山地区的火葬墓。西昌火葬墓中的佛教文化元素众多，主要表现在以下几项。1. 莲花。莲花因清洁而为佛教崇奉，成为佛教的圣物而被装饰在许多地方。西昌火葬墓就可以看到许多莲花的形象，如卵塔形墓幢上的仰莲、火葬罐外的莲花图案、火葬罐中随葬的铜、银莲花饰片等。2. 金刚杵。有部分火葬罐中随葬有铜质的金刚杵，长7—8厘米，中部有一指环，应该是戴在手指上使用的。此外还发现过一件硕大的红砂石质金刚杵，上刻"追为亡人某某神道"铭文，应该是作为墓幢使用的。3. "万"字符号。大多数火葬罐的底部都放置有"万"字形铜片，有少数为

---

① 凉山博什瓦黑石刻画像调查组：《凉山博什瓦黑石刻画像调查简报》，《中国历史博物馆馆刊》1982年总第4期。

铜质鎏金的，还有银质的。4. 曼陀罗图案。有金属和石质两类，基本形象为一个圆圈内套一个八角星。圆圈的中央和八角上写或刻有梵文的咒语或佛菩萨种子。金属质的较小，直径一般在 10 厘米以下，其中以铜质的最多，还发现金质的，上面的梵文用朱砂书写。5. 梵文。梵文是古印度的文字，早期的佛经多用梵文书写，梵文也就因此成为佛教的一个载体随着佛教传播。西昌火葬墓地中出土的人骨、铜莲花饰片、部分火葬罐上和圆饼形石墓志上常书写或镌刻有梵文。

凉山火葬墓除佛教文化元素外，还有儒、道、巫文化元素，墓葬文化具有浓厚阿吒力教色彩。阿吒力教是以佛教密宗为基础，吸纳了道教、儒教和云南民间巫教而形成的一种地方性宗教，其主体为佛教密宗。阿吒力教是主要流行于滇西大理一带的一种宗教，其最盛时期约在唐宋至元明时期，曾一度在南诏大理国统治区内占统治地位，其实力最盛时区域曾覆盖整个云南，并延伸到川西南的凉山地区。

唐懿宗咸通年间南诏全部据有嶲州，于西昌立建昌城，并以此为据点向北骚扰，世隆甚至坐镇于此督阵。《南诏野史》谓："咸通三年（862），隆亲寇蜀，取万寿寺石佛归。时高真寺僧崇摸有神术，从征军中，乏粮又值岁暮，士卒思归，僧咒沙成米，咒水成酒，士卒各醉饱。"世隆在行军中重用这些密教僧人，并制造这些神话来麻痹士兵为其北侵政策服务。还载："乾符三年（876），（世隆）遣使诣高骈请和，不许，斩使者一人，隆怒。自是唐使至不拜，惟拜和尚，骈知之，乃遣僧景仙往谕公主事，隆乃下拜定盟。"可见统治者是如何提高僧人地位的，崇信佛教。

唐宋时期，凉山处于南诏、大理政权的统治之下，而无论是南诏还是大理，对于凉山地区的汉民而言，都是外来的异族统治者，为了巩固自己的统治，向这一地区大量迁入与统治者同族的移民，是历代统治者惯用的方法。见于文献的南诏大规模移民有两次，其中一次就是向凉山地区移民，"（唐）懿宗时，（嶲州）为蒙诏所据，改建昌府，以乌、白二蛮实之"①。当时，凉山的居民由三大部分组成。其一为今凉山彝族的先民，即两林、丰琶、勿邓三大部落；其二为南诏、大理为巩固在区域内的统治，从云南迁来的乌白二蛮；其三为原唐王朝统治的汉民。这三大部分民族中，信奉阿吒力教的是后两者，特别是大理时期的白蛮，是信奉阿吒力教的主体民族。两林、丰琶、勿邓三部落信奉巫教，其首领称大鬼主，从不信奉佛教。乌白二蛮从云南迁来，在其祖居地已是接受了阿吒力教的民族。

① （明）宋濂等：《元史》第 5 册，中华书局，1976 年。

他们迁到凉山，同时也带来了其宗教信仰。再加上南诏大理政权的蓄意支持，阿叱力教在凉山得到大力传播。

南来的移民改变了嶲州地区的民族成分，并将自己的文化习俗阿吒力教带到新迁入的地方。南诏大理的统治者都笃信佛教，并在其统治区内大兴佛寺、大造佛像，凉山居民既已成为了南诏、大理国的子民，在文化上必然要接受南诏大理文化，佛教亦必然会在凉山地区有较大的发展。

西昌受阿吒力教影响的火葬墓的下限在元末，最迟也不晚于明代初期。明朝初年，朝廷下诏禁止火葬，西昌地区的火葬习俗在明初便基本消失了，其原因是随着明王朝的屯田移民活动，大量的汉民再一次迁入凉山，凉山地区的民族成分又一次发生了很大的变化，原来居住在这里的乌白二蛮后裔很快与汉族融合，放弃了自己的丧葬习俗，火葬逐渐被土葬取代。

四、南诏大理时期凉山地区的主要交通线

唐朝与南诏之间长时期的和战交替、两宋与大理之间的消极交往以及南诏、大理政权对凉山地区的经营，均对凉山地区的交通道路产生了较大的影响。这一时期凉山境内重要的交通线，主要有清溪道和沐川源道两条。

1. 清溪道

清溪道实即汉晋时期的零关道，其南通南诏，在南诏西可取路通南亚和中亚诸国，是一条非常重要的古道。《蛮书》卷一："从黎州清溪关出邛部，过会通至云南，谓之南路。"因古道上有重关清溪关[①]，故又多称清溪道。由于到云南后可通天竺，又称天竺道。其他又有邛部旧路、嶲州道、姚州道、姚嶲路、西川道等称谓。唐宋时期，南诏、吐蕃崛起，不断侵扰黎、嶲二州以至成都，征战沿着早期的零关道、旄牛道以及后来的清溪道进行，随着军事的需要，清溪道逐年开通修治而成。唐贞元四年（788）西川节度使韦皋即整治从清溪关越小相岭以通台登的道路，置驿亭，使清溪道代替了零关道，成为唐以后贯通凉山州南北的唯一官道。

樊绰《蛮书》和《新唐书·地理志》载有此路的详细行程，但地名于今地多难确考，且两书地名多有出入，就更增加了考证难度。向达、方国瑜、严耕望、赵吕甫、蓝勇五位

---

① 清溪关置于唐肃宗至德年间，乾元二年（759）复置，应在今甘洛坪坝乡和汉源河南乡交界之深沟天生堰附近。详见蓝勇：《四川古代交通路线史》，西南师范大学出版社，1989 年，第 86 页。

先生曾着力对此进行了考证。其中蓝勇先生在实地考察的基础上，参以各家之说，对清溪道驿程进行了较为详细的考证[①]。其起点为成都，然后经临邛（今邛崃）到严道（今荥经），再翻越邛崃山（今大相岭），经旄牛（今汉源）过灵关（今甘洛）至孙水（今安宁河）边，然后顺水而下抵邛都（今西昌），再沿孙水南行出越嶲郡后经今洱海，翻博南山、渡兰仓水（今澜沧江）到今腾冲一带，再穿过永昌西境（今缅甸境内）而最终抵达今缅甸内地和身毒（今印度）。

在凉山地区主要途经依次为：清溪关（汉源甘洛交界之深沟）—大定城（海棠）—达士驿（甘洛煎茶坪）—新安城（越西县保安）—永安城（越西县南菁）—荥水驿/水口（登相营）—初裹驿（喜德冕山）—北谷/台登谷（泸沽峡）—台登平乐驿（冕宁泸沽镇）—苏祁驿（西昌礼州北）—嶲州三阜城（西昌）—沙野城（西昌河西）—羌浪驿（德昌县治）—阳蓬岭/俄准岭（德昌东南安宁河谷诸山）—俄准岭馆（甸沙关附近）—会川镇（会理县）—目集驿（唐和集县，今会理凤营区）—河子镇（会理黎溪大海子）—泸津关（会理拉鲊渡口）[②]。

唐宋时期，清溪道曾数度兴衰。从唐初至天宝战争以前，清溪道一直是西南地区与唐王朝联系的最重要的通道。高适曾说："剑南虽名东西两川，其实一道。自邛关、黎、雅，界于南蛮也。"[③]

此道是南诏各族入朝进贡的要道，白居易《蛮子朝》诗云"泛皮船兮渡绳桥，来自嶲州道路遥"，亦是唐代使节和军旅入南诏的要道。太宗贞观年间，梁建方率巴蜀兵征伐松外蛮，便是从成都南下，经嶲州道而入的。唐中宗神龙三年（707），唐九征率大军出击姚州叛蛮，亦是经清溪道。景云元年（710）云南诸蛮联合吐蕃攻杀唐御史李知古，"姚嶲路由是历年不通"。天宝战争时，鲜于仲通、李宓两次率唐军进攻南诏，均走清溪道。此后南诏和吐蕃数次联合进攻西川，唐、南诏在清溪道北南对峙，造成清溪道数十年间不能正常通行。贞元会盟（794）后，西川节度使韦皋遂"开清溪道以通群蛮，使由蜀入贡"。韦皋任西川节度使，整修清溪道，是唐代对清溪道一次较大修整，其目的便是为了使各民族纳贡进谏方便。

贞元十一年（795），唐军攻占吐蕃控制的罗山并置兵固守，"邛南驿路由此遂通"。

---

① 蓝勇：《四川古代交通路线史》，西南师范大学出版社，1989 年。

② 蓝勇：《四川古代交通路线史》，西南师范大学出版社，1989 年。

③ （后晋）刘昫等：《旧唐书》卷一一一《高适传》，中华书局，1975 年。

贞元十四年，内侍刘希昂便取此道进入南诏，并记其行程①。贞元会盟后的50年间，南诏贵族子弟数千人先后到成都就学，走的也是清溪道。长庆三年（823），韦齐休取此道出使云南。韦齐休作《云南纪行》，曰："云南所以能为唐患者，以开通越巂耳。若自黎州之南、清溪关外尽斥之，疆场可以无虞，不然，扰未艾也。""咸通以来，蛮始叛命，再入安南、邕管，一破黔州，四盗西川"②，南诏通过清溪道多次进攻西川，大渡河两岸再次成为唐与南诏双方拉锯战的战场，使这一交通要道受到很大损毁。唐末古道梗阻，南诏遣使入西川便只能到达黎州（今汉源），如南诏国王舜化贞继位，"遣使款黎州修好，昭宗不答（纳?）。后中国乱，不复通"③。

至于民间行旅也多取此途。薛能诗曰："越巂通游客，苴咩闭聚蚊。"可见当时此古道之通达热闹。

两宋时期，宋政权对大理采取消极排斥的政策，致使古道荒塞，其重要性大大削弱。在北宋初年，新王朝初建，生气犹存，宋政府还是有诚意与大理及附近各少数民族交往的，西川道（即清溪关道）仍然是大理政权与宋朝贡和商务的通道。乾德三年（965），宋遣大将全斌率军进攻成都，随后四川地区被北宋统一，大理政权即遣使经清溪道至宋祝贺，"乾德三年夏，黎州递到云南牒，称大理国建昌城演习爽贺平蜀之意"④。开宝元年（968），"邛部川蛮（越西一带）都鬼主阿伏与山后两林（甘洛）蛮王子勿儿遣人以状白黎州，期十月入贡，成都府奏其状，诏许之"⑤，太平兴国七年（982）"诏黎州造船大渡河，以济西南蛮之朝贡者"⑥。但政和七年（1117）黄璘事件后，"自是大理复不通于中国，间一至黎州互市"⑦。到了南宋，偏安江南，客观上致使中央王朝与大理交通多取大理东南邕州道进行，致使西川道更加闭塞。据载"黎守阎师古言大理请道黎、雅入贡，（孟）珙报大理自通邕、广，不宜取道川蜀，却之"⑧。

宋末，西川道曾为军旅所取用。嘉熙三年（1239），蒙古军攻下成都后，接着南下，攻破古道上之邛崃关，1253年，忽必烈三路攻云南，东路抄合从西昌、姚安一线入白蛮。

① （宋）欧阳修、宋祁：《新唐书》卷四二《地理志》，中华书局，1975年。
② （宋）欧阳修、宋祁：《新唐书》卷二二二《南诏传》，中华书局，1975年。
③ （宋）欧阳修、宋祁：《新唐书》卷二二二《南诏传》，中华书局，1975年。
④ （宋）李焘：《续资治通鉴长编》，中华书局，1995年。
⑤ （宋）李焘：《续资治通鉴长编》，中华书局，1995年。
⑥ （宋）李焘：《续资治通鉴长编》第2册，中华书局，1995年。
⑦ （元）脱脱等：《宋史》卷四八八《大理传》，中华书局，1985年。
⑧ （元）脱脱等：《宋史》卷四一二《孟珙传》，中华书局，1985年。

太和六年（832），西川节度使李德裕对清溪道进行了一次大修整，在清溪关南镇西起修治经阳山江（大渡河）沿眉、嘉而入的道路，即自成都出发，经嘉州龙游（今四川乐山市）西行，经峨眉（今四川峨眉县）、中镇（今四川峨边县城关镇）、阳山（今四川汉源县东南），至清溪道镇西处与清溪道相合，所以称镇西古道。由于古道沿阳山江（大渡河）行，又称阳山江道。再则古道经中镇，故又称中镇邪径。

唐代李德裕开通这条通嘉州古道后，唐文宗李昂主张堵塞清溪关道，但李德裕力主不塞，认为："臣访蜀中老将，清溪之旁，大路有三，小径无数，皆东蛮临时为之开通，若可言塞，则是欺罔朝廷。"这样，清溪关道和其他小道一样照常通行。

2. 沐川源道

沐川源道，即自犍为南行，至沐源镇（今四川沐川县），再经今四川屏山县、雷波县后，翻黄毛埂至阿都部（今四川美姑县）、丰琶部（今四川昭觉县），达嶲州三阜城（西昌），汇合清溪道入南诏。

唐代沐川源道是出入南诏的重要通道。张无尽《沐川寨记》载："南诏尝挟吐蕃以为中国患，盖其路，一出大渡河，一出沐川源，一出马湖江。"垂拱三年（687），玉津令马元庆讨马湖夷，就曾立碑纪功于沐源镇，《舆地纪胜·嘉定府·碑记》载有"沐川古碑"，此碑上有"唐垂拱三年，玉津令马元庆杀马湖夷贼纪功"的记载。《资治通鉴》载咸通十年（869），南诏从越嶲"密分军开道，逾雪坡，奄至沐源川……陷犍为，纵兵焚掠陵、荣二州之境……陷嘉州"。《新唐书·南蛮传中》记载，咸通十年，南诏军"出沐源，窥嘉州，破属蛮，遂次沐源"。乾符二年（875），高骈为对付世隆，分别筑马湖（今雷波黄琅镇）、沐源川（今沐川县城）两城，已视沐源川道与清溪关道为同等地位的军事要道了。

宋代这条道路仍为一要道。史家称此道为"由夷道可道犍为县沐川寨"① 的"入蜀要道也"②，与"阳山江道"并列为嘉州通往"蛮夷"之地的两条要道。当时，马湖蛮③经

---

① 傅增湘：《宋代蜀文辑存》，北京图书馆出版社，2005 年。

② 郭允蹈：《蜀鉴校注》，北京图书馆出版社，2010 年。

③ 唐初，安氏以马湖地区（今屏山、沐川、马边、雷波四县和今宜宾县西北境）统治者身份归附朝廷。唐王朝在此置马湖羁縻州，隶属于戎州都督府，安氏被授予马湖羁縻州都尉之职。后因世代内附之功，封归义郡王，史称董蛮，或马湖蛮、马湖部。这在《新唐书·南蛮传下》中也有记载："戎州管内有驯、骋、浪三州大鬼主董嘉庆（安氏的分支），累世内附，以忠谨称，封归义郡王。"自此，马湖地区在安氏统治之下，成为唐王朝与南诏之间的前哨阵地之一，长期与南诏对峙，因而也常遭到南诏的攻击。

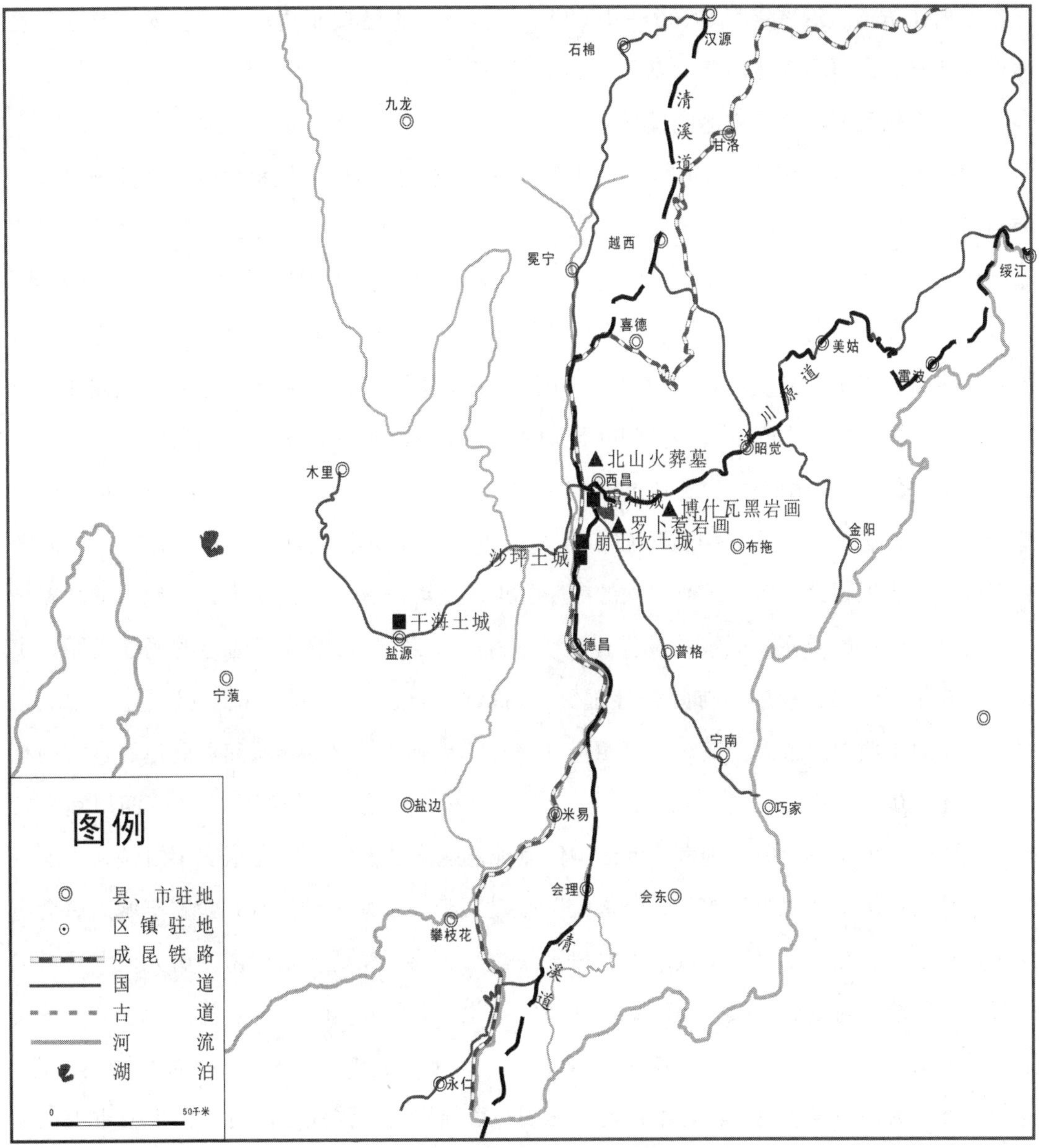

唐宋时期交通示意图

常取沐川、赖因（今马边）等地出入。北宋，犍为县因开辟道路已与“南蛮”发生了摩擦。《宋会要辑稿·蕃夷五》载：“景德四年（1007）十二月，诏益州谕缘边居民，无得採伐林箐以为道路，与蛮人交争。先是，嘉州犍为县民因伐木开道路，与南蛮相伤杀。任中正言：此县岩险，当云南要路，请要置戍兵三百，以武臣为驻泊监押。”此“云南要路”正是沐源川道。嘉祐四年（1059），犍为县尉景思谊于沐源川城西山新筑沐川寨西寨，以加强防备。治平年间（1064—1067），又发生虚恨蛮侵犯边境事件，龙游县主簿范师道为此奉命，再增筑沐川寨西寨①，再加强防备。

五、唐宋元时期凉山交通的发展

唐代西南地区的交通格局较汉晋时没有大的变化，西南地区最重要的交通路线莫过于南诏通唐之诸道。据有学者考证，南诏通唐共有五道：其一为“清溪关道”，其路线基本循汉代之“西夷道”；其二为“石门道”，仍然取汉之“南夷道”路径；其三为叶榆水、古涌步道，即安南通天竺道东段，由今昆明至越南河内之道；其四为牂柯、黔中道，由今昆明经曲靖、贵阳至涪陵；其五为“邕州道”，取道南盘江而下岭南。这五条道路中，清溪道最为便捷，但唐中叶以后，受到吐蕃威胁，使其重要性让位于“石门道”②。

唐朝十分重视西南地区交通业的建设。《通典》：“自梁武、隋炀，（海南）诸国使至逾于前代。大唐贞观以后，声教远被，自古未通者重译而至，又多于梁、隋焉。”③ 吐蕃兴起以后，唐王朝为了对付日益强大的威胁，川西至洱海区域乃至整个云南地区的战略地位日益重要，这就需要保证“清溪关道”和“石门道”这两条战略通道的畅通无阻。贞观二十二年（648），唐朝为排除松外蛮反叛对西洱河通天竺道的干扰，遣梁建方率兵击之，遂复通了西洱河至天竺道。天宝四年（745），唐朝筹策开通步头路，此道始自安南都护府，北经步头（今云南建水）、安宁城（今云南安宁）达于戎州都督府（今四川宜宾），具有重要的军事用兵价值。剑南节度使章仇兼琼遣越嶲都督竹灵倩先至安宁筑城。当地的爨氏大姓借口唐军“赋重役繁、政苛人弊”发动反叛，杀死筑城使者并毁安宁城。唐命南诏东进平定了叛乱，复置安宁城。神龙三年（707），唐廷派姚嶲道讨击使唐九征率兵击姚州叛蛮，可能也与复通“灵关道”（即“清溪关道”）有关。同时在“石门道”“清溪关道”沿途战略要地筑城置关，如黎州、清溪峡、嶲州、会同、姚州等。并对“清溪关道”进行修整，大规模设置馆、驿。上述情况表明，唐朝出自加强控制的目的，十分重视在今云南和川西南地区发展交通。

在南诏统治时期，南诏境内及南诏通往周围地区的交通十分发达，这固然与唐朝前期在云南地区的经营分不开，但与南诏重视发展交通业也有密切的关系。据《蛮书》卷一《云南界内途程》：沿清溪关道从成都府达阳苴咩城共有 49 驿，南诏与唐朝的分界在嶲州

① 刘琳、刁忠民、舒大刚、尹波等校点：《宋会要辑稿》，上海古籍出版社，2014 年。
② 杨永福：《滇川黔相连地区古代交通的变迁及其影响》，云南大学博士研究生学位论文，2011 年。
③ （唐）杜佑：《通典》卷一八八《边防四 · 海南序略》，中华书局，1988 年。

俄准岭（在今四川会理甸沙关），成都至俄准岭有 30 驿，俄准岭到阳苴咩城有 19 驿。另据《新唐书 · 南蛮上 · 南诏传》：异牟寻归唐后与西川节度使韦皋相约，南诏若有急，唐军南援过俄准岭城者，南诏供馈。可见以俄准岭为唐、诏分界是异牟寻归唐前后的事。因此，俄准岭至阳苴咩城路途上的 19 驿，当为南诏所单独经营。

另外，贞元十年（794）唐使袁滋一行册封南诏经由石门关道，入南诏境先后经安宁城、曲驿、欠舍川、云南城、白崖城、渠敛赵中路客馆、龙尾城客馆、太和城至阳苴咩城，可见南诏亦在东路交通线设置了驿馆。若沿石门道南达马龙，遂有“迎候供养”的“门阁廨宇”；尚走安南通天竺道，从安南都护府至安宁沿途有多处驿馆，自安宁往西一线亦有近 10 处驿馆。

这些都足以证明南诏十分重视交通线的畅通和交通设施的建设。南诏于中后期在境内建置了 100 余个城镇，这些城镇大部分是在前代城镇和唐城、吐蕃城的基础上发展而来，但也有一些是南诏新建的。从布局来看，这些城镇绝大部分在交通沿线和交通线附近，对保障交通的畅通和便利商品的集散均起到了积极的作用，这也是南诏统治者开发交通独具匠心的一个表现。但唐代并无南诏大规模置驿的记录，看来以上几条交通干线的驿馆，很有可能大部分是建于唐代前期。

南诏立国以后，先后采取了一些巩固统治的措施，其中影响最大的是移民运动。其中有一种特别的情形，即南诏统治者派遣一些乌蛮、白蛮贵族镇守境内要隘或重要城镇，日久这些乌蛮、白蛮贵族及其部下落籍当地，成为了移民。据《元史》（卷六一《地理四》云南诸路行中书省）记载，建昌路（治今四川西昌），“蒙诏立城曰建昌府，以乌、白二蛮实之”。泸沽（在冕宁泸沽），至南诏羁其诸部，“以乌蛮酋守此城，后渐盛，自号落兰部”。南诏对其周边地区的经营，使其至周边地区的交通得到了很大的发展。

但唐与南诏之间的战争使得连接云南与唐朝西川的两条战略通道“清溪关道”“石门道”受到很大破坏，天宝战争后，曾一度因此关闭。至贞元十年御史中丞袁滋赴云南册封异牟寻时始复通①。唐时还开通了云南联系广西的道路，并在两宋时产生了深远的影响。两宋时期，西南地区局势较为稳定，宋朝在西南地区未进行大规模的边境开拓，大理国也未进行对外扩张，故而西南地区战事少，民族间正常的经济文化交流较为频繁，交通线路的利用率增大。

---

① 木芹：《云南志补注》，云南人民出版社，1995 年。

宋熙宁七年（1074），四川商人杨佐至大理国联系买马。他在大云南驿（在今祥云县）见驿前有里堠碑，题“东至戎州，西至身毒国，东南至交趾，东北至成都，北至大雪山，南至海上，悉著其道里之详，审询其里堠，多有完葺者”①。里堠碑上所记载的几条交通线就有石门关道（东至戎州道）和清溪关道（东北至成都道），而大理国这几条重要的交通线又是沿袭了南诏之旧②。可见，大理国与其四境大体上仍保持着南诏时期的交通格局，对外交往的道路基本是通畅的。但由于两宋对大理国采取敬而远之、控制与其交往的政策，因而大理国通西川的道路较唐时明显衰落。

元朝十分重视交通业，统一全国后在各地遍置“站赤”（泛指驿传）。《永乐大典·站赤》说：“站赤者，驿传之译名也，盖以通达边情，布宣号令，古人所谓置邮而传命，未有重于此这焉。凡站，陆则以马以牛，或以驴，或以车，而水则以舟。”③“站”字用作驿传意义，初写作“蘸”，后又更为“站”，“站”字实为蒙古语的音义兼译。“赤”也是蒙古语，为“职司省”或“官”的意思。在其上冠以名词或动词等组成诸官称谓。站赤的意思则是“掌驿务之官”，也称驿传。

忽必烈征大理国时，凡平定之处或随即修路。至元五年（1268），云南宣慰司都元帅宝合丁在云南正式设置站赤。元代通过在全国各地设立站赤，从各方面加强了政治统治。由于驿站的设立，若地方上发生起义、诸王叛乱，或发生灾情，都可以通过站赤和急递铺向朝廷汇报，朝廷向地方下达的命令，也可以很快传到地方，从而有力地保证了王朝中央与地方的联系。环环相扣，使“上情下达，下情上报”得以顺利实施。

元代驿站主要是供国家军政官员出使时使用，是官办官用的交通。出使人员乘坐的车马船只，皆依官品高下、公事大小而定。军官乘驿，依军情事务而定给驿马及接待的等级。出使人员的食宿问题，也由驿站负责解决。

中庆经建都至成都道。至元十九年（1282），元朝重新开通了清溪关旧道，并沿这条道路设置了驿站。这条道路共设有24站，险要艰阻之处首称金沙江、大渡河、雪山和相公岭，见于记载的驿站有大渡河、西番、邛部州、泸沽州、建昌、定昌府、明夷、大龙、浍川、黎溪、姜、环州、虚仁、勒、和曲、利浪等站，近代大致沿此道修建了成昆铁路。经这条道路从中庆达成都仅有1300里，建成以后遂成为重要的交通线。据《永乐大典·

---

① （宋）李焘：《续资治通鉴长编》卷二六七，中华书局，1979年。
② 方铁：《云南地区至邻国交通史略》，《中国边疆研究通报》（第二辑），新疆人民出版社，1998年。
③ 《永乐大典》卷一九四一六《二十二·勘·站赤》，中华书局，1986年。

站赤八》："罗罗斯宣慰司辖有马站 29 处，有驿马 1271 匹。"① 在四川行省和云南行省的地方官府中，其拥有驿站和驿马之多仅次于乌撒宣慰司。建都道主要的缺点是沿途地形复杂、险阻甚多，普安达黄平道开通以后，元廷在建都道裁减驿马 500 余匹、站丁 15000 余人，但终元之世乃至明清，建都道一直保持了畅通。

元朝设置驿站，其目的是为了传递军国大事、政府文书，但商人也络绎不绝地穿梭于各驿道，因此驿站得到精心的保护和修葺，在安全方面也得到有力保证。元朝重视农业和交通，同时也不抑商，可说元代国内外的贸易都相当发达。元朝平定大理国以后，在其旧地先后推行了一些有利于商业贸易的措施。如：至元十一年（1274），以忙古带率新旧军一万余人戍建都，立建都宁远都护府，兼领互市监②。由于朝廷和行省对商贸活动持提倡和鼓励的态度，云南行省地区的商业贸易相当活跃。在盛产食盐的地区，元朝设立了专管此事的盐运司或转运司。

六、《马可波罗行纪》中的凉山交通

马可波罗出生于意大利威尼斯，十七岁随父亲和叔父经过长途跋涉于至元十二年到达元上都，受到元世祖的欢迎。马可波罗一家在中国生活十七年，至元二十八年，马可波罗一家随同护送阔阔真公主的使团经苏门答腊、锡兰、马拉巴海岸，由忽路莫斯登录至波斯。当他们到波斯后，阿鲁浑汗已去世，他们只好将阔阔真公主交给阿鲁浑的儿子合赞完成使命。后马可波罗和父亲、叔父再转君士坦丁堡回到威尼斯。马可波罗回家住了四年，适逢威尼斯和热那亚作战，马可波罗志愿参战，不幸被俘，在热那亚监狱关了四年。他对同狱的难友口述在亚洲游历的往事，由一名叫作鲁斯蒂谦的比萨人笔录下来，这就是《马可波罗游记》。

自马可波罗口述笔录成书后，迅速流行，几乎各国都有译本，其版本相当多。张星良译注的《马哥孛罗游记》导言第九章、第十章详细介绍了其主要流行的版本，其中 1938 年缪尔与伯希和的《马可波罗寰宇记》是学界公认的较好的版本。我国介绍《马克波罗游记》始于 1874 年，映堂居士写的《元代西人入中国述》首先介绍了马可波罗事迹。1936 年商务印书馆出版了冯承钧翻译、沙海昂注刊本《马可波罗行纪》，1937 年商务印书馆出版了张星良据拜内戴拖刊本翻译的《马哥孛罗游记》，1949 年后中华书局又重印，

---

① 《永乐大典》卷一九四二三《二十二·勘·站赤八》，中华书局，1986 年。

② （明）宋濂等：《元史》卷八《元世祖五》，中华书局，1976 年。

1981 年福建科学技术出版社出版陈开俊合译本《马可波罗游记》，这些是目前国内常见的较好版本。

关于马可波罗本人及其《游记》，过去已有不少研究，近年来发表的一些颇有价值的论文，解决了一些重要问题。《马可波罗游记》一书所述，为当时东方的奇闻异事，在缺乏东方常识的欧洲人看来，其所述的地理、史事、万物，简直像天方夜谭，虽然震惊激动，却又怀疑其真实性。随着中西方交通的逐渐发展，文化交流更加频繁，欧洲对东方的社会历史、山川地理、风俗人情也逐渐丰富起来。19 世纪中叶至 20 世纪，中外一些学者对《马可波罗游记》做了认真的探索与考究，利用东方文献证明《马可波罗游记》所记录的东方情况是正确的，大都认为马可波罗的确到过中国，并游历了中国的西南、江南等地，足迹遍布中国。

马可波罗是否到过中国西南、缅甸诸地？我们对《马可波罗游记》中国西南之行详加考证，无论是从《游记》本身的记录，还是从古史相关资料，都有力证明了马可波罗不仅确实到过中国，而且奉命出游了中国西南与缅甸。他所述的旅行线路和沿途所见的风土人情、社会经济、战争情况大都是真实可信的，有些还是迄今所见的最早的文字记录。如建昌（今西昌）至押赤（今昆明）的路线是从会无（今会理）渡金沙江经元谋、武定至昆明。今元谋、武定开发较晚，通行大道是在宋末元初云南政治中心东移以后，最先见于记录的就是《马可波罗游记》，如不是亲身经历是不可能有此记述的。如马可波罗说建都使用的小货币用盐制成，其法是取盐煮之再用模型范为块，每块重约半镑，八十块值金一萨觉。实际上这种以食盐范成“小货币”的做法肇于南诏，其产品既可作为货币流通，在缺盐的地区也可溶解食用，是一项有相当实用价值的创造，元朝相沿未改。马可波罗也说：建都（指今四川西昌地区）“有一湖，内产珍珠，然大汗不许人采取。若许人采取，珠价将贱，而不为人所贵矣。唯大汗自欲时，则命人采之”。建都“此地有一山，内产一种突厥玉，极美而量多，除大汗有命外，禁人采取”①。据《元史·食货二》：云南行省所辖罗罗斯出产淡水珍珠，会川（今四川会理）出产碧玉。至元二十一年，会川向中央政府输纳所产碧玉 1000 余块，都可与《元史》的记载相印证。

《马可波罗游记》记述中国西南、缅甸之行，对研究西南历史有着举足轻重的作用，我们对此做过一些粗浅的考证，一方面可以用事实证明马可波罗确实到过中国，另一方面

① （明）宋濂等：《元史》卷八《元世祖五》，中华书局，1976 年。

为元代西南交通提供一些线索和资料，既有重大的学术意义又有重要的现实意义。

马可波罗在中国十七年，奉忽必烈之命多次出使国内许多地方，其中出使云南和缅甸是一次重要的游历，《游记》详细记载了这次游历的途程与见闻。

至元二十四年（1287），元朝攻克缅国的都城蒲甘，并在蒲甘及其以南地区驻兵，马可波罗奉元世祖忽必烈之命出使缅国，巡视各地。马可波罗途中留心观察各地风土，回京后将沿途见闻报告忽必烈。其所见所闻大都记载于《马可波罗游记》。

据《马可波罗游记》记载，马可波罗经云南出使缅国的路线，是从成都出发经今西昌进入云南，先后经今昆明、大理、德宏进入缅甸，经蒲甘抵伊洛瓦底江中游地区，返程则经今云南的景谷、昭通等地，抵今四川的宜宾再返成都。马可波罗出使的使命未言不明，但其见闻却详细记载于《马可波罗游记》，成为了解元代凉山交通情况的宝贵资料。

马可波罗在西南游历的基础是元代站赤制度，他用欧洲人的眼光，向世人展示了中国的富庶与文明，也对元代的站赤进行了详细的记载。第 97 章《从汗八里遣赴各地之使臣铺卒》：

应知有不少道路从此汗八里城首途，通达不少州郡。此道通某州，彼道通别州，由是各道即以所通某州之名为名，此事颇为合理。如从汗八里首途，经行其所取之道时，行二十五哩，使臣即见有一驿，其名曰站，一如吾人所称供给马匹之驿传也。每驿有一大而富丽之邸，使臣居宿于此，其房舍满布极富丽之卧榻，上陈绸被，凡使臣需要之物皆备。设一国王莅此，将见居宿颇适。

此种驿站中备马，每站有多至四百匹者。有若干站仅备二百匹，视各站之需要而为增减。盖大汗常欲站中存有余马若干，以备其所遣使臣不时之用。应知诸道之上，每二十五哩或三十哩，必有此种驿站一所，设备如上所述。由是诸要道之通诸州者，设备皆如此；赴大汗所辖之诸州者，经行之法如此。

设若使臣前赴远地而不见有房屋邸舍者，大汗亦在其处设置上述之驿站。惟稍异者，骑行之路程较长，盖上所述之驿站，彼此相距仅有二三十哩；至若此种远地之驿站，彼此相距则在三十五哩至四十五哩之间。所需马匹百物，悉皆设备，如同他驿，俾来往使臣不论来自何地者皆获供应。①

① ［法］沙海昂注，冯承钧译：《马可波罗行纪》，中华书局，2004 年。

马可波罗认为在忽必烈统治区域内，如此多的驿站却被贯彻得非常有效，是难以用语言来形容的，是“一个十分美妙而奇异的制度”。其言辞虽有些夸张，但元朝有庞大的驿站系统却是事实。元代有如此大规模的驿站网络，究其原因，一方面是军事需要，为了保证军用物资的运送、军事情报的传递和军队给养的供给，需要一个庞大的驿站系统来维系。因此，每征一地，都不同程度地恢复或建立驿站系统；另一方面，由于元朝版图辽阔，以往的郡县制度已不能适应当时的形势，在这种情况下，元朝建立了行省制度。为了对行省乃至边远地区进行有效的管辖和控制，防止地方暴乱，通达边情，元朝也需要驿站这样的通讯网络来实现。

凉山所处的罗罗斯宣慰司隶属云南行省，所设驿站，在雅州以南，自大渡河起，纳邻第一站，经塔儿八合你至相公岭，途经建昌至会川，过黎溪、姜驿，从江边渡江经元谋至中庆。从此，这条道路成为云南通往四川的通行大道，在元初曾是云南与中央政权及中原内地保持联系的最主要的交通线。很显然，元代的这条站赤道路与汉唐时期的川西至大理道有明显的不同。由川入滇，元代以前多取道姚安往西至洱海，元代始经由武定达昆明。产生这种变化的原因主要是云南经济、政治中心的东移，即有唐宋以洱海为中心转向以滇池为中心，治中庆路（昆明）。

再来看马可波罗西南之行的路线，第113章《成都府》说：“骑行此五日毕，然后抵一颇遭残害之州，名称土番（Tibet）……”①

第114章《土番州》说：“行上述之五日程毕，入一极广森林，地属土番州矣。”②

第115章《重言土番州》说：“此土番是一极大州，居民自有其语言，并是偶像教徒……其镜甚大，内有八国，及环墙之城村甚众。”③ 所谓土番州就是“土番等处宣慰司”，在今四川西部的雅安、甘孜等地，所说八国即是土番等处宣慰司所领的河州路、雅州、黎州、洮水、贵德州、茂州以及脱思麻路的岷州、铁州等八个地区。其中雅州为自汉以来的重镇，是从四川西部至云南的必经之地。

第116章《建都州》说：“自此建都骑行十日，沿途所见环墙之城村甚众，居民皆属同种，彼等可能猎取种种鸟兽。骑行此十日毕，见一大河，名称不里郁思，建都州境止

---

① ［法］沙海昂注，冯承钧译：《马可波罗行纪》，中华书局，2004年。
② ［法］沙海昂注，冯承钧译：《马可波罗行纪》，中华书局，2004年。
③ ［法］沙海昂注，冯承钧译：《马可波罗行纪》，中华书局，2004年。

此。河中金沙甚饶，两岸亦有肉桂树，此河流入海洋。”① 建都即建昌，为罗罗斯之一路，马可波罗所说建都州应包括罗罗斯全境，即今凉山彝族自治州和攀枝花。又说“隶属一主”，疑当时建蒂②犹在，统率罗罗斯全境。元初设罗罗斯宣慰司隶属四川，至元十九年（1282）改罗罗斯宣慰司隶属云南行省，所属有建昌、德昌、会川、柏兴府，终元世不改。所谓“不里郁思”沙海昂考订蒙古语称金沙江为“不鲁乌苏”，即 Brius 的音译。事实上，《元史》已有不鲁思之名，《速哥传》：“迎合剌章军于不鲁思河”，《脱力世官传》：“定昌路总管谷纳叛，与其千户阿夷谋率众渡不鲁思河”。《元一统志》“丽江路沿革”说：“考今沿革图志，本路出金，有江曰：丽江，古谓丽水，白人谓金沙江，么些蛮谓漾波江，吐蕃谓黎枢江，今又名曰：不鲁失。”不鲁失即不里郁思（不鲁思），为金沙江无疑。

第 117 章《哈剌章州》说：“从前述之河首途，西向行五日，见有环墙之城村甚众，是一产良马之地，人民以畜牧耕种为生，自有其语言，颇难解。行此五日毕，抵一主城，是国都，名称押赤。城大而名贵，商工甚众。”③ 押赤亦作鸭池、鸭赤，同音异写。元代云南省会即大理之鄯阐府，因置中庆路，称中庆，又称押赤。《元史》卷一百二十一《速不台》说：“前次罗部府，大酋高升集诸部兵拒战，大破之于夷可浪山下，遂进乌蛮所都押赤城。城际滇池，三面皆水，既险且坚。”④ 元世祖忽必烈攻下大理城后，分兵取鄯阐及乌蛮未附者，由兀良合台率领。兀良合台“拔鄯阐，得兴智以献”，则押赤就是大理之鄯阐府，在今之昆明。赛典赤建立云南行省后置省会于鄯阐城，设中庆路。

若以途经路线而论，所谓“土番”，即今雅安地区；所谓“建都”，《元史·地理志》卷六十一说：“建昌路，本古越嶲地。”知“建都”就是建昌，即今西昌；是故马可波罗从成都出发后，经过了雅安地区，走的就是从成都向西，经黎州、雅州而南下通往云南的古道。这条道路是汉唐以来川西通至云南的通行大道，元代这条道路上的主要站名有：成都本府站（今成都市）、唐安站（今崇州县）、白鹤站（今邛崃县）、百丈站（今名山百丈镇）、雅州站（今雅安市）、荥经站、沈黎站（元代当在黎州置站，在今汉源清溪区）、大渡河站、西番站、邛部站、泸沽站、泸州站、建都站（今西昌）。光绪《越嶲厅志》卷二载：“大渡河渡，治北三百里，为建昌出入要津。”在今四川汉源县大树乡东北。西番站，

---

① ［法］沙海昂注，冯承钧译：《马可波罗行纪》，中华书局，2004 年。

② 建蒂：彝族首领，公元 1264 年，建蒂领导建都地区的彝族人民反抗元朝统治，后反抗斗争被平定。

③ ［法］沙海昂注，冯承钧译：《马可波罗行纪》，中华书局，2004 年。

④ （明）宋濂等：《元史》卷一百二十一《速不台》，中华书局，1976 年。

设于今四川甘洛县海棠乡一带。邛部站，《经世大典》原写作“邛部州”，本站设于邛部州治，当在今四川越西县城。泸沽站，《经世大典》原作“泸沽州”。《明一统路程图记》卷三载“邛部州龙泉驿百二十里泸沽驿站”，即是由本站而来，当在今四川冕宁县泸沽镇。泸州站，《经世大典》原作“建昌府泸州”，是本站设于泸州治，今四川西昌市礼州。马可波罗从成都至建昌所行的路线应是从成都出发，经过了今天的双流、新津、邛崃、名山到达雅安（吐蕃地），然后南下经汉源（黎州），在大树涉大渡河，经甘洛、越西，越过相公岭至泸沽、礼州到达西昌（建都）。

从建都南下，至会理渡不里郁思河（金沙江）至今元谋，经武定到昆明。需要说明的是元谋、武定这一地区在两汉三国尚未设治，东晋时为建都郡地，唐为求州、縻州地，宋罗婺部势力强盛，随着云南政治中心的东移，这里成为金沙江南行的大道。元代在这一区域设武定路，据《永乐大典·站赤》载，武定路有马站十处：明夷站、大龙站、浍川站、黎溪站、姜站、环州站、虚仁站、鞍山站、和曲站、利浪站。明夷站，明夷当是迷易的同音，为今四川米易县。大龙站，《明路程记》卷三载“大龙驿五十里会川卫”，即是本站，今四川会理县益门镇西北。浍川站，浍川与会川路同名，当在会川路治，即今四川会理县。黎溪站，《清一统志》卷四〇一载：“黎溪驿，在会理州西南一百五十里。”当在今四川会理县黎溪镇。姜站，《古今图书集成》卷一〇五三载：“姜驿设于金沙江外，站接黎溪。”姜驿当为姜站所在，即今云南元谋县姜驿镇。

这十个驿站是建都到押齿的必经站口，马可波罗就是沿这条路线走的。《游记》说：“自建都骑行十日至不里郁思河，再向西行五日抵押齿。”据天启《滇志·旅途志》建昌路考说“有云南府城经富民、武定、元谋六程至建昌卫”，所走路线相同，与马可波罗的五日与十日程比例相当。

这条路线的开通当在大理国末期，到元代始见于记录，从现有资料看，行经此线并将此线记录下来的第一人就是马可波罗，自元代以后，这条道路成为云南、四川联系的主要大道，交通频繁，商旅络绎不绝。

第六节　明清时期

一、历史背景

元代后期，自顺帝至正十一年（1351）红巾起义，南方各省纷纷响应，群雄蜂起，蒙元统治者的中央政权已经摇摇欲坠。相对说来当时的西南一隅却呈现出暂时的平静，明玉珍据四川称帝，国号大夏，经营十年，史称“小康”，凉山仍为蒙元的梁王把匝剌瓦尔密统治区。

明军平定四川大夏小王国后，洪武五年（1372），当时尚属云南的罗罗斯宣慰司的土官宣慰使安定就已归顺了明朝，但建昌仍为云南元梁王把匝剌瓦尔密之地。洪武十五年（1382）正月，明军平定云南，元云南行省平章罗罗斯土官月鲁帖木儿入朝归附，明朝即给予赏赐，并任命其为“建昌卫指挥使”。明政府更置云南布政司所属府州县，罢罗罗斯宣慰司，置建昌府、德昌府、会川府、柏兴府，府属云南布政司。洪武十五年十月，建昌地区的府州县卫划归四川，洪武十九年改为柏兴千户所时降为州，洪武二十五年前会川府划回云南。

明代大刀阔斧地把元代设置在罗罗斯地区的官职进行了改革，罗罗斯土官归明后官职待遇大为下降，极大地削弱或损害了部分土官原有的政治、经济权益，导致了以月鲁帖木儿为首的蒙古、白、彝、纳西、西番等族土官的反明行动。洪武二十五年朱元璋急令正在甘肃一带追击西番逃寇祁者孙部的大将军凉国公蓝玉，要他迅速移师建昌平叛。还急令四川都督聂纬等，先派兵赴建昌，待蓝玉大军到时听其节制。聂纬接到指令立即指派四川都指挥使瞿能率领左副总兵徐司马越嶲侯俞通渊、指挥李华、指挥同知徐凯等一干人马急赴建昌。四川都指挥使瞿能在双狼寨打败叛军，月鲁帖木儿被迫逃亡柏兴州。蓝玉也率大军赶到了打冲河与瞿能会师，在蓝玉的指挥之下立即兵分两路，一路由蓝玉亲自率领，往柏兴方向紧追月鲁帖木儿，另一路则由瞿能率领，往德昌方向消灭溃散的各股残部，并扫除包括今凉山州的西昌、德昌、盐源三县市及攀枝花市的米易、盐边两县大片境内支持月鲁帖木儿叛乱的一些土官土酋的据点。

蓝玉大军入柏兴州，月鲁帖木儿匿于么些洞蛮（即柏兴州的纳西族）土酋贾哈喇境内，蓝玉知贾哈喇境内地多险要，强攻必迁延时日，乃遣百户毛海以计诱月鲁帖木儿来柏兴。是年十一月，月鲁帖木儿率所部入柏兴，蓝玉一举擒之，并尽降其众。月鲁帖木儿自开始叛乱到被擒伏法，为时虽然未及期年，但其余党之为患，直至数年之后方才尽除。洪武二十七年（1394）正月，云南么些洞蛮攻建昌打冲河西守堡，被中军都督府都督佥事徐凯以成都等卫兵击败。十二月，贾哈剌进攻盐井，徐凯命陈暄先率一部出奇兵击之，已则集合主力急速跟进合击，最后生擒叛酋贾哈喇。二十九年，威龙州土知州月鲁帖木儿妻兄普习反，官军捕之，普习中流矢死。

由于土官反明，明王朝把建昌的行政建置及其土官废除，以军事建置取代行政建置，提高军事建置等级，增设军事机构和驻兵。废去建昌府，把建昌卫升为建昌卫军民指挥使司，统领军政权力，后又在建昌设置“四川行都指挥使司”，当时全国仅有五个行都司之一，治所在今之西昌市，下辖会川卫、盐井卫、宁番卫、建昌卫和越嶲卫。其后稍有变化，经过改制，四川行都司共领6卫、21所、5长官司。

由于有四川行都司及所属卫所和五万多驻军，加之土指挥使安氏有效地管束这地区的九种夷人，明代前期建昌地区保持了一百多年的安宁。明朝中后期，建昌地区卫所官员和军士大量减少。建昌卫土指挥使安氏势衰，所属彝族至建昌城劫杀，掠夺卫所，越嶲邛部土司也衰落，越嶲彝族起而攻击官军，明王朝官军和当地民族冲突不断。天启年间，明王朝已不能有效管辖建昌地区及交通沿线，更不能统治凉山腹心地区。明王朝把交通沿线划为五大信地戍守，“一自镇夷堡至木托营，一自土城营至旧关坪，一自金沙江至小高桥，一自河西营至安乐营，一自镇南堡至土桥营。信各一将，画界而守”。即使这样，仍不能保持交通畅通。四川行都司及所属卫所控制范围大大缩减，这种情况直到明朝灭亡①。

公元1644年，清朝入关之初，明末农民起义领袖张献忠也在成都建立了大西政权，基本上控制了四川一带。清军进军西南，大西政权展开了反清斗争；而南明政权也几与顺治一朝相始终。公元1648年，清王朝对凉山地区采取了比较缓和的措施，希望通过土司约束其属民以稳定政局。在这种复杂的历史背景下，阿都、河东两土司分别于公元1649年和公元1659年归顺了清王朝，凉山东部的平彝、蛮夷、泥溪、沐川等土司和大渡河北岸的黎州土千户也于公元1652年投诚清王朝。

雍正年间，伴随改土归流在云贵进行，川陕总督岳钟琪、云贵总督（后兼督广西）鄂尔泰等人也曾企图在凉山彝区大规模地实行改土归流。他们从在西南地区进行改土归流的

---

① 明代四川行省地图可参见《中国历史地图集》。

战略角度出发，认为有必要对凉山彝族进行一次军事打击，然后再改土归流。按照这一构想，他们在凉山采取了一系列军事行动。在此基础上，于公元1727年将河东宣慰司安瞿氏革职，收缴印信号纸；次年三月，岳钟琪一纸《条奏川省苗疆善后事宜》的奏折，宣布在凉山地区大规模地进行改土归流：除将河东宣慰司近凉山一带由安承爵之女安凤英约束外，其近内地者以及河西宣慰司与宁番安抚司，改隶流官管辖；并将阿都宣抚司、阿史安抚司及歪溪、纽结等土千百户，共五十六处，一并改流。这次改土归流并没有推行下去。

尽管清王朝在凉山彝区大规模地推行改土归流没能实现，清王朝还是在凉山边缘浅山、坝子地带极力推行州县制度。公元1782年，清王朝改建宁卫为宁远府（治今四川西昌）。宁远府计领越嶲、盐边厅2厅，会理1州，西昌、冕宁、盐源、昭觉等4县和11土司。[①]

清末西藏危机严重，而西藏问题又牵涉川边问题。要彻底解决西藏问题，就必先解决川边问题，而凉山地处川边南端，发生的“夷患”空前严重，影响了清王朝在川边的行动。公元1908年，赵尔巽继任四川总督，为了全力支援赵尔丰在藏边的行动，解决其后顾之忧，也提出了“是筹办次序，拟以猓夷为先”的策略。1908年冬天，英国传教士布洛克在凉山腹地连渣脑地方被阿候家、苏呷家杀死，此事牵动了外交，使清王朝倍感难堪，引起了清王朝的不安。公元1909年正月，清廷三路出兵攻打凉山，随后会师牛牛坝，清王朝依仗其军事威力在原交脚汛的基础上设置了昭觉县。公元1910年，建昌镇总兵田振邦、宁远府知府陈廷绪等又统率重兵攻会理等处，将披砂、会理、苦竹、者堡、通安等五处土司一律强令“改土归流”，设立了会理州设治委员会、披砂设治委员会，公元1913年，在披砂设立了分县，改设治委员会为“县佐”。以后在这些地区设立了宁南、会东等县，从而实现真正意义上的改土归流。

二、交通管理

明朝政府在西南地区对国家驿道的管理比以往要完善，逐步形成了一套军事护卫和传递公文的体系。驿站最初的主要任务是传送公文、急递军情，由固定的站户担负驿传任务。后来又承担了为往来公干之官员提供脚力马匹、休息食宿等任务，大军如有征伐，亦会沿驿道进兵，驿站自然要提供军供之需。除驿站外，在一些重要或险要地段还设立堡，或者以堡代行驿站职责，加强军事护卫力量。明代一般沿着驿道每隔几十里便设一驿站，在人烟稀少的荒僻之地，驿站之间的距离或达百里以上。每个驿站，供养马十几匹或百

---

① 清代宁远府地图可参见《中国历史地图集》。

匹，设马头数名，库子、馆夫一二名，站内一切开销如铺陈、鞍具、草料、马夫工银等，例有站银，指定州县民户应役，岁派银两，定额为办。

清代在西南边疆地区虽未拓建新的交通干线，但却十分重视对现有国家驿道的管理和维护。在对现有交通体系的管理以及运行效率上，清代超过了宋元明诸代。清代的邮驿具有多种多样的组织形式以及因地制宜和量途置驿的特点，且真正实现了交通与通信合一。驿站不仅是官方的交通组织，也是政府的通信组织，这就有利于官府的管理，而且有效地提高了道路的利用率。清廷还在各地设立传递普通公文的通信组织“急递铺”。通常十里设铺，铺有铺司名和铺兵名。急递铺的规模庞大，网络遍布全国各地。这些铺递路线的构成，大部分是以每一厅州县的治所为中心，即以“县前铺”或“州前铺”“厅前铺”为起点，呈四向散射状与周围相连州县的铺递线路相联系，再与驿站系统的要道相互贯通，形成一个联通全省的交通网络。

为了保障物资流通、军事控制和文化传播的顺畅，古代各族人民通过勒石树碑来加强交通管理，很好地维护了交通秩序。人们用刻石铭记的方式记录了当地水陆交通形成与管理的面貌，凉山现存关于交通管理措施相关的考古遗迹主要是碑刻。

古代桥梁、渡口等交通设施的建设和完善，其经费多为地方政府的全出资，也有地方官员个人捐资，还有社会民众募集善款，记录捐献钱财改善交通的碑尤为众多，如《莲花池古渡碑》[①] 记载挂榜渡口向行人收取渡资，以维持摆渡人的生活开销。

历代地方官员为履行职责和维护一方之稳定，也十分重视对民族地区的交通管理，如《重修开建桥碑》[②]，清代道光年间，清溪县土司马林举事，清政府派四川提督杨芳率兵镇压，平定清溪、峨边后进剿越西，并重修开建桥。

在凉山所在的少数民族地区，因其长期形成的风土人情，一些族长或首领在人们的日常生活中有着极其特殊的影响。各族人民为了便于本地的物资流通和人员往来，同样关注该地区的交通建设与管理，且该地区的交通管理，在强调官方管制的同时，也允许民间力量的介入。如《茨达河场晓谕碑》[③] 记载：彝族家支协商，分段保护道路交通安全，要以“公议章程”的碑文条款进行交通自治管理，以方便人员往来和保障物资流通的顺畅。

---

① 凉山彝族自治州博物馆、凉山彝族自治州文物管理所：《凉山历史碑刻注评》，文物出版社，2011 年。

② 凉山彝族自治州博物馆、凉山彝族自治州文物管理所：《凉山历史碑刻注评》，文物出版社，2011 年。

③ 凉山彝族自治州博物馆、凉山彝族自治州文物管理所：《凉山历史碑刻注评》，文物出版社，2011 年。

三、茶马古道

茶马古道源自古代的“茶马互市”。“茶马古道”是云南大学木霁弘等先生提出的①。它主要穿行于今川、滇、藏横断山脉地区和金沙江、澜沧江、怒江三江流域，是以茶马互市为主要内容，以马帮为主要运输方式的一条古代商道，也是我国古代西部地区以茶易马或以马换茶为中心内容的汉藏民族间的一种传统的贸易往来和经济联系之道。无论在自然资源还是文化资源上茶马古道都是一条具有国际影响力的古道，有关茶马古道的著作不胜枚举，但是凉山境内茶马古道的研究尚处于起步阶段。

“茶马古道”是泛指古代中国西部地区负载有特殊功能的道路系统。这种特殊功能主要是古代中央政府以农区之茶换取牧区之马的专项贸易，运输茶和马所经由的道路以及沿路与这种贸易相关的官府管理机构、客栈、茶马交易场所等相关设施，都属于“茶马古道”遗产范畴②。

“茶马古道”概念划分狭义、广义两种。狭义的“茶马古道”，学界一般认为是茶马互市之道，是以茶换马之道。这种道路具有不同于其他道路的自身特点，即从中古以后的相当长一段时期内，这条道路都是中国古代中央政府与西部边区游牧族群进行以茶换马贸易的通道。这种贸易活动既提供给游牧族群以代替蔬菜的生活必需品，又保障了中央王朝军队对骑兵马匹的供给。所以茶马古道应与茶和马这两种事物都有关，只有当茶和马都成为经由这些道路贩运和交易的主要商品时，这些道路才能成为名副其实的“茶马古道”。而当“茶马古道”以茶换马功能丧失以后，只成为贩运茶和其他货物的道路时，这时的“茶马古道”的道路尽管还是原先以茶换马时所使用的道路，但已经不是严格意义的茶马古道，广义的“茶马古道”应该指这样的道路。

“茶马古道”的形成离不开中国内地农区和高原牧区饮茶习惯的形成，以及农区以茶换牧区之马的专项贸易的开始。青藏高原古国与中央王朝间与马有关互市的最早记载见于盛唐时期，唐玄宗开元十六年（728），当时吐蕃与唐交换的主要还是丝绸之类的物品，茶还不是大宗的交换商品。然而正是两种不同经济文化体之间的这种固定市场的贸易，以及这种相对固定的贸易路线，开启了“茶马古道”上蕃马与唐土的贸易往来，这可视为“茶马古道”的开端。北宋王朝建立后，由于长城沿线草原与荒漠地区被辽和西夏占据，

---

① 木霁弘等：《滇藏川“大三角”文化探秘》，云南大学出版社，1992 年。
② 孙华：《“茶马古道”文化线路的几个问题》，《四川文物》2012 年第 1 期。

宋朝失去养马的草场，军队缺乏战马，遂致力于向西部高原诸部族买马的策略，茶马贸易才真正开展起来。有学者估计，北宋时官府用川茶交换藏区的马匹每年达 2 万匹以上，南宋达 1 万匹以上，而两宋时期四川年产茶 3000 万斤中，每年至少 1500 万斤以上销往藏区[①]。元代统治者因不乏战马，故不再将川茶运往西北藏区交换战马，而改为就地销售，由商人自行购销，按引纳税，听其销往藏区。明代是汉、藏茶马贸易的极盛期。茶叶不仅成为汉、藏之间一个重要经济纽带，同时也是汉、藏之间一条重要的政治和文化纽带，川藏道成为入藏正驿，兼贡道、官道为一体，成为茶叶输藏的主要通道。清代，茶叶输藏规模及汉、藏茶道的开拓又有长足发展，促进了茶马古道沿线市镇迅速兴起和繁荣。

在两宋市马蜀茶中，来自成都府路的名山茶数量最多，因而雅安也作为茶马古道的起点。真正的茶叶生产、加工和销售的起点都是在四川雅安。元代销往藏区的茶开始形成一种新品种，即“西番茶”（即今藏区所称“马茶”），因其味苦涩，适宜制酥油茶而深受藏区民众喜爱。

茶马古道主要分南、北两条道，即滇藏道和川藏道。滇藏道起自云南西部洱海一带产茶区，经丽江、中甸、德钦、芒康、察雅至昌都，再由昌都通往卫藏地区。川藏道则以今四川雅安一带产茶区为起点，首先进入康定，自康定起，川藏道又分成南、北两条支线：北线是从康定向北，经道孚、炉霍、甘孜、德格、江达，抵达昌都（即今川藏公路的北线），再由昌都通往卫藏地区；南线则是从康定向南，经雅江、理塘、巴塘、芒康、左贡至昌都（即今川藏公路的南线），再由昌都通向卫藏地区[②]。

需要指出的是，以上所言只是茶马古道的主要干线，也是长期以来人们对茶马古道的一种约定俗成的理解与认识。事实上，除以上主干线外，茶马古道还包括了若干支线。凉山位于雅安南部，是茶马古道途经重要的区域。凉山境内的茶马古道以西昌为中心，建昌道仍是官商行走的大道，另外还开辟了两个中转站，向西以盐源为集散地，向北则以冕宁泸沽、漫水湾为集散地。

1. 润盐古道

汉武帝建元六年（前 135）设定筰县，附属于越巂郡。历史上曾因“盐铁之利”而闻名。继汉置定筰县后，唐易名为昆明县，大理时称香城郡，元称润盐州、柏兴府，明为盐

---

① 贾大泉：《川茶输藏的历史作用》，《四川藏学论文集》，中国藏学出版社，1993 年。

② 石硕：《茶马古道及其历史文化价值》，《西藏研究》2002 年第 4 期。

井卫，清雍正七年（1729）定名为盐源。历史上的盐源，其范围远不止今之所辖，除今之盐源辖境外，还包括木里、盐边等县地，盐边县为清末分出另置，木里县为1949年后分出另置，现在的盐源县仅相当于1950年时的三分之一。

盐源县盐铁资源丰富，采盐历史久远，县名也因盐而得，现在是四川省第二大盐业基地。盐源有黑盐塘、白盐塘两个盐泉。白盐塘位于塔尔山下，现县城的西南面，成为县城城区的一部分，至今还在生产盐。黑盐塘位于盐塘乡，唐朝在盐源改置昆明城治所，元柏兴府时治所均在黑盐塘。黑盐井，又名喇汝窝现，已停止产盐。正因于此，盐源境内茶马古道也称为“润盐古道”。此古道的雏形，早在新石器时代晚期已经形成，汉唐时，成为民族迁徙和文化交流的重要通道。

润盐古道以盐源县为中心，遍及川滇边金沙江、雅砻江之间的广大地区，涉及的范围包括今四川西昌、冕宁、德昌、盐源、木里、会理、攀枝花各县区及云南省的宁蒗、永胜、华坪、丽江古城区、玉龙等县地。

关于润盐古道，李星星先生曾做过详细考证，将其分为干线和支线①。

干线始于今西昌马道，自西昌马道起（马道旧名马道子，为西部各路马帮汇集之地，千里之行亦始于此），西渡安宁河，经河西，翻越牦牛山脉南段之磨盘山，入盐源界，下山抵打冲河，沿峡谷经骡马堡（“润盐古道”题记处）、平川，上小高山，下山至卫城。

盐源至宁蒗，自白盐井向西，经合哨，穿越盐源盆地，过梅雨坝子，溯盐井河而上，经盐塘（旧名黑盐井，唐昆明县、元柏兴府及闰盐州、县治所，有古盐池）、辣子沟出境，入云南宁蒗界，翻过干拉斯山，即抵宁蒗县城。

从盐源至丽江还有一条路，即白永线（白盐井至宁蒗县属永宁）：自白盐井，经合哨，至梅雨堡，转向西北行，经半边街、棉桠，过牦牛山，经碧基、长柏、三家村，至左所，沿着泸沽湖北岸抵永宁。再从永宁日月和向西，经格洼、日古鲁、拉兹、泥罗，到金沙江渡口拉伯，过江即丽江所属奉科之奉良渡。自奉科向西南行而抵丽江。从左所或永宁出发，还可沿泸沽湖南岸，经宁蒗县城，从牛克夕渡金沙江而至丽江。

润盐古道的支线主要有：白木（白盐井至木里县）—木永（木里至永宁）线、盐普线（盐源卫城至米易县普威）、两盐线（盐源至盐边）、盐泸线等。

白木—木永线：自白盐井西北行，经白乌脚、摩梭沟，到木里县城。再往西北溯理塘

① 李星星：《润盐古道》，《巴蜀文化论集》，四川民族出版社，1999年。

河而上，至木里大寺。翻越格宝山，经屋脚、利加嘴，抵永宁。另外，此线还可通往理塘，与茶马古道干线相连接。

盐普线，即盐源县南驿道，自卫城东南行，经罗家村、大哨垭口、板棚子、树瓦河、松坪子，渡金河（雅砻江），入米易界，经烂坝，至普威再东南行即直抵安宁河畔之攀连镇。

两盐线，主要有二线。其一，出白盐井转南行，经柏林、岔秋、黄草坝，过格朗河出境，经岩口、喇踏田、永兴场，抵盐边县城（旧名阿所拉）。明清时为官道，布盐输出，均由此线。从阿所拉往南，经高坪、同德，抵今攀枝花金沙江渡口。或往西南，经桑园、兴隆场、长官司、片水，入云南华坪县（元北胜州属）境。其二，出盐源卫城，越大哨垭口，经树瓦河、上荒田，过藤桥河（雅砻江支流），入盐边境，至太平场往南，沿鳡鱼河（雅砻江支流）西行，经鳡鱼，抵阿所拉。

盐泸线（盐源卫城至冕宁县泸宁），即盐源县北驿道，又称黄金大道。自卫城，过白洁河，经白乌、关顶、沃底（原瓜别土司），渡金河，到洼里，再沿金河经烂坝东折，至下手把出境，经联合（旧名锣锅底）转北行，直抵雅砻江畔之泸宁。

2. 泸宁古道

泸宁古道是冕宁通往九龙、木里和盐源继而进藏的通道，它的起点位于冕宁泸沽。

冕宁境内的泸沽镇，即古台登县治所在，有着丰富的矿产资源，是茶马古道上的重镇。汉武帝开西南夷，在冕宁设笮秦、台登县，属越嶲郡，台登沿袭至唐代，两宋时为落兰部，元代在冕宁设苏州属建昌路。

以冕宁泸沽为始点有几条重要茶马古道支线与九龙大河边茶区相通①，经过九龙可以和康藏腹地茶马古道主干线相连接。大河边即九龙县至木里县的雅砻江河谷地带，是藏区唯一的产茶地。当地称其茶为乌龙茶，属于云南大叶茶类。

冕宁境内的茶马古道大致有四条：

一是自松林往西，经沙坝、姚家、木里，入“三渡水”，再从罗锅底翻越锦屏山，至黄泥（健美）而入大河边茶区。一是自泸沽往西，经河边、河里，溯许子沟，越牦牛山，入“三渡水”之水墨岩（棉纱湾）渡口，再从儿斯（泸宁）翻越锦屏山，至接兴堡而入大河边茶区。

---

① 李星星：《南方丝路与尔苏藏族先民》，《中华文化论坛》2008 年第 12 期。

另外两条是自泸沽往北至冕宁县城一带，再由冕宁往西，分别从（西北、西南）哈哈、迫夫两个方向，越牦牛山，入“三渡水”之窝堡（张家河坝）渡口一带，或从拉乌、青腊，接泸宁去接兴的道，或从窝堡、尼尔瓦，沿雅砻江西北岸，通往大河边茶区。

事实上，茶马古道并非只是在唐宋时代汉、藏茶马贸易兴起以后才被开通和利用的，早在唐宋以前，这条通往今川、滇地区的道路就已经存在和繁荣，并成为连接和沟通今川、滇、藏三地古代文化的一个非常重要的通道。它不仅是卫藏与今川滇地区之间古代先民们迁移流动的一条重要通道，同时也是今川、滇、藏三地间古代文明传播和交流的重要通道。

四、彝族招、送魂路线

彝族人民崇尚自然、祖先，相信万物有灵，在灵魂不死的观念影响下，从古至今就有着招魂送灵习俗。送灵是送死者亡灵经祖先居住地到祖先亡灵所在极乐世界，招魂路线与送魂路线相同，送灵路线是沿着招魂路线返回去的①。彝族招魂送魂路线反映了凉山彝族迁入凉山的过程，对研究大凉山腹地的交通状况具有指导意义。这一路线其实是藏彝走廊的一部分，是四川凉山通往滇黔的重要通道。

招魂送灵仪式，一般在彝族老年人去世时或举行法事活动时进行，仪式称为“尼牧撮毕”（彝语音译，相当于超度亡灵）。招魂和送魂两种仪式的表现形式不同：招魂即毕摩坐在临时搭建的祖灵棚里翻阅《指路经》逐字逐句地唱诵，将生者魂魄从“恩牧普古”（彝语音译，祖先极乐世界）一站一站地招回来；送魂即众多毕摩在灵堂的死者遗体旁站着口头唱诵，一般由一毕摩领唱，众人跟唱或是一位毕摩独自唱诵，把死者亡灵从居住地向云南昭通方向一站一站地送去。

凉山彝族招魂送灵内容在彝族经籍《招魂经》和《指路经》上都有记载，在这两部经籍上都详细记载了凉山彝族招魂送灵路线，这一路线同“卑水道”“沐川源道”的路线有较多的重合路段，因其起点是云南昭通地区，在部分区域有些许差别。

招、送魂路线的起点为云南昭通，自昭通向西从巴克（彝语音译，金阳县热水河乡金沙江渡口）、尔吉古布（彝语音译，金阳县德溪乡双龙坝金沙江渡口）、瓦扎古（雷波县卡哈洛乡金沙江渡口）三个渡口进入凉山金阳、雷波县境。然后分南、西、北三线进入凉山彝族聚居区。

---

① 刘弘：《凉山彝族招送魂路线研究》，巴蜀书社，2014 年。

南线至布拖、普格、宁南县境内，具体路线为过金沙江渡口至热水河乡，经金阳县、芦稿镇、派来镇、基觉乡到布拖县地洛乡，经布拖县特木里镇、乌科乡进入普格县哈力洛乡，顺西洛河南下到达普基镇，继续沿黑水河至宁南境内。

北线至雷波、甘洛、越西、峨边、马边等县市境内，北线的一支渡金沙江后沿金沙江而下至雷波，另外一支则由金阳入美姑境内，沿美姑河经依果觉到峨边、马边县，或昭觉竹核向北，经比尔进入越西普雄，进而至甘洛境内。

西线至美姑、喜德、西昌、冕宁、德昌、盐源、攀枝花米易、云南宁蒗、石棉、甘孜州九龙等县市境内；西线的路线较为复杂，与北线和南线的某些直线可相通。其渡过金沙江后，过金阳、美姑、昭觉到达西昌市，向北则翻过西昌之北山到达喜德境内，经米市镇、两河口镇、冕山镇、泸沽至拖乌，进而到达九龙县。在西昌向西，则是渡雅砻江至盐源平川，翻牦牛山后到达盐源、木里，继而至丽江宁蒗或攀枝花盐边。

第五章　凉山古代交通道路及沿线文化遗产与保护

古道这种文化线路遗产，作为流动着的传统文脉，承载着千百年的文化积淀，见证了我国五千年灿烂文明，是一部展示中华传统文化的“百科全书”。既影响了我国不同区域间的经济交流、社会发展和文化传承，同时也串联起了不同政权、不同民族、不同地区之间，彼此进行经济文化交流的大动脉。

凉山古道作为沟通中国西北和西南地区社会、经济、文化走廊的一部分，对所在西部民族地区的人文历史发展，产生了深远影响。费孝通先生提出藏彝走廊的概念，李绍明先生指出，从民族学角度来讲是一条民族走廊，而从历史地理角度来看，则是一条古代交通路线。段渝先生认为藏彝走廊实际上是一条沟通南北丝绸之路的国际走廊，是一条具有国际性和国际意义的历史、地理、民族和文化走廊。

藏彝走廊既是整个中华民族大家庭的珍贵文化财富，更是急需全人类共同重视和保护的文化遗产。但是，在当前城市化加速发展和大规模城乡建设过程中，藏彝走廊上的古道保护也日渐面临前所未有的挑战和日益沉重的压力。随着各条公路、铁路的建成和立项，大规模商贸与人员往来对文化遗产本体构成现实威胁，城市化带来藏彝走廊沿线居民思想观念、文化传统、生活方式的急剧变化，进而使这一文化遗产的各种元素、环境风貌、生态系统遭受了一次较大的人工干扰，所以对古道的保护迫在眉睫。

第一节　文化线路的有关概念

古道保护目前流行的范例是作为文化线路遗产申请加入《世界遗产名录》，特别是丝绸之路、京杭大运河成功入选《世界遗产名录》后，古蜀道、茶马古道、海上丝路、南方丝绸之路等线性遗产也相继成为“申遗热门”和研究热点。

国际古迹遗址理事会（International Council on Monuments and Sites）于1998年设立文化线路委员会（International Scientific Committee on Cultural Routes），负责文化线路类遗产的研究和管理，这标志着文化线路作为新型遗产理念得到国际文化遗产界的认同。它特别强调文化线路无形的精神属性和连通古今的可传承性，专门指出文化线路不同于文化景观的实质，首次明确文化线路的原动力地位。文化线路这个遗产类型，尽管经过国际古迹遗址理事会文化线路科学委员会（简称CIIC）的专门研究，但其内涵、外延、特征及与相关遗产类型的关系，仍然存在一些问题。

一、“申遗”

申遗是申请列入《世界遗产名录》的简称，它是指在缔约国提名的基础上，将具有突出普遍价值的文化和自然遗产列入《世界遗产名录》的过程，遗产在列入遗产名录后将受到《保护世界文化和自然遗产公约》的保护。

二、文化线路

文化线路：任意交通线路，无论是陆路还是水陆，或其他类型，具有实体界限，有特殊动态特性和历史功能的特性，以满足特定或确定用途为目标，并满足于以下条件的交通路线可称之为文化线路。其条件包括：

1. 文化线路必须产生并反映人类互动式的迁徙，而这种迁徙是人类、国家、民族或地区间多维度、连续互惠的交流，这种迁徙往往以物品、思想、知识和价值观交换或交流为目的。

2. 在文化线路使用和发展的时空范围内，它必须促进此区域中文化的交汇融合，而由此产生的物质遗产或非物质遗产是文化交融的见证和反映。

3. 文化线路是由具有历史相关性的文化遗产组合而成的一个动态体系。

三、文化线路与遗产廊道

从国际视角来看，目前在不同文化背景和遗产语境下，对线性遗产的称谓并不相同，大体可分为三类：一是欧洲对“文化线路”开展的保护运动和研究；二是美国对“遗产廊道”系统进行构建与研究；三是在尚无线性遗产核心概念的中国对线性遗产进行的广泛研究[①]。

文化线路和遗产廊道具有共同点，两者都以线路本身及其文化意义为基础，保护有形和无形遗产，强调区域之间的合作和振兴地方经济的作用。

1987年，欧洲理事会（the European Council）发布“文化线路”（Cultural Route）计划，旨在通过穿越时空的方式展示欧洲各国对共同欧洲文明的贡献。文化线路更注重线路的文化意义和社会意义的严格性，更强调线路在文化上的影响、强调交流和对话；欧洲遗产领域注重文化内涵，以历史说话，展现西方文化源头的地位，以文化线路去勾起人们对欧洲曾经辉煌的向往[②]。文化线路从遗产保护出发，把文化线路看作是一种客观存在的遗产类型，但文化线路中弱化了自然遗产的地位。

遗产廊道（Heritage Corridor）是美国绿道运动、风景道建设和区域遗产保护理念共同发展与相互作用的产物，更多表现为一种地方发展战略或规划方法。美国疆域辽阔，自然资源丰富，所以，历史较短、自然资源丰富的美国可以划出大片土地建立遗产廊道。遗产廊道本身并非遗产，而是线性景观[③]。尽管也强调线路的文化意义，但更多地以经济振兴为目标[④]。

我国目前尚无统一的线性遗产概念。从对近年研究文献的搜索结果来看，分别以“文化线路”和“遗产廊道”为题的文章数量相当，而且它们的研究对象具有高度一致性，涉及学科排名前四名的为建筑、文化、旅游和考古（排名稍有不同）。这说明我国目前的线性遗产概念还较为模糊，学术界在引进欧美概念的同时，还没有在我国线性遗产资源现状和历史文化基础上建立起概念一致的学术平台[⑤]。

四、线状遗产、线性遗产与文化线路

关于线状遗产、线性遗产和文化线路三类遗产或遗产概念的关系，孙华先生做过详细的阐述：线性遗产涵盖面最广，线状遗产是线性遗产中存在线状遗迹的那一类，文化线路则是线性遗产中被限定了范围、功能并具有了特别寓意的那一类。就遗产的保护而言，没有线状遗迹的线性遗产和文化线路，与有线状遗迹的线性遗产和单纯的线状遗产，在管理

① 王吉美、李飞：《国内外线性遗产文献综述》，《东南文化》2016年第1期。
② 李飞、宋金平：《廊道遗产：概念、理论源流与价值判断》，《人文地理》2010年第2期。
③ 王吉美、李飞：《国内外线性遗产文献综述》，《东南文化》2016年第1期。
④ 李伟、俞孔坚：《世界遗产保护的新动向——文化线路》，《城市问题》2005年第4期。
⑤ 王吉美、李飞：《国内外线性遗产文献综述》，《东南文化》2016年第1期。

方式和手段上有许多不同；相反，如果没有线状遗迹需要特别保护，文化线路与一般的点状遗产保护没有什么不同①。

第二节　藏彝走廊作为文化线路的认定

文化线路是一种结合物质文化遗产和非物质文化遗产的新的文化遗产类型，作为一种新的遗产类型，文化线路代表了世界遗产保护和发展的趋势。然而由于种种原因，国际遗产界至今尚未形成一套完整的科学评价和确认系统。换言之，某遗产可否归类为文化线路还没有可供参考的具体模式。联合国教科文组织世界遗产委员会《关于文化线路的国际古迹遗址理事会宪章》以及1994年西班牙马德里会议关于文化线路作为世界文化遗产的判别标准，指出应强调文化线路使用所带来的在文化上的反响和在文明传播上的贡献，同时以四个方面为基础：空间特征，长度和空间上的多样性反映了文化线路所代表的交流是否广泛，其连接是否足够丰富多样；时间特征，只有使用达到一定时间，文化线路才可能对它所涉及的社区文化产生影响；文化特征，即它是否包含跨文化因素或是否产生了跨文化影响，指它在连接不同文化人群方面的贡献；角色和目的，任何一条文化线路的形成都应有特定的目的，或是朝圣，或是商业贸易，这个特定的目的也就是文化线路所具有的最初功能。但在文化线路漫长的发展过程中，线路除了维持它本身原有的功能外，还衍生出许多其他的功能，使得线路的功用逐渐丰富，也使得线路产生了动态性和多维度性。

我们从空间特征、时间特征、文化特征、角色和目的四个方面来分析作为文化线路的藏彝走廊。

一、空间特征

对于任何遗产而言，它都应该具有空间区域，由它的四至决定遗产的保护范围。但对于道路而言，空间区域不但决定了它的四至范围，更为重要的是，在此空间区域内的自然环境对道路的形成也起到了决定性的作用。因此，我们在探讨空间对文化线路的影响时，不仅仅要关注线路的起止区域，更重要的是要分析线路空间内的自然环境特征对线路价值形成的影响和作用。

---

① 孙华：《“线状遗产”“线性遗产”“文化线路”关系说》，《世界遗产》2015年3月。

费孝通先生在《关于我国民族的识别问题》一文中，对“藏彝走廊”的范围作了一个初步的界定：“以康定为中心，向东向南大体上划出一条走廊……北起甘肃，南到西藏西南的察隅、路瑜这一带地区。”[①] 基于费孝通先生论说的基础上，李星星先生指出了确切的范围[②]：其坐标位置大体在东经 97°—105°，北纬 25°—35°之间。直线距离南北长约 1200 千米，东西宽约 750 千米。“走廊”南北两端及东西两侧的界限，大体以其自然形式的转折地带为标志。藏彝走廊北起甘青交界的西倾山南侧及阿尼马卿山和岷山北侧，大体在青海黄河、甘南洮河至陇南西汉水一线，即大体在青海黄河沿、花石峡，至甘肃碌曲、宕昌、西和一线。南抵滇西高黎贡山、怒山及云岭南端，以及金沙江南侧至乌蒙山西侧一线，即大体在云南腾冲、永平、洱源、宾川、大姚，至东川、会泽一线。西界沿巴颜喀拉山西侧，南抵横断山系西北之伯舒拉岭、他念他翁山、宁静山之北端，即大体在青海鄂陵湖、称多、玉树，至西藏昌都、察隅一线。其东界自岷山东侧沿龙门山、邛崃山、大凉山东侧，直抵乌蒙山以西，即大体在陇南武都、文县，四川平武、北川、宝兴、天全、峨边、马边、屏山，至云南盐津、昭通、会泽一线。

文化线路本身所承载的信息是线路发展和变化的最好例证。其中，道路遗迹是文化线路不可或缺的核心组成部分。藏彝走廊的道路分为纵向和横向[③]。

纵向又大体可取东、中、西三途：东道是从陇南经嘉陵江上游通道，即西汉水、白龙江通道，往南沿龙门山东侧，南入四川盆地。大体为陇南西和、武都、文县，至四川平武、北川一线。此道大体为汉代所称阴平道。

西道是从西北河湟地区沿黄河西侧西南行，经青海果洛、玉树，南入西藏澜沧江和怒江上游地区。大体为青海花石峡、黄河沿（玛多）、巴颜喀拉山口、歇武沟、结古（玉树），至西藏昌都或杂多一线。此道自古为入藏的主要道路，在唐代是通吐蕃的必经之路，即所谓唐蕃大道，也称青藏道。

中道有多途，大体是从甘南洮河及白龙江上游地区向南，或从黄河大拐弯处沿阿尼马卿山（即积石山）两侧，向东或东南，而进入川西北高原草原地区。而后主要有顺岷江上游和大渡河上游两条南下通道。沿岷江的道路即松潘道或汶山道，沿大渡河的道路，可称金川道。

---

① 费孝通：《关于我国民族的识别问题》，《中国社会科学》1980 年第 1 期。

② 李星星：《藏彝走廊的范围和交通道》，《西南民族大学学报》（人文社科版）2007 年第 1 期。

③ 李星星：《藏彝走廊的范围和交通道》，《西南民族大学学报》（人文社科版）2007 年第 1 期。

以上纵向道路主要在藏彝走廊北段。

南段的东道是从岷江和大渡河下游南接金沙江，沿横断山系最东部山脉大凉山东侧南下云贵高原。大体为四川峨边、沐川、屏山，云南盐津、大关、昭通一线。此道主干大体为秦之五尺道，汉之南夷道，唐之石门道。

南段中道是从岷江下游经青衣江流域南下雅砻江的安宁河流域，出金沙江而入云贵高原。大体为邛崃（临邛）、芦山（青衣）、天全、荥经（严道）、大相岭、汉源（旄牛）、清溪（零关）、海棠、越西、冕宁、西昌、德昌、甸沙关、会理，至云南永仁、大姚一线。此道大体为西汉所开西夷道，或先秦旄牛道，汉之零关道，唐之清溪道，元之建昌道。

南段西道主要是西藏昌都沿澜沧江南出云贵高原。大体为昌都、察雅、江卡（芒康）、盐井、德钦、维西、巨甸、石鼓，至剑川、洱源一线。或从剑川、兰坪、云龙、永平，至保山、腾冲一线。此道大体为忽必烈南征大理的西路。另外，还有一条从昌都南下察隅而出印度的路。大体为昌都、卡若、郎拉、邦达、怒江沟、然乌，至上察隅、下察隅一线。

横向道路主要有四条：

从黎雅二州通藏的道路，也称川藏道。大体为雅安、泸定、康定（打箭炉）、东俄洛、雅江（黎州路来会）、理塘、巴塘、江卡（芒康）、左贡、怒江沟，至然乌、扎木（波密）一线。此道大体与北纬30°线重合，差不多为藏彝走廊的中分线，是宋以后西南茶马道的主要路线。

川藏北道，大体自雅安、泸定、康定（打箭炉）、东俄洛、乾宁、道孚、炉霍、甘孜、马力干戈、德格、江达，至昌都、类乌齐，接青藏大道。或从马力干戈、竹庆、俄支、洛须（邓柯）、丹尼山口，至玉树的巴塘，接青藏大道。也可以从马力干戈、扎溪卡、安巴拉山口，至玉树的歇武沟，而接青藏大道。

从马湖江经大小凉山入藏的道路，也称为沐川源道。大体为屏山或绥江、新市（安上）、雷波（马湖）、昭觉（卑水）、西昌（邛都）、盐源（定笮）、永宁、神川铁桥，沿滇藏道通天竺，或走察隅路通天竺。此道自西昌至永宁段，古称闰盐道。

滇藏道，大体自丽江、石鼓、巨甸、维西、德钦、盐井，至江卡（芒康），接川藏茶马道。此道也为西南茶马道的主要路线之一。

文化线路的自然环境则指位于文化线路空间范围内的自然要素。也就是说，在文化线路的起止空间范围内，依据这些自然要素对文化线路形成、发展以及消亡的影响程度。自然要素在文化线路形成的过程中，起着极为重要的作用，它不但限制了线路走向和发展，也能体现旅行者所遭遇的各种艰险和困难，更与某些非物质文化遗产的形成有着密切的关联。

藏彝走廊所在的区域的山脉含三大系列：青藏高原山系、横断山系、秦岭山系，大体包括：青藏高原东缘昆仑山系的岷山、阿尼马卿山、巴颜喀拉山及唐古拉山系的念青唐古拉山等山脉；横断山系的伯舒拉岭、高黎贡山、他念他翁山、怒山、宁静山、雀儿山、沙鲁里山、大雪山、邛崃山、大凉山等山脉；秦岭山系的龙门山等山脉。河川含四大水系：长江水系、澜沧江水系、怒江水系、黄河水系，即藏语说的子（金沙江）、扎（澜沧江、雅砻江）、鄂、玛四水。其中长江水系流域最广，大体以东经100°为界，整个藏彝走廊东部都属于长江水系一级支流和二级支流流域地区，一级支流有岷江、雅砻江，二级支流主要有白龙江、涪江、大渡河、青衣江、安宁河等。藏彝走廊中流径长、支流多、流域广的河流主要有六条，即岷江、大渡河、雅砻江、金沙江、澜沧江、怒江。

这些自然景观都对道路的形成起到了一定的作用。首先沿途的山脉和高原是自然道路形成的天然界限，在古代，由于人们征服自然的能力有限，他们在选择道路时，多选择自然环境中容易行走、便于翻越的区域，另一种就是多选择接近水源或容易寻找粮食或牧草的地方。

二、时间特征

《文化线路宪章》中提出“文化线路并不因特定的目的而产生，它是在人类持续性的活动或迁徙过程中，逐渐形成或产生的交通道路”。因此，任何一条文化线路，它必定经历了相当漫长的一段时间且被持续使用。

文化线路持续使用的时间段是遗产价值认定的重要标准之一。只有确定了线路的起始和结束时间，确定线路使用的时间范围，才能确保文化线路价值发展的完整性，才能保证见证文化线路发展的各类遗产能列入线路遗产目录中。

需要说明文化线路遗产与其他文化遗产类型不同的是，文化线路无法准确判定线路形成的起始时间。文化线路的形成和发展是一个持续而漫长的过程，它的形成不是一蹴而就，它是在人类持续性的活动中逐渐形成的。其次，文化线路的消亡时间也是一个概数。

藏彝走廊作为历史上民族活动的大通道，石硕先生对历史上的民族流动进行研究①，指出藏彝走廊历史上民族流动开始于新石器时代藏缅语民族自北向南的迁移。

① 石硕：《藏彝走廊历史上的民族流动》，《民族研究》2014年第1期。

从考古材料看，藏彝走廊最早的居民来自黄河上游地区却是不争的事实，黄河上游的原始人群南迁进入藏彝走廊的时间应开始于新石器时代中后期约距今5500—6000年。古气候的研究表明距今6000年前后黄河流域气候急骤地转向寒冷干燥可能是造成黄河上游原始居民大规模南迁的重要原因①。

从黄河上游南迁藏彝走廊的原始居民在藏彝走廊北部澜沧江上游、大渡河上游、岷江上游一带建立起一些较大的居住聚落，形成了相对成熟和繁荣的新石器文化。随后他们中的一部分沿着藏彝走廊的河谷通道不断向南迁移，约在距今4500年前进到藏彝走廊南部，并在滇西南及滇中偏北一带与长江流域活动。

进入历史时期，特别是春秋战国至秦汉时代，是藏缅语民族南迁的第二个高潮，其中最主要的是氐羌人群的南下，氐羌民族向藏彝走廊的迁徙是一个持续而漫长的过程，特别是从东汉到魏晋时期，再次发生羌人的大规模南迁。

公元7—9世纪，藏彝走廊地区的民族活动表现为崛起于西藏高原的吐蕃王朝向周边地区强有力的扩张。公元783年唐、蕃双方订立清水会盟，吐蕃已占据整个藏彝走廊北部地区。吐蕃征服和统治了藏彝走廊地区尤其是北部的众多部落，将他们变为属部，吐蕃本土的军队同当地被征服部落之间长期杂处，相互交流影响，在漫长岁月中也造成彼此间的同化与融合，使藏彝走廊北部地区逐渐呈现“蕃化”的趋势。另外公元11世纪以来藏传佛教自西向东逐渐在当地得到普遍传播与发展，使当地的文化面貌、社会形态同西藏逐渐趋向一致，藏彝走廊北部居民在信仰、文化心理和语言文字上开始趋向一致。

13世纪初迅速崛起于北方的蒙古在入主中原建立元朝以前，首先采取了“先取西南诸蕃，以图天下”，“迂回大理，斡腹攻宋”的战略。忽必烈率大军分兵三路由藏彝走廊南下，一举平定大理，沿途各部落多望风跟附。蒙古军事力量控制藏彝走廊大部分地区，并在当地派驻军队、推行土官制度、建立行政区划和开设驿站，开启了元朝对藏彝走廊地区近百年的统治。从明朝中后期开始，随着明朝“隔离蒙番”政策的松弛，一些蒙古部落相继南下青海游牧，其中一些部落开始陆续和零星地进入藏彝走廊地区。

在元代和明末清初，蒙古势力两次大规模南下藏彝走廊地区，并两度形成对该地区的统治。由于蒙古在该地区的活动前后延续近两百年，造成蒙古族与藏彝走廊各民族之间发生了密切关系。进入藏彝走廊地区的蒙古族大部分后来都逐渐融入当地民族之中，特别是

---

① 李文漪：《中国第四纪植被与环境》，科学出版社，1998年。

融入藏彝走廊北部的藏族之中，成为汇入当地的新的民族成分。

明、清时期，在蒙古势力频频南下的同时，藏彝走廊中也出现了自南向北的民族流动，这就是木氏土司与彝族的向北扩张。木氏土司向北扩张带来了纳西族与藏族之间的密切交融：不仅促成藏传佛教尤其是噶玛噶举派向丽江纳西族地区的传播，也使纳西族及丽江地区开始成为以滇茶销藏为主的滇藏贸易的主要角色与中转站，同时在相当程度上促成了纳西族与藏族之间的融合。

继木氏土司向北扩张之后，从清中叶到民国时期藏彝走廊中还出现了彝族向北迁移。清中叶以来，由于清朝大规模进剿凉山彝族地区以及当地黑彝反抗土司统治，造成凉山彝族大量向北部迁徙。他们或沿安宁河流域北上，进入今冕宁、九龙一带；或沿大渡河北上，向北进入今雅安汉源县和甘孜州泸定县一带；或向西北大量迁移到今凉山州木里藏族自治县一带。彝族的向北迁移主要是以家支为单位，且多是陆续、分散和逐步进行，其结果是造成了在藏彝走廊东部的大渡河流域和雅砻江流域地区藏、彝边界较大幅度地向北推进，成为近代藏彝走廊较大的一次民族流动。

清末民国时期，英军入侵拉萨，为应对严峻的边疆危机，清朝加强川边经营，派赵尔丰在川边地区改土归流，大力推行办学、屯垦、练兵、开矿与通商等新政措施，以各种优惠措施吸引内地汉人前往，导致大量汉人迁入。清代、民国时期大量迁入藏彝走廊北部的汉人，主要为官兵、商人、垦民和各类工匠，均为单身男性，加之边地遥远，环境艰苦，故汉藏通婚往往成为迁入汉人的普遍选择。他们未作为主要独立民族存在，而是经过通婚迅速同藏族发生密切交融。这就大幅度提升了当地藏族在藏、汉文化之间的兼容性与中间性，也增添了藏彝走廊作为“汉藏边界”在汉、藏之间的连接性与纽带作用。

因此，从时间的框架来讲，藏彝走廊民族迁徙活动应始于新石器时代中期，而一直延续至民国时期。

三、文化特征

“藏彝走廊”的文化、语言、政治一直是多种类并存的和谐相处模式，民族之间相互交融与影响，古老的文化习俗保存相对完整，多民族杂居和多宗教、信仰并存[①]。

“藏彝走廊”20多个少数民族及其分支，都有本民族的信仰或信仰的宗教。羌族、彝族、大多数哈尼族和基诺族各自信仰原始宗教，藏族和傣族信仰佛教，回族信仰伊斯兰

---

① 张大毛：《“藏彝走廊”与多元文化整合》，《西华师范大学学报》（哲学社会科学版）2014年第5期。

教，部分哈尼族信仰基督教，等等。这些民族的宗教信仰不是单一而分立的，某些民族的信仰有交集存在。图腾崇拜是自然崇拜的发展和深化。而“灵魂不灭”为彝族祖先崇拜提供了思想基础。在彝族的整个宗教意识中，祖先崇拜占有重要地位。人们不难从彝族的原始宗教的信仰中找到走廊中其他原始宗教相似的教义，如羌族、大多数哈尼族和基诺等族宗教中自然崇拜、图腾崇拜、祖先崇拜、灵魂观念与彝族的图腾崇拜和“灵魂不灭”的祖先崇拜有交融之处，藏传佛教、傣族小乘佛教的灵魂转世理念同时也与“灵魂不灭”相通。

各个民族在信仰自己民族图腾和宗教的基础上，还有一些共同的信仰，比如羌族除了有自己的羊图腾、猴图腾、白石图腾外，部分羌族也信仰道教、佛教、藏传佛教、基督教等宗教，其中尤以道教、佛教信徒广众。彝族除了灵魂崇拜、祖先崇拜、灵物崇拜等主要信仰外，和很多其他民族一样也有鬼神崇拜。

“藏彝走廊”在文化上是一个开放的系统。走廊中的各民族在长期与外来商队和其他各种人群接触中，也形成了包容的心态。他们会不断汲取其他民族的优秀文化。在各个历史时期，一方面，走廊内的各民族在保留本民族文化精髓的同时，有选择的吸收走廊外来文化，使之与本民族的文化交融整合，充实和优化本民族传统文化，使本民族文化适应外来文化的氛围，从而取得更长足的发展；另一个方面，各民族传统文化在受到某些共同的外来文化影响下，本土文化和该外来文化整合后会产生新的文化。

由于这种新的文化产生的土壤之中有相同的外来文化养分，因此这些整合后的新文化有着相同或相似的特点。正是相同的文化元素提供了新文化共同的文化认同，各民族文化得以保持独立共存。

茶马古道和南方丝绸之路这两条重要的商道贯穿藏彝走廊。“藏彝走廊”是众多民族南来北往的迁徙走廊与沟通交流的最为便利的交通要道。由于走廊中沟谷纵横形成交通阻隔，所以走廊内各族人民在经济上有相互依存的需要，经济的依存关系促使各区域各民族在经济上相互认同和合作，各民族之间经济贸易的良性发展又促进了民族的共生共存。走廊内的不同民族在经济上“你中有我、我中有你”的交融现象极为突出。

文化整合，是指不同文化相互吸收、融化、调和而趋于一体化的过程，特别是当有不同文化的族群杂居在一起时，他们的文化必然相互吸收、融合、涵化，发生内容和形式上的变化，逐渐整合为一种新的文化体系①。我们认为，这种经过整合而形成的新的文化体系，不是所有参与整合的文化同一化、个体文化消灭化的过程，而是基于保留各体文化精髓基础上的“多元一体”的文化体系，“藏彝走廊”正是基于大一统的中原文化覆盖下的多元一体格局的具体体现②。

四、角色和目的

任何一条文化线路多是在交通线路的基础上形成的，无论这条道路以何种形式存在，陆路、水陆、混合形式或其他形式，交通线路的基本功能便是文化线路的基本功能。

藏彝走廊内的古代通道纵横交错有若干条。正是由于存在众多的古代通道，东起青海东部，南至西藏东南部这一广大地区才成为一大民族走廊。一些古羌人先后经这些通道往西迁徙，其中的一些在西迁后又从青海南部、藏东北地区的大渡河、雅砻江、金沙江、澜沧江甚至怒江的上游或源头地区由北往南沿流域迁徙。这些迁徙路线，都应是藏彝走廊中重要的古代通道。但是由于人类对居住环境和道路选择取向古今相通的原因，古代的很多干道都被现代道路或村落直接叠压，考古工作无法开展，难以探寻其踪迹。虽然可以通过考古发掘探寻藏彝走廊上各条路线的延伸方向、经过区域和某些道路的基本情况，但由于条件的限制，道路遗迹目前的发现数量还较少。除了道路遗存外，沿道路修建的“邮”“亭”等设施也是道路系统不可缺少的组成部分。

从很大程度上说，藏彝走廊是我国北方民族不断南下的一条通道，它在沟通北方和南方民族的联系与交流上发挥了重要历史作用。吐蕃军队大量进入藏彝走廊地区，致使西番散居于川西及滇西北高原一带，蒙古两度南下藏彝走廊，征服和统治藏彝走廊的大部分地区，造成相当数量的蒙古人落籍当地，逐渐与当地民族融合。另外，今分布于云南境内回族的先民很大一部分是元代从西北经藏彝走廊南迁过去的。

持续不断的文化交流是文化线路区别于其他文化遗产和交通要道最为主要的特征。藏彝走廊是古代西部广大地区政治、经济和文化交流的主要平台，除了发挥着经济贸易作用外，还承载宗教传播的功能。藏彝走廊纵向线零关道和五尺道构成汉以后的南方丝绸之路，即国际商道，横向的滇藏道和川藏道即茶马古道，进行茶马互市交易，宋代以来汉地的茶叶经藏彝走廊大量输送藏区，成为汉、藏间的重要经济联系。在宗教传播方面，如10

---

① 陈炎：《“文明”与“文化”》，《学术月刊》2002年第2期。

② 张大毛：《“藏彝走廊”与多元文化整合》，《西华师范大学学报》（哲学社会科学版）2014年第5期。

世纪以后藏传佛教在青藏高原各地的传播和发展，通过藏彝走廊的传播，使川西高原地区“藏”化；明代木氏土司向北扩张却带来了纳西族与藏族之间的密切交融，促成藏传佛教尤其是噶玛噶举派向丽江纳西族地区的传播。

藏彝走廊也发挥着它的政治军事功能。吐蕃的扩张，蒙古族的南下，无不经藏彝走廊地区，给当地民族带来冲击与痛苦的同时，却给藏彝走廊带来了开放与活力。

第三节　文化线路的价值评价

文化线路作为新的文化遗产类型，它的提出是基于文化遗产的文化意义。文化遗产的文化意义是指特定文化在美学的、科技的、历史的或社会的、心理的价值等方面，对于过去、现在和将来人类的重要的影响。我国《文物保护法》中明确提出“具有历史、艺术、科学价值的文物，受国家保护”。其中确定了文物保护价值范畴的基本框架，即历史、艺术、科学三个范畴。该条文确定了对于文物遗产类的价值评价应该着眼于历史、艺术和科学价值三个方面，《保护世界文化和自然遗产公约》等相关文件中，世界遗产的评定也是以这三个价值为主要标准。

藏彝走廊作为西部地区历史文化的重要组成部分，与其他线性文化遗产相比，藏彝走廊上的物质与非物质文化共同体现了线性文化遗产的独特性与多样性。文化遗产产生于一定的生态环境，并依托于一定的生态环境才能得以保存。生态环境包括自然环境和因人类行为造成的次生环境。文化遗产的生态价值即文化遗产与生态环境的相互影响。

我们除了对藏彝走廊文化遗产的历史价值、艺术价值、科学技术价值等方面考察外，还应考察其生态价值。

一、历史价值

藏彝走廊上大量宝贵的线性文化遗产见证了各民族的迁徙和文化交融。藏彝走廊上发现大量的新石器时代的遗址表明从新石器时代开始，发源于黄河上游地区的藏缅语民族开始逐步向藏彝走廊地区迁徙，不仅是当地最早的开拓者也发展为当地最大的民族系统。藏彝走廊上发现春秋战国时期的大量石棺墓葬显示氐、羌民族在这一代活动频繁，进入历史时期氐、羌等民族仍不断从甘青地区陆续向藏彝走廊地区迁移，他们的进入对先前的迁入者形成挤压，造成新的民族流动。唐宋时吐蕃王朝向东扩张及随后藏传佛教自西向东传播，形成了藏彝走廊北部的“番”化即“北藏”“南彝”格局。元代和明末清初蒙古族两度南下进入藏彝走廊，增强和扩大了“北藏”的范围并使走廊中“北藏”“南彝”格局逐渐趋向巩固与定型。明清至民国时期汉人自东向西大量进入藏彝走廊地区，则大大增强了走廊在东西方向上的开放性，使之同时成为一条沟通汉、藏民族的走廊。

藏彝走廊古代文化遗存显示了藏彝走廊上各民族的发展历史，记载着不同历史时期各民族文化交流融合的过程，反映出漫长的历史时期藏彝走廊各民族的社会生活、政治变动，极具史学价值。

二、艺术价值

藏彝走廊的建筑无论是原汁原味的藏族民居、羌寨，还是木楞房子、瓦板房，无论是展现土司威严的土司府，还是表达佛家慈悲的宝塔，都能使人感受到古朴典雅。不同的风格在这里融洽地结合在一起，构成了多种文化交流形成的新的表现形式。这种形式使人领悟到人与大自然契合的生态观，使人感受到历史风貌扑面而来的强烈冲动。

藏彝走廊上的文化遗产极富民族色彩，强烈地体现着这一地域的民族文化的特色。如凉山彝族服饰图纹，它根据不同的规则将各种具有不同内涵的花纹组合在一起，最终形成强烈的视觉艺术。这些图案花纹不但体现出凉山彝族人民对自然界的崇拜之情，同时也展现了彝族人民的审美意识，它展现了一种和谐、统一的自然之美。

彝族“达体舞”和藏族锅庄舞具有很强的民族特色，是在生活实践的基础上形成的。舞蹈动作是生活生产动作，反映了人们自然形态的生活风貌。每一个动作都显示着对生命的热爱，对自然的敬畏，但又表现得超脱、自然。舞蹈会将人带入水清山峻的境界，会使人想象出一片和平，一片宁静，这样的舞蹈会呈现自由自在的人文世界。

藏彝走廊上的文化遗产能使审美者不只停留在心迷神醉感官上的满足，而是深入人的心灵，陶冶人的情操。

三、科学技术价值

藏彝走廊地区因其特殊的地理环境，其经济方式为农耕经济和游牧经济相结合。藏彝走廊地区农耕经济在吸取中原地区先进农业生产技术的同时，结合本地具体的自然环境，迅速地从刀耕火种的游耕发展到定居的复耕，因地制宜发展经济作物棉、麻、茶叶、桐油、油茶、生漆及黄连、大黄等药材。修建了以沟渠为主，用竹木筒槽跨越沟渠进行灌溉的水利设施。除边远地区外，农业生产技术与中原地区基本相接近。农耕经济对科技的发展有一定的限制，藏彝走廊古代科技除在石质建筑上有特殊成就，如大石墓、碉楼等，一般科技成就主要表现为对外地科技的接受和改造利用。如安宁河流域的大石墓，构筑墓室的石块重达4—8吨，重者达10吨以上，在西昌这样一个地震频发的地区，大石墓经过千年之久，安然无恙，仍巍然屹立。藏羌地区的碉楼因地制宜，取材于当地，由于建筑技术与工艺的高超，历经数百年甚至上千年不倒。一座碉楼的建设，是集数学、几何、力学为一体，从平面构图的对称性、内外平面的一致性到墙体的收分与起楞、加角，预埋墙体中的木筋，都高度统一地反映了高碉建筑设计的科学性与屹立千年的逻辑合理性。

四、生态价值

文化线路的生态价值表现为文化线路上文化遗产与生态环境的关系。藏彝走廊是一个民族文化生态形式特别丰富的区域，它的民族文化生态多样性，来源于这个地区民族文化生态单元的结构特点和不同单元间联系的差异。

藏彝走廊的少数民族采用刀耕火种的耕作模式，刀耕火种的良性发展以森林生态系统的平衡和良性循环为前提。许多定居型刀耕火种的民族深刻认识到森林与生态系统之间、自然生态系统与农业生态系统之间的生态链关系，将保持持久地力的意识应用于生产实践中。如对住区森林的规划使用、聚落之间的界线划分、有组织有条理的轮歇制度以及及时有效的植树造林活动，从而保证了持久的地力和水土，达到人与自然可持续的发展。

兴建聚落时选择山腰处，择居文化与“土地生态”之间形成良性互动，既不易遭水灾，又利于取水，既利于劳作，又减少了对可耕地的占用，同时还便于在村后山中从事采集、狩猎、放牧等辅助性生计活动。

藏彝走廊中的各种民风民俗都闪耀着人与自然和谐相处的光辉。这种对于自然的保护和关爱使得在长达千年的时间里，该地域环境优越、风景瑰丽，人与自然达到完美平衡。藏族的天葬仪式将尸体施舍给秃鹫，使被秃鹫捕食的小生命多了生存的机会，让人将最后所有的东西归还自然的同时给其他生命生的机会，帮助人们实现了回归的愿望。

藏彝走廊上民族生态模式和多元文化的生态文化观对藏彝走廊上的生态系统平衡和恢复起到重要作用，为可持续发展创造了极为有利的生态条件，也为藏彝走廊上文化遗产的保护提供了条件。

第四节　藏彝走廊（凉山段）的文化遗产

藏彝走廊作为文化线路，是一种新型的集合型的遗产类型，它是由若干与其直接或间接相关的物质遗产和非物质遗产要素构成。在物质要素方面，它不但囊括了所有文化遗产的类型，如纪念物、考古遗址、历史城镇、乡土建筑、工业遗产、文化景观等，还包含了各类自然要素和自然景观，如河流、山脉、峡谷等。而在非物质要素方面，各类表演艺术、社会风俗、传统工艺技能不但是线路物质要素的必要补充，同时也是文化线路发展的见证。

藏彝走廊是一个庞大而复杂的文化现象，虽然学者在藏彝走廊研究的部分领域已取得了丰硕的成果，但是在藏彝走廊研究的许多领域、许多方面仍处于起步阶段，特别是藏彝走廊作为文化线路的研究刚刚受到学术界的关注。我们通过对藏彝走廊凉山段部分遗址的实地调查，并结合第三次文物普查的部分资料，尝试对藏彝走廊作为文化线路进行探索，探寻认定构建藏彝走廊物质文化遗产要素的方法。

一、自然景观

小相岭，位于四川省凉山州喜德县，属大雪山支脉，地处石棉县、甘洛县、冕宁县、越西县、喜德县交界处，常特指其北段，即石棉、甘洛、冕宁、越西四县交界处，中段又称西山，南段称马鞍山。

景区内沟壑纵横，森林茂密，草甸成片，鸟兽争鸣，奇花吐艳。在第四纪冰川运动的作用下形成的巨大冰斗与漂砾和星罗棋布的冰斗湖、冰川刻槽，使小相岭的地形地貌千奇百怪，危岩峭石如斧削刀琢，似禽似兽，栩栩如生。其主景区范围内集中分布有大小12个冰蚀湖，各湖泊在花岗石基岩色泽及周围植被色彩的衬托下呈现出不同的颜色，五彩缤纷，美不胜收。湖泊间伴有4处高山瀑布，飞流直泻，云蒸霞蔚。湖泊群的西北面相邻着2200平方千米高山杜鹃林，种类达30余种，每年因气温差异从3月至7月渐次开放，盛花时节，漫山遍野，花海如潮。湖泊东南面分布着数十万亩的茂密原始冷杉林，千年古木高大挺拔，笔直参天，树下绿茸如毯。景区气候多变，呈垂直分布，低处温暖，日照丰富，中部温湿，雨量充沛，顶部则寒冷，积雪深厚。一日可逢四季，忽晴忽雾，忽雨忽雪，景象万千。

螺髻山，位于西昌市和普格县的交界处。螺髻山是我国已知山地中罕见的保持完整的第四纪古冰川天然博物馆。古冰川遗迹中的角峰、刃脊、围谷、冰斗、冰蚀洼地、冰蚀冰碛湖、冰坎、冰阶、冰溜面、冰川刻槽、羊背石、盘谷、冰原石山、侧碛垅等古冰川风貌在这儿都可见到。

其中冰蚀冰碛湖最为壮观，螺髻山冰蚀冰碛湖分布于海拔 3650 米以上的各期冰围和冰斗中。据不完全统计，终年积水的大小湖泊有 50 余个，多呈圆形或椭圆形，水面宽度多数为二三百米，湖水深度一般为七八米。冰蚀湖的湖底湖畔多为巨大的石条、石板平铺，部分为裸露基石。冰碛湖的湖底湖畔则以岩块、砂屑为主。部分湖泊有伸入的半岛或湖心岛。所有湖泊的湖周都保存有大量的冰蚀现象和各种冰碛物。湖水则由于基岩颜色、湖周植被或腐植质、湖中水草等的不同而显现翠蓝、棕红、棕黄、草绿、墨绿等颜色。具有考察意义和观光旅游的主要湖景有珍珠湖群、五彩湖群、叠翠湖、姐妹湖、干海子、黄龙潭、黑龙潭、温泉瀑布等。

邛海—庐山风景区，位于西昌市境内。景区与西昌城区连成一体，组成了山、水、城相依相融的独特自然景观和优美的人居环境。

邛海又名邛池，位于西昌城东南 5 千米处。湖面 31 平方千米，最深处 34 米，常年蓄水约 3.2 亿立方米。绿水清澄，盛产鱼虾，是有名的天然渔场和水上运动场。湖周群山环抱，绿树成荫，环境优美，景色宜人。

泸山位于邛海之滨，海拔 2317 米，与邛海相对高差 807 米。山峦奇秀，古木参天，是西昌的天然绿色屏障，林中珍稀动植物种类繁多。密林深处高低错落地露出梵宇、佛宫十余座，古刹殿宇因地就势，各据幽境，巍峨壮观。

泸沽湖，位于四川省盐源县与云南省宁蒗县交界处，为川滇共辖。湖东为盐源县泸沽湖镇（原左所区），湖西为宁蒗县永宁乡。该湖俗称左所海，古名勒得海、鲁枯湖，湖面海拔 2685 米，湖泊最长 9.5 千米，宽 7.5 千米，最大水深 70 米，平均水深 40 米，面积 49.5 平方千米。

黄联土林，位于西昌市南 30 千米的黄联关镇。土林分布面积约 1.3 平方千米，海拔约 1500 米。整个土林景区风光秀丽，气势宏大，造型各异。有的酷似远古城堡，有的又如茫茫森林，有的似倚天长剑，有的如奔马仰天长啸，有的如熊猫憨态可掬，有的如群猴攀援嬉戏，有的如狮虎据力相争。

二、物质文化遗产

1. 道路遗产

坪坝古道，位于甘洛坪坝乡北 3.5 千米，现名深沟，北至汉源大湾，南至坪坝乡，两侧排列有 6 个 3000 多米的山峰，古道沿峡底溪流穿过，现古道上用大石块嵌铺而成，有的石块上还留有马蹄印，深达 30 厘米。现存古道长约 1300 米，宽约 3.5 米。

半站营古道，位于德昌县乐跃乡半站营村南 10 米，位于安宁河北岸的山坡上，南北走向，现存全长 316 米，宽约 3 米。陡坡处用青石铺砌，平缓处为土路，两侧砌堡坎。

凤营古道，位于会理县凤营乡凤营村北 1 千米，南北走向，全长 1500 米，宽约 1—2.5 米。路面用黑色板岩块石砌成，平缓处为土路。

2. 军事设施遗产

抵颇此屯戍遗址，位于昭觉县四开乡日历村抵坡此山顶上。1976 年，凉山彝族地区联合考古队曾在四开乡考古带发现并试掘“抵颇此军屯遗址”，因资料记载甚略，只知其大概。2011 年 3 月，凉山彝族自治州博物馆联合四川大学考古学系和昭觉县文物管理所对遗址范围内的地形和遗存进行测绘和踏查，遗址呈长方形，东西长约 350 米，南北宽约 250 米，面积 87500 平方米。军屯遗址前临三湾河谷地带，从山上望下，一马平川，10 个土丘的分布，1 个位于山腰位置，9 个分布于近山顶。据分布位置推测前者应为前沿阵地，后者从各个角度进行掩护和第二层防御，而遗址的中心位置很有可能就在最西端土丘附近，此区域散落大量的残砖碎瓦则是证据。发现有 10 座人工夯筑的土堆和建筑群倒塌后的遗存。从建筑物堆积看，建筑群是有西、北、南三面合围而成的庭院，庭院中有一条用砖铺置的路基。砖均是薄而长且不对称的几何纹砖，板瓦上有斗拱图案和哨楼图案。遗址中还出土有铜、铁箭镞、铜弩机残件及铁锄口沿等。

木里碉楼，在木里县境内一些比较大的自然村落附近或制高点，都建有四方形或六方形多层楼的碉房，碉房的墙壁除少数地方是用泥土夯筑外，主要还是用不规整石块砌成。根据各地群众的传说，这类碉房多是“木天王”（即明代云南丽江木氏土司）时修建的，所以又称木天王碉楼。水洛河西岸坡地上，共有 5 座碉楼，平面呈长方形，长 4—6 米，宽 4—6 米，残高 5—18 米。碉房的高度，最低有三层楼高，最高有十余层楼高的，一般多为五至七层楼高。供出入碉房的门户，均开在向村落的一方，门有的开在底层，有的则开在第二层，门口设一独木梯。当人们进入碉房后，随即将木梯抽进碉房内，要出碉房时再放下木梯。碉房的底层，均置有四五个整木头挖制的水槽贮水。它既是饮用水，又是消防用水。各层之间设有独木梯相通，四周有三角形的小窗户。

3. 桥梁

木里伸臂桥，位于唐央乡昏沙村，南北向，横跨理塘河。桥长 22.9 米，宽 7.2 米。桥址选择在河面比较窄的地方，在河的两岸相对各建一桥墩。桥墩是用直径大约 20 厘米的木杆横竖交替架置，中实以石块，这种做法当地称架“木垛子”。当桥墩砌到一定的高度时，即选用直径 20—30 厘米的同样长的木杆，并列置于桥墩上，逐层向河里伸递数米。这种层层递出和斗拱层层挑出的结构原理相同。一般叠十层左右，最多者叠三十层。每层每隔 1 厘米左右，横置一木条。木条两端凿有穿孔，上下对眼，然后插入木条，使挑出的木杆得以固定。横面的宽窄度，视交通的流通量大小而确定，最宽的桥面有 3 米左右。两岸桥墩伸出的木排，到了可搭木杆时，即在木杆上面横铺木板，构成撤拱的桥面。有的桥面两侧还架有栏杆和扶手。整个桥梁全部用榫卯衔接。

金梅村廊桥，位于会理县果元乡金梅村东 250 米，三孔廊桥。南北走向，横跨金梅河。桥长 26.1 米，宽 3.9 米，跨度 19.5 米。矩形石桥墩，南墩有分水，墩高 3.4 米。桥上木廊屋为单檐硬山顶，通高 4.3 米，七柱六间。木桥栏高 1.3 米。桥两端建单檐八字墙廊门，两端各有踏道 3 级。廊屋顶有题记为“中华民国三十六年建”，廊门上方书写“文化桥”3 字。

三元桥，位于老街乡北三元村北 300 米，始建于明清之际，原为木桥，后毁，1913 年重建。五孔石平桥。东西走向，横跨城河。桥长 34 米，宽 1.6 米，总跨度 32 米。矩形桥墩带有分水，墩用条石堵缝砲成，墩长 8.9 米，宽 2 米，高 6.5 米，桥西端首墩长度略大于其余四墩。

4. 古城镇与村落

西昌城，位于西昌市北部，北面倚北山，东、南、西三面环水。怀远河自东北来，西流绕城东向南流经西昌城，宁远河自东北山箐流出绕城西流南，两河于城之西南角方向交汇入安宁河。两河以半包围之势将西昌县城夹于中间，形成了西昌城一面靠山、三面临水的格局。整个城市地势北高南低，落差明显。北面虽靠山，然东、南、西三面及城外却均平坦。城内的街道走势为正南北向，以“四牌楼”为中心，向西方辐射分别为东街（府街）、南街、西街（仓街）、北街，四条主干道与周围街道成网状散布于城内。明清两代，政治、军事机关主要集中于城东北部的北街和府街一带，因而这一带的街道名称均与政治和军事相关联，文化机构分布在城西及西南一带。

会理城，位于四川省西南部，凉山彝族自治州正南端，东邻凉山州宁南县、会东县，南隔金沙江，连接云南省昆明市，西接攀枝花市仁和区、盐边县、米易县，北靠凉山州德昌县，是扼川滇咽喉的军事要冲。1992 年被四川省批准为历史文化名城。2011 年列为国家历史文化名城。会理的古城建于明初，至今已有几百年的历史。这数百年中，会理古城逐渐形成了自己的独特风貌。如今古城墙虽已大部分被拆除，但古城的基本格局还保存完整。古城的整体形状大致呈船型，七条大街、二十三条巷道，形成棋盘状，把城内划分成若干个规矩的街坊，并且通过钟鼓楼和南北街轴线组合成有机的整体。最具特色的是南北穿城主街，由南街、北街、北关三段组成，总长约 2000 米、街宽约 8 米。两侧多为店铺，瓦屋顶，宽出檐，部分还保留了双檐的下层抱厦，木装活动门板，面漆栗红色。在巷道中，最典型的有西成巷，长约 400 米，宽约 3 米。巷内房屋多为清代建筑，形成一片古建筑群。科甲巷也很有特色，因清代多科举人家住此巷而得名，全长 156 米，宽 3.5 米。巷内现仍保留着大量完整的传统民居，其中胡宅为明代末期建筑，大部分则是清代民居，装饰精美，保存完好，形式丰富。民居多为院落式组合，一般一至三进不等。这些民居院落大量使用斗拱、替木、大料穿斗、宽幅壁板、花格门窗，组成一片别具特色的古建筑群。

海棠古镇，位于甘洛县城西北 22.5 千米处。始建于明嘉庆四年，清雍正八年补修，开北、西二门，道光十八年改筑砖石墙，增开东门，现存北城门和南城墙。平面呈不规则状，长约 360 米、宽 220 米，占地面积约 8 万平方米。古镇包括大街、中街、正街和几条小巷，四周城墙周长约 900 多米，高 4 米，宽 2.3 米，用条石砌基，上砌青砖。古镇整体布局灵活，无明显的功能分区。除西部的千佛寺外，其余主要为民居。民居的前面一般作为铺面，后面住人。建筑主要为穿斗式结构，围护结构以夯土墙为主。

登相营，位于喜德县冕山镇小山村区三组，是零关道上的重要驿站。在一条长长的山谷之中，西面是起伏连绵的小相岭山脉，东面是高耸的俄尔则哦山和清澈的深沟河，古道由南向北穿站而过。该驿站设在紧临深沟河旁的一段台阶上，由于临水，且距水面有较高的距离。平面近似椭圆形，长 265 米，宽 170 米，周长约 670 米，并且四周有毛石和条石砌筑而成的高大围墙。围墙共设有四个入内的大门，北大门为主要入口，西门面对一块较开阔的坡地，在上面设有两门大炮以加强防御，故又称此门为西关炮台。东门和南门与北门规模近似，仅未设瓮城。驿站整体布局灵活自由，如无显著的中心区、功能分区不确定、巷道划分无序等，属村镇规划中的自由式布局。驿站面积约 45000 平方米，除了道路和少数敞坝外，均为建筑。建筑分为民居和公共建筑。

5. 宗教和纪念性遗址

木里县为藏族自治县，大部分群众普遍信仰佛教密宗的喇嘛教，属黄教教派。1949 年以前木里县有三个大喇嘛寺，十八个小喇嘛寺。每一个大喇嘛寺有常住喇嘛七百人左右，由寺内的八省人会议直接管理。小喇嘛寺一般只有喇嘛僧众五六人或十数人不等。所以喇嘛寺实际上是政治、宗教活动的中心，它的建筑具有政权衙署，又有宗教寺院的用途和特征。

木里大寺位于一区桃巴乡木里河西岸的宁朗大山山麓，海拔 2200 米。坐北向南，平面呈椭圆形，长 1632 米，宽 519 米，占地面积约 85 万平方米。整个寺庙的周围，砌有高大的白色围墙，开有东南西北四门，并有僧俗兵丁守护。寺庙的中心建筑为大经堂和衙署，在大经堂的西侧前二十米，紧接西墙，建二楼一底的伏魔之殿。大经堂东侧建有四楼一底的观音殿，在观音殿的东侧建四楼一底的文殊殿，南面和西面建土司衙署（称木里衙门），形成一个四合院。大经堂和衙署门前有一小平坝，是供宗教和土司大喇嘛出入举行仪式使用的。大经堂的西边是一个广场，每年庙会就在广场上跳神和演出藏剧。广场周围建有大转经房和转经走廊，寺庙的北面最高处，建一楼一底的小经堂和半露天的说法场，周围围以土墙自成一个院落，是喇嘛僧众举行辩经的场所。围绕大经堂和土司衙署的北面，星罗棋布地分布着喇嘛住宿的僧舍。僧舍各成院落，形成街巷，错落有致。

大经堂是一座坐北面南的四楼一底的建筑物。经堂内部高两层楼，由第二层楼的四周采光，正中用八根藏式雕花彩绘柱承托第三层楼，经堂内可容上千人同时趺坐诵经。大经堂东北小房间内，安放有一活佛的鎏金印度复钵式铜塔一座，内贮“木乃伊”一具。经堂内四周，除北面供佛像外，其余三面设置木架，上面放置藏文经函，壁上彩绘各种佛像、菩萨、神王和宗教故事的壁画。第三层为说法堂，北面正中设法座。六十根雕彩绘的藏式方柱，上承托“斗拱”，横竖排列。南面采光，东西置藏文经书的柜子。堂内可安设七八百人的听众座席位。四、五层为僧人宿舍和储藏间，房顶为木板，搭盖的两面坡硬山式屋面，上置染金铜制的宝顶和幡幢。

康坞大寺，位于康坞牧场场部东 4 千米，海拔 3650 米。整个寺庙建在一个两面有小溪中间隆起的一带状土丘上。平面呈长方形，长约 1300 米，宽约 580 米，面积约 75.4 万平方米。康坞大寺分前殿、主殿、侧殿、后殿、藏经楼等部分，均是坐西面东一字形排列，中间杂以喇嘛僧房，似是一条街市。在大经堂与说法堂之间，建有一幢红墙，铜制鎏金歇山式的屋面建筑，脊挑上悬有铜铃。南侧曾建土司衙署，是四楼一底的高大建筑物，于1958年为火灾毁。现残存夯筑土石墙，高1—12米不等。

瓦尔寨大寺，位于沙湾乡东5千米，木里河东岸，瓦尔寨山的半山腰台地上，海拔2900米。该寺经堂、衙署和喇嘛僧舍各自建成一个院落。经堂平面呈方形，长约1500米，宽约1280米，面积约190万平方米。分前殿、主殿、后殿等部分。在新经堂的楼上，安置有第九代活佛甲央旨古的预制灵塔。整个塔身全部使用白银包制，有的纹饰还是用黄金打制，并镶有各种珠宝玉石。瓦尔寨土司衙门，建在一个山丘上，共有六层，坐西朝东，是三大寺衙署中最为雄伟的建筑。

除了三个大的喇嘛寺庙以外，各处还建有十八个小经堂，俗称小寨子，各个经堂的建筑不尽相同。

毛主席接见彝族代表处，位于冕宁县城厢镇东街，1935年5月21日，中央红军先头部队进入冕宁县城。22日毛泽东、朱德等到达冕宁，红军总司令即设于此。在冕宁期间，毛泽东在此接见了彝族代表果基达涅等。果基达涅向毛泽东介绍了冕宁至大渡河一带彝族家支及其头人的情况，议定由果基达涅与各家支头人联系，护送红军过彝区。旧址原系一赵姓住宅，坐南向北，砖木结构，三进四合院，单檐硬山式顶，穿斗梁架，建筑面积404平方米。前厅面阔三间11米，进深两间5米。左右厢房各面阔5.5米，进深5米。毛泽东接见果基达涅即在此右厢房。中堂面阔三间11米，进深四间7.2米，高两层。过厅面阔两间5.2米，进深两间5米，高两层。后厅为坡式屋顶，面阔两间5.2米，进深两间3.8米。

彝海结盟雕塑，位于西昌市长安东路月城广场东侧，1935年5月，为了争取快速通过彝区抢渡大渡河，军委派刘伯承总参谋长带领红军先遣队，5月21日到达冕宁大桥镇，准备通过拖乌为红军开道。第二天红军先头部队受阻，被迫停止前进，经过多方宣传、解释，刘伯承与当地彝族头人果基小叶丹在彝海结盟，红军顺利地通过了彝区。1985年为纪念刘伯承和小叶丹彝海结盟而建雕塑。雕塑红石质，长方形基座，座上刘伯承与小叶丹并肩而立。

6. 采矿冶炼遗址

黄联东坪炼铜遗址，位于西昌市南20千米的黄联关区东坪村，处在川西南山地金沙江水系安宁河中游东岸的二级阶地与螺髻山西麓冲积扇交迭的台地上。东坪遗址范围约2平方千米，地面可见冶铸遗迹约50多处，汉代冶铸用土石炉11座，作坊遗迹3处。还发现有大量的炼渣（以10万吨计）、矿石、炉衬、耐火砖、风管、增锅、铜锭、陶范、陶器、铜镜、铜链、铜刀、铁栓残片及五株钱等。根据遗址出土的铜锭和钱范推测此地应属于汉代郡国铸钱工场。

7. 古墓葬群

盐源古墓葬群，有双河乡的老龙头、南边河、海马塘三处古墓群，干海乡的墓群有营盘山北、营盘山南、曹家湾、无名包包、唐光连地四处，梅雨镇有八家村的一、二、三号地点和小河边四处，另外还有泸沽湖畔的洛瓦、格撒，洼里乡猪屎坝，盐边二滩淹没区，西昌官地白铜坝，木里县烧香梁子等。墓葬形制很有特点，基本为竖穴土坑、大石盖顶的墓葬。大型墓的坑口长超过 6 米，宽在 2. 5—3. 8 米之间，中型墓长在 3. 6 米左右，宽 1. 2 米左右，一般小型墓长 2 米左右，宽 1 米左右。坑口所盖大石从 3 块至 5 块不等，大石长 1. 5—2. 5 米左右，宽 1—2 米左右，厚 10—30 厘米之间。大型墓葬多有椁，并有分为两室者，甚至还发现留有生土二层台的现象。葬具一般为木棺，大型墓中也有用石棺者。大型墓有多人合葬的现象，其中的双室墓 M6 共发现 4 具人骨。墓葬中均随葬有陶器、石器、青铜器和铜铁合制品，大型墓中多发现有马头骨和马肢骨。该文化陶器以双耳罐为主，少量的单耳罐和无耳敞口深腹罐。出土遗物当中以青铜器数量最多，还有少量的铜铁合制品。器物种类有兵器、工具、饰物、乐器、马具等。

木错奶姐古墓葬群，位于西昌至布拖公路侧，与黑洛社隔三湾河相望。二滩输变电线从墓群北侧穿过。墓群分布于两个相邻的山丘，墓葬保存较好，现暴露于地表的石棺墓有 62 座。一般分布于山丘山腰近顶处，墓葬多依山势而建，方向没有特定之规，以朝河为准。墓群于 1987 年文物普查时发现，2004 年被公布为省级文物保护单位。

粪箕湾古墓葬群，位于会理县黎溪镇盆地内，分布在水坪梁子和小团山上。粪箕湾墓群总面积约 14200 平方米，发现有土坑墓和石棺墓约数百座。随葬器物主要置于墓坑的一端，另有置于墓中部者。部分墓葬有用一至数块石板和石块围砌墓室或随葬器物的现象，少数墓内还放置有白色石英石块。随葬器物有陶器、铜器、玉石器等。

安宁河流域大石墓群，分布的中心在安宁河流域，目前在冕宁、西昌、德昌、喜德、普格、米易等县境内均有发现大石墓。其构造方法是在地面上用小石块或舌形、长方形的大石垒砌墓壁，用一块或数块重达 10 吨巨石依次覆盖墓室顶部。外面有封土堆，前面是八字形石墙，封土堆前竖独石。大石墓葬式均为二次捡骨重葬。随葬器物有陶器、铜器、石器等。陶器以夹砂红陶、夹砂褐陶和夹砂黑陶为主，纹饰丰富，以叶脉纹最具特色。陶器中以一种双鋬耳侈口短颈圆腹小罐最多，其次是带流壶、觚形器、深腹壶、三耳壶、斜肩罐、杯、釜等。铜器有铜剑、铜刀、铜矛、铜镞、铜甲片、铜镰、铜扣饰、铜铃、铜发钗、铜束发器、铜带钩、铜镯、铜环等。大石墓建造的时间大约为春秋至西汉。

8. 古聚落遗址

横栏山文化遗址，位于西昌市东南15千米的大兴乡建新村，邛海东岸的山坡上。遗址内发现的遗迹有疑似建筑遗迹和灰坑。陶器以夹砂灰褐陶为主，其次是夹砂灰陶和夹砂红陶，泥质陶非常少见。素面陶占大宗，纹饰最常见的是戳印纹、附加堆纹、划纹等，绳纹少见，以戳印的米点纹、篦点纹以及口沿下附加堆纹最有特征。陶器制法为手制，以泥条盘筑为主，大多经过轮修，个别器物外表经过刮磨处理。由于烧制陶器时火候掌握不均，器表氧化不匀，致使器物表里、上下颜色斑驳。仅见平底器，不见三足器、圈足器和圜底器。器形以附加堆纹口沿罐、肩部戳印米点纹的斜肩罐、肩部戳印篦点纹的溜肩罐、喇叭口罐等数量最多、也最具特征。

礼州遗址，位于西昌市以北25千米的礼州镇陈远村，地处安宁河东岸的二级阶地上，西距安宁河约3千米。礼州遗址新石器时代的遗迹有窑址、烧火坑和部分墓葬。礼州遗址新石器时代遗存出土陶器多为夹砂红陶，次为夹砂灰褐陶，部分有黑色陶衣；器形主要有喇叭口高领的壶和带流壶、钵和单耳罐等，纹饰以戳印纹为主，另有划纹、弦纹、附加堆纹等。礼州遗址出土的石器均有明显的使用痕迹，除砍砸器为打制外，其余皆为磨制，钻孔技术较高，器形有刀、砍砸器、斧、锛、凿、环状器、网坠、石镞、石臼、磨石、球等，半月形石刀、梯形石斧、石凿、刮削器和盘状砍砸器是礼州遗址的代表性石器。

高坡遗址，位于安宁河上游（北段）西岸的一级台地上，东距安宁河约200米，遗址面积约5600平方米。大洋堆遗址，位于安宁河谷中段东岸的一级台地上，西距安宁河约2000米。大洋堆早期和中期遗存当与高坡遗址属同一性质的考古学文化遗存。该遗存出土的陶器以夹砂红褐陶为主，其次为夹砂灰褐陶，另有少量泥质黑皮陶。陶器以素面为主，常见的纹饰有叶脉纹、乳钉、划纹、附加堆纹等，其中叶脉纹主要见于钵、碗的底部，乳钉主要装饰在大口瓮形器的肩部。代表性陶器主要有大口带乳钉瓮、折肩圈足碗、饼足钵、杯形口双大耳罐、鸭嘴形流器等。

9. 古岩画和碑刻

博什瓦黑岩画，位于昭觉县碗厂乡团结大队博什瓦黑的南坡上。石刻画像阴刻在十六块巨石上，形状互异。全部岩画根据分布情况分为南、北、西三个区。博什瓦黑石刻画像，基本上都是佛教造像，有释迦像、观音像、四天王、明王及佛塔等主要佛教造像。基本上属于唐宋时期的作品，其上限可以到唐代南诏晚期，下限到宋代大理时期。

西昌地震碑林，位于西昌市西郊乡海滨村邛海西岸泸山上。西昌地区是地震高发区，古往今来强震时有发生。为了掌握地震灾害的发生规律，更好的预防和监控，征集和发掘了与地震灾害有关的碑刻 70 余通，展出与地震有关的西昌及市属普格等县的古代官衙、寺庙、祠堂、水利、告示、录事和墓碑等。从碑刻中可知明代嘉靖十五年、清雍正十年、清道光三十年发生强烈地震的情况。通过这些资料可知该地区大约 140 年为强烈地震周期的规律。

昭觉石表和麟凤碑，位于昭觉县四开乡黑洛社北 100 米。石表红砂石质，3 通。石表呈下大上小的长柱体，表身已断成两截，断面呈方形，高 1.62 米，宽 0.63 米，侧宽 0.42 米。石表正面文字 9 行，侧面文字 3 行，共 400 字，均为隶书阴刻。主要记载东汉光和四年（181）越嶲郡太守任命苏示县有秩冯佑为邛都县安斯乡有秩，复除上诸安斯二乡赋役及有关当地乡里组织等内容。石碑与石表同在 1 处。碑红砂石质，已残，现存碑身石构件 5 块，碑顶残石 5 块。碑身残石中较大的长方形立石，高 1.1 米，宽 0.63 米，厚 0.13 米。正面雕麒麟和凤凰，凤凰在上，麒麟在下。阙顶残石皆雕刻有斗拱和瓦当。

三、非物质文化遗产

1. 民俗

火把节是凉山彝族众多传统节日习俗中规模最大、内容最丰富、场面最壮观、参与人数最多、最具浓郁民族特色的世代相传的盛大节日，历时三天三夜，是典型的按照民间传统习惯的固定时间和场所举行的传统的、综合性的节日庆典活动。

凉山彝族聚居地区都有火把节，主要分布在“所地”“阿都”地区的布拖、普格、金阳、昭觉、宁南、会理、会东、德昌、西昌等县市的彝族村寨。其中，布拖县的拖觉区、衣某区、西溪河区和普格县的小兴场区、西洛区、洛乌沟区、螺髻山镇等的彝族村寨的彝族火把节传承最为完整。

彝族火把节，是历史悠久、形态古朴、民族特色最为浓郁鲜明的、以火为核心、以火把为主题举办的民俗节日盛典。火把节从时空领域的立体层面上，集中体现和展示出博大深厚的彝族文化。表层：节日时空所表现的各种物化形态，如杀牲祭祀、火把祈年、歌舞娱乐、体育竞技、服饰展美；中层：劳动生产过程及成果，社会生活状态及希求；深层：民族的宇宙观、信仰、社会伦理、行为道德、审美情操、心理情感等。

凉山彝族火把节是彝族先民基于对火的崇拜，对自然的崇拜，把火摆到一个十分重要的文化位置，赋予它神圣而崇高的独特含意，依托族群记忆潜移默化的风俗传统，最终形成别具风格的火文化的特定载体和完美形式。

彝族先民为世人留下的丰富多彩、绚丽多姿的彝族服饰文化艺术，保持了浓郁的民族文化传统和特色，体现了彝族人民独特的审美心理与文化习俗，是中华民族文化中的宝贵财富。凉山彝族服饰历史悠久，工艺独特，异彩纷呈，在全国绝无仅有。

凉山型服饰主要流行于四川省凉山彝族自治州及其周边地区，以及云南省金沙江流域南岸，以被誉为彝族服饰文化艺术之乡的凉山州昭觉县为中心，向四周辐射到彝族北部方言区的圣扎、义诺、所地各方言土语区，汇集了凉山彝族地区的服饰及服饰文化艺术。服饰古朴、独特、较完整的保留了传统风格。

彝族服饰集多种工艺于一体，纹样丰富多彩，色彩艳美和谐，既保持了古老的文化传统，又体现了不断创新的审美追求。彝族服饰工艺的主要特点是“做花”工艺。“做花”即是对彝族服装及其用品上的纹饰工艺的统称，是在衣服的衣领、衣襟、袖臂、项背、下摆、裤筒、裤脚、帽子、头帕、挂包、围腰等部位装饰上做各种花纹，其最常用的工艺习俗有贴花、挑花、穿花、锁花、盘花、补花以及刺绣、滚绣等。

彝族服饰体现着彝族民间社会所认同的价值观、行为准则和生活情趣，同时也折射出宗教、信仰、伦理、工艺技艺、民间审美等民俗文化内涵，具有独特的工艺价值、美学价值、不可替代的史料价值和研究价值。

2. 传统技艺

凉山彝族毛制品的种类主要是袈什和瓦拉，此外还有“博兹”（毡制武士装）、“正窝”（毡袜）、“勒窝”（毡制法帽），以及彝族妇女的“沙帕波”（毛裙）、“丹红扎尼”（红毛裙）等。“袈什”有单层和双层两种，单层的称“沙博”或“阿博”是套在“瓦拉”里面穿的，双层袈什是单独披着的。单层披毡穿着简便，在劳作时可披用。双层袈什是在盛会上披着的，起着礼服的作用。有本色、灰色、白色、黑色，也有染为蓝色的。白色、灰色、黑色的袈什或阿博为彝族中老年男女穿着，蓝色或青色为青年男女披用。

彝族“加什”“瓦拉”制作工艺分布在凉山彝族地区的圣扎、义诺、所地等三个方言区的17个县市，其中昭觉县最为突出，主要分布在昭觉县域古里、竹核、比尔、解放沟、四开、附城等7个片区的四大方言区。

彝族羊毛擀制及纺织技艺与彝族族源和悠久的历史息息相关，可谓含有古老文化的象征意义，并且始终影响着彝族千百年服饰的演变及发展。羊毛制品在彝族生活中占有非常重要的地位和作用，产品特征为厚实、轻便、挡风、御寒，劳作、放牧方便，较好地服务了彝族人民的生产生活。彝族毛纺织及擀制品种类繁多，内容丰富，独具特色，是彝族人民的手工绝技，其工艺精湛，绝无仅有，充分展示了彝族人民的劳动智慧。

彝族银饰制作技艺，是彝族人民世代传承的瑰宝，其形式多样，形态各异，真可谓精致美观、异彩纷呈。

彝族银饰手工制作技艺做工讲究，技艺精湛，共有 20 余道工序，形成铸炼、吹烧、锻打、焊接、编结、洗涤、雕镂、镶嵌、吊缀等一整套工艺流程。

彝族银饰手工制作技艺具有鲜明的民族文化传统和独特的审美情趣，所打制的银器包括酒具、餐具、配饰等。酒具包括银酒杯、银酒壶等。餐具包括银碗、银筷子、银盘子、银马杓子等。银配饰品种繁多，有银耳环、银手镯、银纽扣、银戒指、银斗笠、银胸牌、银领饰、银耳链、银耳坠、银头饰等，形式多样、形态各异，手法有阴刻、镂空镶嵌、吊缀等。

彝族银匠不仅在锤砧劳作上是行家里手，在造型设计上堪称高手，他们善于从妇女的刺绣以及大自然的花鸟草虫中汲取创作灵感，如鹰、蝴蝶、龙凤、太阳、月亮、星星、牛角、羊角等，并根据传统习惯、审美情趣，在细节、局部的刻画上推陈出新。经过银匠巧夺天工的设计和加工，可以说每一件都是独一无二的精工之作，像银马鞍、银羽衣等甚至堪称孤品或绝品，具有很高的收藏价值。

彝族漆器髹饰技艺，是彝族祖先智慧的结晶，是先辈为后人留下的宝贵财富，它为彝人的生产生活创造出了精美的漆器。彝族漆器是彝族传统文化的重要组成部分，主要以餐具和酒具为主，涉及彝人生活的方方面面，堪称彝族文化的重要符号之一。

彝族漆器主要分皮质品和木质品，主要以木质漆器为主。其中，皮质品以牛皮、羊皮和兽皮作为主要原料；木质品一般选用杜鹃树、桦槁树等优质木材作为原材料。彝族漆器的原木需要深埋之后才能制作胚胎，对已制成的胚胎要经过磨砂、加水细磨、打底色、上土漆等程序之后方可进入彩绘流程。传统的彝族漆器制作流程主要包括选伐原木——干燥——粗胚——干燥——细胚——干磨——吃青——补灰三道——水磨三道——验收——打底——细磨——小补——塞孔——磨孔——点敏——磨敏——验收——清洗——吹尘——盖面——阴干——磨花——除尘——盖面——阴干——验收——磨花——圈地——阴干——验收——清洁——包装等四十多道工序。

彝族漆器髹饰技艺是一项古老的技艺，彝族漆器一直伴随着彝族历史的发展，彝族漆器对研究彝族历史文化有着重要的价值。每一件彝族漆器都凝聚着复杂的制作工艺技术，每一个漆器纹饰都蕴含着一定的文化内涵，每一种产品的造型和色调都独具民族特色，具有重要的工艺美术价值。

3. 民间文学

彝族口头论辩“克智”是彝族民间在婚礼、丧葬、节庆等集会场所以主客双方论辩手临场演述的一种诗体口承文学，是彝族民间语言艺术中内容最丰富、形式最灵活，最具知识性、趣味性、娱乐性、竞技性的文化形式。

彝族口头论辩“克智”分布于凉山彝区，尤其以美姑、昭觉、喜德等地流传较广，更以彝族文化底蕴深厚的大凉山腹心地美姑为其核心传承区，被公认为“克智之乡”，这种口头论辩流传于县境乡镇的彝族村落。

“克智”论辩的内容十分广泛而丰富，上至天文地理，下至花草树木、历史文化、人伦规范、政治法律、医药卫生、动植物知识、美学思想等，可谓是“百科全书”。可以说，凡是能想到的、积极健康的都可纳入“克智”论辩的视野。

“克智”论辩，作为语言艺术和独特的文化传播方式，具有丰富的历史内涵。彝族“克智”论辩以其古老的文化形式，扎根于彝族民间，通过“克智”论辩手的不断传承和演述，铸就了彝族源远流长的史诗论辩等传统，成为彝族古代文明传统文化知识的核心成果，是人类文化史中典型的最为重要的非物质文化遗产，对于研究社会文化史、思想史、音乐史、美学史、艺术史、论辩史等具有重要的研究价值。同时，“克智”论辩生动地再现了早已消失的古代唱诗与口头论辩传统，见证了“以诗存史”“以诗存俗”的民俗传统。所以，彝族“克智”论辩传统对于研究人类文明史具有不可替代的意义。“克智”论辩手通过仪式活动的论辩与演述，无可辩驳地为彝族民众文化的保存与传承传播奠定了坚实的基础，丰富了民众精神生活，成为彝族民众人生观、价值观、道德伦理观、生产生活观、审美观等代代相传的精神文化范式，“克智”论辩在新的时代，以其与时俱进、海纳百川之精神，吸纳着各种优秀的文化成果，成为凉山彝族的精神食粮。

4. 传统音乐

四川冕宁藏族民歌赶马调，藏语称“木弱加”。歌词一般为七言句式，内容主要反映赶马、牧马，有关赶马人的生活、思想感情、愿望追求，还有与其相关的自然地理、社会人文背景等。音乐有浓厚的民族风格和地方特点，音调高亢绵长、节奏自由，歌的首尾有“呜呼呼——”的唤马声腔。赶马调能使人产生共鸣，似乎能听见马铃铛、马蹄叩击在深山的回响声，闻着赶马人和驮马的呼吸气息和汗味，展现出“山深林响马帮来”的画面。

冕宁藏族《赶马调》现在主要分布在冕宁县泸宁道沿线的和爱、青纳、联合、回龙、回坪、惠安等乡镇。

藏族《赶马调》是冕宁茶马古道沿线人民在长期的马帮生活中孕育积累而形成的，是藏族人民的智慧结晶，它记录了藏区人民赶马人的日常生活，它所表现人民群众的思想是最真实、最深切的，具有浓郁的生活气息和艺术特性。

四川凉山彝族传统民歌“阿惹妞”，彝语音译，意为“幺表妹”，是四川凉山彝族男女口头传唱的情歌，在凉山彝族地区广为传承，有深厚的群众基础。

“阿惹妞”流传于凉山州各地，甘洛县的彝族居住区更是集中传承地。

“阿惹妞”，属特定场所与空间传唱的情歌。传统社区，只能是在放牧、行走他乡时在野外无人的场所演唱。严禁在家里、村寨当着众人唱，尤其是在亲人、长辈面前演唱。“阿惹妞”是彝族青年男女表达情爱的歌曲，传承与受众主要为年轻人。作为独特情歌门类的“阿惹妞”，其主题是以倾诉男女之情为内容，恋爱自由、婚姻自主为宗旨，具有内容的特定性。

“阿惹妞”是音乐和诗歌的完美结合，有舒缓而忧伤的音乐曲调，丰富而生动的诗歌语言，在音乐和诗歌的艺术性、思想性上都有高度体现，对丰富和继承弘扬民族音乐和文学艺术具有重要价值。同时，在抒情叙事的过程中，也反映出彝族历史、经济、风俗、礼仪等，具有丰厚的历史文化价值。“阿惹妞”通过主人翁对自幼青梅竹马表妹的爱恋之情的倾诉，表达了彝族青年要求自由恋爱、自由婚姻的思想，深刻地揭露了奴隶制包办买卖婚姻的罪恶，情歌中包含着历史、人文风俗等丰厚的文化内容，是研究彝族历史文化、民俗生活的绝好资料。

5. 传统舞蹈

甲搓（甲措）舞是摩梭人在长期的生产生活和走婚习俗中形成的一种民间原始舞蹈，相传甲搓舞原有72种曲调和舞蹈，完整流传至今的还有十多种，主要有《搓德》《了搓优》《格姆搓》《阿什撒尔搓》《卧曹甲莫母》等。甲搓舞以群体性的群众表演为主，歌、舞、乐紧密相伴，舞曲旋律优美，舞步多姿多彩，融观赏性、抒情性、形象性、动态性、趣味性与参与性为一体，历史气息、艺术气息和生活气息都非常浓厚。甲搓舞是泸沽湖摩梭人在长期的生产生活和走婚习俗中形成的民间原始舞蹈。甲搓舞动作来源是多元化的，如来自祈祝神灵，或生产、生活和狩猎，或来源于庆祝战争胜利、丰收时的狂欢，或来源于远古男女求偶。

甲搓舞主要分布于川滇交界的泸沽湖及其周围地区，包括泸沽湖镇的木垮、多舍、博树、舍垮等 17 个母系氏族部落和周围前所、屋角、长柏、盖租等乡的摩梭母系自然村落，以及泸沽湖云南段的永宁、拉伯等数十个摩梭母系村落。

甲搓舞以群体性的群众表演为表现形式。参加跳舞的少则几十上百人，多则千人以上，而舞蹈动作则以操练式、模拟式为表现，原始舞蹈的特征十分显著，艺术气息和生活气息非常浓厚。甲搓舞曲不仅优美，而且丰富多样，并根据舞蹈内容的不同而变幻无穷，舞步根据舞曲的不同和变化而变化花样，时而明快，时而轻盈，或热烈欢快，或粗犷豪放。

泸沽湖摩梭原始甲搓舞见证了摩梭人古往今来的历史，是人类原始舞蹈艺术的活化石，具有极高的研究价值。甲搓舞所保留的浓厚的原始文化艺术特色为我们研究民族舞蹈艺术的起源、产生和发展提供了极其宝贵的史料和鲜活的实例。甲搓舞所反映的摩梭先民的生产生活、原始宗教、狩猎、走婚和母系氏族文化等丰富的内容和深厚的文化艺术底蕴及多姿多彩的艺术表达，为我们从另一个侧面探索了解摩梭文化，研究人类社会发展史、人类文化学、历史学、考古学、民族学、民俗学等方面提供了珍贵而难得的史实。来自远古的摩梭氏族部落的原始视听歌舞艺术甲搓舞，充分展现了摩梭人独特的歌舞艺术和摩梭先民独具智慧的创造力。舞蹈和相应的歌词里面还包含了许多传说故事、轶闻典故，因而有着丰富独特的文化内涵和远古的文明信息。因此，它是中华民族文化宝库里面的一朵异彩纷呈、独具魅力的舞蹈艺术奇葩，有杰出的艺术价值和极高的审美价值。

第五节　藏彝走廊（凉山段）的保护与规划

文化线路是现今文化遗产保护管理科学中最复杂的一个类型。每一条文化线路中都整合了许多不同类型的文化遗迹，它本身的复杂性使得要完全理解文化线路的价值和意义变得困难，这也使得社会公众对文化线路的认知更加困难。对一处遗迹进行完整保护的一个主要的条件就是公众意识，即当地社会必须要对文化遗迹有一定的认知，对文化线路的保护也是如此。同时，对文化线路的保护不应是孤立地保存每一项遗存，而应重在它们之间的关系，把它们放在文化体系、历史链条中去认识它的价值。

一、藏彝走廊文化遗产的现状

藏彝走廊的区域基本囊括中国的西部地区，作为文化线路，涵盖的文化遗产资源不可胜数。如今，文化线路上的各种文物本体，都不同程度地面临着水患、风化、腐蚀等病害的侵蚀。由于上千年来的历史变迁和几百年来的地质变化和贸易变迁，加上公路、铁路和新型交通工具的引入，古道各路段的传统功能和风貌有不同的变化，尤其是很多支线的羊肠小道逐渐湮灭，而且沿线城镇街市的建筑原貌也难以保存。

在藏彝走廊的物质文化遗产中，有部分被国家各级政府公布为全国重点文物保护单位或省级文物保护单位以及历史文化名城、名镇、名村，使这些遗产得到了较好的保护；但更多的遗存是县级文物保护单位，甚至没有被列入保护。如许多小桥、石板路以及小关隘、骡马店等，都因为单体建筑价值还够不上保护的标准，没能得到有效的保护。

非物质文化方面，一些遗产所赖以生存的自然环境和社会环境发生了深刻而又迅速地变化，一些反映少数民族历史文化特点的生产工具制作方法、传统工艺消失的现象比比皆是，一些口头流传的民间文学作品、史诗面临着失传的困境。

文化线路上的遗产糟到的破坏除去上述“天灾”的种种自然原因影响外，更有人口承载迅增、管理不善、盲目开发等人为原因，再加上政策和保护设施不完善、监督执法不到位，一些地区甚至早就已经出现了环境退化、自然和人文景观损毁的状况。

从单体文化遗产保护与重要性的角度来考察，我们应该看到其中不少遗产目前确实不够条件进入国家规定的最低保护级别，这些文化遗产孱弱而孤立，如果理所当然的任其废弃，必将造成不可挽回的损失。但从文化线路的高度来看待藏彝走廊的遗产，这些级别较低的文化遗产便能鲜活起来，犹如散乱的珍珠被这条文化线路串联起来，成了藏彝走廊不可分割的部分，从而具有了一种整体的意义。而且越是这种低级别的文化遗产，就越是接近当时晋商贸易的生活现状，从而越能够唤起人们的共鸣。

二、藏彝走廊文化线路的保护规划

文化线路强调其作为整体的跨文化意义，即文化线路作为整体的价值要大于各个部分的价值相加之和。

目前，我国的文化遗产保护的主要法规依据是《中华人民共和国文物保护法》，其次还有一些国务院颁布的条例和地方政府制定的地方性法规。在这些法规中，历史文化遗产保护涉及三个层次：历史文化名城、历史文化街区和村镇、文物保护单位。在这种体系架构中还未涉及文化线路遗产保护。如果将藏彝走廊凉山段文化线路作为文物保护单位，这显然是不适宜的。

我国对于文化线路的保护还没有形成统一的标准，同时文化线路保护对象的确认、保护措施与管理制度的制定均与其他类型的文化遗产存在差别。所以，对于拥有复杂系统的文化线路来说，需要依据实际情况，制定全线路（跨区域）的整体保护规划。如划定凉山藏彝走廊古道文化线路保护范围，进而形成整体的保护体系。在这一保护体系中要以古道为主线，用它把沿线中分散的遗产内容串联起来。在准确把握文化线路构成要素的基础上，挖掘相关的文化元素，不断完善和丰富遗产的内容，逐步建立起遗产线路的保护体系。

机构设置方面，成立专门的管理机构对遗产实施整体保护管理是必要的。而这个管理机构必须由政府直接管辖，负责线路遗产保护法规、策略的制定，协调政府各职能单位以及各地方之间的利益关系，筹措保护资金，制定线路遗产整体宣传策略及其计划等工作，并对遗产地进行垂直管理。

还应设立由考古、历史、规划、经济、管理、旅游等专家成立的专门的研究机构，负责收集、整理与藏彝走廊文化线路的相关各种资料，开展对藏彝走廊价值、管理的深入研究。除了研究工作外，研究机构还负责专业咨询和监督工作，为管理机构出谋划策、提供专业意见，进行专业监督。

藏彝走廊位于西部不发达的区域，遗产地政府所提供的保护资金在很大程度上不能满足遗址保护的需求，但在我国文化遗产捐赠、投资法律和监督体系尚不完善的情况下，应尽可能的避免社会化资金进入文化遗产领域。因此，中央政府应加大对藏彝走廊整体保护的资金投入，确保遗产保护工作的顺利进行。

三、文化线路遗产的利用与区域发展

任何文化遗产都具有突出的价值，而由于遗产所在地文化和地域的多样性，使得各地文化遗产价值各具特色。对于文化遗产价值的研究并不仅仅是学术目的，而是为了能让更多的人了解、分享、享用人类的过去、遗产的价值。因此，文化遗产的利用便是彰显文化遗产价值的最佳途径和方法。另一方面文化遗产不仅仅是当代的人的遗产，更是未来人的遗产。由于文化遗产的不可再生性，当代人对于文化遗产的不当或过度使用必定会对后代满足其需要的能力构成危害，应通过具体的措施限制或控制危害的发生和发展，通过当代人的保护，为未来人提供更好的利用，实现遗产的可持续发展。

文化遗产具有不同的价值，研究者关注遗产的历史价值、艺术价值，公众、媒体和政

府关注遗产的社会价值和经济价值等。总体而言，人类社会对文化遗产价值具有不同的需求。由于需求的存在，人们希望通过各种方法、途径对遗产进行利用，以满足人们对文化遗产的需要。科学研究、文化旅游等利用形式孕育而生，而文化旅游已成为文化遗产利用的最为主要的方式。藏彝走廊文化线路凉山段具有深厚的历史底蕴和众多的文化内涵，通过区域协商与合作的方式，可以打造出具备古驿道、绿色廊道、文化之道功能为一体的综合区域，为当地居民与过往行人提供一条文化休闲的廊道。

遗产旅游对于文化遗产的保护来说是把“双刃剑”。一方面，旅游者通过旅游活动，亲身体验遗产的意境，了解遗产的价值，有助于游客对文化遗产保护重要性及意义的理解，实现文化遗产教育功能。遗产旅游所获取的经济收益可直接用于遗产保护和管理中，拓宽了获取遗产保护资金的渠道，在一定程度上解决了遗产保护经费缺乏的问题。遗产旅游可带动遗产地社会经济的发展，从一定程度上缓解了遗产保护与区域经济发展之间的矛盾。

但另一方面，遗产旅游也会对文化遗产保护产生负面的影响。首先，遗产旅游的不当开发，会对遗址本体及其真实性造成严重破坏。其次，遗产的过度拥挤，不但会对遗产本身的安全造成威胁，同时还会对旅游者的视觉魅力与旅游体验造成影响。再次，遗产旅游的发展会影响遗产地居民的生活习惯和传统，使部分非物质文化遗产消失。最后旅游者的不文明或不当行为会对遗产本体的保护造成直接的威胁，而且旅游者的旅游活动也会对自然和遗产环境造成污染。

遗产管理者应通过相应的保护管理措施，引导遗产旅游的可持续性发展，实现遗产保护与遗产旅游的和谐共存。通过藏彝走廊凉山段文化线路的研究及遗产资源的整合和设计，将虚体化的藏彝走廊通过文化遗产实体进行展示和利用。利用多种媒体手段，加大对单体遗产及线路遗产的宣传力度，扩大影响力知名度。举办学术活动或公众参与性的宣传推广活动，扩大遗产地居民和社会公众对文化遗产保护事业的关注。

要充分发挥遗产旅游对文化遗产保护的积极作用，建立完善旅游开发监督机制。完善与文化遗产地旅游设施建设等相关的行政法规、法律体系及行政审批制度，严格控制遗产区内的旅游服务设施建设。

结　语

凉山交通路线的形成，从社会历史的层面而言，是在凉山史前文化内部各部族及其与周邻地区文化与族群之间不断交流的基础上发展起来的，是特定的山地文化在特殊的地理环境中发展的产物。

结合前文中与交通有关的考古材料的综合分析，凉山交通的基本格局可以归纳为两类：一是凉山境内自身形成的交通网络，二是和周邻地区的交通线路。

凉山可分为四个地理单元：安宁河谷、城河流域、大凉山腹心地区和盐源盆地。自新石器时代开始至历史时期，区域内的社会各族群之间，已经形成了内部的交流渠道和交通网络。如在新石器时代，安宁河流域“横栏山文化”的纹饰风格在城河流域的东咀遗址和盐源盆地的皈家堡子遗址都有发现；西南夷时期安宁河流域的“邛人”普遍使用双耳陶器，底部饰叶脉纹，用石质材料修建墓葬，这些生活习俗和丧葬习俗与盐源盆地的“筰人”、大凉山腹地的“叟人”和城河流域的“濮人”基本相同。这些族群之间兼并与统一的过程，实际上也是区域内部集团之间不断迁徙、交流、融合的过程，对于区域内部交通网络的形成也起到了促进作用。凉山的交通网络就形成了以安宁河中游的西昌为中心，向其他三个区域扩散的格局。

凉山处在川、滇、黔和藏区的交接地带，与周围地区都有交通联系，有两条交通干线。一是南北向，北通成都、南抵云南；二是东西向，西入藏区，东至黔西北、滇东北。这种交通格局，也是在新石器时代就已形成，汉代南北向的零关道成为连接川滇的官道，东西向的干道虽未被官方记载，但仍是民间商旅通行的重要道路。

具体的线路而言有两线，这两条干线于西昌纵横相交。

纵线为出成都平原经凉山进入云贵高原，从汉源进入凉山甘洛清溪（零关）、海棠、越西、喜德、冕宁泸沽、西昌、德昌、甸沙关、会理、鱼鲊渡金沙江后至云南永仁、大姚一带。此道大体为西汉所开西夷道，汉之零关道，东汉旄牛道，唐之清溪道，元之建昌道。

横线为两段，东段通大凉山腹地。即西昌向东，经川兴、大兴至昭觉，过竹核、美姑大桥后，分为南北两线，北线过九口至美姑县城，翻越黄茅埂至大谷堆经松树坪、山棱岗、帕哈至今雷波县城，经马湖一带黄琅镇至宜宾新市镇。南线沿溜筒河过拉马阿觉、柳洪、哈甘、乐约至大坪子，沿金沙江经上田坝、千万贯、五官之后至雷波。此道即沐川源道，诸葛亮南征即走此道。

西段通盐源、木里，自西昌马道起，至经久崩土坎西渡安宁河，经河西，翻越牦牛山脉南段之磨盘山，下山抵冲河关过雅砻江，入盐源界，沿峡谷经梅子堡、禄马堡、平川。上小高山，下山经卫城抵盐源。以盐源为中心，还形成较多的直线，如白木线（白盐井至木里县）、木永线（木里至永宁）、盐普线（盐源卫城至米易县普威）、两盐线（盐源至盐边）、盐泸线等。此线即先秦时期的笮都道，后称之为润盐古道，是重要的茶马古道线路。

需要说明的是，以上的线路皆是藏彝走廊通道的一部分。这些通道自史前时代起，就为古代民族所使用，并延续了数千年之久。史学家和民族学家称之为“历史民族走廊”。由于有史以来典籍记载在这条走廊上活动的主要是氐、羌、夷系民族，后来又明确其主要是现今藏缅语的藏、彝、羌语支的民族先民。因此，这条走廊又被定名为“藏彝走廊”。

在中国古代社会中，交通极度依赖地理环境，地理环境的变迁对古代交通的影响是决定性的。地理环境影响交通线路的选择，无论在山间还是沙漠地区，修建交通设施时，最大限度的利用有力的自然环境，克服不利的环境。所有的交通活动都是在特定的地理环境和生态背景之下进行的，自然灾害等短时剧烈的环境变迁对古时交通活动影响极大。一般情况下，穿越山岭只能沿着山脊、山川、垭口、谷地、河槽等行走，按照山地的断层地带或者江河源流穿切山岭所形成的河谷低地来设计路线。交通路线的兴替更改，对经济发展影响深远，方便的交通是形成商业都市的重要条件，反过来，商业都市的形成进一步刺激交通道路的发展。

由于上千年来的历史变迁和几百年来的地质变化和贸易变迁，加上公路、铁路和新型交通工具的引入，古道各路段的传统功能和风貌发生了很大的变化。凉山的古代交通线路作为藏彝走廊的一部分，在中国西南多民族地区的社会、经济、行政以及宗教发展上有着举足轻重的地位，是在其独特的自然环境基础上逐步发展而成的。它很好的反映出古代民族、商贸交流形式，展示了作为“古道”这一重要组成部分的道路空间在长期的历史阶段中的演变、进化过程。道路沿线分布着众多的物质文化遗产和非物质文化遗产就是其表现形式。所以我们引入“文化线路”的概念，运用其相关概念的管理方法，对藏彝走廊凉山段文化线路申报世界遗产中的相关文化遗产进行了梳理。并对其进行深入的调查和整理，提出对该项目申报世界遗产的工作报告、工作思路和计划等，并提出具体的申报措施。

参考文献

历史

（汉）司马迁：《史记》，中华书局，1982 年。

（汉）班固：《汉书》，中华书局，1962 年。

（宋）范晔：《后汉书》，中华书局，1965 年。

（西晋）陈寿：《三国志》，中华书局，1959 年。

（唐）房玄龄、褚遂良等：《晋书》，中华书局，1974 年。

（梁）沈约等：《宋书》，中华书局，1974 年。

（唐）姚思廉：《梁书》，中华书局，1973 年。

（唐）魏徵等：《隋书》，中华书局，1973 年。

（后晋）刘昫：《旧唐书》，中华书局，1975 年。

（宋）欧阳修等：《新唐书》，中华书局，1975 年。

（元）脱脱等：《宋史》，中华书局，1985 年。

（明）宋濂等：《元史》，中华书局，1976 年

（清）张廷玉等：《明史》，中华书局，1974 年。

赵尔巽、柯劭忞等：《清史稿》，中华书局，1977 年。

（宋）司马光：《资治通鉴》，中华书局，1956 年。

任乃强校注：《华阳国志校补图注》，上海古籍出版社，1987 年。

（东晋）常璩撰，刘琳校注：《华阳国志》，巴蜀书社，1984 年。

（清）顾祖禹：《读史方舆纪要》，中华书局，2005 年。

（唐）樊绰撰，向达校注：《蛮书校注》，中华书局，1962 年。

（唐）樊绰著，赵吕甫校释：《云南志校释》，中国社会科学出版社，1985年。

（唐）杜佑：《通典》，中华书局，1988年。

傅增湘：《宋代蜀文辑存》，北京图书馆出版社，2005年。

（宋）郭允蹈著，赵炳清注：《蜀鉴校注》，国家图书馆出版社，2010年。

方志

（清）常明、杨芳灿等纂修：《四川通志》，巴蜀书社，1984年。

（清）何东铭纂：《咸丰邛嶲野录》，《中国地方志集成·四川府县志辑（68）》，巴蜀书社，1992年。

郑少成等修，杨肇基等纂：《民国西昌县志》，《中国地方志集成·四川府县志辑（69）》，巴蜀书社，1992年。

（清）徐怀璋纂修：《宣统昭觉县志稿》，《中国地方志集成·四川府县志辑（69）》，巴蜀书社，1992年。

（清）秦云龙修，（清）万科进纂：《光绪雷波厅志》，《中国地方志集成·四川府县志辑（69）》，巴蜀书社，1992年。

（清）邓仁垣等修，（清）吴钟仑等纂：《同治会理州志》，《中国地方志集成·四川府县志辑（70）》，巴蜀书社，1992年。

（清）蒋金生修，（清）徐昱纂：《光绪会理州续志》，《中国地方志集成·四川府县志辑（70）》，巴蜀书社，1992年。

（清）马忠良修，（清）马湘等纂，（清）孙锵等续：《光绪越嶲厅全志》，《中国地方志集成·四川府县志辑（70）》，巴蜀书社，1992年。

（清）辜培源等修，（清）曹永贤等纂：《光绪盐源县志》，《中国地方志集成·四川府县志辑（70）》，巴蜀书社，1992年。

（清）李英粲修，（清）李昭纂：《咸丰冕宁县志》，《中国地方志集成·四川府县志辑（70）》，巴蜀书社，1992年。

（清）徐连纂修：《西昌县志略》，《四川大学图书馆馆藏珍稀四川地方志丛刊（第五册）》，巴蜀书社，2009年。

（清）佚名：《宁属地舆志略》，《四川大学图书馆馆藏珍稀四川地方志丛刊（第五册）》，巴蜀书社，2009年。

凉山彝族自治州志地方志编纂委员会：《凉山彝族自治州志》，方志出版社，2000年。

四川省西昌市志编纂委员会：《西昌市志》，四川人民出版社，1996年。

四川省会理县志编纂委员会：《会理县志》，四川辞书出版社，1994年。

四川省冕宁县地方志编纂委员会：《冕宁县志》，四川人民出版社，1994 年。

四川省德昌县编纂委员会：《德昌县志》，四川人民出版社，1995 年。

四川省会东县志编纂委员会：《会东县志》，四川人民出版社，1996 年。

四川省宁南县志编纂委员会：《宁南县志》，成都科技大学出版社，1994 年。

四川省美姑县志编纂委员会：《美姑县志》，四川人民出版社，1996 年。

四川省甘洛县地方志编纂委员会：《甘洛县志》，四川人民出版社，1996 年。

四川省普格县志编纂委员会：《普格县志》，四川大学出版社，1992 年。

四川省布拖县志编纂委员会：《布拖县志》，中国建材工业出版社，1993 年。

四川省昭觉县志编纂委员会：《昭觉县志》，四川辞书出版社，1999 年。

四川省金阳县地方志编纂委员会：《金阳县志》，方志出版社，2000 年

四川省雷波县志编纂委员会：《雷波县志》，四川民族出版社，1997 年。

四川省越西县志编委会编：《越西县志》，四川辞书出版社，1994 年。

四川省喜德县志编纂委员会：《喜德县志》，电子科技大学出版社，1992 年。

盐源县志编纂委员会：《盐源县志》，四川民族出版社，2000 年。

木里藏族自治县志编纂委员会：《木里藏族自治县志》，四川人民出版社，1995 年。

石棉县地方志编纂委员会：《石棉县志》，四川辞书出版社，1999 年。

汉源县志编纂委员会：《汉源县志》，四川科学技术出版社，1994 年。

布拖县地名领导小组：《布拖县地名录》（内部资料），1982 年。

会理县地名领导小组：《凉山彝族自治州会理县地名录》（内部资料），1984 年。

越西县地名领导小组：《越西县地名录》（内部资料），1984 年。

美姑县地名领导小组：《美姑县地名录》（内部资料），1987 年。

潘用良、胡琛：《凉山地名词典》，成都地图出版社，1992 年。

中国大百科全书编纂委员会：《中国大百科全书・中国地理》，中国大百科全书出版社，1993 年。

谢开明、孙芝和、肖千文：《凉山州经济树木图志》，成都科技大学出版社，1998 年。

凉山州交通志编纂委员会：《凉山彝族自治州交通志》（内部资料），1992 年。

著作

方国瑜：《彝族史稿》，四川民族出版社，1984 年。

方铁：《西南通史》，中州古籍出版社，2003 年。

蓝勇：《四川古代交通路线史》，西南师范大学出版社，1989 年。

方豪：《中西交通史》，岳麓书社，1987 年。

汪宁生：《云南考古》，云南人民出版社，1992年增订本。
木霁弘等：《滇藏川“大三角”文化探秘》，云南大学出版社，1992年。
《四川通史》编委会：《四川通史》全7册，四川大学出版社，1993、1994年。
陆韧：《云南对外交通史》，云南民族出版社，1997年。
蓝勇：《古代交通生态研究与实地考察》，四川人民出版社，1999年。
方国瑜著，林超民主编：《方国瑜文集》，云南教育出版社，2001年。
陆韧：《变迁与交融——明代云南汉族移民研究》，云南教育出版社，2001年。
黎小龙：《西南区域开发与社会史研究》，重庆出版社，2002年。
向达：《中西交通史》，中华书局，1934年。
白寿彝：《中国交通史》，上海书店，1984年。
傅筑夫、王毓瑚：《中国经济史资料秦汉三国编》，中国社会科学出版社，1982年。
严耕望：《唐代交通图考》，“中研院”历史研究所专刊第八十三，1985年。
尤中：《中国西南边疆变迁史》，云南教育出版社，1987年。
方国瑜：《中国西南历史地理考释》（上、下），中华书局，1987年。
王子今：《秦汉交通史稿》，中共中央党校出版社，1994年。
中国公路交通史编审委员会：《中国古代道路交通史》，人民交通出版社，1994年。
王子今：《中国古代行旅生活》，商务印书馆，1996年。
王文楚：《古代交通地理丛考》，中华书局，1996年。
林梅村：《古道西风——考古新发现所见的中西文化交流》，三联书店，2000年。
罗二虎：《秦汉时代的中国西南》，天地出版社，2000年。
霍巍、赵德云：《战国秦汉时期中国西南的对外文化交流》，巴蜀书社，2007年。
单霁翔：《从“文物保护”走向“文化遗产保护”》，天津大学出版社，2008年。
王子今：《秦汉生态环境研究》，北京大学出版社，2007年。
马可波罗著，冯承钧译：《马可波罗行纪》，上海书店出版社，2001年。
陕西省交通史志编写委员会：《陕西古代道路交通史》，人民交通出版社，1989年。
鞠清远：《唐代之交通》，民国国立北京大学出版组印。
尤中：《中国西南民族史》，云南人民出版社，1984年。
林一叶：《中国古代的陆上交通》，送审稿。
杨聪：《中国少数民族地区交通运输史略》，人民交通出版社，1991年。
夏光南：《中印缅道交通史》，中华书局，1948年。
尤中：《云南地方沿革史》，云南人民出版社，1990年。

马大正主编：《中国古代边疆政策研究》，中国社会科学出版社，1990 年。

龚荫：《中国土司制度》，云南民族出版社，1992 年。

蓝勇：《历史时期西南经济开发与生态变迁》，云南教育出版社，1992 年。

国家文物局主编：《中国文物地图集 · 四川分册》，文物出版社，2009 年。

凉山彝族自治州博物馆、凉山彝族自治州文物管理所编著：《一个考古学文化交汇区的发现——凉山考古四十年》（上、下册），科学出版社，2015 年。

周志清：《滇东黔西青铜时代的居民》，科学出版社，2014 年。

杨建华：《春秋战国时期中国北方文化带的形成》，文物出版社，2004 年。

林向：《1975 年金沙江安宁河流域考古调查记略》，《童心求真集》，科学出版社，2010 年。

刘弘：《丛山峻岭中的“绿洲”——安宁河谷文化遗存调查研究》，巴蜀书社，2009 年。

贾大泉：《川茶输藏的历史作用》，《四川藏学论文集》，中国藏学出版社，1993 年。

论文：

李伟、俞孔坚、李迪华：《遗产廊道与大运河整体性保护的理论框架》，《城市建设与发展》2004 年第 1 期。

李伟、俞孔坚：《世界文化遗产保护的新动向——文化线路》，《城市问题》2005 年第 4 期。

俞孔坚、李伟、李迪华等：《快速城市化地区遗产廊道适宜性分析方法探讨——以台州市为例》，《地理研究》2005 年第 1 期。

单霁翔：《大型线性文化遗产保护初论》，《南方文物》2006 年第 3 期。

曾绍敏、罗大斌：《宋代马湖夷界山崩的地点在哪里》，《凉山彝族奴隶制研究》1980 年第 1 期。

童国榜、吴瑞金、吴艳红等：《四川冕宁地区一万年来的植被与环境演变》，《微体古生物学报》2000 年第 4 期。

朱圣钟：《一万年以来凉山地区气候变迁》，《云南地理环境研究》2007 年第 2 期。

朱圣钟：《历史时期四川凉山地区的河流变迁》，《云南地理环境研究》2006 年第 5 期。

朱圣钟：《历史时期四川凉山地区森林植被的变迁》，《中国历史地理论丛》2007 年第 2 辑。

朱圣钟：《清代四川凉山彝族地区经济开发及其对环境变迁的影响》，《暨南史学》第 3 辑，暨南大学出版社，2004 年。

朱圣钟：《历史时期四川凉山彝族地区主要农作物的种植与传播》，《中国农史》2006 年第 2 期。

朱圣钟：《历史时期四川凉山地区主要野生动物资源开发利用及其变迁》，《西南师范大学学报》（哲学社会科学版）2006 年第 2 期。

段渝：《藏彝走廊与丝绸之路》，《西南民族大学学报》（人文社会科学版）2010 年第 2 期。

霍巍：《论横断山脉地带先秦两汉时期考古学文化的交流与互动》，《藏学学刊》第2辑。

石硕：《藏彝走廊历史上的民族流动》，《民族研究》2014年第1期。

李星星：《论“藏彝走廊”》，《藏学学刊》第2辑。

屈小玲：《中国西南与境外古道：南方丝绸之路及其研究述略》，《西北民族研究》2011年第1期。

刘小方、李海军：《世界文化线路遗产的保护与旅游开发——以四川省为例》，《桂林旅游高等专科学校学报》2007年第2期。

孙华：《“线状遗产”“线性遗产”“文化线路”关系说》，《世界遗产》2015年第3期。

王吉美、李飞：《国内外线性遗产文献综述》，《东南文化》2016年第1期。

刘弘：《它山之石，可以攻玉——茶马古道和南方丝绸之路研究方式的比较与借鉴》，《茶马古道文化遗产保护论文集》，云南科技出版社，2011年。

吴其付：《藏彝走廊与遗产廊道构建》，《贵州民族研究》2007年第4期。

张大毛：《“藏彝走廊”与多元文化整合》，《西华师范大学学报》（哲学社会科学版）2014年第5期。

李星星：《藏彝走廊的范围和交通道》，《西南民族大学学报》（人文社科版）2007年第1期。

李绍明：《藏彝走廊研究中的几个问题》，《中华文化论坛》2005年第4期。

赵心愚：《藏彝走廊古代通道的基本特点》，《西南民族大学学报》（人文社科版）2007年第1期。

段渝：《中国西南早期对外交通——先秦两汉的南方丝绸之路》，《历史研究》2009年第1期。

周志清：《浅析金沙江流域新石器时代文化类型》，《中华文化论坛》2002年第4期。

周志清：《浅议澜沧江流域的新石器时代文化类型》，《成都考古研究》（一），科学出版社，2009年。

蓝勇：《四川古代栈道研究》，《四川文物》1988年第2期。

王子今：《中国交通史研究一百年》，《历史研究》2002年第2期。

方铁：《元代云南驿传的特点及作用试探》，《思想战线》1988年第2期。

辛德勇：《史万岁南征路线重析》，《中国历史地理论丛》1995年第1期。

刘弘、邓海春、姜先杰：《试析汉王朝政治整合西南夷过程中郡县的特征——以越嶲郡为例》，《四川文物》2015年第3期。

刘达永：《清溪道与1883年霍西访清溪县“记事”评介》，《四川师范大学学报》（社会科学版）2004年第4期。

杨明洪：《清代凉山的“夷患”与王朝的措施》，《西南民族学院学报》（哲学社会科学版）1993年第5期。

徐铭：《清代凉山地区民族人口的迁移》，《西南民族学院学报》（社会科学版）1986年第12期。

杨明洪：《论清代凉山彝区的土司制度与改土归流》，《民族研究》1997 年第 2 期。

蓝勇：《南方丝绸之路灵关、石门关考辨》，《成都大学学报》（社科版）1992 年第 3 期。

方国瑜：《史万岁南征之石门关》，《思想战线》1980 年第 3 期。

李星星：《润盐古道》，《巴蜀文化论集》，四川民族出版社，1999 年。

孙华：《“茶马古道”文化线路的几个问题》，《四川文物》2012 年第 1 期。

陆文熙、周锦鹤：《四川古代道路及其历史作用》，《西昌学院学报》（社会科学版）2007 年第 3 期。

黄修明：《关于唐代剑南道与吐蕃、南诏交通路线的几个问题——与冯汉镛同志商榷》，《四川师范学院学报》（哲学社会科学版）1992 年第 2 期。

李鑫：《建昌马起源考》，《四川畜牧兽医》1992 第 4 期。

黄承宗：《凉山古代的养马业》，《农业考古》1994 年第 2 期。

蓝勇：《南方陆上丝绸之路研究现状的思考》，《中华文化论坛》2008 年第 12 期。

喇明清：《南方丝路盐茶马古道重要驿站的历史印记——南丝路上的千年古县盐源拾遗》，《中华文化论坛》2008 年 12 月。

周志清：《南丝路上的早期金属工业》，《成都考古研究》（二），科学出版社，2013 年。

李星星：《南方丝路与尔苏藏族先民》，《中华文化论坛》2008 年第 12 期。

孙华：《南诏阁罗凤开通“滇印道”说》，《中华文史论丛》2010 年第 2 期。

蓝勇：《唐宋四川馆驿汇考》，《成都大学学报》（社科版）1990 年第 4 期。

刘弘：《西南丝绸之路上的汉代移民》，《东南文化》1991 年第 6 期。

刘弘：《从川滇古道上的汉墓看汉代邮亭》，《四川文物》1990 年第 3 期。

高荣：《本世纪秦汉邮驿制度研究综述》，《中国史研究动态》1999 年第 6 期。

吴荣曾：《汉代的亭与邮》，《内蒙古师范大学学报》（哲学社会科学版）2002 年第 4 期。

张玉莲：《汉代都亭考》，《中国文化研究》2007 年秋之卷。

张玉莲：《汉代乡亭考》，《中华文史论丛》2008 年第 4 期。

高敏：《秦汉邮传制度考略》，《历史研究》1985 年第 3 期。

蒋邦泽：《明初平定建昌月鲁帖木儿叛乱的前前后后》，《西昌师范高等专科学校学报》2001 年第 4 期。

杜玉亭：《元代罗罗斯土官宣慰使研究》，《民族研究》1982 年第 2 期。

徐铭：《明代凉山地区的民族关系》，《西南民族学院学报》（人文社科版）1982 年第 2 期。

杜玉亭：《明四川行都司土司制度未因元制说》，《内蒙古社会科学》1987 年第 6 期。

何耀华、金钧：《关于元初罗罗斯土官宣慰使的设置问题》，《民族研究》1980 年第 1 期。

李宗放：《明代四川建昌地区的行政和军事建置及变化》，《西南民族大学学报》（人文社科版）2006

年第10期。

雷弟明、赖悦：《明初平定建昌卫月鲁帖木儿叛乱浅析》，《惠州学院学报》（社会科学版）2002年第5期。

蓝勇：《西南古代索桥研究》，《四川文物》1993年第6期。

廖伯琴：《中国西南民族传统“笮桥”技术的发展》，《自然科学史研究》1993年第1期。

学位论文

沈乾芳：《元代站赤研究》，云南师范大学硕士学位论文，2005年。

陈玮：《甘青地区与西南山地先秦时期考古学文化及互动关系》，吉林大学博士学位论文，2009年。

邓丽丽：《秦汉行旅述论》，山东师范大学硕士学位论文，2008年。

杨永福：《滇川黔相连地区古代交通的变迁及其影响》，云南大学博士学位论文，2011年。

刘小方：《中国文化线路遗产的保护与旅游开发——以茶马古道滇藏线为例》，四川师范大学硕士学位论文，2007年。

阚波：《茶马古道的历史沿革与申遗冷思考——以川藏官道为例》，四川师范大学硕士学位论文，2011年。

包威：《云南茶马古道问题研究》，山东大学硕士学位论文，2008年。

屈洪斌：《20世纪甘阿地区交通演替与社会经济发展》，四川大学硕士学位论文，2006年。

王树金：《秦汉邮传制度考》，西北大学硕士学位论文，2005年。

段秋岑：《线性文化遗产廊道的保护研究——以普洱“茶马古道”为例》，云南大学硕士学位论文，2014年。

周剑虹：《文化线路保护管理研究——以丝绸之路陕西段为例》，西北大学博士学位论文，2011年。

吴勇：《山地城镇空间结构演变研究——西南地区山地城镇为主》，重庆大学博士学位论文，2012年。

莫晟：《文化线路视野下的清江流域商路研究》，华中师范大学博士学位论文，2012年。

王薇：《文化线路视野中梅关古道的历史演变及其保护研究》，复旦大学博士学位论文，2014年。

徐艳：《明清金沙江下游经济开发与生态环境变迁》，西南大学硕士学位论文，2006年。

王林：《威宁中水鸡公山遗址初步分析》，四川大学硕士学位论文，2006年。

李飞：《贵州威宁银子坛墓地分析》，四川大学硕士学位论文，2006年。

后 记

本课题为凉山州民族文化研究基金 2015 年度规划项目。各章节写作分工如下，第一、二、五章由黄云松撰写，第三、四章由孙策撰写，线图由孙策、黄云松绘制，照片由黄云松拍摄。

关于凉山古代交通课题筹划和有关资料的收集早在第三次全国文物普查时就已经开始，经过五年的构思、酝酿、搜集资料和实地野外调查，终于成稿，心中颇感安慰。尽管写作的过程比想象中艰难，但经历了一次难得的历练，对多年来凉山考古中发现的与交通相关的遗存进行了梳理，完善了我们的知识体系，因此所付出的艰辛和汗水都是值得的。

本课题是在刘弘先生的鼓励与指导下完成的，从课题的申报、提纲的设定、资料的收集到各章节的写作、修改，每个阶段刘弘先生都热心指导。刘弘先生是我们凉山考古的引路人，没有他的关怀与指点，这个课题不可能顺利完成。

写作过程中还得到唐亮、姜先杰、赵德云、周志清、俄解放等先生的悉心指导与帮助，使我们受益匪浅，在此表达诚挚的谢意。

在调查过程中得到凉山州 17 个县市文管所同仁的热情款待，还亲自带领我们前往实地考察；在查阅县志、文献资料、考古报告、各县市的三普资料以及库房的相关文物过程中得到凉山彝族自治州博物馆全体同仁的大力支持，在此我们对于各县市文管所和博物馆同仁的帮助与理解表示由衷的感谢。

2009 年“南亚廊道”申遗项目开展调查工作，为服务“一带一路”战略，国家文物局委托四川文物考古研究院对凉山境内“零关道”进行了考古调查，笔者有幸参与了这项工作。本书对凉山境内的古道及其相关遗存的记录，期望能为南亚廊道的申遗提供基础资料，更希望与古道相关的文化遗产，能够纳入南亚廊道遗产点，在申遗成功后得到更多的保护。

本文得到了凉山州社科联和凉山州哲学社会科学规划课题的支持和资助，在此表示衷心的感谢。

作　者

2019年9月